俄國文學
巨匠

契訶夫唯一一部旅行報導文學

薩哈林島行旅

Sakhalin Island

Anton Chekhov
安東・契訶夫——著
譯——劉森堯

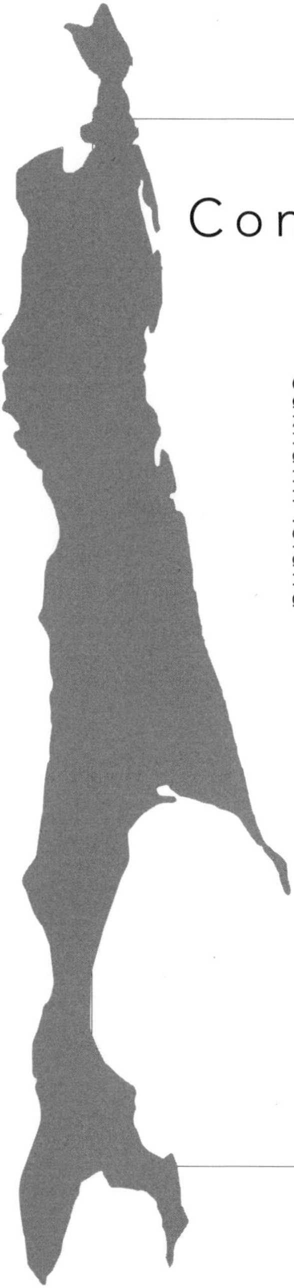

Contents

導讀

一個「醫科男」與一段「入地獄」的旅程

中央研究院中國文哲研究所副研究員　陳相因

學界公認，一八八〇年代末期至一八九〇年代初期，是契訶夫（А.П. Чехов，一八六〇－一九〇四）醫生做為一名短篇小說與戲劇的作家大展天才，且在文壇上鴻圖大展的時刻；他不僅出版了新的小說集，還獲得了科學院頒發的普希金獎，而他的兩齣戲劇《熊》（*Медведь*，一八八八）與《求婚》（*Предложение*，一八八八－一八九〇）也在當時的專業與業餘舞台輪流上演著。正值外界看來大放異彩的時期，本該三十而立的契訶夫在精神上卻對自我的寫作與存在意義產生了強烈懷疑，而有了信心危機。

不少學者試圖解釋並找尋，契訶夫為何在文學事業發展如日中天時前往俄羅斯罪犯流放的遠東地區，並寫下《薩哈林島[1]行旅》（*Остров Сахалин*，一八九一—一八九三）的創作動機。就目前已挖掘的資料顯示，契訶夫本人並未解釋這次遠行的目的與原因，故當他在一八九〇年一月發佈是年四月將啟程前往薩哈林島的消息時，引發了莫斯科文藝界一片譁然。眾所皆知，薩哈林島乃係重犯、流犯、政治犯與苦刑犯聚集之地，且當時西伯利亞大鐵路尚未完全通行，沿途多靠馬車、人力與舟行，交通不便自不在話下，氣候苦寒對於體弱多病的契訶夫而言更是一種身心折磨。

其實，在發佈旅行消息前不久，約莫一八八九年十二月二十日左右，在莫斯科的契訶夫寫信給當時擔任報紙《新時代》（*Новое время*）的主編蘇沃林（A.C. Суворин，一八三四—一九一二），傾吐自己的心境與心情：

> 隨筆、雜文、蠢話、輕鬆喜劇、枯燥乏味的故事我寫過不少，有過許多錯誤和荒誕不經的東西，用完了好幾個普特[2]的紙張，得過科學院獎金，過著波將金[3]式的生活，然而卻沒有一行在我心目中是有嚴肅的文學意義的東西。我從事過大量的緊張工作，但沒有認真地勞動過一分鐘。……我的多疑，以及對別人勞動成果的羨慕心，把合乎真情的憐憫心誇飾成像巨象那般大。我非常想藏到一個什麼地方，藏個四、五年，從事仔細而又認真的勞動。我應當學習，一切都從頭學起，因為我，作為一個文學家來說，是個完全的外行，我應該認真負責地寫作，有感情、有理智地寫，不是每個月寫

個五印張，而是五個月寫一印張。[4]

由此書信可知，獲得科學院普希金獎後的作家契訶夫，非但沒有因此驕衿自喜，反而更加感受到「作家」一職在十九世紀後半葉的俄羅斯社會被賦予了社會責任與道德使命的沉重壓力。他反省自己過往寫作的態度太隨性、隨意，不夠嚴肅看待作家身分，也認為自己長期處在中產階級「醫生」一職的象牙塔裡，生活無虞，根本無法看清身為作家的自我存在意義與道德責任，也難以瞭解在俄羅斯這塊大地上民眾為何無法活得好，遑論去深沉思考：人民生活疾苦究竟是誰之罪，社會問題的根源在何方，

---

1 編按：薩哈林島在唐代稱「窟說」和「屈設」。「窟」可能音譯自愛奴語的「人」，也是愛奴人的自稱。「說」可能源自古愛奴語的「地」。「窟說」即「吾等人的土地」。元代稱「骨嵬」，明代稱「苦夷」和「苦兀」。元代「骨嵬」和明代「苦兀」是指當時島上的原住民愛奴人。清代稱「庫葉」、「庫野」和「庫頁」。島的俄語名稱「薩哈林」來自於滿語，意為黑江嘴頂；「薩哈林」音譯自該島滿語名的第一個詞，該詞是「黑」的意思。在台灣另有一個譯法稱為「庫頁島」，日本人則習慣稱該島為「樺太島」。本書統一採用「薩哈林島」譯法。

2 Пуд，沙皇時期俄國的重量單位。一普特約等於一六．三八千克。

3 Г.А. Потёмкин（一七三九年—一七九一年）俄國凱薩琳大帝的寵臣之一，位高權重，以生活奢侈浪費著稱。

4 中文翻譯參考契訶夫著、朱逸森譯《契訶夫文學書簡》（合肥，安徽文藝出版社，一九八八年），頁一四二—一四三。

又該何解等等一系列由十九世紀俄羅斯作家創作中所提之大哉問。職是，他必須走出自己的舒適圈，走向遠方，走入人群，深刻體驗民間文化，並瞭解社會所需。這也是為什麼契訶夫在另外一封寫給蘇沃林的信，如此寫道：

> 唉，朋友們，多麼苦悶呀！如果我是個醫生，我就需要有病人和醫院；如果我是個文學家，我就需要生活在人民中間，……需要一點社會生活和政治生活，即使是一點點都好，而現在關在這種四堵牆內的，脫離大自然、人群和祖國的，沒有健康和食慾的生活，這不是生活。[5]

也有不少研究者將契訶夫東遊至薩哈林島的選擇視為一種朝聖，又或者是精神救贖的苦行之旅，認為經由「西伯利亞人間煉獄」苦難磨練的洗禮，最終將在精神上得到淨化。弔詭的是，西伯利亞在俄羅斯知識分子的書寫中因容納種種罪惡與罪人，而被形塑為「救贖聖地」。這些研究多半將《薩哈林島行旅》與杜斯妥也夫斯基（Ф.М. Достоевский，一八二一—一八八一）的《死屋手記》（*Записки из Мёртвого дома*，一八六〇—一八六二）或《罪與罰》（*Преступление и наказание*，一八六六）相互連結，說明契訶夫的創作動機是如何繼承這些文藝遺產，並從其書寫中勾勒出俄羅斯知識分子對西伯利亞所懷之流放情結、遠東想像與世界情懷。

亦有些研究認為，「旅行」在俄國文學發展的主軸中，向來就是不可忽略的主題。因此，《薩哈林島行旅》上承了阿凡那西（H. Афанасий，不詳）的《三海紀行》（*Хожение за три моря*，一四七五），至拉吉舍夫（А.Н. Радищев，一七四九—一八〇二）的《從彼得堡到莫斯科旅行記》（*Путешествие из Петербурга в Москву*，一七九〇），到十九世紀果戈理（Н.В. Гоголь，一八〇九—一八五二）的《死靈魂》（*Мёртвые души*，一八四二）與涅克拉索夫（А.Н. Некрасов，一八二一—一八七七）的《誰在俄羅斯大地上活得好》（*Кому на Руси жить хорошо*，一八六六—一八七四）等等文藝傳統，其創作皆意在藉由「行萬里路」來認識俄羅斯，並揭露社會現實，從而思考體制的問題。[6]此研究一一羅列並點名，以為正是這些傳統創作，為《薩哈林島行旅》一書鋪墊了相當厚實的文藝基礎。

然而，上述這些研究大抵忽略了契訶夫與拉吉舍夫、果戈理、杜斯妥也夫斯基或涅克拉索夫等傳統作家之間，最大的不同在於：前者在成為作家之前，已經成為一位訓練有素的醫生，而強調科學知識與臨床經驗的醫科和博覽人文萬卷書的文科知識分子，在邏輯、思考、方法論等認知上，截然不同。因此，如果用當代流行話語來解釋，

5 同前註，頁一九四—一九五。

6 姜磊：〈《薩哈林旅行記》與契訶夫的遠東印象〉，《外國文學研究》二〇二二年第二期，頁一六八—一六九。

契訶夫不僅是個「理工男」、「醫科男」，在沒出遠門前，絕大多數的時刻還很可能是位只在住家周邊行醫的「宅男」。這和因為政治理念而被流放的「文藝男」、「革命男」拉吉舍夫或杜斯妥也夫斯基，抑或從小就是貴族的涅克拉索夫或地主出身的果戈理，在智識的養成與專業的訓練上全然不同。此一顯著差異，也凸顯在《薩哈林島行旅》的體裁書寫中。

在此，讀者必須注意的是，十九世紀前半葉之前從事文學的文藝男多半來自貴族階層，比起來多數自中產階級家庭的醫科男更受社會矚目，而人文學科專業，特別是法律與文學，相較於醫學與科學，更屬於社會顯學。只是，隨著科學與工業革命的腳步快速推進，貴族階層逐漸沒落，帝國體制受到時代挑戰，理科與醫科的地位也因此躍身。醫學的專業對於《薩哈林島行旅》的重要性，亦可從契訶夫後來給蘇沃林的幾封信裡得知。就在此趟旅行出發前與回程後不久，契訶夫提筆向後者闡述自己選擇薩哈林島的主要原因，其一是因自己透過書寫此一旅程可以「償還他對醫學的債務」[7]，再者，他深信，「這本書對百年後的人們會是一本瞭解監獄制度的文獻與指南」[8]，頗有「我不入地獄，誰入地獄」，普渡眾生的壯闊胸懷。同時，藉由醫生與作家兩種身份，詳實記錄薩哈林島上的刑罰系統、監獄生活、公共衛生狀況與醫療設施，契訶夫希望以此書替代論文的撰寫來鞏固他在莫斯科醫校的教職。[9]儘管有些醫學專業與職業發展的考量，契訶夫仍舊無法放棄作家的身分，因為作家一職在十九世紀後半葉仍然舉足輕重，並普遍受到俄羅斯社會各階層敬重。這也是為什麼身為醫生的契訶夫在文壇崛起後，面對俄羅斯作家的天職身分與社會責任感時，深感自身經驗不足，且對俄羅斯大地的瞭解不夠，不得不生的一種心理轉折，而萌生不得不走的一股創作動機。

行文至此，若讀者以為，「文藝男」契訶夫對待此趟旅程的態度與創作動機十足地嚴肅，那麼恐怕只對了一部分。有學者指出，契訶夫此趟薩哈林島之旅的決定可說是怪異至極，因為作家也常常以一種漫不經心或開玩笑的態度來向他人解釋此趟旅行的目的。他最初的理由說是為了抹去他過去一部份的生命經歷，接著又說要創造一段值得的半年回憶，也有為了改變生活節奏的說法，然後又說是為了逃避一段糾纏的感情，有時他也改口說這是一項科學計畫，有時又說是因為自己罹患了「薩哈林狂熱」症候群。[10]由此可知，這趟旅程與此書創作的背後具備了諸多內在動機，並融合了許多

---

7 一八九〇年三月九日給蘇沃林的信。轉引自 L. A. Polakiewicz, "Western Critical Response to Chekhov's The Island of Sakhalin," Russian History/Histoire Russe, Vol. 33, No. 1 (Spring 2006), p. 73.

8 一八九一年八月三十日給蘇沃林的信。見 А.П. Чехов, Полное собрание сочинении и писем в тридцати томах (Москва: Наука, 1974-83), Письма 4, С 266.

9 L. A. Polakiewicz, p. 73.

10 Cathy Popkin, "Chekhov as Ethnographer: Epistemological Crisis on Sakhalin Island," Slavic Review, Vol. 51, No. 1 (Spring, 1992), p. 36.

外在原因，猶如文科與醫科、幽默與諷刺、感性與理性、悲傷與歡笑等等多重矛盾的特質並存一樣，二律背反地齊聚契訶夫一身與其作，無法以單一角度或面向視之。綜上所述，多種內、外因素相互結合之下，此書由是誕生。可以說，契訶夫的自我擁有複雜的多面性，而此作的體裁則具備了豐富的多樣性。

有趣的是，如果對照俄、中與英美各國探究《薩哈林島行旅》一書所開展的研究問題意識、取徑與主題時，則不難發現文化差異佔據相當顯著的位置；不僅是作者契訶夫主體本身，甚至連研究者自己都難免在學術研究中展露出自身文化培養下的「自我投射」（self-projection）現象。例如，俄蘇學者往往關注此書語言文字的藝術性，文本背後的歷史背景與文化意涵，以及犯罪與刑罰引發的社會問題討論。中國的俄羅斯文藝研究則多數注重在傳統文藝遺產的承繼，以及契訶夫的「遠東想像」（imagination of Far East），對於書中描寫中國人部分時所帶有的「偏見」（或更精確而言，是一種刻板印象）與殖民眼光，頗不以為然。當中亦有研究，不免重提「庫頁島」當年是如何被滿清「割讓」給沙俄的歷史，字裡行間義憤填膺，希望「以正視聽」，故探究《薩哈林島行旅》時投射了相當「自我」的民族情懷。相較於中、俄兩國，英美同領域的學者則大多傾向聚焦於契訶夫在該書中所創造出獨特的文藝體裁，強烈的人道主義關懷，以及其作家眼中的「俄羅斯形象」（image of Russia）。不同於當中、俄的學者更傾向於將此書視為文藝創作之際，英美研究者則反而認為，創作《薩哈林島行旅》的契訶夫其實更應該被視為是「民族誌學家」，因為此書的體裁風格相當接近民族誌研究的形式。

綜觀上述這些因各國文化差異所造成研究上視野的不同，筆者試圖爬梳並整理關於《薩哈林島行旅》在俄、中與英美各國研究的最大公約數，將之融會。因囿於行文空間，遂簡短分析如下：

首先，從文藝的角度出發，契訶夫做為一個現實主義與自然主義的作家，就無法不注意到他如何在作品中描繪大自然的風景與人文景觀。契訶夫從不諱言自己從孩提時代就鍾情於大自然，甚至到了迷戀的地步，自然遂成為他生命與存在意義的一部分。例如，他愛頓河草原，並視之為家，每一條小溪他都瞭若指掌，並把如此體驗與心境寫入中篇小說〈草原〉（Cтеп，一八八八）裡。[11]此一風格亦延續至本書中，不少篇幅展露了他對自然細心的觀察與自我的心境。舉例而言，當他描繪「葉尼西河最雄偉美麗的景觀」時，認為它「是被當地土著奉為神祇的自然風景，逃亡的流放者最愛的樂園，同時也是西伯利亞未來詩人取之不盡的黃金題材。」是他「這輩子見過最莊嚴美麗的河流」，「像是強壯有力，虎虎生風的海克力斯，不知如何面對自己的年輕和

11 The Cambridge Companion to Chekhov, ed. Vera Gottlieb and Paul Allain (Cambridge: Cambridge University Press, 2000), p. 4.

力量。」於是，當他「站在河岸注視著寬廣的河面一路奔向北極海時」，心中想著，「生命以呻吟始而以超乎想像的激昂終結」。無怪乎他在給友人信中形容他在西伯利亞的旅程中，有一整個月看著日出而能感受生命的狂喜。[12]

再者，作為一個人道主義者，契訶夫遠比二十世紀人文學家如傅柯（Michel Foucault，一九二六—一九八四），更早注意到文明對狂人、犯罪者、邊緣人所設置的馴化教育與監獄制度，而帝國體系的腐敗更增生許多隱匿的罪惡。契訶夫的關懷不僅出於醫者之心，更來自於他身而為人的惻隱之心。在此書中，有不少部分描述薩哈林島上罪犯生活、典獄官僚腐敗，冤屈和正義難以伸張，公共衛生問題嚴重，以及兩性關係引發的生理、家庭與社會問題。種種慘不忍睹的現實情景一一導引著讀者深思，流放、死形或鞭笞等各類刑罰，是否真能導引人類向善，為人民帶來更美好的未來？俄羅斯文化和文學，以及基督教社會或基督教文學，是否真心關懷或真能幫助這些罪犯？俄羅斯知識分子是否對這些社會問題過於冷漠，缺乏關心和討論，使得這些罪惡產生更多的罪惡，最終致使薩哈林島所發生的一切恍如人間煉獄？

最後，竊以為，《薩哈林島行旅》絕對有資格成為一部民族誌研究參考指南。如若對照俄羅斯在十九世紀後半葉與二十世紀初其他的民族誌專著，例如，早於《薩哈林島行旅》十五年，俄國海軍保羅・伊比斯（П.И. Ибис，一八五二—一八七七）所寫的臺灣調查筆記《福爾摩沙之旅》（*Экскурсия на Формозу: Этнографическое путешествие П.И. Ибиса*，一八七五），又或者是晚於契訶夫十六年到西伯利亞遠東地區探勘的阿爾謝尼耶夫（В.К. Арсеньев，一八七二—一九三〇），於一九〇六至一九一七年間寫下《在烏蘇里的莽林中》（*По Уссурийскому краю: Путешествие в горную область Сихотэ-Алинь*，一九二一），在這些專著中，讀者將十分容易發現，經由旅行、調查與探勘後，以科學角度所記錄的文字、視角、形式和方法，共享了諸多相似性。每到一個新的地區，契訶夫和民族誌作者一樣，必定詳實地記錄人口、性別、職業、人種、天候、地理景觀、風俗、物產和人物等等，如百科全書般的描寫，生花妙筆，鉅細靡遺。因此，此書超越了契訶夫原本的企圖，不僅是本可以瞭解百年前俄羅斯監獄制度的參考指南，更可說是一本俄羅斯遠東部分的民族誌。

於是，懷抱著這些創作動機與體裁等文本背後所透露出的訊息與知識，勇敢又愛冒險的讀者想必已經迫不及待自請「入甕」，想跟隨「文藝男」與「醫科男」契訶夫一步一腳印，進入他的思緒，啟程走這一遭人間煉獄的歷險，時刻深思此書所帶來的種種問題意識與人文關懷。

---

12 Ibid.

契訶夫和《薩哈林島行旅》

「朋友，放下一切，揹上背包來去旅行。」——黑格爾

譯者 劉森堯

個人和《薩哈林島行旅》的邂逅

我從大學時代以來就很喜歡讀契訶夫的短篇小說，後來又愛上他的戲劇，隔不久又因緣際會翻譯了他的四齣戲劇：《海鷗》、《凡尼亞舅舅》、《三姊妹》以及《櫻桃園》，這一切說來都是起因於一場書緣，近年接觸到他的長篇散文作品《薩哈林島行旅》，更是由於一場偶然的書緣所致。人和人之間的互動講究緣分，人和書何嘗不

也是？

契訶夫向來以寫作膾炙人口的短篇小說和戲劇聞名於世，《薩哈林島行旅》是他畢生唯一一本長篇散文作品，最早出版於一八九五年，也就是他從薩哈林島之行回來五年之後，時年三十五，正逢人生壯年，卻因罹患肺疾而命在旦夕，卻也在此同時展開另一黃金創作階段（特別是在戲劇方面），展現了藝術創作更上一層樓的另一高峰，今天大家談論最多的短中篇小說作品，比如《帶小狗的女人》或《第六病房》，以及以《海鷗》和《櫻桃園》為首的幾齣現代戲劇作品，都是寫作於此段期間。

至於難得一見的長篇散文作品《薩哈林島行旅》，當時由於礙於嚴格的檢查法規，在一八九五年首度出版單行本時，書中許多批評俄羅斯獄政和司法制度的文字都必須刪除，整本書因而被修剪得慘不忍睹，契訶夫本人很痛恨這個版本，此書後來於一九〇三年再版，許多之前被刪節的篇幅得以復原，整本書顯得比較完整一些，但還是少了第二十一和第二十二最重要的兩章（批評俄羅斯司法制度最嚴厲且是最有分量的兩章，也是契訶夫自己感到最得意的兩章），許多人都以為這是本書的第一版，其實不是。此時大部分人都把眼光焦點集中在契訶夫的戲劇魅力上面，而忽略了此書的出版，隔年（一九〇四年）契訶夫因肺病復發去世，這本書跟著絕版，從此未再有人聞問，必須等到一九九〇年代，蘇聯共產政權解體之後，這本書的俄文版才以完整面目重見天日（補進第二十一和二十二兩章），西方世界（英德法）迫不及待紛紛出版翻譯版本。

我向來就是契訶夫的忠實讀者，我嚮往他那種簡潔明瞭而充滿敘述魅力的寫作風格，可嘆多年來我在歐洲各地書店卻遍尋本書不著。二〇一九年三月我到澳洲探親旅遊，竟在雪梨一家二手書店不期然看到此書的英譯本，二〇〇七年出版的新譯版本，當下毫不由分說立即購之讀之並譯之，讚美老天，最後還終於出版之！

關於薩哈林島

我們首先來正名，有關薩哈林島的中文名稱問題，在中國古代（唐宋元明期間），薩哈林島稱之為窟說（音悅）或苦夷等，到了滿清時代才叫做庫頁島，一直延續至今仍有人這麼稱呼。如同海參崴和另一西伯利亞東部海港廟街，前者今俄語稱為弗拉迪沃斯托克（Vladivostok），後者稱為尼古拉耶夫斯克（Nikolaevsk）。至於薩哈林島，俄國自從十九世紀中葉完全佔領該島以來，就依滿州語之音稱之為薩哈林島，英文則根據俄語音譯為 Sakhalin Island，日人稱之為樺太島。當今中國大陸和世界各地皆稱之為薩哈林島，其實在中國大陸，老一輩人仍以庫頁島相稱，這是習慣使然，不得不爾。

俄羅斯在十七世紀末葉和中國滿清政府簽訂了《尼布楚條約》，雖未真正沾到甚麼便宜，卻立下了其往東拓展領土政策的基礎，也才會有兩百年後的《瑷琿條約》，正式把西伯利亞東部和薩哈林島納入自己的版圖。最初俄羅斯在和中國簽訂《尼布楚條約》時，沙皇政府還不知道薩哈林島的存在，也就沒有將之納為己有來好好開墾的概念，然而，事情在兩百年之間慢慢起了變化，俄國沒有變得更強，中國卻變弱了，變得弱不禁風，不堪一擊，俄羅斯趁此對其予取予求，中國最後只得把烏蘇里江以東原來屬於中國版圖，包括薩哈林島在內的偌大地方，拱手讓出（一百五十萬平方公里，將近大約台灣面積五十倍大）。

薩哈林島地處日本北海道的北邊，中間隔著一個宗谷海峽（西方稱為拉布魯斯海峽，為紀念發現此海峽的法國冒險家而以他名字命名），兩邊距離很近，在當時一天輪船的行程即可抵達。右手邊是著名的千島群島，從北海道北邊跨過鄂霍次克海，一路延伸到堪察加半島。薩哈林島冬天寒冷嚴峻的程度，比起千島群島和北極圈內的堪察加半島，有過之而無不及。日本北海道的冬天已經算是夠冷了，可是和薩哈林島比起來，簡直就是十月小陽春。契訶夫說，這裡是世界的盡頭，是被上帝遺棄的地方，連魔鬼都害怕！

日本人發現薩哈林島實在無利可圖，天氣又那麼冷，可又不想白白放棄，他們眼睛望向一旁的千島群島，就和俄國商議，經過一番討價還價，於一八七五年兩國簽署一個條約，條約名稱很好笑，叫做《薩哈林島和千島群島互相交換條約》，條約規定，日本全盤撤出薩哈林島，以換取一整系列千島群島的擁有權，兩個不成熟民族所組成的奸巧政府，像兩個幼稚小孩在交換搶奪來的玩具。這則故事還有後續發展，中間歷經一九〇五年日俄戰爭，俄國戰敗，以及二戰日本戰敗，直到今天還在鬧，我們能忍住不笑嗎？

近年薩哈林島四周海域已經測出有六百億桶的石油和天然氣，我看日本人嘔死了，俄羅斯當今首領普丁在二〇一八年宣稱要在西伯利亞東岸築一五百八十公里長的跨海大橋銜接薩哈林島，意思就是要來好好開發薩哈林島，普丁沒去過薩哈林島，可能也不知道那裡的人口只有六十萬人，而且大部分都是犯人和行政人員，契訶夫的時代只有六千人，全都是犯人和獄政人員，以及少數駐軍，他以為那裡的冬天和莫斯科一樣，頂多下下雪而已，對五百八十里長的跨海大橋也沒甚麼概念，以為就像在莫斯科的運河上築一座橋，願老天保佑他！

我要去薩哈林島！

俄羅斯於一八七五年和日本簽訂一紙交換條約之後，決心要來好好經營薩哈林島，將該島闢為另一專門關犯人的殖民地，藉此發展農業，並在那裡設置軍哨站，派軍駐守。契訶夫於一八九〇年七月抵達那裡時，一切都還在草創之中，但也說得上是已經稍具規模了，一切正在蒸蒸日上。

契訶夫為什麼不畏艱險和不顧身家安危，一心一意要隻身探訪在許多人眼中視為畏途的薩哈林島？過去我讀過幾本有關契訶夫的傳記，對於他薩哈林島之行的動機，大多語焉不詳，要不就是根本隻字不提，不過我在此可歸納出幾點可能的因素：第一，契訶夫從小愛讀有關探險家上山下海的冒險故事，他崇拜那些勇於冒險犯難的冒險家，他嚮往那樣的生活，他在給友人的信中常常提到，要不是身上這病（肺病），以及要照顧家人生活，他早去當探險家了，而且還真希望最好能死在探險路途上，可見此番薩哈林島之行決不是突然性起的舉動，不知在心中醞釀多久了。第二，一八八九年，契訶夫當時二十九歲，他寫短篇小說早已名滿天下，名氣僅次於托爾斯泰（當時屠格涅夫和杜思妥也夫斯基已死），可卻在創作上遇到了瓶頸，所寫戲劇《木頭魔鬼》在聖彼德堡演出一敗塗地（幾年後作者重寫此劇並改名為《凡尼亞舅舅》，卻大為爆紅）。此外，幾樁愛情事件搞得他灰頭土臉，情緒低落到了極點。契訶夫從在莫斯科大學讀醫學院以來，一天到晚鬧戀愛，每次鬧得不歡而散，都是起因於他的劈腿行徑，最常發生的是愛上房東太太，開始寫戲劇之後，轉而愛上演他戲劇作品的女演員，卻都不歡而散。

契訶夫這陣子情緒可真低落到了極點，許多朋友都勸他不妨到國外走走，法國、德國或義大利都行，去散散心，他卻突然說：我要去薩哈林島！所有朋友全都驚住，其中最要好朋友也是他的金主蘇沃林先生說：「你可以不要俄羅斯，俄羅斯可不能沒有你啊！」蘇沃林是當時俄羅斯最大報《新時代新聞》的發行人和總編輯，是個報業大亨，他同時包辦全俄羅斯所有火車站書報攤的銷售業務，他的報紙因為刊載契訶夫的小說而銷售量大增，後來又經營出版社，出版許多契訶夫的小說作品，銷路不可抑遏，錢多到流得滿地，但他對待契訶夫相對也十分慷慨，在經濟上有求必應，還幫他照顧他的父母和弟妹，為他們在報館裡安插職務，甚至還幫他買房置產。他愛契訶夫愛到甚麼地步，由一件事情可以看出，有一次他指著他最疼愛的美麗小女兒娜塔莉亞對契訶夫說道：「她以後嫁給你當老婆！」那時娜塔莉亞才九歲，契訶夫已經快三十歲，而且身染肺疾，命在旦夕。蘇沃林雖然不贊成契訶夫的薩哈林島之行（他怕他真的死在那裡），還是為他打點這次旅行所需的費用，並答應每個月寄給他三百盧布（當時中小學教師一個月的薪水是三十盧布，省長或部長一個月的薪水是兩百盧布）。契訶夫預計去一年，並且真的打算要死在那裡不回來（他當時已知身染肺病，可能活不久了），卻跟母親騙說只去五個月，結果他一共去了八個月，一八九〇年四月底從莫斯科出發，十月中從海參崴搭船走海路回來，經由東南亞和蘇伊士運河回到黑海岸的奧德薩，回到家時已經是一八九〇年的年底了。

在當時大家印象中，西伯利亞除了出奇寒冷之外，還是一個法外的窮山惡水之地，交通不便，盜匪猖獗，許多流放犯人在那裡逃獄成功之後，走不出西伯利亞，就窩在那裡就地淪為盜匪，逢人便殺便搶，薩哈林島新近開闢為流放殖民地，據聞也是遍地殺人不眨眼的盜匪，每個人身上都染有梅毒，那裡的生活環境甚至比西伯利亞艱苦百倍，每個人都想逃離那裡，事實上，這些都是誇大不實的傳聞。契訶夫在旅行途中必須不時寫信回去跟母親報平安，其中有一封信這樣寫道：「……這裡除了比較冷之外，一切都很好，這裡的人都很親切善良，整個環境很寧靜安詳，至少這裡的男人絕不會打老婆，也未聞說有殺人搶劫的事情發生……。」事實是否如此，我們無從查知，也許是為了安慰母親，不讓她憂心，不得不這樣寫，但從他整本書的描述看來，在他那個時代，到西伯利亞或薩哈林島旅行，大致說來，應該還算是安全的。其實在那裡旅行，真正對人身安全的最大威脅並不是人，而是大自然的惡劣環境，當時西伯利亞尚未築有鐵路，旅行時只能仰賴河流航行和馬車以及雪橇的運輸，河流經常因暴雨而氾濫成災，道路積雪融化時則是寸步難行，船隻或馬車翻覆意外時有所聞，顯然大自然的威脅大於一切。

會促使契訶夫前往薩哈林島旅行的第三個因素，來自於哲學上的道德問題：契訶夫向來即是個深具人道主義胸懷的作家，他不但同情窮人，同時關懷受苦受難的弱勢族群，曾經有一些批評家批評他和托爾斯泰一樣，只會描寫貴族和中產階級，如今他要來探訪薩哈林島，揭發全世界最惡劣的囚犯生存環境，他要讓他的讀者知道，他絕不是一個象牙塔裡的膚淺作家，他要走入群眾，這本書從一開始在蘇沃林先生的《新時代新聞》連載時，立即引發熱烈的迴響，並引起當局的注意，因而影響了當局在流放地獄政改革的方向。同時也有批評家說，薩哈林島之行是契訶夫畢生創作生涯的分水嶺，如同西伯利亞的勞役苦刑是杜思妥也夫斯基畢生創作生涯的分水嶺一樣。誠然，契訶夫從薩哈林島回來之後，健康受損了，身體狀況變差了，但在創作上卻越發成熟穩重，視野也變得更加寬廣遼闊，比如像《決鬥》、《第六號病房》、《帶小狗的女人》……等等。如果說契訶夫的短篇小說作品然確寫得比莫泊桑好，也更有深度，指的就是這個時期的作品。還有這時期的戲劇，突然發光發熱，比如像《海鷗》、《凡尼亞舅舅》、《三姊妹》和《櫻桃園》等，後世談論最多的幾齣作品，不但當時不斷演出和廣受好評，如今也已經成為現代戲劇獨樹一幟的偉大經典，直到今天還在世界各地不斷演出。

契訶夫於一八九〇年四月二十一日坐火車離開莫斯科，並於四月底越過烏拉山進入西伯利亞，當時西伯利亞尚未築有鐵路，沿途只能航行河流和坐馬車奔波於道路之上，路上驚險重重，發生過多起生命攸關的意外事件，比如夜裡馬車追撞和河水暴漲時的驚險航行，經過一番餐風飲露和有驚無險的旅程，兩個多月的折騰之後，於七月初乘船進入薩哈林島。當船在靠近薩哈林島時，他開始擔心可能上不了岸，更不要說要參訪監獄和屯墾地了，所幸後來順利上岸之後，剛好碰到東西伯利亞總督寇爾夫男爵來薩哈林島出巡，而他湊巧又是契訶夫的忠實讀者，等查明來意之後，立即簽發一張最高等級通行證給他，總督說：「盡量看，咱們不怕人家看！」憑著這張通行證，愛去哪就去哪，愛幹嘛就幹嘛，想看甚麼就看甚麼，唯一條件就是不准接觸政治犯。

真是人算不如天算，契訶夫憑著這張通行證才能在薩哈林島上通行無阻，順利走遍島上各處監獄和屯墾地，而且每到一個地方都受到最高規格的接待，也能深入訪談到許多犯人和許多屯墾者，本書完成後，論其後續效應和文學風格的展現，絕不亞於杜思妥也夫斯基的《死屋手記》，一個是小說家的平鋪直敘風格，另一個是散文家的抒情筆調，這是契訶夫在他那許多膾炙人口的短篇小說和戲劇之外的，唯一一本散文作品，既是報導文學的絕佳典範，亦是散文書寫的上乘結晶之作，我認為是很珍貴的。

契訶夫當年三十歲，在俄羅斯文壇上已經赫赫有名，論名氣僅次於托爾斯泰，當他對外宣布要去薩哈林島之後，許多報章雜誌爭相報導他要參訪薩哈林島的消息，他在一年之間讀遍莫斯科和聖彼德堡兩地圖書館和書店有關西伯利亞和薩哈林島的所有資料。他甚至還專程去法務部的監獄司拜訪高階主管，說明他想參訪西伯利亞和薩哈林島的意圖，他想要一張通行證，對方說：「甚麼通行證？不用！只要亮一下您本人身分證件即可，真是歡迎至極，我們不怕人家看！」結果契訶夫才一離開，該主管立即拍電報給西伯利亞和薩哈林島各監獄說：「請注意，有一位名叫契訶夫的我國著名作家要去你們那裡參訪，記住，別讓他進來！否則大家別想再混！」

結語

最後還有一點，筆者要在此順便補充，細心的讀者在讀本書讀到最後時當會注意到，本書的結尾部分顯得很倉卒草率，不像是傳統一篇故事或一本書該有的結尾樣子，也許我們可以從兩個截然不同的角度來看這個現象，其一，這是契訶夫在後期創作上特有的創新，他尋求一種「沒有開頭」的開頭和「沒有結尾」的結尾的敘述故事風格，這對傳統讀者來講是一種閱讀上的挑戰，比如像短篇小說《帶小狗的女人》，當一對已婚男女在進行外遇故事，故事來到頂峰高潮時，也就是說兩方當事人都陷入極大困擾，在猶疑要不要繼續走下去時，一切竟突然結束了，小說最後這樣寫道：「他們最複雜和最困難的部分才正要開始。」這不像是一篇傳統故事該有的結尾，因為對外遇故事沒做圓滿的交代，可是，仔細想來，也許我們起先會感到突兀，繼則會感受到某種別開生面的美感，不落巢臼，別有韻味。

其二，契訶夫從薩哈林島回來，健康大為受損，他病倒了，他原來早已有咯血紀錄，且已經診斷為肺結核，如今身體更衰弱了，可他臨去薩哈林島之前已經答應蘇沃林先生，回來後在他的報紙《新時代新聞》上面連載他的薩哈林島之行紀錄，而且全俄羅斯的報章雜誌也都早已報導了他參訪薩哈林島的消息，這次回來該寫的東西已經箭在弦上，非寫不可了，所有讀者也都正在拭目以待，然而也許是身子欠安的關係，書中有些部分寫得很意興闌珊，何況契訶夫一輩子還未真正寫過長篇散文的東西，他自己一直覺得寫得很不滿意。更糟的還在後面，當他的《薩哈林島行旅》在《新時代新聞》連載到第二十一和第二十二章時，由於對俄羅斯司法現狀批評太過嚴苛，同時揭露過多當地監獄的腐敗狀況，被當局勒令停刊，在病體和當局阻撓雙重壓力的擠壓之下，契訶夫變得更加意興闌珊，我認為這就是為什麼第二十三章寫得很匆促草率，全書會在這裡草草結束的理由，後來在一九〇三年再版單行本時，雖然有補上先前一些刪節部分，但還是少了上述的第二十一和二十二章，我們不難想像契訶夫當時失望沮喪的樣子，很不幸他隔年就因肺病復發去世了，當然我們今天手上所擁有是個完全齊全的版本，有興趣的讀者在讀本書時，不妨多留意這兩章，事實上這是寫得極好且充滿魅力的兩章，然後就全書而言，這也是一本報導文學的散文結晶，見證著契訶夫確然是個偉大作家。

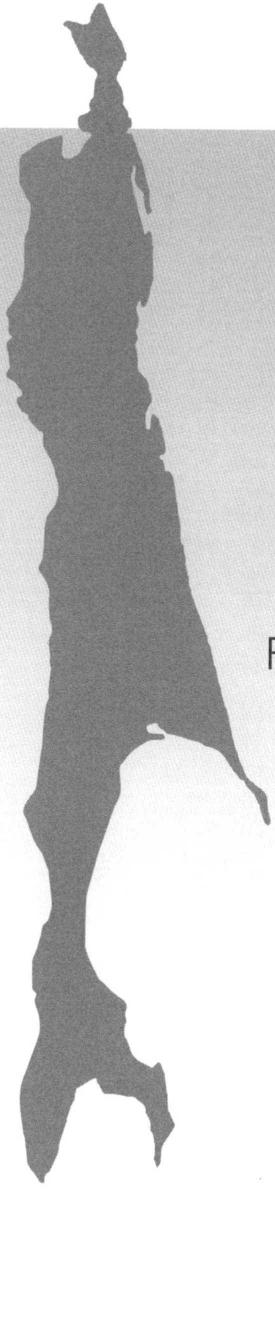

從西伯利亞出發

From Siberia

1

「在你們這一帶的西伯利亞怎麼這麼冷？」

「這是上帝的意旨。」馬車伕回答道。

是的，現在是五月，這時候的歐洲俄羅斯部分，樹林裡早已一片綠意盎然，貓頭鷹也開始在唱歌了，在南方，西洋槐和紫丁香早開花已有些時日了。但是這裡，沿著道路從圖門（Tyumen）到托木斯克（Tomsk），整條路都是土褐色，樹林一片光禿，湖泊上還漂浮著一些零零落落的冰塊，湖泊岸邊和小峽谷裡頭還積滿了雪。

還是有吸引人之處，補償了過來，比如，我這輩子未曾看過數量如此龐大野鳥，我還看到許多野鴨在陸地上走來走去，有的在池塘裡和路旁水溝裡游來游去，有時還會跳出水溝，拍打我乘坐的馬車側旁，甚至想爬進馬車，然後懶洋洋飛入一片樺樹林子。在一片靜默中，突然從空中傳來一聲清脆動聽的叫聲，我抬頭一看，頭上正好有一對野鶴飛過，不知何故，看到這景觀，憂鬱之情竟油然而生。緊接又飛來兩隻野鵝，後面跟著一排美麗天鵝，雪白顏色，一字排開飛掠而過……整個山野傳遍著鷸鳥嚎叫聲音，同時海鷗也加入了咕咕叫的行列……

我們兩輛馬車都覆蓋著蓬布，裡頭坐滿男男女女，他們正從別處移居過來。

「你們從哪裡來？」

「伊爾庫次克。」

在我們馬車後面跟著一位徒步的農夫，踏著沉重步伐，他跟其他人不太一樣，他留著一撮灰色八字鬍，臉頰刮得很乾淨，背部揹著一個類似真空管的東西，用一塊很粗的棉布包著，兩邊手臂腋下各夾著一把小提琴，也都用大塊布包覆著。我不必問他是幹什麼的或是這兩把小提琴是從哪裡弄來的，我一看他樣子，就知道這是個一事無成的人，個性輕浮善變，身子衰弱怕冷，愛喝伏特加酒，一輩子活得渾渾噩噩，像個多餘的無用之人，他起先和父親一起過生活，然後是兄長，他們從未幫他成家立業，也從未為他的婚事做過打算，這真的是個一無是處的傢伙！每次一幹活就叫冷，喝兩杯伏特加酒就醉倒，他會拉小提琴，沒事就和小孩在火爐旁邊奔跑嬉鬧。他可能會去低級酒吧或窮人家婚禮喜宴上演奏小提琴，甚至在野外，老天，在野外演奏小提琴！然後他的兄長賣掉所有的牲畜和家當，舉家遷移到這偏遠的西伯利亞來，他只能跟著一起過來——因為他沒別的地方可去。他隨身攜帶著這兩把小提琴，他們現在來到西伯利亞的這個地方，他會被這裡的寒冷凍得受不了，最後很可能就凍死在這裡，無聲無息慢慢死去，沒有人理會。那兩把小提琴，曾經為他所出生的村莊帶來歡樂和哀傷，最後極可能會以極低賤價格流落到這地區某個商人或是某個流放者的手裡，商人的小孩可能會把琴弦拉斷，把琴橋折斷，把音箱灌滿水……請回去吧，大叔！

後來我坐輪船沿著卡瑪河一路前進時，在船上我又遇到了這群移居者，我記起他們中間有一位留著淡棕色鬍子，年約四十歲上下的農夫，他坐在甲板上的一張板凳上面，他的腳旁堆放著幾個裝著他所有家當的袋子，袋子上面躺著幾個小孩，他們腳上穿著纖維皮做的涼鞋，大家縮成一團，面向著從荒涼河岸吹來的刺骨寒風。這位農夫臉上的表情好像在說：「我現在任憑他去了。」他的眼睛流露出某種嘲弄的味道，但這種嘲弄導向內在，導向他的靈魂，導向他過去的生活，這些皆曾殘酷地欺騙了他。

「情況不可能更壞了！」他笑著說道，上嘴唇微微顫動著。

四周圍一片寂靜，沒有人回應他或想問他任何問題。一會兒之後，他又再次說道：

「情況不可能更壞了！」

「情況會更壞！」另一頭的板凳上坐著一個粗獷的鄉巴佬，顯然不是他們的同夥，他投來一記尖銳的眼神，如此大聲說道。

我們抵達陸地，換了馬車繼續行走。這些人圍在馬車旁邊，緩慢行走前進，有時隨意互相聊談著，他們的臉部表情看起來充滿熱忱，同時也很沉重……我望著他們然後心想：「只因為家鄉不景氣，便毅然放棄自己熟悉的地方，和自己所鍾愛的生活巢穴，離鄉背井來到一個完全陌生的地方，這只有超凡的人類才做得到，英雄……」

隔不久之後，我們遇到一隊被判刑流放西伯利亞的犯人，我們聽到鏗鏘作響的腳鐐聲音，大約有三十到四十個人，沿著路旁一路緩慢前進，兩旁是荷著來福槍的士兵，後面還跟著兩輛馬車。我注意到其中一個犯人和一位美國教士長得很像，另外還有一個高個子，鷹勾鼻，額頭很大，我也覺得很面熟，很像一家藥房站在櫃檯後面專門服務病人的藥師。還有另一個，臉色蒼白嚴肅，看起來像是個長期齋戒的僧侶。我沒有時間一個一個去觀察他們，每個人，包括士兵在內，顯然都快累癱了，路又難走，我看他們快撐不下去了，還好距離前方村莊只剩大約十俄里[1]，他們要在那裡過夜，他們一到那裡，會匆忙填飽肚子，喝點磚茶，然後趕快躺下睡覺，他們才一躺下來，許多臭蟲便一擁而上，這是那些累極想睡的人最痛恨最難對付的仇敵。

一到夜晚，整條道路開始結凍，路上的泥巴紛紛結成小冰丘，我那裝有蓋頂的雪橇開始跳躍和碰撞，聲音由低到高一路響個不停。非常冷，路旁完全看不到任何可以歇息的地方，對向車道也看不到半個旅人……周圍空氣彷彿凝住了，除了雪橇滑動碰地的聲響之外，聽不到半點聲音。我點燃一根香菸，路旁跳出兩三隻野鴨，好像是被點菸的火光驚動。

我們來到一條河流面前，要有渡船我們才能過河，可是岸邊根本看不到半個人影。

「他們划到對岸去了，這些膿包！」雪橇的車伕說道：「來吧，先生，咱們來喊叫。」

1 譯注：一俄里約等於一．〇六七公里。

喊叫，大聲盡情喊叫，求救或是沒事大叫，使盡渾身解數大叫，在西伯利亞，是很平常的事情，大的野獸會叫，小的如麻雀或老鼠也會大叫。

「一隻老鼠被貓抓住了，牠會大叫。」車伕說道。

我們開始大叫，河面很廣闊，在黑暗中我們看不到對岸。河流的溼氣不斷蔓延過來，我們的腳開始結凍，然後延伸到大腿，最後蔓延全身……我們繼續大叫了半個鐘頭，還是沒看到渡船的影子，我們開始變得不耐煩起來。這片水域，天上的星星，還有這片漫無止境的黑暗和寂靜，都讓我們感到不耐煩。在這百無聊賴之中，我和我的雪橇車伕聊了起來，他看樣子已經有點年紀了，他說他已經結婚十六年，生了十八個小孩，死了三個，還剩下十五個，他的父母還健在，他們沒有宗教信仰，也不抽菸，他們一輩子從未走出他們住的小鎮伊希姆（Ishim），因此從來不知道外面的世界像什麼樣子。我的車伕因為在外面闖蕩，見識稍微廣些。除了一樣不信宗教，他倒是可以抽菸。河裡有各式各樣的魚類，但他從來不會想到要捕魚維生，他不知道怎麼捕魚。

我們終於看到了遠方河面上在閃著燈光，一團黑影慢慢往這邊的河岸靠過來，這是渡船沒錯，這是一艘小平底船，有五個划槳手，每個人划兩支槳，槳的葉片很寬，划動時看起來很像螯蝦的兩隻螯在擺動著。

渡船靠到岸旁時，這些槳手們就開始互相咒罵，不為什麼理由，也許是因為太累想睡覺，每個人都處在半昏睡狀態。我仔細傾聽他們在互相咒罵時所使用的語句都離不開「母親」，他們咒罵時提到我的車伕，雪橇，拉雪橇的馬匹，還有河水，渡船，划槳等等時，都離不開「母親」。那幾個划槳手所使用的最溫和無害的咒罵字眼是「你這膿包！」，或是「你這痰裡的大膿包！」，我不懂為什麼罵人那麼愛用「膿包」這樣的字眼，我曾經問人，對方也講不出一個所以然來。此外，我穿著一件羊皮外套，腳上穿長筒靴，頭上戴一頂帽子，在陰暗光線下根本看不清楚，他們卻把我看成紳士，老是叫我「先生」，不過有一位划槳手有一次對著我大喊：「喂，你，你這膿包，站在那裡幹什麼？還把嘴巴張得開開地，趕快過來這邊幫忙上馬鞍！」

我們把雪橇弄上渡船……這些傢伙一邊划槳一邊咒罵，他們都不是本地人，他們在文明社會犯了罪，被流放到這裡來服刑，等服完刑期之後，被發配到村莊裡務農，但種田他們做不來，又覺無趣，就跑來這裡做渡船工作。他們的面容看起來很憔悴蒼老，疲憊不堪。

看看這些什麼樣的面容！想當初這些人來這裡時，手腳都上了手銬和腳鐐，坐上囚犯專用的平底船，然後在路上迤邐而行，晚上睡在臭蟲肆虐的小棚屋裡，到最後都麻木了。一晃眼幾年過去，如今日夜晃蕩在這冰冷的水鄉，每天反覆面對荒蕪單調的河岸，也一樣變麻木了，再也想不起很久以前曾經有過的溫暖日子，現在生活裡只剩下兩樣東西：伏特加和妓女。在這個世界上，他們不再是人類，他們是禽獸。我的車伕認為，來世將更糟，因為他們會因犯罪而下地獄。

2

五月五日晚上，一位年約六十左右的老頭用一輛大馬車載我離開阿巴斯科耶村（Abatskoye），這個村莊很大，距離省會圖門三七五俄里。在我們啟程之前，老頭先到村裡一個大澡堂洗了一個蒸氣澡，用玻璃吸杯吸背部，他說他的背部有一小塊地方會痛，用玻璃吸杯來吸有效。以他現在年齡來看，神清氣爽，說話滔滔不絕，算是相當健康，就是背部會痛和走路困難而已，他的病症是脊髓癆（dorsal tabes）。

我坐入一輛塔蘭塔斯（Tarantas）[2]，老頭不停揮動手上的鞭子，不斷叫喊，當然沒有先前那麼勇猛有力，現在的叫喊有點類似埃及鴿子的呻吟，夾雜著悲嘆。

沿著路旁的空地，一直延伸到遠方的地平線，火像蛇的形狀一路燃燒著，他們把去年的乾草沿路堆起，放火燃燒，但因濕氣太重，火燒得不旺。蛇的形狀中斷了幾處，甚至成為塊狀，然後慢慢熄滅。有的在熄滅後又突然燃燒起來，還往四周圍爆發散出一些火花，上面漂浮著一團白煙。

當火焰突然燒向某株很高的草時，景色非常美，一團火柱會上竄七呎高，往空中噴出一團白煙，隨後立即往下掉，好像在期待地面會張開一個大洞來吞噬它。有時候，這些像蛇的火焰慢慢燒向樺木林，並且從另一面穿透出來，這個景觀更漂亮了，而樺樹的影子則像條紋狀的彩繪變化個不停，從遠處看去，感覺毛毛的，令人感到害怕。

就在這時，在我們前方不遠處的冰丘上，一輛郵政的三駕馬車，對著我們直衝而來，老頭趕緊把我們的馬車拉向右邊，龐大笨重的郵政馬車從我們左邊呼嘯而過，很快後面又有一輛郵車疾速緊跟而至，當我們往右邊偏斜時，對方竟然往他的左邊傾斜，我還在想這會撞上時，說時遲那時快，我們撞上了，迸出一聲巨響之後，我們的兩匹馬和對方馬車在黑暗中攪混成一團，我摔到了地上，所有行李和其他物品都散落在我身上……這時我聽到第三輛郵車正朝著我們奔馳過來，我心裡想：這下子我肯定完了。還好，謝謝老天，我毫髮未傷，我站起來並跳到一旁，同時大聲喊叫：

「停下，停下！」

從這輛空郵車底下冒出一個傢伙，手上抓著韁繩，馬車幾乎停在我的行李上。

幾分鐘的沉默過去，現場一陣笨拙的困惑，好像大家都還搞不清楚是怎麼回事，馬車的軸斷了，馬具也都撞壞了，馬車的鈴鐺掉到了地上，那幾匹馬站在一旁喘著氣，老頭從地上站起來嘴巴喃喃抱怨著，前面那兩輛郵車已經轉了回來，然後另一邊又來了第四輛郵車，還有第五輛……。

緊接著最惡毒的咒罵開始了。

2 編注：四輪大型馬車

「你這膿包！」撞上我們的那個馬車伕大聲喊叫著：「你這大膿包！你眼睛長哪裡去了？你這老狗！」，「誰的錯？」老頭也不甘示弱，大聲喊叫回敬：「你是要負責任的人，還在那裡鬼扯什麼話！」當時大概的情況是這樣：五輛帶著郵件的馬車要回阿巴斯科耶村裡，按規定，返程郵車應該慢駛，不能趕快，但帶頭的郵車車伕可能感到不耐煩，要趕回去取暖，就讓他的馬車快速跑了起來。後面四輛的車伕都睡著了，沒有認真在控制馬車，看到前面第一輛馬車跑快了，也就糊里糊塗跟著跑了起來，意外跟著就發生了。如果我當時在我的馬車上睡著了，或是第三輛郵車跟第二輛郵車跟得太近，沒來得及煞住，後果不堪設想。

那幾個郵車的車伕開始互相大聲咒罵，聲音大到連十俄里以外的地區都聽得到，他們一直互罵個不停。要運用多少惡意以及惡毒的言語句子去編織出這些咒罵人的材料，去摧毀一個人心中所懷抱的善意和愛心，這真是難以想像的一件事情。只有西伯利亞的馬車伕和渡船的船伕最為精通此道，據說他們這一套功夫乃是從放逐到這裡的罪犯所學得，在這幾個馬車伕之中咒罵最厲害的就是剛才肇事的那一位。

「不要再咒罵好嗎？你這大白癡！」老頭大聲叫道，「我咒罵又怎麼樣？」那位肇事的車伕說道，這是個看去頂多十八九歲的年輕小夥子，他說著走到老頭面前，張大眼睛瞪著他看，「我咒罵又怎麼樣？」

「不要自作聰明！」

「我咒罵又怎麼樣？你給我說說看，你到底想怎麼樣？你再囉嗦我就用那支斷了的車軸好好敲你一頓，你這大膿包！」

聽這說話語氣，看樣子會有一場混亂，還好，並沒有。在這樣的夜裡等候天亮，在這寒冷荒涼的野外地區，看著一團一團燃燒著野草的火焰，片片火光並沒有為這冰冷夜晚帶來一絲暖意，看著旁邊那幾匹窩在一起的馬好像很焦躁不安的樣子，我感到一股說不出的孤獨和寂寞。

老頭一邊喃喃自語抱怨著，一邊抬高他的腳（因為他的病）在我們的馬車周圍走來走去，到處找繩子和皮帶子，想用來綁住折斷的車軸，他點著一根又一根火柴，有時還趴到地上，用肚子抵在地上找來找去，甚至連我行李的背帶都要拆下來用。東方已經露出黎明的曙光，野鵝早已醒來，咯咯叫個不停，其他那些馬車伕早已不見人影，只剩下我和老頭留在那裡修理我們的馬車，我們幾乎修好了，可是才一起步，車軸又斷了，我們只好又停了下來……天氣真是冷！

我們拖著腳步慢慢走到附近一個村莊，我們停在一個兩層的木棚屋前面。

「伊利亞．伊凡尼奇，你這裡有沒有馬？」

「有！」有人從玻璃窗後面回答，聲音有些沙啞。

在木棚屋裡頭我遇見一個穿紅色襯衫的高個子傢伙，赤著腳，一臉睡眼惺忪，很勉強地對我微笑了一下。

「我們整晚都在打臭蟲，朋友。」他說道，露出了比較燦爛的笑容，「我們故意不在睡覺的房間生火，房間一冷，牠們就不會『走』出來。」在這裡，臭蟲和蟑螂不是用「爬」的，而是用「走」的，好比人們去旅行時，他們不說去「旅行」，他們會這樣問：「您要『跑』去哪裡，先生？」」，意思是說「您要去哪裡旅行？」

趁他們替雪橇上油，測試鈴鐺，還有等一下要充當我車伕的伊利亞・伊凡尼奇著裝時，我趁機找一個舒適的地方，把頭靠在一個裝著穀物的袋子上面，立刻就睡著了，我夢見我自己的床，我自己的房間，然後我夢見坐在房間裡一張桌子旁邊，對家人和朋友描述我的馬車如何和一輛郵車相撞，才一下子而已，我感覺到伊利亞・伊凡尼奇在拉我袖子，說道：

「醒醒，朋友，馬準備好了。」

一想到自己那麼懶惰，那麼怕冷，全身從頭冷到腳，寒冷像蛇一樣在我身上鑽動，鑽到了骨髓，一想到這個就覺得好笑。我們又出發了……天色已經大亮，天空閃爍著太陽上升前的稀薄亮光，道路上，田野裡的稻草，還有那片可憐的幼小樺樹，上面佈滿一層白色的霜，好像撒了一層白糖，這時不知從哪裡傳來山鶉的叫聲……。

一八九〇年五月八日

3

沿著西伯利亞公路從圖門到托木斯克，路上看不到任何住家或農場，只有大型的村莊，而且每個村莊之間都相隔二十或二十五或甚至四十俄里，路上也看不到私人領地，因為沒有人在這裡置產，一樣看不到工廠或磨坊或馬車客棧……沿路唯一提醒我們與人有關的東西，就是在寒風中哀嚎的電報線網和每隔一俄里的一根道路標示桿。

每個村莊都會有一間教堂，有的甚至有兩間，同時每個村莊也都會有學校。木棚屋，顧名思義，乃是由木頭所建成，一般都是兩層，屋頂都是用木板製成。一般來講，木棚屋的旁邊會有籬笆或一棵樺樹，然後是一棟圍著很低的木板籬笆的房子，這個籬笆很低，低到經過時手都可以放到上面。大家都很喜愛這個籬笆，連貓都不敢跳到上面棲息。

早上五點，經過一夜霜凍和疲憊奔波，我坐在車伕的木棚屋的一個「房間」裡頭喝茶，這裡所謂的「房間」很明亮寬敞，房間擺設簡潔，是伊爾庫次克或莫斯科地區的國人最期盼的休閒房間，房間裡頭極為乾淨，看不到一點骯髒的地方，連一個污點都看不到，牆壁漆成白色，地板全為木板，上面鋪著麻布，房間有一張桌子，一張沙發床，還有幾張椅子，擺著陶瓷器的衣櫃，窗沿上還擺著幾個種植花朵的盆栽，房間角落有一張床架，上面舖滿羽毛被，彷彿一座小山，床旁必須擺著一張椅子，才能爬上這座小山，你一躺下即全身陷進去。西伯利亞人喜歡在柔軟床上舒服地睡覺。

房間角落有一幅基督聖像，兩旁還擺著許多畫像，有當今沙皇肖像（Majesty the Tsar），以及其他歐洲各國聖徒的畫像，甚至還有波斯聖君（Shah of Persia）的畫像。他們用一些商品包裝紙來裝飾牆壁，比如伏特加酒瓶的標籤或是香菸的空盒子，這看起來和那張大床或是地板上木板的圖案有些格格不入，但只能將就了，這裡對藝術水平要求很高，但上帝並不為他們提供藝術家。我們看一下房間的大門，上面畫著一棵樹，長著紅色和深藍色的花，還有幾隻鳥，這些鳥看起來很像魚。這棵樹從一個花瓶裡長出來，從這個花瓶的畫風看來，顯然是歐俄地區（European Russian）的人所畫。很可能是流放犯人的手筆，天花板上的圓圈和火爐上的圖案似乎也是出自他們之手，看起來簡單自然，毫不造作，這不可能出自當地農夫的手筆，他們沒這個能耐，也沒那個時間。他們不可能脫下工作服，專心去搞這些東西，像現在是五月天天氣，華氏四十八度，到處還在結霜，有二十俄里長的草坪要處理。緊接下來是極短暫的夏天，他們要處理腰酸背痛和筋骨緊蹦的問題，他們哪有時間去畫這些東西？他們一年到頭有忙不完的事情，還要不時和大自然從事嚴酷的抗爭，他們沒有機會成為藝術家，去畫畫或唱歌。在西伯利亞的鄉下地區，你不太有機會看到有人在彈手風琴，或是聽到馬車伕在唱歌。

門打開了，我通過走道的入口，來到了另一個房間，裡面很明亮，一樣是木頭的地板，房間裡頭正在燉東西。房子的女主人，大約二十五歲年紀，細瘦高挑，有一張和善親切的臉孔，正在一張桌子上面揉麵團，早晨的陽光正照射在她的臉，胸部以及手臂上，感覺起來她好像在陽光中揉出麵團。她的妹妹正在一旁烤布利尼[3]，廚師正把一桶滾水倒入大鍋裡，鍋子裡頭有一隻剛宰殺的小豬。屋子的男主人正在把一團羊毛塞入鞋子裡，他在製鞋。屋裡的老人什麼都不必做，老祖母坐在火爐旁邊，兩腿懸擺著，口中唸唸有詞，老祖父躺在火爐上的床板上面，不停咳嗽著。他看到我時，從床板上溜下來，跟著我來到我的房間，他似乎很想跟我聊天……他說今年的春天特別冷，已經好幾年沒這樣了，老天，明天是聖尼古拉[4]誕辰，後天是升天節[5]，晚上還在下雪，在前往村裡的路上，竟然有個女的被凍死了，牛群因為缺少飼料，紛紛倒地餓死，小牛也因為連日不停降霜，肚子拉個不停……然後他問我從哪裡來，要「跑」去哪裡，去那裡做什麼，結婚了沒，這裡女人間謠傳即將打仗一事是否為真？

---

3 編注：bliny，一種小薄餅。

4 編注：聖尼古拉（拉丁語：Sanctus Nicolaus，約二七〇年—三四三年），基督教聖徒，米拉城（今土耳其境內）的主教。他被認為是聖誕老人的原型，東正教會尤其重視對他的紀念。他也是俄羅斯的主保聖人之一。

5 編注：Feast of the Ascension，紀念基督耶穌在復活四十日後升天的節日，每年日期不同。

這時傳來一個嬰孩的哭聲，我才注意到床和火爐中間懸掛著一個小搖籃，屋子女主人一聽到嬰孩哭聲，立刻放下麵團，跑進房間。

「真是老天的恩賜！」她對著我說，一面搖著搖籃，一面溫和地微笑著：「幾個月前，有一個鎮上的女人帶著這個小嬰孩從歐姆斯克（Omsk）來到我們這裡，這女人穿得很時髦貴氣……她說她剛在條卡林斯克（Tyukalinsk）生下這嬰兒並在那裡受洗。坐完月子後，帶著這嬰兒辛辛苦苦旅行到我們這裡，就住了下來，住在現在這個房間。她說她結了婚，可是沒有人認識她，我們也不知道她說的是不是真話，她身上也沒帶身分證件……也許這嬰孩是個私生子。」

「這不是由我們來判定。」老祖父在一旁喃喃說道。

「她在我們這裡住了一個星期，」屋子女主人繼續說道：「然後她說她要回去歐姆斯克，回去她丈夫那裡，她說她必須把小孩暫時留下來，小孩的名字叫沙夏，等一個星期之後再回來帶他走。我跟她說：上帝送小孩給人們，有的送十個，有的甚至送十二個，可是我和我丈夫，一個都不肯送我們，祂在懲罰我們，你就把你的沙夏留下來，讓我們把他當做自己的小孩來好好扶養他。她想了一下，就說，她不能做主，她要回去和她丈夫商量，然後在一個星期之內寫信答覆我，她不敢擅作主張。她就把沙夏留下來離開了，如今兩個月過去了，她沒有回來，也沒寫信，老天對我們的懲罰啊！我們把沙夏當作自己的小孩一般疼愛，到現在我們已經搞不清楚他是屬於我們還是別人的。」

「你應該親自寫封信給那鎮上的女士。」我建議說道。

「是的，你說對了，我們應該寫封信。」屋子主人從走道入口那裡說道，他說著走進房間，同時靜靜地看著我，我應該再提什麼建議嗎？

「我們怎麼寫信給她呢？」屋子女主人說道「我們連她姓什麼都不知道，只知道她前面兩個名字，瑪麗亞・佩特洛夫娜。而且，他們說歐姆斯克是個大城，我們也不可能輕易找到她，要找她簡直就像在田野裡捕風，或在稻草堆裡找針。」

「不管怎麼說，找不到她就是了。」屋子主人這麼說，然後又看看我，好像在說：「看在老天分上，幫幫我們吧！」

「我們已經很習慣沙夏的存在，」屋子女主人說道，說著塞給嬰兒一個奶嘴：「不管是白天或晚上，只要一聽到他的哭叫聲，這個房間就立刻溫暖起來，整棟木棚屋顯得很不一樣。可是現在，在這邪惡的時刻裡，她竟然要回來把沙夏帶走……。」

女屋主紅著眼眶，眼淚都快掉下來了，她忍著淚水跑離房間，男屋主低下頭，望著女主人離去，尷尬地笑了笑，說道：

「顯然她已經太習慣他了，這實在很不幸！」其實他自己也一樣習慣了這個嬰孩，一樣不幸，但他是個大男人，不願意承認罷了。

多麼善良的人們！當我一邊喝茶一邊聽沙夏的故事時，他們早已把我的行李拿去放在院子裡的雪橇上，我問他們行李會不會被偷走，他們只是笑笑。

「誰會在大白天偷你的行李？即使是晚上也不會有人偷。」

的確，在這麼長的西伯利亞公路上，從未聽說過有哪個旅人丟了什麼東西，這裡的道德水準很高，擁有優良的傳統。我很確信，若我不小心把錢包遺落在雪橇上，某個非流放者的個體戶車伕撿到了，他甚至打開看一眼也不會，便原封不動還我。我很少搭這裡的郵車旅行，對於郵車服務我只有一個看法：有一次在驛站休息時，因無聊而隨意翻閱這裡的旅客意見書，偶然讀到一則控訴偷竊，他的旅行袋不見了，裡頭有雙靴子，郵政單位沒有立即處理，但事後他們有特別說明，是因為這個旅行袋很快就物歸原主，與郵政車伕完全無涉。至於公路搶劫則聞所未聞。我也在旅行途中遇見過一些流浪漢，起先的確令人害怕，後來發現他們和這裡的兔子野鴨一樣無害。

我一邊喝茶一邊吃著這裡提供的點心：小麥麵粉做成的小薄餅、農村乳酪和雞蛋做成的派，還有小油炸餅和小脆餅。薄餅雖薄，餡卻很飽滿，小脆餅的口味和形狀令我聯想起烏克蘭人在塔干洛和頓河（Taranrog）和羅斯托夫（Rostov-on-Don），販售的黃色蓬鬆的脆餅。在西伯利亞公路上，所有麵包和小點心都是當天手工大量製作，這裡的小麥麵粉賣得很便宜，一個普得[6]才賣三十或四十戈比，還不到半個盧布。

但是一個人不能單靠麵包而活，若是正餐，光吃麵包和小點心是不夠的。想吃午餐的話，他們會為你準備「鴨肉稀飯」，就只有這一樣，沒別的。湯汁看起來很恐怖，任誰都一定沒有勇氣去嘗試，湯汁裡浮著野鴨肉片和內臟，一團混濁，看起來很髒很噁心，光看就已經倒盡胃口。在這裡的一般木棚屋裡面都會堆滿許多死掉的獵鳥，在西伯利亞根本沒有人理會狩獵法，一年到頭都有人在隨意射殺飛鳥，但野鳥還是滿天飛，從圖門到托木斯克這片涵蓋有一千五百俄里的土地就可以看到許多野鳥在半空中飛來飛去，但很難得碰到一個像樣的獵人，能夠成功射殺飛行的野鳥，百中不得其一。大部分獵手只能射到坐著不動的野鴨，而且還不是輕易得手，必須開好幾槍才能射中目標。通常他們都是趴在濕漉的草叢裡，從後面慢慢匍匐接近野鴨，在距離二十步到三十步遠的地方舉槍瞄準，發射的子彈大多落空，好不容易終於有一發子彈擊中目標，他們早已被來福槍的後座力頂撞得鼻青臉腫，這時怎麼樣也高興不起來了，然後他們還必須脫下靴子並撩起濕漉漉的褲管，光著腳涉入冰冷的水裡，步履蹣跚地撿起被射殺的野鴨，他們這裡沒有獵狗。

一八九〇年五月九日

6 編注：pood，約十六・四公克。

4

刺骨的冷風吹拂著，接著下起大雨，連日不停。一位個體戶的馬車伕，從十八俄里外的伊爾提希（Irtysh）把我送到這裡，交給一位叫做費爾多．帕甫洛維奇的農夫，由他繼續載我接下來的行程。他說依目前情況看來，我們無法繼續趕路，伊爾提希河兩岸的道路都已被雨水淹沒，庫茲瑪昨天從普斯提諾耶（Pustynnoye）過來，他說他的馬差一點就淹死在那裡，看樣子我們只能繼續等下去。

「我們到底還要等多久？」我問道。

「誰知道？去問老天爺！」

我走進木棚屋，房間裡坐著一個穿紅色襯衫的老頭，不停用力地呼吸且咳個不停。我給他服用一些杜佛氏散，病況減輕了一些，他說他不相信醫藥，他病況減輕是因為他坐著的關係。

我坐了下來，心裡想著：「今晚怕要在這裡過夜吧？」可要是這老頭夜裡咳個不停，還有那些躲不了的臭蟲？誰又能擔保明天天氣會變好，路上不再淹水？不，最好現在就走！

「我們走吧，費爾多．帕甫洛維奇！」我對屋主人說道：「我不想等了！」

「就依你！」他溫和地笑著說道：「只要不在半路上拋錨，不要在水中過夜就行！」

就這樣我們出發了，雨倒未「傾盆而下」，但還是如他們這裡所說「鞭打」個不停，雨水不斷從馬車的縫隙滲透進來，我們走了約八俄里的泥濘道路，一路蹣跚前進。

「媽的，這鬼天氣！」費爾多．帕甫洛維奇說道：「我這輩子還未見過這種天氣，未見過像這樣的大水，連庫茲瑪都感到害怕，老天保佑，讓我們順利通過！」

突然一個寬闊的湖泊浮現在我們面前，湖上的水早已氾濫出來，狂風不斷吹皺湖面的水，呼呼嚎叫著。我們可以看到湖上的一些小島嶼，以及沒被水淹沒的道路，道路和橋樑都靠木頭支撐，這些木頭現在早已因為潮濕而變軟，甚至開始移位。湖的另一端是伊爾提希河的高聳河岸，一片棕色，景觀十分荒涼，上面的天空籠罩著一片烏雲，河岸上可以看到正在飄著雪花。

我們開始涉水渡湖，湖水並不深，陷在水中的車輪大約只有四分之一亞申[7]而已，所以前進還算順利，只要不碰到水中堤道就行，因此每當我們遇到前面有堤道之時，就必須下馬車，站在水或泥巴之中；為行駛其上，必須在堤道舖上木板，我們讓馬一匹一匹通過，費爾多．帕甫洛維奇卸下馬鞍，把又冰冷又髒的韁繩遞給我。我看這兩

7 編注：一亞申大約等於〇．七公尺。

匹馬一直焦躁不安樣子，強風猛烈吹著，好像要掀開我身上的大衣，雨水不停打在我臉上，非常刺痛。我心裡想著：要不要回頭？但費爾多・帕甫洛維奇始終默默不語，也許他在等我提出這個建議，但我一樣緘默不語。

我們在狂風暴雨中跨過一個一個堤道……有一次還陷在泥巴之中，馬車差一點翻覆。另一次馬匹突然停住不肯走，野鴨和海鷗不停在我們頭上盤旋，好像在嘲笑我們。從費爾多・帕甫洛維奇的表情來看，從他不慌不忙的動作和沉默來看，這恐怕並非他第一次面對這麼惡劣的處境，以前還可能碰見過比這更糟的，他似乎已經習以為常：像沼澤一般的爛泥巴，冰冷雨水和刺骨寒風，他一生在重複這些事情當中度過。

我們爬上一個小島嶼，上面有一間沒有屋頂小屋，兩隻溼答答的馬匹開始拉起屎來，費爾多・帕甫洛維奇了喊一聲，一個留著鬍子的農夫從小屋走出來，他手上拿著一根竹竿，告訴我們接下來怎麼走。他靜靜地走在前面，用竹竿探測水深，帶領我們來到一條狹長小路，他稱之為「壟脊」，我們沿著這條壟脊走到底左轉，然後右轉，走上另一條壟脊，一直走下去就會看到渡船了。

天色漸漸暗了下來，野鴨和海鷗早已無影無蹤，領路的大鬍子農夫也早已回家去了。我們照其指示在第一條狹路上一直走到底左轉，然後跨過一片湖水再右轉，最後終於來到河岸邊了。

伊爾提希河的河面很寬，想當年葉爾瑪克[8]要渡這河時，如果碰到像這樣的狂風驟雨，即使沒有身負盔甲，游過去也必定滅頂。另一頭的河岸很高，也很陡峭，而且一片光禿禿，可以看到這中間有一條縫隙。費爾多・帕甫洛維奇說，穿過那條縫隙往山上走就是普斯提諾耶村莊，也就是我要去的地方。這一邊的河岸很傾斜，高出水面約有一亞申，整個外表看去很荒涼，被河水侵蝕得很厲害，顯得很潮濕，那是河水的浪花兇惡衝擊的結果，河岸看起來沉悶邋遢，除了蟾蜍和一些重刑犯，是不會有人來的。伊爾提希河既不濺出水花也不發出隆隆叫聲，好像只是在輕輕敲打它底下的棺材，彷彿這是一個受詛咒的地方。

我們來到渡船人所住的木棚屋，一個傢伙出來說現在要渡到對岸是不可能的，天氣太惡劣了，我們必須等到明天。

我們只好留在那裡過夜，整個晚上我聽見的是，車伕和渡船人的鼾聲、風的呼嘯聲、雨水打在窗上的聲音，還有伊爾提希河敲打河底棺材的聲音……我隔天一早走去河邊，風小了些，但雨仍不停下著。看來今天仍無法啟動渡船，也許他們可以用小船送我一個人過去。

這一帶的渡船業務由這個地區的農人所組成的商業公會經營，他們不用除役之後

8 編注：葉爾馬克・齊莫菲葉維奇（Yermak Timofeyevich，一五三二—一五八五），橫行於伏爾加河與頓河地區的哥薩克首領，其作為沙俄征服西伯利亞的先遣者而聞名後世。

的流放犯人充當渡船的員工，他們只聘用自己人，意即當地農人，成為自由的個體戶，他們享受個人權利，同時承擔必要的責任。他們都親切善良。我現在已經安全渡河，正爬越陡坡到道路上，一隻馬已經等在那裡；他們在我身後，祝福我旅途愉快，身體健康，凡事順利……同時，伊爾提希河仍然怒濤洶湧。

一八九〇年五月十二日

5

這洪水真是一場懲罰啊！在寇利凡他們不肯分派驛馬給我，他們說沿著歐布河那一帶地區都已經氾濫成災了，要旅行經過根本不可能。他們甚至已收回郵件，等待上級新的指示。

在驛站有人建議我，雇一個非流放犯人的個體戶車伕，用馬車先送我去一個叫做維昂的地方，再從維昂去克拉斯尼雅爾，從那裡再換走十二俄里的水路到杜布洛維諾，到了杜布洛維諾就有驛馬可用了。我按照他們的建議，先到維昂，再到克拉斯尼雅爾，然後他們送我去一個叫做安德烈的農夫那裡，他有一條船。

「我有一條船，沒錯！」安德烈說道，他年約五十，身形瘦削，嘴上留著淡褐色的小鬍子。「我確實有一條船！今天一早他們載送一位『巡迴法庭』的職員去杜布洛維諾，應該很快就會回來，你就在這裡等一等，喝杯好茶。」

我喝了一些茶，小睡了一會兒……醒來時就問一下船回來了沒，還沒。他們的女眷事先把火爐搬來房間，所以睡覺時一點都不覺得冷，剛好現在她們又在這裡烤麵包，房間很暖和。直到麵包都烤好了，就是沒有船的消息。

「他們竟然派了一個不可靠的小傢伙去！」屋主搖搖頭，嘆一口氣：「動作又慢又鈍，像個女人。他一定是被風雨嚇到了，還不敢開船。先生，要不要再來點茶？你一定覺得很無聊，是吧？」

這時我看到一個蠢蛋穿著一件破爛的土耳其長袍，赤著腳，全身溼透，一手抱著一堆柴火，另一手提著一桶水，從走道入口走進來。張望一下房間，看看我，搖晃著他那頭蓬鬆髒亂的頭髮，發出一聲小牛的叫聲，然後就離開了。光看他一臉濕漉的臉龐，無神的眼神，還有那怪裡怪氣的叫聲，就可以感覺到這屋子並不是很有秩序，隨時都會出亂子。

中午過後，有一個個子很高，體魄很健壯的傢伙駕著馬車來屋主家裡。他的後腦勺看起來很像牛，手掌非常大，令人聯想到歐俄地區領域裡正在發福的酒吧老闆。他名叫彼德·佩特洛維奇，住在鄰近的村莊，擁有五十匹馬，和他弟弟從事運輸事業，提供馬匹給非放逐犯個體戶車伕做生意，也提供馬匹和馬車給郵政驛站。他耕耘和買賣土地，另也也買賣牛隻，眼下正要前往寇利凡做一筆生意。

「你從俄羅斯那邊過來？」

「是的，俄羅斯。」

「我從未去過那裡，我們這裡有人去過托木斯克，回來後得意得要命，好像已經踏遍了地球一般。他們在報紙上報導，說要在這裡建鐵路。告訴我，先生，你覺得有這可能嗎？噴著蒸氣和黑煙的玩意兒，這我懂，可是它穿過我們的村莊時，會撞倒木棚屋，會壓到人啊！」

我向他解釋整個狀況，他聽得津津有味。「跟你談話真有意思，有趣極了！」他說。

我在和他進一步聊談之後，我發現這個健壯傢伙不僅去過托木斯克好幾次，甚至還去過伊爾庫次克和伊爾比特。他在結婚後才開始努力學習讀書寫字。他望著屋子主人，屋子主人只去過托木斯克，顯得很謙遜，只能專注聽這傢伙講話。我們這位客人，每當有人奉茶給他，或服務他任何事，他都很有禮貌地回覆：「真不好意思麻煩您了！」

屋主和客人就這樣坐在那裡喝著茶。一位農婦，她是屋主的媳婦，端著盤子，彎著腰在一旁服侍他們喝茶。他們只是靜靜地喝著茶，火爐旁茶壺的水已經煮沸了。我又爬回那像柔軟棉被山似的大床，我躺了下來，翻翻書，然後我又爬下床，想寫點東西。時間一分一秒過去，很長的時間感覺一晃眼就過去了。農婦仍舊彎著腰，服侍屋主和客人喝茶。他們坐在那裡，繼續一聲不響喝著茶。

「巴——巴！馬——馬！」那個蠢蛋突然出現在房間門口嚷叫著。

還是沒有船的消息！天色已經慢慢轉暗，他們在房間裡點上一根牛油蠟燭，彼德．佩特洛維奇老是不厭其煩反覆問我要去哪裡，去那裡幹什麼，是不是要打仗了，我身上這支手槍值多少錢。後來他自己也覺得煩了，就靜靜坐在桌旁，用拳頭頂著臉頰，陷入了沉思。蠟燭繼續燃燒著，燒到燭心都掉了下來。房門突然應聲打開，那個白癡走了進來，坐到一個箱子上面。他上半身袒露，瘦骨嶙峋，好像竹竿一般，他就一直盯著蠟燭看。

「出去，給我出去！」屋主大聲說道。

「巴——巴！」又是一聲小牛的叫聲，他彎著腰跑到門口，又叫了一聲：「馬——馬！」

雨水打在窗子上面，屋主和客人坐下來吃鴨肉粥，我看他們根本就不想吃，只因為無聊才勉強去吃……屋主的媳婦在地板上舖上羽毛棉被和枕頭，屋主和客人脫下衣服，在那上面躺了下來。

多麼無趣！我忍不住聯想起家鄉這個時節的情景。現在早已是春天，早就沒有冰冷的雨水打在窗上。可是不知何故，我現在老是把這裡的情況和家鄉緊緊聯繫在一起，在那裡蠟燭的燭心也會燒到掉下來，人們也會「巴——巴，馬——馬！」地叫，我才不要這些。

我把我的羊皮大衣舖在地板上。我躺了下來，把蠟燭挪到我頭附近。彼德·佩特洛維奇抬起頭看我。

「我想跟你說明一些事情，」為了不讓屋主聽到，他壓低音量說道：「在西伯利亞，人們一般都很遲鈍，沒什麼才能。他們從俄羅斯為我們帶來羊皮大衣，白色棉布的衣服，陶器和釘子，而我們卻一樣東西都不會做，我們只會耕田和載運客人，其他什麼都不會，甚至連捕魚也不會。笨拙的人們，老天，真是笨拙！你如果生活在我們之間，什麼都不做，最後除了體重大幅增加之外，你什麼好處都得不到，靈魂和精神層面還是一片空白！我們什麼都不做，就只有吃。真是可憐，先生！這裡的人其實都還不錯，他們心地都很善良，不會幹壞事，他們不偷不搶，不會冒犯你，也不是真的那麼愛喝酒。但他們不是真正的人類，他們是黃金打造的灰塵，你還來不及看清楚，他們就一溜煙不見了，一文不值，像一隻蒼蠅或一隻蚊子，對任何人毫無益處。你不妨問他們：你活著是為了什麼？」

「一個人要工作，藉此賺取自己的衣食，」我說道：「他還需要什麼？」

「他還應該了解，他活著是為了什麼。在歐洲的俄羅斯，他們一定都了解這個。」

「不，他們並不了解。」

「怎麼可能，」彼德．佩特洛維奇說道。他想了一下，繼續說：「人又不是動物，人不是馬。比如說，在這整個西伯利亞地區，我們就看不到所謂的公平正義。也許以前有，現在被冰凍了起來，但我們不能沒有這個東西。我是個有錢的傢伙，有權又有勢，和『巡迴法庭』有很穩固的關係，因此我可以任所欲為。比如說，我只要一不高興，明天就可以讓這裡的屋主鋃鐺入獄，關到死為止，讓他的小孩在鄉村地區到處流浪，無親無故……沒有人拿我有辦法，也沒有人能為他做什麼，為什麼會這樣呢？道理很簡單，我們沒有公平正義……。我們在教區註冊時，當然都是平等的人類，我是彼德，他是安德烈，然而到了現實世界，我們變成了狼，也許上帝會看到這一切並加以裁判……這不是開玩笑，這是當務之急。屋主一天到晚就躺在那裡，什麼事都不做，只是每天在頭上劃三次十字架的樣子，好像他活在這世上就是專門要做這件事情而已，他賺許多錢，都藏了起來，就在你眨眼之間，他已經進帳了八百盧布，他都用來買馬。真不懂他為什麼要買那麼多的馬，他有自問過為什麼要這樣做嗎？有一天你死了，這些又不能全都帶走！也許他有這樣問過自己，只是搞不懂而已……他並不是很聰明。」

彼德・佩特洛維奇講了很多話，幾乎是沒完沒了，現在終於講完了，天也快亮了，公雞已經在啼叫了。

「馬——馬！」白癡又在學小牛嚎叫：「巴——巴！」

還是沒有船的消息！

一八九〇年五月十三日

6

我在杜布洛維諾獲得馬匹，繼續我的旅程。離托木斯克四十五俄里時，我又聽到消息，說托木河（Tom）早已氾濫成災，人和馬車根本不可能通過，只有坐船一途。和克拉斯尼雅爾一樣的老故事，船已去了另一頭。由於風浪太大……我們只能等待！

早上的時候下起了大雪，地上已經積了一點五亞申厚的雪（今天是五月十四日！）中午時又下起了大雨，剛好把積雪沖走。日落之時，我站在岸邊觀看船隻和猛烈的波浪奮戰，這時漫天飛舞著雪花和冰雹……就在這時，在這大雪紛飛和冷峻的氣息底下，天空竟傳來隆隆雷聲，許多馬車伕開始涉水，他們說這意味著將開始回暖。

這是一艘大船，大約二十普得重的郵件和我的行李堆在甲板上，用一塊濕漉漉的韌皮舖蓋覆蓋著。一個郵政人員，高而年邁，坐在其中一件行李上面，我坐在我的皮箱上面。一位滿臉雀斑的小個子士兵坐在我的腳尾端，你可以用一台軋布機壓一下他的大衣，看看能夠壓出多少水來，水會從他的帽沿沿著肩膀滾滾流下，形成一個小水塘。

「老天保佑我們，發動啦！」

我們划著槳沿著玫瑰柳藤草一路往前推進，槳手們一邊划槳一邊聊天，他們談到才十分鐘前，兩匹馬溺水死了，馬車裡一個男孩及時抓住河旁的柳藤草才獲救。

「專心划槳，孩子們，要講話等一下再講！」舵手說道：「拿出吃奶的力氣！」一陣強風襲來，這是暴風雨要來的前兆，光禿的玫瑰柳藤草往水裡傾倒，發出哀鳴，河水突然變得混濁，巨浪到處亂竄……。

「咱們轉入草叢裡，孩子們，等風雨過後再走！」舵手輕聲說道。

船轉入草叢裡，有一個槳手卻突然說，有暴風雨來襲，轉入草叢常常一等就是一個晚上，也有可能溺死在這裡，為什麼不繼續趕路？大家決定投票表決，而結果是繼續前進……。

河水變得很混濁，狂風暴雨猛烈吹拂，眼看著遠處的對岸又遙不可及，萬一遇難時唯一憑藉的身邊的柳藤草，也越離越遠，已經遠遠拋卻在後……。那位郵政人員對大風大浪似乎已經習以為常，靜靜躺著，完全不為所動，槳手們靜靜地默不作聲，那位阿兵哥的脖子早已漲得一片通紅，我的內心也變得很沉重，心想，要是船翻了，第一件事情就是先把羊皮外套扔了，然後是背心，然後……。

這時我發現我們離岸邊越來越近，槳手們划得非常起勁，已經離岸邊不遠了，大家心情輕鬆愉快了起來。然後，距岸邊不到二十一呎時，我也輕鬆愉悅了起來，一個想法於是浮現：

「其實當個懦夫也沒什麼不好，當大家突然變得很高興時，你並不太需要去附和他們。」

一八九〇年五月十五日

7

我很不喜歡看到一個有文化教養的流放犯人站在窗邊，靜靜地眺望鄰居的屋頂。他眺望時心中在想些什麼？我也不喜歡他和我談瑣事，盯著我的臉看，好像在說：「你就要回家了，我卻不能。」我不喜歡這樣，因為這種情況我只感到無比同情，其餘什麼都說不上來。

我們常常談到死刑的問題，大家總認為現今死刑只用在一些少數極端個案是不對的；但以較重刑罰取代死刑，仍有其重要的現實意義。一方面是終身懲罰，另一方面和死刑的意義一樣，那就是將犯者和他所生存的社會永久隔離，這有別於死刑盛行時代的非人道作為，但卻有相同的懲罰效果。在我們俄羅斯較人道的立法底下，以較重刑罰取代死刑，一般包含兩種方式：懲罰和矯正，以終身服刑方式行使之。被判服苦役的罪犯，通常伴之以強迫性的永久移居該地，沒有工作和住居自由，且永遠不准回到原居地。這很痛苦，因為這等於終生服刑，除了不是監禁在監獄之外，這和終身監禁實際上並無兩樣，整個大西伯利亞就是他的監獄，他必須終身隸屬於這裡的「犯人小隊」，永久剝奪公民權利，印上犯人標記，終生流放西伯利亞至死為止。我想到歐洲的死刑問題，他們至今仍然無法廢除死刑，在歷史上他們太習慣於死刑，以至於遲遲無法加以廢止[9]。

我深信在五十年或一百年後，他們看待無期徒刑會深感困惑，如同我們現今看待過去的劓刑[10]或砍掉左手指一樣感到困惑難堪。我同時也深信，儘管現今的放逐式終身監禁，在我們自己看來也顯得不合時宜，但我們想不出更合理更符合公平正義原則的方式取代。我們眼下缺乏這樣的知識或經驗，更進一步說，我們缺乏這樣的勇氣，我們不想犯錯，也不想走極端，所有非以知識和經驗為基礎的企圖必將歸於失敗命運。雖然說起來很奇怪也很悲哀，但我們尚未嘗試解決眼下問題，那即是監禁或放逐哪一個比較適合俄羅斯，因為我們不了解監禁或放逐是什麼。不妨看一下我們有關監禁和放逐的文學，真是貧乏得可憐！兩三篇短篇論文，有興趣的人寥寥無幾，好像我們俄羅斯沒有監禁和放逐制度，也沒有苦役，二三十年來，我們的知識階層老是重複說，罪犯是社會產物，卻從不注意這樣的產物代表什麼意義，從不關心如何處理這種產物的問題，這樣的冷漠態度，在一個基督教社會或基督教文學而言，實在難以理解。問題主要在於我們俄羅斯的律師和法學人士欠缺法學教育，他們的法學知識很有限，因此他們只能抱殘守缺，充滿偏見。他們坐擁高位，領受高薪，任意判人生死，至於判

9 譯注：歐洲後來在二十世紀中已陸續全面廢除死刑，可惜契訶夫沒有機會看到

10 編注：割去鼻子的刑罰。

決之後，犯人如何監禁或流放，比如說西伯利亞是什麼樣的地方，他們完全沒有概念，也不關心，因為那是另一群人的職責問題，與他們無關。

依我觀察，這裡的永久居民主要有政府行政人員，從事運輸工作的馬車伕和搬運工人，我曾和他們交談過。另外還有受過較高層次教育的放逐犯人，他們以前大多從事政府行政工作，有的還做過公證人和會計師等行業，其中甚至也有出身世家的紈褲子弟，他們大多是犯了侵占公款或詐欺等罪責被定罪之後流放來這裡，如今他們都過著卑微謙遜的生活。另外還有一樣為數較少類型流放犯人，有點類似果戈里《死靈魂》筆下諾茲德利幼夫那樣的角色，這種人到處都有，不管年紀多大，處境如何，他們就是他們自己，只想走自己想走的路，他們不會永遠窩在一個地方。他們像吉普賽人那樣到處游移不定，也因為如此，要仔細觀察他們相當困難。在這較少數的人犯當中，除了諾茲德利幼夫此一類型之外，我們常會碰到的一種就是他們稱之為「不幸的可憐蟲」的知識分子，這類人早已全面墮落，一副邪惡模樣。但他們很容易引起他人注意，每個人一眼就能認出他們，他們過的也是一種卑微謙遜的生活。

這一類知識份子剛來的時候，都會露出一副困惑而不知所措的神情，既膽怯又頹喪。他們大部分都很窮困，幾乎是一文不名，而且什麼都不會做，大概只會寫東西，但這在這裡幾乎毫無用途。有些人會在兩三年內變賣身上的一切，包括他穿的襯衫和內衣褲，還有手帕圍巾等等，最後死於貧窮（比如不久前死在托木斯克的庫佐甫列夫就是最典型一例。他是「塔干洛海關集體貪腐事件」的關鍵人物，後來一位好心人士，也是流放犯人，出面為他處理後事）；其他人則逐漸安頓適應下來，服滿刑期之後，有的從商，有的從事法律事務，有的為地方報紙寫文章或是去上班當職員。他們每個月所得大抵不會超過三十到三十五盧布，但夠他們過卑微謙遜的生活了。

可是他們會覺得這裡的生活枯燥乏味，和歐俄鄉下地區相較起來，他們會覺得西伯利亞的鄉村景觀實在過於單調無聊，荒蕪而毫無生氣，五月的升天節還在降霜，五月的惠特禮拜天[11]竟然還在大雪紛飛。鎮上的住宿很糟，道路充滿泥濘，商店裡所有東西都很貴，不新鮮且數量很少。一個習慣於歐俄生活的人一到這裡根本就無所適從，不會想在這裡花錢，更談不上可能會愛上這裡。這裡受過教育的階層，不管是從事智力或體力工作，則是一天到晚喝伏特加酒喝個不停。他們毫無節制地大喝特喝，從沒有停下來的時候，卻從來不會醉。每次不管什麼場合遇到他們，還沒說上兩句話，他們一定會這樣說：「先來兩杯伏特加怎麼樣？」出於無聊，一個流放者每遇到這場合一定奉陪到底，起先會假裝客套一番，最後一起成為酒鬼。說到成為酒鬼這回事，實情是當地居民使流放者成為酒鬼，而從來不是流放者使當地居民成為酒鬼。

這裡的女人之乏味無趣和西伯利亞的枯燥景觀幾乎沒什麼兩樣，她們從來不帶

11 譯注：契訶夫來的這一年，惠特禮拜天是五月二十日。

笑臉，一臉冷淡，而且根本不知道怎麼穿衣服，也不會唱歌，根本不笑，更甚者，長得又不漂亮。有一次一個當地居民和我聊天時就說：「她們實在是粗鄙得筆墨難以形容！」

也許在未來西伯利亞會出現一兩個著名文學家，小說家或詩人，他們的作品絕不會以女人為主角。她們不可能激發任何男人去從事高尚行動，比如她們有危難時捨命去拯救她們，或是雙雙攜手奔向天涯海角去尋求永恆的幸福。除去那些簡陋的酒館、「家庭澡堂」[12]，還有某些男人愛去的隱密場合，在這鎮上實在找不出可娛樂的地方，在秋冬數不盡的漫漫長夜裡，一個流放者除了呆坐家中，就是去某些地方喝伏特加酒。他們會一口氣連灌好幾瓶，中間再伴以半打的啤酒，然後千篇一律地說：「怎麼樣，咱們來一趟那裡之旅？」「那裡」指的就是妓院。疲乏、瑣碎，無聊！對那裡的知識份子來講，實在談不上有什麼精神消遣可言，他也許會讀一些無用之書，比如李波的《意志之病》[13]，要不就是在春天來臨時穿上一條淡色長褲出外走動一下。李波這本書寫得很枯燥乏味，而且，你的意志早已被消蝕殆盡了，為什麼要去讀一本談意志之病的書？穿一條淡色褲子也許會覺得冷，但至少是個變化！

12 編注：妓院的別稱

13 編注：這是一本法國心理學家李波寫的書，俄譯本出版於一八八四年，曾風行一時。

8

我認為西伯利亞公路可能是世界上最長同時也是最醜的道路。從圖門到托木斯克，今天之所以能夠通行無礙，並不是因為官方的整建，而是因為其自然的地形之形成所致。這裡有一望無際的光禿大平原。昨晚剛下過雨，但是經過一個夜晚之後，整條道路又變乾了。一直到五月前，道路上會堆滿雪融的冰丘。馬車可以繞著這些冰丘，在曠野上自由自在奔馳。從托木斯克開始是一大片無邊無際的台加（taiga）[14]和山巒，土壤乾得很慢，我們無法繞道，只能沿著幹道前行。許多旅行者一過托木斯克之後就開始一路咒罵個不停，並寫入旅客意見書。官方閱覽過這些投訴，每一個皆回覆：礙難改善。為何花力氣去寫？中國官方早就有一個印有此句的印章了。

從托木斯克到伊爾庫次克，有兩位中尉和一位軍醫與我同行。其中一位是步兵中尉，頭上戴著一頂亞斯特拉汗織帽。另一位中尉是個地形學家，右肩上別著一個軍官識別肩帶。每當我們經過一番奔波折騰之後來到驛站，疲憊地跌到沙發椅上，他們就咒罵：「什麼骯髒爛路！」驛站的工作人員和腳伕就跟我們說：

「這還不算什麼，等一下你們到了柯茲卡（Kozulka）就知道了！」

我們從托木斯克出發以來，每到一個驛站休息時總會有人跟我們這麼說。這裡驛站的工作人員神祕地跟我們笑笑，對向的旅人幸災樂禍地說：「我撐過來了，現在輪到你們啦！」我開始想像神秘的柯茲卡，是一隻有著長嘴和綠眼的大鳥。

柯茲卡是一條長達二十二俄里的一個地段，連接切爾諾森斯卡亞（Chernorechenskaya）和科祖爾斯卡亞（Kozulskaya）驛站（在亞欽斯克〔Achinsk〕和克拉斯諾雅爾斯克〔Krasnoyarsk〕兩個城鎮之間），在兩三個驛站前開始出現徵兆。一個對向的旅客說他已經在那裡翻過四次車了，另一個說他斷了車軸；還有一個，抑鬱不語，當被問及路況如何，他回答：「非常好，見鬼去吧！」他們三個都用憐憫的眼光看著我，好像在看一具屍體那樣，因為我馬上就要過去了。

「你極有可能會撞到東西，然後陷在泥巴裡頭！」他們嘆息地說道。「你們最好用驛站的馬匹。」

越是靠近柯茲卡時，我們越是感到害怕。傍晚時分，離切爾諾森斯卡亞驛站不遠時，載著中尉和軍醫的那輛雪橇突然翻覆，他們的行李、軍刀、裝著小提琴的盒子，連人一起拋入泥巴裡。在幾乎抵達離切爾諾森斯卡亞驛站時，車伕突然說馬車底盤下的一根鐵條彎掉了（這根鐵條連接馬車前半部和後半部車軸，如果彎曲或斷掉，後半的車身就會著地）。我們一進入休息站就立刻著手修理。五個渾身蒜頭和洋蔥臭味的

14 編注：指的是覆蓋西伯利亞大部分中部地區的茂密、難於通行的針葉樹林地。

馬車伕過來把骯髒的馬車翻倒，他們身上的臭味濃到讓我覺得窒息想吐。他們拿起鐵鎚開始敲打那根鐵條。他們告訴我說，這輛馬車還有一些別的問題，一根橫樑斷了、一個大螺絲鬆了、三個小螺帽跳出來了，我完全不懂這些，也不想去懂……天色很暗，很冷，很無趣，我疲憊不堪……。

在休息站的房間裡，一盞小燈懨懨地燃燒著，有著一股煤油、蒜頭和洋蔥混在一起的臭味。在一張沙發上躺著那位戴著亞斯特拉汗帽子的中尉，旁邊坐著一位留大鬍子的傢伙，正在懶洋洋套上他的靴子。他剛接到命令要去一個地方修電報，可是他不想去，他想睡覺。地形學家中尉和軍醫坐在一張桌子旁邊，用手撐著頭在打盹。中尉不時傳來打鼾聲音，同時從屋外院子裡也不時傳來鐵槌敲擊聲。

他們在聊天……休息站裡大家聊天的內容不外是批評當地政府，還有不停咒罵這條道路。但他們對郵政和電報卻有所保留，在整條西伯利亞公路上，這兩樣業務到處可見，但它們並不專斷，因此並沒有什麼好令人不滿。一個精疲力竭的旅行者，還要走一千俄里才能到達伊爾庫次克，在休息站聽到的談話內容，只令他覺得恐怖。在大家的聊天當中，他們提到有一位皇家地理協會的官員，有一次帶著太太在這條公路上旅行，馬車在路上摔壞好幾次，最後被逼迫在森林裡過夜。有一位夫人因為道路過於顛簸，腦袋被撞裂。有一個稅務官陷在泥濘裡十六個小時，最後花了二十五盧布請當地農夫將他拖拽出來，送往休息站。還有，幾乎所有馬車都要經過千辛萬苦才能成功進入休息站。這些談話迴盪進內心深處，像是鳥的哀啼在預示著凶兆。

上述那些瑣碎的故事，如果和郵政工作的辛苦狀況相比，根本就不算什麼。要是我們有機會在一旁觀察西伯利亞郵件的運送過程，好比說，從伯姆（Perm）或伊爾庫次克到這裡，那種辛苦程度真叫人看了欲哭無淚。首先，一大堆郵件，分袋裝好，還有許多裝在皮袋子裡的貴重物品，全都堆在伯姆等候上路，常常一等就是幾天幾夜，因為遲鈍的輪船運輸經常會和火車銜接不上，只有等待一途。從春天到六月，從圖門到托木斯克這一段道路，郵件必須在道路上和氾濫成災的河流以及泥巴不停奮戰。我記得有一次，由於一場大水，我必須在一個驛站等候二十四小時，那些郵件從頭到尾陪著我在那裡等候。當他們跨越河流和氾濫的大水地段時，這些郵件分成幾艘小船運送。船最後能夠安然度過險境，我看除了郵政人員的母親在家熱心祈禱之外，真不知道還有什麼其他別的理由。從托木斯克往上到伊爾庫次克，要奔波十幾到二十個小時，中間要經過多少崎嶇難行的地段，其險惡程度絕不亞於柯茲卡地段。五月二十七日，我在休息站時有人告訴我，不久前卡茲卡河的橋斷了，郵件馬車剛好經過那裡，馬匹差點淹死，郵件差點被河流沖走，這樣的事情幾乎每天發生。對郵政人員而言，早就已經成為家常便飯了。前不久，我搭馬車前往伊爾庫次克時，連續六天都沒被莫斯科來的郵車趕過，這說明這期間路途上一定發生了什麼意外，被拖延了。但這顯然是很平常的事情，沒什麼好奇怪。

西伯利亞的郵政人員肯定是一群殉道者。他們背負沉重的十字架。他們是不被家鄉所知的無名英雄。他們辛勞付出，和大自然拚命搏鬥，他們工作辛勤的程度遠遠超出他們應得的報酬，你對他們的待遇一定毫無所悉，你有看過他們之中有誰戴過什麼勳章嗎？他們也許比那些只會寫而「不採取行動」的人更為有用處，可是他們在你面前時，卻是一副膽怯而無所適從的樣子。

就在這時，有人宣布馬車已經修好，大家可以準備出發了。

「醒醒！」軍醫把戴亞斯特拉汗帽的中尉搖醒：「咱們越快穿過這可惡的柯茲卡越好。」

「先生們，不要把魔鬼想成那麼恐怖樣子，」大鬍子安慰我們大家：「你們要是害怕，請步行通過這二十俄里路程。」

「是的，但願你不要陷在泥巴裡就好！」一位工作人員說道。

天空中晨星微微閃爍著。天氣很冷，車伕還未把馬車拉出院子，他們總是喃喃自語著：「真是的，又要跑這段路，願老天保佑我們！」我們途經鄉下田野，車輪駛過會陷入的濕泥巴，以及乾泥巴和坑洞交替出現。當車輪輾過木頭車道滑入爛泥巴時，鋪在上面的木頭就像肋骨那樣往旁邊翹起，這時車內的人心中就頓一下，車軸也跟著晃了一下……我們終於走完這片田野路段，終於要進入可怖的柯茲卡路段了。這路的確險惡，但相較之下，並不會比托木斯克省的馬林斯克鎮（Mariinsk）那一帶的道路或斯維爾德洛夫斯克更加險惡多少。首先我們看到一個橫切的山壁，一條寬約四亞申，由泥土和其他雜物築成的堤岸一路往前延伸過去，就是這公路，我們等一下要經過那裡。如果我們仔細看這個堤岸，會覺得有點像管風琴的鍵盤從地裡伸出，或是音樂盒裡的一排鋼針。堤岸的兩旁都有溝渠，沿著堤岸延伸過去到處都有車輪壓過的痕跡。路上泥巴一片凌亂，我們一路攀往最頂峰部分，我看高加索的兩個最高山峰，論險惡至多也不過如此。這個季節裡整個峰頂一片乾固，但還是可以聽到山腳底下潺潺流水聲音，這時馬車車輪面臨巨大撞擊的嚴酷考驗，只有最熟練的雜伎才膽敢把馬車拉來這裡，每分鐘馬車裡就會有人大叫：「車伕，我們要翻車啦！」有時右側車輪陷入泥濘，左邊的橫跨在山壁上面，有時兩個車輪陷入泥濘裡，第三個輪子在山脊，第四個輪子懸在空中……馬車一路經歷千辛萬難，步步為營，馬車裡頭每個人抱著頭咬著嘴唇，一樣在作生死搏鬥，行李和其他雜物四處撒落，壓在每個人身上……這時大家想到了車伕，這位特技表演者，他正安然無恙坐在他的位置上……。

如果有人在一旁冷靜觀察我們，他會發現，我們不是在乘馬車旅行，我們是一群瘋人院裡正在發作的精神病患者。我們希望趕快脫離這個堤岸的路段，沿著森林的外緣行走，期盼能找到彎路離開。但這一帶道路還是泥濘難行，我們走了一會兒之後，車伕把馬車停了下來，無助地叫了一聲，我們看不出來他打算幹什麼，往公路上走，只此一途，這時他卻把馬車趕進溝渠裡頭，砰一聲前輪進去，再砰一聲，後輪跟著進去，然後我們又爬上堤岸，馬車不斷發出喀嚓喀嚓聲音，馬匹嘴巴不停吐出白煙。前面的橫木鬆掉了，後面的栓木也掉出了，車軸似乎也彎曲了，「快走！你這混帳畜生！」馬車伕一邊使勁揮動鞭子，一邊大叫：「走啊，混帳，你這膿包！」馬車繼續走了十幾步之後突然停了下來，馬匹不肯再走，不管車伕怎麼喊叫，怎麼揮動鞭子，就是不動，我們無計可施，只好掉頭又走入溝渠，可不久又立刻轉回堤岸。我們在找彎路能夠離開這裡，可就是找不到，我們只好在這裡反覆走來走去，沒完沒了。

這段路的確難走，真正難走，但如果進一步想到，這險惡，令人無比厭惡的路段竟是連結歐洲和西伯利亞的唯一幹道，就感覺這路更難走了。但有沒有人想過，我們這些陷在泥沼裡的馬車伕、郵政人員以及全身濕透和髒兮兮的鄉下人，他們正準備要運茶葉去歐洲。他們對上面的說法，心裡不知作何感想？他們會怎麼看歐洲，怎麼理解他們的誠意？

從這個觀點看，現在有一個運貨車隊，大約有四十輛左右運送茶葉的馬車聚集在這泥濘難行的堤岸上，每輛車的車輪有一半都陷在泥巴裡，那些骨瘦如柴的馬匹都伸長著脖子。搬運工人在馬車四周圍走來走去，腳老是陷在泥沼裡吃力地移動著，他們早已精疲力竭……一隊運貨馬車停在這裡，這是怎麼回事呢？一輛馬車的車輪斷了……不，最好不要理會！

為了嘲弄那些疲憊不堪的馬車伕、郵政人員、搬運工人和馬匹，有人下指示，把一堆堆的石塊堆放到路旁，藉以提醒後面的人路況是越來越壞。據說沿著西伯利亞公路兩旁的一些城鎮和村莊，有些人是專門拿工資幫忙修路的，如果這是事實，倒是希望給他們多一些工資去幹別的事情，不要修路，因為這路越修越糟。根據當地農民的說法，在柯茲卡地段修路一般都遵循下面的模式：每年六月底或七月初之際是蚊蟲聚集的季節，這是當地人們在生活上的一大困擾，他們就藉此機會被「驅趕」，用手指一捏就碎的木材、石頭和磚塊，填補已經乾掉的車轍和坑洞，這樣的修補工作會一直到夏天結束。接下來雪季來臨，雪就在道路上產生坑洞和隆起的凸塊，形成全世界獨一無二的獨特景觀，坐在馬車上經常會被弄得暈頭轉向。然後到了春天，融雪造成路上滿是泥巴，對馬車的威脅更大，緊接下來夏天到了，修復工作又重新開始。就這樣，年復一年不斷反覆一樣的工作，道路的狀況從未獲得改善。

在抵達托木斯克之前，我在路上認識一位巡迴法庭的法官，我們還一起旅行經過幾個驛站。我記得有一次在一個驛站休息時，我們在一個猶太人專用的木棚屋裡頭喝魚湯，這時村莊裡的警察局長進來秉報說，公路上有一個地段損壞了，可是承包商不肯出面修理。

「叫他過來！」法官下命令說道。

隔了一會兒，一個矮小鄉下人從外面進來，全身毛茸茸，臉部還歪了一邊。法官一看到他進來，立刻從椅子上跳起來，開始對他大聲吼叫：

「你好大膽子，竟然不肯把路修好，你這無賴！現在大家都過不去，許多人寫信來反應，省長寫，地方警長也寫，我變成了大家眼中的罪人，你這渾蛋，大膿包，你應該去下地獄，去你的這張醜臉！你在看什麼？你這臭爬蟲！你最好明天之前把路修好，要不走著瞧！我明天要離開，要是看到路還沒修好，你看我怎麼收拾你，出去！」

這個受到驚嚇的矮小鄉巴佬，眼睛眨個不停，一臉扭曲地快步退出了房間。法官回到桌旁坐下來，笑著說道：

「當然，見過彼德堡和莫斯科的女人之後，這裡的女人就顯得很平庸無趣，不過你要是想找漂亮的，這裡多的是……。」

我好奇那位承包商如何處裡明天的事情，他能夠在這麼短的時間之內把路修好嗎？我實在相當疑惑。對這條西伯利亞公路來說，幸或不幸，法官不會在一個地方停留很久；他們經常輪替。據我所知：一個法官來到這裡，立即「驅動」農人們開始工作，他要求在路旁挖溝渠；接手的人，不甘落後，竟下令把溝渠填回去。第三個來了，下令用泥土把路面填高半個亞申，接下來第四個，第五個，第六個，第七個……沒有一個真正把路修好才離開，這路當然永遠修不好。

這路段終年無法通行：春天時是泥沼，夏天是土墩，坑洞和維修，冬天是坑坑洞洞。我的前輩作家，比如Ｆ．Ｆ．維哲爾和Ｅ．Ａ．岡察洛夫，都曾盛讚通行無阻的西伯利亞旅行。但那與事實不符，即使一些當代作家亦不乏稱讚西伯利亞的旅行多麼舒適便捷之輩，但那還是出於想像的成分居多……。

很難期待柯茲卡有一天會停止扭斷車軸車輪。西伯利亞的官員也不太可能在有生之年看到這條公路會有什麼改善；即使驛站的旅客意見書或是報紙報導經常有很務實的批評，但其效用之小，就跟公家撥給這路少得可憐的維修費用一樣。

太陽已經升得很高，我們把馬車拉進柯茲卡的休息站，我那幾個旅行夥伴正準備上路，我卻必須留下來修理我的馬車。

9

若旅行時你想要感受鄉村風光，俄羅斯到西伯利亞有一段路可能會讓你覺得無趣，烏拉山（Urals）到葉尼西（Yenisey）。冷峻的平原，形狀扭曲的樺樹，池塘、稀稀落落的小島嶼，五月的雪，歐布河（Ob）那些荒涼的支流河岸……在這綿亙兩千俄里的廣大領域裡，你將只記得這些。然而，真正被當地土著奉為神祇的自然風景，逃亡的流放者最愛的樂園，同時也是西伯利亞未來詩人取之不盡的黃金題材——這些最雄偉美麗的景觀——從葉尼西河才真正開始。

說句不怕得罪喜歡伏爾加河（Volga）的人的話，葉尼西河是我這輩子見過最莊嚴美麗的河流。從外表看去，伏爾加河也許像個穿著美麗，個性溫和而憂鬱的美人；葉尼西河則是另一個極端，它像是強壯有力，虎虎生風的海克力斯（Hercules），不知如何面對自己的年輕和力量。在伏爾加河上，人們以精神始而以呻吟終，我們稱之為歌唱，閃爍發亮的希望最後被虛弱無力所取代，我們稱之為「俄羅斯悲觀主義」。而葉尼西河上，生命以呻吟始而以超乎想像的激昂終結。當我站在河岸注視著寬廣的河面一路奔向北極海時，想法正是如此。湍急的河水互相推擠，互相超越，形成漩渦，海克力斯並未把河岸沖走，也未在那裡留下坑洞。這邊岸上有一個城鎮，叫做克拉斯諾雅爾斯克，西伯利亞最迷人最漂亮的一座城市。對岸的群山令我想到高加索山，同樣地煙霧瀰漫，彷彿置身夢中。我站在那裡想著：「多麼知性而充滿勇氣的生命照亮著兩岸！」我羨慕著名探險家西比利亞科夫（Sibiryakov），我讀過他寫的書，他從彼德堡（Petersburg）搭輪船前往北極海探險，即是循著葉尼西河這條路線。政府在托木斯克而不在克拉斯諾雅爾斯克設立大學，我感到遺憾，我心頭湧現各種念頭，像葉尼西河一般在我心中奔騰激盪著，一股滿足感不禁油然而生。

過了葉尼西河之後是一片著名的台加針葉林，已有許多人談過和寫過這片針葉林。許多人在來到這裡之前已有先入為主的印象，然而親臨現場後大多感到失望。道路的兩旁是不斷延伸的松樹、樅樹和樺樹林，這裡沒有五隻手臂才能環抱的樹，或是仰望會目眩的參天巨樹。這裡的樹木看起來都很平凡，不比莫斯科植物園（Moscow Sokolniki）裡的大多少。他們說這個林子沒什麼聲音和香味，但我經過時還是聽到蟲鳴鳥叫不絕於耳，而且也可以隱約聞到被陽光曬熱的樹脂香氣。林子的外圍到處長滿淡藍色、粉紅色和黃色的花朵，為這個針葉林增添美麗的氣息。

顯然那些描寫這個針葉林的人是夏天來到這裡而非春天。這裡的樹林和歐俄的樹林一樣，夏天都是無聲無息也沒有味道。

這片針葉林的魅力並不在樹木高大或靜默的墓園，而是在於只有鳥才能夠告訴你樹林的終點在哪。第一個二十四小時，你什麼都不會去注意，第二個和第三個二十四小時，你開始充滿驚奇，到了第四個和第五個，你已經沉浸在這片綠色怪物的懷中而無法自拔了。爬上一座丘林，往道路方向的東方望去，我們看到底下一座森林，更遠是另一座覆滿森林的山丘，接著是另一座山丘，同樣鬱鬱蔥蔥，接著是第三座，如此無止無境；過二十四小時後，你爬上另一座高山放眼望去，景色仍然一模一樣……最後我們終於來到安加拉河（Angara）和伊爾庫次克鎮，森林繼續往南北延伸多少俄里，連當地出生的農夫或馬車伕也沒人知道。他們的想像比我們大膽，但仍講不出具體答案，便說：「沒有盡頭。」他們只知道，每年冬天會有一些外人，乘坐麋鹿拉的雪橇，從北方穿過這一大片針葉林地來跟他們買穀物。他們是誰，他們從哪裡過來，即使老一輩的人也不知道。

　　沿著一片松林的邊緣，有一個逃逸的放逐囚犯，揹著一個旅行背包和水壺，正拖著蹣跚的步伐前進。和這片偌大的針葉林相較之下，他的惡行、受苦，和他自己，顯得多麼瑣碎，微不足道。他將死在這片森林裡，這不稀奇也不可怕，就像一隻蟲死掉一樣。這一帶人煙稀少，這片針葉林子因此顯得很強大、不可征服，「人是萬物之王的尺度」這句話在這裡無法成立。我們不妨假設一種狀況，西伯利亞公路沿途的居民全都同意用斧頭和火摧毀這片森林，此時就會重演藍山雀想要點燃大海的古老故事。火海將吞噬五六俄里，但對整片針葉林而言僅是九牛一毛。十年後，這些燒地長出新樹，比先前更健壯更茂密。有一次，一位學者坐在東邊岸上抽菸，不小心讓森林著火了，傾刻間陷入一片火海。學者被這光景嚇呆了，一直說他是不可饒恕的肇事者。然而，這一小塊面積，對這片巨大的台加算什麼？他大概無法想像這裡很快就會恢復原狀，甚至變得比先前更加茂密。他眼中的大災難比起他的學術研究，是那麼的微不足道！人們習慣的度量衡顯然不適用於這片台加。

我的馬車伕告訴我說，在這片針葉林裡住有熊、狼、麋鹿、黑貂和野山羊，住在公路沿線的農人沒工作可做時，他們在台加裡花上幾個星期打獵。他們的打獵之道很簡單：若擊中，上帝保佑；若啞彈，懇求熊的憐憫也沒用。一位獵人跟我說，每次一排六顆子彈，會有五顆落空，一顆勉強擊中，所以他每次出門狩獵，一定要隨身攜帶大刀和專門刺熊的長槍以確保安全。輸入這裡的來福槍品質不好又昂貴，因此在西伯利亞公路沿線都能遇到會製槍的工匠，他們很有才幹。但他們在這裡主要都是以修馬車為主，有一次我的車伕介紹一位修馬車師傅給我時這麼描述：「他的手藝一流，他還會打造槍枝喔！」他的語氣和表情讓我想起在歐洲俄羅斯人聊天時談到某位知名大藝術家時的樣子。我的塔蘭塔斯壞了，需要修理，我的馬車伕在休息站為我介紹一位修車師傅，他瘦骨嶙峋，蒼白慘淡，但看得出來很專業，同時是個酒鬼。他像資深外科醫師，隨意四處看一下我的馬車，扼要地診斷出病情，想了一下，一言不發，環顧四周。然後對我的車伕說道：

「你在等什麼？把車弄進車棚裡，不會嗎？」

有四個木匠在一旁協助他修理馬車，他漫不經心地工作著，他根本不理會怎麼處理鐵片，他菸抽個不停，老是在鐵片堆裡找鐵片，卻從來沒找到他要的。每當我要問他修得怎麼樣時，他就抬頭看看天空，很像舞台上的演員每次被要求唱歌朗誦時，會擺出的姿勢。他不時做出類似賣弄風情的表演動作，可能是為了增強我或那四個木匠的印象，他高高舉起鐵鎚，這時四周圍不停濺著雨水，突然地鐵鎚重重落下，解決了一個複雜棘手的問題。像這樣的重擊，勢必會撼動地板，把底下的鐵鉆板弄得塵土飛揚。然而他做得乾淨俐落。馬車在須臾之間就修好了，他跟我要了五個半盧布的工資，自己拿了五盧布，剩下的半個盧布分給那四個木匠。他們向他道謝一番，然後把馬車推去休息站。他們心裡一定很羨慕這種獨到本領在西伯利亞的台加地區竟然有其行情，不亞於歐俄的大城市。

一八九〇年六月二十日

薩哈林島

Sakhalin Island

1

在阿穆爾河的尼古拉耶夫斯克鎮、貝加爾號輪船、普龍茲岬角和黎曼海灣入口、薩哈林半島、拉貝魯斯伯爵、探險家布拉夫頓、探險家克魯岑希頓和尼維斯柯伊將軍、日本的探險家、德兆爾岬角、韃靼海峽、德—卡斯特利海灣。

一八九〇年的七月五日，我抵達尼古拉耶夫斯克鎮（Nikolayevsk）[1]，這是國家最東邊的據點之一。阿穆爾河（Amur）[2]在此變得寬闊，距離出海口只有二十七俄里。這一帶看起來壯觀美麗，但根據歷史還有旅途所聞，這裡的野蠻冬天和野蠻生活，加上靠勞改營那麼近，還有貌似被遺棄的城鎮，人口不斷在減少。以上這些事實，讓我怎麼樣也無法愛上這裡。

尼古拉耶夫斯克鎮在不久前，一八五〇年，才由我國聲名顯赫的冒險家吉納迪·尼維斯柯伊（Gennady Nevelskoy）所創建，這是本鎮在歷史上唯一值得驕傲之處。一八五〇和六〇年代，隨著士兵、放逐犯人和移居者的陸續到來，文化的種子也沿著阿穆爾河逐漸散播。管理這塊土地的政府官員在尼古拉耶夫斯克市內有自己的住宅和辦公室。俄國人和外國探險家大量湧入，因為豐富漁產和野生動物吸引著他們。此外，本鎮對人文精神也並不陌生，有一次一位旅行至此的學者認為，有必要也有可能在這裡的俱樂部舉辦系列演講。但如今一半以上的房子被屋主棄置，處在半毀狀態，這些屋子的陰暗窗戶像骷髏眼窩盯著你。這裡的居民過著昏睡酒醉的生活，通常處於飢餓邊緣，每天等著老天爺送東西來給他們吃。他們大多靠運送魚類去薩哈林島來謀生，有的則從事黃金走私，剝削土著或買賣鹿角。中國人會向他們買鹿角，製成壯陽藥丸出售。從卡巴洛夫斯克（Khabarovsk）到尼古拉耶夫斯克的半路上，我遇到許多走私客，這些人在這裡從不隱瞞走私身分，其中一個還拿出黃金粉末和一對鹿角給我看，還驕傲地說：「我老爸也跟我一起走私！」至於剝削土著這件事，除了讓他們染上酒癮或是愚弄他們等老招數，有時也搞一些新花樣。比方說，一位尼古拉耶夫斯克的商人[3]，名叫伊凡諾夫（Ivanov），如今已經死了，以前他每年夏天都會去一趟薩哈林島，假

1 編注：舊稱廟街。
2 譯注：其上游即為中國東北境內的黑龍江。
3 編注：有背景的高層人士的俗稱。

借各種名目向當地的吉利亞克族原住民（Gilyaks）[4]詐取財物，若不配合，他就加以折磨，甚至處以吊刑。

鎮上竟然沒有半間旅館。在公共聚會場所的房間裡，他們允許我晚飯後在大廳休息一下，大廳的天花板很低，聽他們說是冬天時辦舞會的地方。我問他們哪裡可以過夜，每個人都聳聳肩膀表示不知道。我無計可施，我只能回到載我來的那艘輪船上渡過兩晚，可是我一到碼頭才知道該艘輪船已經開回卡巴洛夫斯克，我沮喪得像一隻擱淺在沙灘上的小螯蝦，我還能去哪？我的行李還堆在防波堤上面，我沿著河岸走著，不知道該怎麼辦。就在鎮上對面約三俄里遠的河岸邊，我看到了幾天後要載我去韃靼海峽（Tatar Strait）的輪船貝加爾號，我看到桅桿上已經掛起出航的旗幟，但他們說要幾天後才會啟航。我是不是可以要求現在上船？這要求顯得很蠢，因為有人告訴我，時間過早，所以他們不會答應。這時開始起風，阿穆爾河慢慢暗了下來，開始波濤洶湧，讓人感覺好像來到了海上。我突然感到疲憊，就再回到公共聚會的房間，花很久時間慢慢吃晚餐。我聆聽隔壁桌的談話內容，他們在談黃金和鹿角，來到鎮上的一個魔術師、一個日本人不用鑷子而是用手指頭拔牙齒。如果你聽久一點，就會發現這裡的生活離歐洲俄羅斯有多麼的遙遠！從鮭魚到伏特加，無論他們談什麼，都只針對地區而無關俄羅斯。前幾天在阿穆爾河上航行時，我感覺我不是在俄羅斯境內，而是來到了南美洲南端靠近南極圈的地區，或是美國德州，我感受不到俄羅斯自然景觀特有的風味。反之，這裡的人對俄羅斯的一切也一樣很陌生，誰是普希金或果戈里，根本沒有人知道，我們從歐洲俄羅斯來到這裡，突然間變成了外國人。我注意到在這裡，宗教和政治最被漠視。在阿穆爾河上，我看到許多教士在戒齋日照樣公開大吃肉類和乳製品，我甚至還聽說有神父穿著白色絲質長袍公開參與黃金走私活動，公然挑戰他的精神節操。在阿穆爾河上航行時，你如果想讓一個本地人感到無聊打哈欠，你就和他談政治、談俄國政府、談俄羅斯藝術，道德準也是他們特別厭惡的東西。至於尊重女士的騎士精神，在這裡則被高度推崇；但同時，賣妻給朋友不會有人譴責你；更有甚者，階級偏見不會在這裡發生，他們對待一個流放犯人就像在對待朋友一樣，但是他們可以在森林裡隨意射殺一個中國流浪漢[5]，而不被認為有罪；有時他們也會偷偷射殺駝背者[6]。

繼續談我的旅程。既然晚上找不到休息之處，近晚時分我又想去貝加爾號那裡看看。但我面臨一個新的困難：河面已經開始漲潮，找不到吉利亞克族船伕願意划船載

4 編注：吉里亞克人是居住在薩哈林和西伯利亞的土著部落之一。

5 編注：契訶夫在他的敘述中多次提到了「中國人」。然而，這些幾乎可以肯定不是原生的中國人，或者在中國居住過的中國人，而是一群俄羅斯稱之為曼茲（Manzes）的人。

6 編注：指潛逃的流放犯人，因他們揹著沉重的背包和水壺，走路像個駝子。

我過去，給再多錢也不願意。我只好在河岸遊蕩，不知道要怎麼辦。這時太陽早已下山，河上的波浪越來越兇猛，河兩岸的吉利亞克狗兇惡地吠叫不停。「我為什麼要來這裡呢？」我自問著，往後的旅程越來越未知。想到我要去的勞改營越來越近，再過幾天我就要在薩哈林島上岸，身上一封介紹信都沒帶，他們不會隨便讓我進去，並要求我回去，一想到這些就覺得很不愉快。這時有兩個吉利亞克原住民答應以一盧布的代價載送我過去，用一艘三塊木板疊合在一起的小船，把我安全送到貝加爾號那裡。

這是一艘專門航行於海上的中型商船，先前坐過輪船航行貝加爾湖和阿穆爾河，現在坐貝加爾號航行於海上，應該能夠忍受。這艘船主要航行於尼古拉耶夫斯克、海參崴（Vladivostok）和日本港口之間，專門載運郵件、士兵、囚犯、一般旅客和貨物。主要是政府的貨物，由財政部擬定契約且支付極優渥津貼。這艘船夏天期間必須前往薩哈林島載運幾趟人員和貨物，停靠亞歷山德洛夫卡港（Alexandrovsk Post）和南哥薩科夫斯克港（Southern Korsakovsk Post）。船的運費非常高昂，這世界上可能找不到比這更高昂的運費了。殖民事業最注重的就是自由和移動自如，因此這麼高的運費實在令人費解。餐廳和船艙有點狹小，但很乾淨，完全是歐洲格調。餐廳中間還擺著一架直立式鋼琴。所有服務人員都是中國人，每個人後腦杓都留有一條長長的辮子，他們就是英語俗話所說的 Boy。廚師也是中國人，但煮的卻是俄國食物，他的每道菜都會加入辣咖哩而帶苦，且聞起來有種疏花瑞木的臭味。

我讀過許多韃靼海峽暴風雪的故事，本以為在貝加爾號船上會遇到聲音沙啞，講話時到處亂吐菸草的捕鯨人；結果沒有，反而遇到一些有高度文化素養的人。這艘船的船長L先生，來自俄羅斯帝國的西部地區，在這一帶的北方海域至少航行了超過三十年以上，幾乎遍及各個角落，見多識廣。他大半生周旋在堪察加半島（Kamchatka）和千島群島諸島嶼（Kurile Islands）之間，他肯定比奧賽羅更有資格述說「那巨大山窟和荒涼沙漠，凹凸不平的採礦場、巨石，以及高聳入天的巍峨群山。」[7]我很感謝他帶給我許多實用資訊。他有三個副手：B先生，是著名天文學家B的侄兒，另外兩個是瑞典裔的俄國民族學家伊凡．馬丁尼奇和伊凡．維尼亞米尼奇，都是非常和藹可親的人。

七月八日，在晚餐之前，貝加爾號起錨動身。同行的有三百名士兵和一些囚犯，由一位軍官帶領。其中有一位囚犯帶著五歲小女孩，那是他的女兒，他在爬上階梯時，小女孩還在一旁幫他提著腳鐐。此外有一個女受刑人特別引人注意，因為她丈夫自願陪伴她前往流刑地。頭等艙除了我和那位軍官外，還有幾位男女，甚至有一位還是男爵夫人。有人可能會覺得奇怪，在這蠻荒地帶怎麼會有這麼多的知識階層人士。其實，在阿穆爾河和普利莫斯卡雅（Primorskaya）行政區這一帶，人口並不多，但知識分子

7 譯注：莎士比亞《奧賽羅》第一幕第三景。

的人口比例卻比歐洲俄羅斯的任何省分都來得高。以阿穆爾河區域來說，在某一個小鎮裡頭就住了十六位將軍，包括正在服役和已經退役的，人數還持續在增加。

天氣晴朗明亮。甲板上很熱，船艙裡很悶，氣溫大概在攝氏十八度左右。

這樣的天氣和黑海不相上下。右手邊岸上的樹林著火，濃厚的綠色不斷竄出一個個紫色火焰，團團煙霧匯聚成帶狀黑煙，籠罩在森林上……火勢看來非常猛烈，可四周圍卻是一片寧靜，似乎沒有人在理會這場大火。顯然這片綠色財產僅歸於上帝。

晚飯過後，大約六點左右，我們來到了普龍茲岬角（Cape Pronge）。這裡是亞洲的最北邊，阿穆爾河在這裡流入韃靼海峽，要不是薩哈林島擋住，阿穆爾河就流入太平洋了。在這裡，寬闊的黎曼海灣（The Liman）在眼前展開，不遠處有一條帶狀陸地隱約可見，那裡應該就是流刑地囚禁犯人的小島。再往左邊看，籠罩於霧中的陸地河岸慢慢看不見了，延伸至未知的北方。這裡彷彿世界的盡頭，再無海洋可以航行。奧德賽航行到一個未知海域時，應該就是這種感覺，無法預測繼續前行會碰到什麼怪物。往右邊看去，也就是阿穆爾河流入黎曼海灣的地方，在沙岸上有幾棟吉利亞克原住民小茅屋。就在這時候，我看到幾個吉利亞克族原住民划著兩艘小船，輕快地往我們這邊划過來，他們大聲叫著我聽不懂的語言，手上揮舞著什麼東西。等他們靠近時我才看清楚，他們手上拿著一隻灰色大鳥。

「他們想把他們獵殺的野鵝賣給我們，就這樣。」有人解釋道。

我們的船往右邊挪動了一下，並定下航道記號，好讓船可以慢慢循著航道記號前進。船長並未從船橋上下來，舵手也未離開駕駛室，我們的船移動得很慢，好像在摸索前進一般。小心翼翼是有必要的，因為這裡水淺，一不小心就會觸碰到水底，這船吃水十二呎半深，有時十四呎，像現在即使船走得很慢，都還可以聽到船底刮到水底沙子的聲音。這一段水道之淺的確是舉世聞名，因此以前的地圖總是把薩哈林島北半部的西岸海岸線和左邊的大陸連在一起。也因此長久以來在歐洲的印象中，薩哈林島是個從西伯利亞延伸出來的半島。一七八七年六月，法國著名航海家拉貝魯斯伯爵（Count La Pérouse）在薩哈林島的西岸登陸，在北緯四十八度線上，他和當地土著有過接觸。根據他所留下來的紀錄檔案看來，他所接觸的不僅是居住在西部海岸線上的愛奴人（Ainos），他同時也接觸到前來和愛奴人做生意的吉利亞克人，後者的世界經驗較豐富，對這裡和韃靼的地理環境也相當熟悉。他們跟他解釋，他們所居住的地方是個島嶼，和對面的大陸以及日本蝦夷地並未相連，中間都隔有海峽。

拉貝魯斯伯爵隨後沿著薩哈林島西岸往北航行，他期待找到從北日本海通往鄂霍次克海（Okhotsk）的通道，藉以縮短到堪察加半島的路程。但他越往前航行，卻發現海峽的水深越淺，每前進一英哩，水深就減少一噚。

他盡其全力一直往北航行，直到水深只剩下九噚時，他不得不停了下來，甚至已經觸碰到水底了，他所行走的海峽已經看不到水流了，他這才發現他不是在海峽上行走，他來到了一個海灣。他下結論道：薩哈林島透過一個地峽和旁邊的大陸連在一起。他一到德—卡斯特利（De-Kastri）就立即向當地的吉利亞克族原住民探詢這個地理現象，他在紙上畫出一個和大陸分離的薩哈林島，但他們立即畫出一條銜接大陸和薩哈林島的線。他們說，他們有時必須拉著船跨到對岸，還會在半路上看到水底長著草，拉貝魯斯伯爵至此終於更加確信，薩哈林島是個半島。

九年後，英國探險家布拉夫頓（Broughton）來到了韃靼海峽，他的船很小，吃水不過九呎深而已，因此他能夠比拉貝魯斯伯爵走得更往上一些，但在兩噚深的地方還是不得不停了下來，他派他的助理繼續往北探測水深，助理在半路上，在一些沙洲之間，雖然探測到更深的地方，但很快又立即涉入淺灘，最後還是被引往薩哈林島的海岸。他的結論是，兩邊的海岸透過這些沙洲的銜接，基本上是連結在一起的，因此布拉夫頓和拉貝魯斯伯爵的結論一樣，薩哈林島並非獨立分離的島嶼。

一八〇五年，俄國著名探險家克魯岑希頓（Kruzenshtern）來到薩哈林島的海岸線探險，他犯了相同的錯誤。他抱著先入為主的想法來到薩哈林島，因為他使用的正是拉貝魯斯伯爵的地圖，他從薩哈林島東岸繞過北面岬角再從西岸沿著海峽往下航行，眼看著就要揭開謎底，事實不然，他發現一路下來，水深逐漸變淺，一直到三噚半的深度，水的壓力也減弱。更重要的是，他那先入為主的想法，逼迫他不得不承認水中有個地峽的存在，雖然他並沒看見。然而儘管如此，他心中的疑惑仍然繼續啃蝕著他，

「極有可能的情況是，」他寫道：「不久以前，薩哈林島是個島嶼。」一直到在回家的路上，他的這層疑惑仍未消除。在中國時，他有機會讀到布拉夫頓的旅行筆記，引起他的注意，他「才變得快樂些。」

直到一八四九年，那些錯誤才由尼維斯柯伊將軍加以糾正。最初因為前輩的立論相當具有權威性，所以他在聖彼德堡發表自己的發現時，沒有人相信，認為他行為囂張，目中無人，企圖將他繩之以法，要褫奪他的軍階。若非沙皇本人出面干預，真不知道他的下場會怎樣。沙皇認為他的行為勇敢高貴，同時富有愛國心。

這是一個精力極旺盛的傢伙，脾氣剛烈，但又同時很有文化教養，勇於犧牲，擇善固執，擁有人道胸懷。一個跟他有過深入交往的人士這樣寫道：「我從未遇過像他那麼可敬的人。」有整整五年的時間他在我國東方海域和薩哈林島建立起輝煌的生涯，他的女兒卻在那裡死於飢餓。他和他太太現在都老了。他的太太健康每況愈下，她年輕時「漂亮友善」，也非常勇敢，跟著她丈夫上山下海，無視危險存在。

為了解決地峽和半島的問題，我認為有必要再贅言幾句。早在一七一〇年，中國皇帝曾委託北京的耶穌會傳教士製作一幅韃靼地區的地圖，他們使用日本人所編纂的海圖去繪製，因為在那個時代只有日本人最熟悉韃靼海峽的狀況，後來這幅地圖送去了法國，收集在安維爾（d'Anville）所編纂的世界地圖集中而成為眾所皆知。

然而這幅地圖卻成為歐洲地區誤解薩哈林島地勢的根源，當時對這個島嶼所使用的俄文名稱叫做「薩哈林」。耶穌會教士所繪製的地圖上，薩哈林島西岸和對面阿穆爾河的出海口地方題有Saghalien-Angahata一詞，這在韃靼人所使用的蒙古語意為「黑河的峭壁」。這樣的名稱顯然指的是阿穆爾河口上面的峭壁或岬角，但是在法國，大家對這個詞彙的理解卻有所不同，他們認為這應該就是這個島嶼的名稱，此即「薩哈林」此一名稱的由來。克魯岑希頓也在俄羅斯版的地圖沿用此名稱。日本這邊，他們稱這個島嶼為「樺太島」，意思是「中國之島」。

日本人的作品可能是在歐洲太晚才流傳開來，當時已不再需要它們，又或者是被做了一些不幸的修改。耶穌會教士所繪製的圖，薩哈林島是個獨立島嶼，但到了法國，安維爾卻不信任，就在島嶼和大陸之間加上地峽。日本人從一六一三年就開始探勘薩哈林島，歐洲對其並不重視，而俄國則和日本爭取薩哈林島主權，最後由俄國單方面提出「探測權問題」。

過去的探勘成果如今已經顯得過時，現今的海圖又不是那麼可靠，軍艦商船觸礁事件時有所聞。每個船長到了那裡一定小心翼翼，緊張惶恐。貝加爾號的船長不信任官方海圖，他一路不斷修正。

為了避免觸礁，船長L先生決定不在夜裡航行，太陽下山之後，我們把船停靠在德兆爾岬角（Cape Dzhaore）岸邊。在岬角山頂上有一間小茅屋，那裡住著一位海事工作人員B先生，他負責為我們定水道標位，看著我們安全通過這裡。小茅屋的後面是一片繁茂的針葉林，船長想送B先生一些新鮮肉品，我有幸被賦予這份差事，就搭上小艇往岸邊划去。但抵達時發現沒有碼頭，只有成堆巨大光滑的岩石，必須攀爬才能渡過，然後步上小木頭疊成的階梯，一步一步爬上去才能到達小木屋，往上爬的時候手必須穩穩抓好支撐點。在這過程中蚊子一團團圍了過來，真的是一團一團，擋都沒辦法擋。若你要待在這裡整晚，而沒有事先用篝火把自己圍起來的話，你可能會死，或者被搞到抓狂。

小茅屋從門口進去分為左右兩邊，左邊住著幾個水手，右邊住著海事工作人員和他的家人。屋主不在家，女屋主打扮整潔，看起來富有教養。兩個小女孩被蚊子叮滿全身，房間的牆壁上畫滿許多棵樅樹，一片綠意盎然，窗上掛著棉布窗簾。房間雖然瀰漫著煙味，那些蚊子還是持續在攻擊那兩個可憐的小女孩。房間擺設一點都不奢華，一般典型軍事要塞家眷的風格，卻有相當品味。牆上掛著幾幅素描，包含用鉛筆畫的女屋主的肖像，後來得知是B先生所畫。

「您喜歡住在這裡嗎？」我問女主人。

「喜歡，就是那些蚊子很討厭。」

我帶來的那些新鮮肉品似乎沒讓她特別高興，她說她和小孩長久以來已經吃慣了醃牛肉，並不會特別想吃新鮮肉品。

「不過我們昨天倒是煮了鱒魚。」她補充道。

一位愁眉苦臉的水手陪我回船上，他似乎已經猜到我要跟他說什麼，就嘆了一口氣說道：「我猜想您一定不是自願要上來這裡的。」

第二天一大早我們的船收錨啟航，天氣平靜溫暖，韃靼海岸山巒起伏，許多尖銳的圓錐形山巔此起彼落。海岸上瀰漫著藍色的霧，是從遠處森林火災飄來的煙，他們說，因為太濃了，對航行來說甚至比起霧還危險。如果有一隻鳥從海上直線飛向岸邊，越過山巒，那就表示這隻鳥已經飛了五百俄里，中途沒遇到任何人或房子。海岸在陽光照耀下閃爍著綠色光芒。大約在傍晚六點左右，我們來到了海峽最狹窄之處，在波哥比（Pogobi）和拉薩雷夫（Lazarev Capes）兩個岬角之間，我們可以同時清楚看到兩岸的景觀；八點時我們來到了尼維爾斯柯伊之帽，因為其中一個山頂的樣子很像一頂圓帽而得名。隔天的早晨陽光燦爛，原本愉悅的心情，因為看到這麼美麗壯觀的海岸而更甚。

下午兩點我們進入德—卡斯特利海灣，提供往返韃靼海峽的船隻庇護。因為這個海峽並不平靜，有一種說法是「歡迎躲入德—卡斯特利」。海灣的景觀渾然天成，非常漂亮，中間有一個直徑約三俄里寬的湖泊，堤岸很高，可以提供給許多船隻進入湖泊躲避風雨。一個狹窄通道通向海峽，以便船隻的進出。從外觀來看，這整個環境很理想。是的，再理想不過了；然而，唉！這個湖泊一年裡有七個月是結冰的，而且通道的水深又偏淺，船隻只能在二俄里外拋錨。這個通道的周圍有三個小島嶼，或者更確切地說，有三個沙洲，這是整個海灣最漂亮的地方。其中一個小島叫做「牡蠣島」，盛產著肥美的牡蠣。

岸上散布著一些小房子，還有一間教堂，這裡是亞歷山德洛夫卡軍哨站，指揮官和他的助理以及電報員都住在這裡。晚上有一位政府官員到船上和我們一起吃晚餐，這傢伙看起來像個枯躁乏味的紳士，在晚餐當中講了許多話，喝了許多酒，講了一則野鵝的老笑話。有一群野鵝吃了釀酒的莓果，全都醉倒了，被捕獲之後，羽毛全被拔光並丟在一旁準備宰殺，可很快牠們酒醒了，就光著身子回家。這位先生說他講的這個不是笑話，而是曾經千真萬確發生在德—卡斯特利的事，就在他家後院。這裡的教堂沒有神父，每次要做禮拜時，他就必須從馬林斯克趕過來，由他出面帶領大家做禮拜。這裡和尼古拉耶夫斯克一樣，一年到頭難得有好天氣，聽說今年春天時有一隊人馬來這裡探勘，五月整整一個月裡頭，只有三天出太陽。「親愛的先生們，太陽不露臉，還探勘什麼？」

就在我們船的停泊處，來了兩艘戰艦和兩艘魚雷艇。我們才剛抛了錨，天空立刻暗了下來。眼看著一場暴風雨就要降臨，海水染上一片淺綠色。貝加爾號要在這裡卸下四千普得政府託運的貨物，因此我們必須在德—卡斯特利過夜。我和輪機長坐在甲板上釣魚，我看到許多頭很大身體很胖的小魚在我們底下游來游去，以前在黑海或亞速海（Azov）從未有機會釣到這種魚。我們還釣到一些鰈魚。

在這裡卸船貨總是極為耗時，殫精力竭。這是我們在東方港口無法避免的苦澀命運。在德－卡斯特利，貨物會分配到很小的平底船上，它們只能在漲潮時入海，因此當裝好貨物時常常擱淺。因為上百袋的麵粉，船常常在滿潮和乾潮間進退不得。而大船卻只能呆站在遠處，隨著潮流在那裡盪來盪去，什麼都不能做。在尼古拉耶夫斯克河港，情況則更糟。我在貝加爾號的甲板上，看見一艘拖船拉著一艘載滿兩百名士兵的平底船的繩索斷了，平底船被一股暗流推往附近一艘大船拋錨的鐵鍊撞去，眼看著平底船就要被鐵鍊截成兩半時，突然有人拉住了平底船的拖繩，躲過了一劫。

2

薩哈林島地理概要、抵達北薩哈林、一場火災、登陸階段、一個落腳地、在放逐者L先生的家中吃飯、認識柯諾諾維奇將軍、阿穆爾河地區總督的到來、晚宴及燈火通明的街頭。

薩哈林島坐落在鄂霍次克海上面，在西伯利亞東岸外海形成一個從北到南長約九百俄里的屏障，北部西岸面對西伯利亞阿穆爾河的出海口。一位作家曾說，整個薩哈林島看起來很像一條斯特雷特魚[8]。整個島的座標是北緯四五．五四到五四．五三度，東經一四一．四〇到一四四．五三度。

這個島的北半部被一層帶狀永凍土所覆蓋，在地理位置上對應著歐洲俄羅斯最西部的利雅山省（Ryazan Province），以及南部的克里米亞。整個島長約九百俄里，最寬部分約一二五俄里，最窄部分則是二五俄里，面積是希臘的兩倍大，丹麥的一

8 編注：西伯利亞的一種小鮭魚。

倍半。

以前整個島分為北中南三個部分，這分法並不實際，現在僅分成南北兩部分。最北大約有三分之一面積，由於氣候和土壤的關係不適合移居，中間三分之一部份我們才稱為北薩哈林島，最底下的三分之一才稱為南薩哈林島。這之間這並無嚴謹的邊界線。在北邊部分沿著杜伊卡（Duyka）和提姆（Tym）這兩條河流經這一帶，目前住有流放的囚犯。杜伊卡河流入韃靼海峽，提姆河則流入鄂霍次克海，從地圖上看，這兩條河流上游合在一起。有些流放犯人住在西岸沿海靠近杜伊卡河的出海口那一帶。北薩哈林島大約分成兩個行政區：亞歷山德洛夫卡和提莫夫斯克（Tymovsk）。

在德－卡斯特利過了一夜之後，第二天中午，七月十日，我們越過韃靼海峽，來到了杜伊卡河口，亞歷山德洛夫卡的軍哨站就設在那裡。天氣難得晴朗平靜，在這平滑無波的海面上，可以看到鯨魚成群結隊在那裡游來游去，不斷往空氣中噴出水柱。看到這樣美麗的景觀，我們一路心曠神怡。然而，我的內心卻感到一股莫名的憂鬱情緒，越靠近薩哈林島，這股憂鬱越沉重，我感到焦躁不安。那位軍官知道我去薩哈林島的目的之後，非常訝異，強調我沒有權利去那裡，況且我又不是什麼公職人員。當然我不會理會他的意見，但我對他說的話還是耿耿於懷，我擔心我一到薩哈林島之後，那裡的人也會和他有相同的看法，不讓我登岸。

我們在晚上九點拋下船錨，薩哈林島針葉林裡有五處正燃燒起火。因為海上一片漆黑，煙霧瀰漫，我找不到下船用的平台或建築，只看到軍哨站投射出來幾道黯淡的光，有兩道是紅色的。這從黑暗浮現的畫面令人畏懼：山的剪影、煙霧、火焰、燃燒時的火花，全部構成怪誕景象。這幅景觀左側是猙獰燃燒的柴火，山巒還有山巒背後不斷有深紅色火焰噴向天空；薩哈林島彷彿陷入一片火海之中。右側是龐大的瓊奇埃爾岬角（Cape Jonquiere）矗立在一片黑暗的海岸上，看起來很像克里米亞的艾悠—達格岬角（Crimean Ayu-Dag），上頭一座燈塔明亮，而其下方的海水介於我們和海岸之間，臥有三個尖銳的礁石，被人稱之為「三兄弟」。這裡到處瀰漫著煙霧，彷彿置身地獄。

一艘巡邏艇用拖纜拖著一艘平底船，朝我們的船駛近。平底船上載運著一些囚犯，準備要弄到我們船上運走，我們隔著距離仍能聽到叫罵和韃靼人的喊叫聲。

「別讓他們上船！」從船上傳來叫喊：「不要上船！夜裡他們會把我們的船弄得亂七八糟！」

「在亞歷山德洛夫卡這裡，你不算見識到什麼。」輪機長告訴我，他注意到我見到景色時的沮喪模樣。「到了杜埃（Dooay）你就知道了！那裡的海岸線非常陡峭，幾乎垂直，陰暗的深谷和層層煤炭，讓人無比沮喪！過去有段時間，貝加爾號一趟會載送兩三個犯人去那裡。我發現有些人一看到那海岸線就哭了。」

「來這裡幹苦役的又不是他們，是我們！」船長忿忿不平地說道：「現在這裡很平靜，你應該秋天來這裡看看——颳大風，下暴雪，冷得像什麼，傾盆大雨打在我們的甲板上，你會覺得你隨時都會死掉。」

晚上我留在船上過夜，第二天一大早，大約五點鐘左右，我被一陣吵雜聲吵醒，「趕快！趕快！巡邏艇最後一趟載人啦！我們要趕快立刻動身！」一分鐘之後我坐上巡邏艇，旁邊是一位年輕官員，臉色不好，一副沒睡飽的樣子。巡邏艇開始發出汽笛聲，然後發動往岸邊駛去。巡邏艇後面拖著兩艘平底船，上面坐滿囚犯，這些囚犯昨天勞動整晚，沒有睡飽，愁眉苦臉地，整趟始終沉默。他們的臉上沾滿露珠，這令我聯想起黑海到裡海地區的一些高加索人，尖削的臉頰，把毛皮帽拉到眉毛上面。

「我來自我介紹一下，」那位官員對我說道：「我是大學註冊組的D先生。」

這是我來薩哈林島之後認識的第一個人，他是作家，也是詩人，他曾模仿萊蒙托夫寫了一首詩，叫做〈薩哈林島人〉，詩的開頭這樣寫道：「那麼告訴我，醫生，是否一切都是枉然……。」之後他常來看我，我們經常一起在亞歷山德洛夫卡四處散步，聽他分享亞歷山德洛夫卡的故事，更多時候他朗誦自己寫的詩給我聽。在數不盡的漫漫冬夜裡，他都躲在房間裡寫有關自由主義的故事，但是大多時候他要大家知道他是大學註冊組的D先生，第十品文官。有一次一位老農婦拿東西來賣他，叫他D先生，他很不高興，立即糾正她，對她大聲叫道：「你不可以叫我D先生，要叫大人！」在前往岸上時，我特別問他許多關於在薩哈林島上的生活狀況，他深深吸了一口氣說道：「不必問，到時候你就會知道！」太陽已高懸於半空，因前一天的陰鬱感覺早已深植於想像之中，即使面對現在的陽光普照，仍無法雀躍起來。特別是才見過那醜陋的容奇耶岬角、「三兄弟」、綿延不斷的高聳陡峭的海岸，山巒上的透明霧氣，從起火的森林飄來的煙，對比現在陽光普照的海面，怎麼樣也無法激發出高昂的情緒。

其實這裡根本沒有可以靠岸的海港，海岸又十分險惡，我們抵達前不久才有一艘瑞典輪船亞特拉斯號在這裡遇難，殘骸如今還堆在岸邊。一般輪船都必須停在外海一俄里遠的地方。這裡有一個防波堤，但只適於停靠巡邏艇和平底船。這個防波堤很大，有幾個沙鎮那麼長[9]，像T字形伸向海裡，伸入海裡部分用堅硬木頭組成箱型木樁，裡面塞滿石頭，直到浮出海面。碼頭由木板組成，上面再鋪上軌道，軌道一路延伸到岸邊。在T字形的底端有一棟很漂亮的小茅屋，這是防波堤的辦公室，旁邊豎立著一根很高的黑色桅桿。這裡整個結構乍看很穩固，其實不然，他們說有時來一場大一點的暴風雨，海浪都會竄到小茅屋的窗口，浪花竄入豎立桅桿的院子，整個防波堤就搖晃個不停。

在防波堤上面，大約有五十個左右的犯人貌似無事可做，在那裡來回踱步。有的

9 編注：一沙鎮約等於一・七六公尺。

穿著農夫全套工作服，有的穿著夾克外套或是灰色短外套。他們看到我出現時全都脫下帽子跟我致敬——我敢說至今為止，從來沒有過一個作家在這裡接受過那麼大的禮遇。防波堤另一端站著一匹馬，後面拖著一個簡陋的小推車，那些犯人們忙著把我的行李丟入小推車裡面。其中一個留著黑色鬍子，穿著夾克，襯衣沒紮入褲子的犯人坐到我的箱子上面。我們出發了。

「請問大人，我們打算往哪兒走？」他抬起頭脫下帽子問道。

我問他這附近有沒什麼地方出租給人，即使一個房間也可以。

「出租？當然有，大人，當然有。」

我們沿著一條漂亮的公路走了大約兩俄里，從上岸處來到了亞歷山德洛夫卡的軍哨站。和西伯利亞的一般道路相比，這條路旁的溝渠和路燈更為整潔，甚至說得上奢華。道路的地面上舖有軌道。但整體景觀看起來還是極為單調荒涼。杜伊卡河流過亞歷山德洛夫卡山谷，四周的群山遍佈著大火燒焦後的樹樁，還有僅存樹幹的落葉松像豪豬的尖刺刺出。山谷則有草叢沼澤，後者看起來不久前才形成。最近才挖的溝渠覆滿沼澤土和一吋厚的黑土。這裡沒有松樹，沒有橡樹或楓樹，只有落葉松，乾枯光禿，不像在歐洲俄羅斯的林子或公園裡，用來裝飾景觀，而是昭告世人這個地區貧脊的沼澤土壤和險惡的氣候。

亞歷山德洛夫卡軍哨站，或簡稱為亞歷山德洛夫卡，形成一個景觀宜人的小鎮，住有三千居民，整個外貌風格和西伯利亞一般的小鎮沒什麼兩樣。這裡的建築物沒有一棟是石頭建成，全都由落葉松的木頭建成，教堂、民宅和道路鋪設等等皆然。這裡是薩哈林島總督居所所在地，是整個島的行政和文化的重心。監獄坐落在主要大街的旁邊，但從外表看去，卻和軍營有些不一樣，因此整個亞歷山德洛夫卡地區並不如我原先所想像的那種監獄般的陰鬱感覺。

我的馬車伕送我到亞歷山德洛夫卡一個郊外地區的一個「放逐農夫」P家裡，我們沿途經過一些住宅區。P的住家有一個小院子，完全的西伯利亞風格，遮雨棚有木椿圍籬，屋裡有五個乾淨寬敞的房間，一個廚房，但沒有半件家具。女屋主是個年輕的農婦，她先搬來一張桌子，五分鐘之後又搬來一張凳子。

「我們出租這幾個房間，一個月二十二盧布，含取暖的柴火。如果不要柴火，一個月算十五盧布。」她說道。

一個鐘頭之後她拿茶壺進來，嘆了一口氣說道：「您竟然會來一個這樣被上帝遺棄的地方！」

她年輕時隨母親陪同父親來這裡，她父親被判刑，分配到這裡服役。她現在嫁給了一個放逐農夫，是個愁眉苦臉的老頭，我剛才進來經過院子時有瞥了他一眼，他好像生了什麼病，躺在院子的遮棚底下唉聲嘆氣。

「在塔姆包夫家鄉現在應該在收割了，」屋子女主人說道：「我這輩子怕再也見不到那地方了。」

在這裡的確沒什麼有趣的東西可看，從這裡窗口望出去，只見一片包心菜的苗圃，被難看的溝渠圍繞。更遠處，隱約看見幾棵細瘦枯萎的落葉松。這時男屋主一面唉聲嘆氣一面走進屋裡，他一進來就跟我抱怨收成不好，天氣寒冷，土壤又貧脊。他已經順利服完他的苦役和強制處分，他現在擁有兩棟房子，幾匹馬和幾頭牛，雇用許多工人，還娶了一個年輕老婆。最重要的是他已獲准回家鄉定居，但他現在仍抱怨不停。

中午我到附近隨意走走。我住的村莊不遠處有一間看來很精緻的小屋子，屋子前面有花園，門上有黃銅製成的門牌。院子裡還有一家小商店，我走進去想買點東西來吃。我拿著價目表，上面有印刷和手寫字，寫著「貿易中心」和「貿易委託部」，也就是這家小店的名號，屬於一位放逐者L先生所擁有。他原來是禁衛軍的一位軍官，十一年前因為犯了謀殺罪而被彼德堡地方法院判刑流放到薩哈林島。他現在早已服滿刑期，在此從事商業貿易為生，同時也幫政府跑腿做些公差事務，前往各地鄉村，有些道路已鋪設好，有些還沒有道路。領著資深「監工者」的薪水；他的太太具有自由人身分，出身高貴，曾在監獄的醫院裡當過醫生助理。他們的店什麼都賣，有軍階的星星和肩章、土耳其的奇異玩物、小鋸子和鐮刀之類，還有當下最流行的夏日女帽，價錢從四盧布五十戈比到十二盧布不等。我在和店員交談時，店主走了進來，他穿著一件絲質外套，打著花式領結，我們互相自我介紹。

「不知道有沒有這個榮幸邀請您共進晚餐？」他提議。

我接受了，我們一起進入屋子。裡頭裝飾得很整齊舒適——曲木家具、花卉、一台美國製的自動鋼琴，還有一張搖椅。L先生每天晚飯後就坐在上面。在餐室裡除了女主人之外，另外還有四個客人，都是這裡的官員，其中一個老人，沒留鬍子，有灰色鬢毛，很像戲劇家易卜生（Ibsen），他是地方醫院的助理醫生。另有一位，也是老人，曾被任命為歐倫堡哥薩克軍團（Orenburg Cossak Force）的校級軍官。他一開口講話，就讓我覺得他是位好人和愛國者。他善良溫和，極為理性；可是當我們的話題轉向政治時，他立即變得憤慨激動，表現出對德國人和英國人的極端鄙視，儘管他這輩子從未見過任何德國人或英國人。據說他和太太坐船前來薩哈林島，半路上經過新加坡時，他想買一條絲質披肩給老婆，對方要求他先把俄國盧布換成當地錢幣再付帳，他立即感覺受到冒犯，就說：「什麼？要我把我們高貴的俄羅斯基督錢幣換成異端黑奴的錢幣！」那條披肩後來當然就沒有買成。

晚餐供有湯、雞肉和冰淇淋，當然也有酒。

「這裡最近一次下雪是什麼時候？」我問道。

「五月。」L先生回答。

「不，不是五月，是六月。」長得像易卜生的那位醫生說道。

「我認識一位流放犯人的定居者，」L先生說道：「他的加州麥去年收割了二十二次。」

「那不是真的，薩哈林島這塊土地生產不出什麼東西，這是一塊被詛咒的土地。」

「但是，如果我沒記錯，」另一位官員說道：「一八八二年，我們這裡的大麥收成了整整四十次，這我可記得非常清楚……。」

「不要聽他們吹牛，」醫生後來跟我說：「他們就是想騙你。」

晚飯當中，他們還講了一個傳聞：當初俄國人佔領這個島嶼時，對待這裡的原住民吉利亞克人很惡劣，一位吉利亞克的巫師曾下了詛咒說，薩哈林島將永遠不會帶給你們任何好處。

「他的詛咒還真應驗了。」醫生說道。

晚飯後L先生彈了那台自動鋼琴。醫生邀請我去他住的地方坐坐，就這樣，同一天晚上，我住進主要大街上的這棟房子裡，距離政府辦公的地方很近。從那晚我開始一窺薩哈林島的神秘生活。醫生告訴我，在我抵達前不久，有一次替防坡堤上的牛隻健康檢查時，他和這裡的總督之間發生了嚴重誤會。結果，總督企圖以他的職權杯葛他，他在隔天就自動要求離職，雖無正式提交辭呈。醫生給我看他自己所寫的一堆文件，他說寫這些都是出於捍衛真理，對人類的愛。其中包括他的申訴、抱怨、工作報告和對當局的批評。

「將軍不會喜歡你跑來和我待在一起。」醫生眨了一下眼睛說道。

第二天我前去拜訪島上的總督V．O．柯諾諾維奇將軍，他雖然很忙，也很疲憊，卻很客氣地接待我，並和我談了大約一個鐘頭。他受過良好教育，讀了許多書，同時有許多實際行政經驗。他到薩哈林島任職之前，曾在東西伯利亞的喀拉地區（Kara）的流放者屯墾區當過十八年主管；他說和寫都極為通暢流利，給人極誠懇而充滿人道精神的印象。我從不會忘記和他第一次見面談話的愉快感受，也忘不了當他說他是如何厭惡體罰時，我所萌生的訝異和愉悅。難怪美國冒險家喬治．肯南（George Kennan）在名著中提到他時，對他推崇備至。

當他獲悉我預備在薩哈林島住上幾個月時，他立即提醒我這裡的生活有多陰鬱無聊，「每個人都想逃離這個地方，」他說道：「流放的囚犯，屯墾區的放逐者和官員，大家一有機會就想離開這裡。我還沒有迫切想離開，但心靈勞動已讓我開始感到疲憊，因為這裡的一切都還沒上軌道，非常凌亂。」

他答應會配合我的要求和我密切合作，但必須再稍等一陣，因為此刻他們正忙著準備接待他們的上司阿穆爾河地區的總督來訪，大家都很忙碌。

「不過我還是很高興你和我們的敵人待在一起，」臨走時他這樣跟我說道：「這樣你比較能夠知道我們壞的一面。」

直到阿穆爾河總督來訪之前，我一直住在亞歷山德洛夫卡軍哨站醫生住家這一帶，生活並不是那麼枯燥乏味。每天早上不管何時醒來，窗外都會傳來各式各樣的聲音，提醒我此時此刻身處在什麼地方。首先傳來的是街道上囚犯在行進時，身上的鐵鍊和腳鐐所發出的帶有節奏感的鏗鏗鏘鏘聲音。住家對面的軍營裡，軍樂隊正在演練軍樂和行軍，準備迎接阿穆爾河總督的蒞臨。有長笛的聲音、有伸縮喇叭的聲音，還有巴松管的聲音，這些樂器聲音混在一起竟是一團混亂。同時，我們房間裡的金絲雀正鳴叫不止，我的醫生房東在房間裡走來走去，手上拿著法律書籍翻閱著，也許他心裡正在想著：「如果確實有這樣或那樣的法令，我就往那裡呈遞請願書……。」等等。

有時醫生就和他兒子坐在桌子旁邊，兩人一起撰寫控訴書。如果想出去街上，天氣則很熱。人們不停抱怨乾旱的天氣，軍警人員穿著緊身短上衣在街上走來走去——他們可不是每年夏天都是這樣穿的。這裡街上熱鬧的情況比起歐洲俄羅斯一些主要大城市真是有過之而無不及，當然這與大家正在準備迎接阿穆爾河地區總督的到訪有關。但主因是，這裡的勞動人口大部分的時間都在外面活動。此外，這裡的監獄人口有一千人以上，兵士人口五百人以上。他們能夠在很短時間內建造出橫跨杜伊卡河的大橋，豎起拱門、清掃環境、上油漆、處理雜物，還有行軍。他們駕著三駕馬車沿街行駛，馬車上的小鈴鐺一路作響——這些馬都是訓練來迎接阿穆爾河總督，這就是他們的生活，他們甚至連休假日也參與勞動。

在通往警察局的大街上聚集了許多吉利亞克人，他們是原住民。薩哈林島當地溫馴的混血狗對著他們憤怒吠叫，不知何故這些狗只對吉利亞克人吠叫。這裡還有另一群人，繫著鐵鍊的囚犯，有的戴帽，有的沒戴，他們一走動，身上的鐵鍊就鏗鏘作響。他們推著一整台推車的沙子往前邁進，一些小孩就圍在推車旁邊玩耍。荷著來福槍的警衛在一旁蹣跚走著，紅色臉上流著汗，他們來到總督住家門前的一個小廣場，把推車裡的沙子倒下之後，又推著推車回去裝載沙子再推過來，鐵鍊的聲音繼續響個不停。一個穿著鑲有鑽石工作服的囚犯從一個院子到一個院子，沿途叫賣著小越橘[10]。每當我走到街上時，那些坐在路旁的人會立刻站起來，戴帽子的人會立刻脫帽跟我致意。

不管是正在服刑的囚犯或是已經服完刑的屯墾區放逐者，他們可以在街上自由自在行走，不繫鐵鍊也不會有警衛陪伴，你常常可以在群眾的場合或私底下看到他們，你也可能在一般住家裡面或外面庭院看到他們，因為他們可能是馬車伕、警衛或是廚師，男女都有，甚至也有人擔任保姆。起初對於這種現象我們覺得很不習慣，我們感到困擾和迷惑，但不久我們就習慣了。你經過建築工地時，會看到幾個囚徒手上拿著斧頭、鋸子和鐵鎚，你會以為他們會威脅恐嚇你。或者你去拜訪一位朋友，他剛好不在家，你就坐下下來想寫張便條留言，這時他的囚徒僕人站在你身後，手上拿著剛削

10 編注：一種草莓。

完馬鈴薯的刀。或者凌晨時分，大約四點，你被沙沙聲響吵醒——你發現一個囚徒正屏住呼吸，躡著腳尖，一聲不響，偷偷溜回床上。他在幹什麼？怎麼回事？「要幫您擦靴子嗎？大人？」

我很快就適應了這些並視之為理所當然，這裡的每一個人，甚至婦女小孩，也視其為理所當然。婦女放心讓小孩和終身服苦役的囚徒一起出去散步，甚至早已把這些犯人當成「保姆」了。

一位新聞記者曾經寫道，他剛來這裡時很害怕一個人去偏僻的地方，有時走在路上或人行道上。迎面遇上一個囚犯時，他就伸手緊緊握住大衣裡的手槍。後來慢慢地，他就變得比較放心，不再那麼緊張。最後他下結論道：「一般而言，流刑地都是一群綿羊——膽怯、懶惰、吃不飽，同時喜歡逢迎拍馬屁。」如果說俄羅斯的囚犯不殺人搶劫是因為膽怯懶惰，那代表你對人性不夠了解，或根本一無所知。

阿穆爾河地區總督，A．N．寇爾夫男爵（Baron A.N. Korf），於七月十九日乘坐波爾號戰艦抵達薩哈林島。島上總督率領屬下眾官員，所有囚犯及屯墾放逐者，在他住家和教堂間的廣場上熱烈迎接男爵。他們演奏我每天早上聽到的演練軍樂。這時一位相貌堂堂的老者，他先前是一位服苦役的囚犯，如今已服滿刑期並在薩哈林島發跡致富。這時他以波提歐姆金（Potyomkin）之名，端著放有麵包與鹽巴[11]銀盤出現。我的房東醫生也站在廣場上的迎接行列，他身穿黑色燕尾禮服，頭戴高頂禮帽，手上拿著一份請願書。我第一次看到薩哈林島湧滿人潮的場面，但我在這之間看到了某種特殊的哀傷：我看到工作年齡的男女和老人小孩，卻完全看不到青少年。彷彿薩哈林島並不存在十三到二十歲的人。我忍不住這樣想：這是否意謂這裡的青少年在長大過程中，一有機會就迫不及待離開這個島嶼？

男爵總督抵達之後的第二天便立即前往視察這裡的監獄和屯墾區，他每到一處屯墾區，那裡的屯墾放逐者早已迫不待在等著他的到來。他們一見到他立即呈交請願書，或直接口頭提出請求，每個人要不是為自己發聲，就是為整個屯墾區說兩句。在薩哈林島，發言的藝術非常興盛，因此凡事用口頭發言來溝通，更能夠彰顯效果。在德賓斯科耶（Derbinskoye），一位屯墾區的流放者在發言場合好幾次提到當局時，使用「最仁慈體貼的政府」這樣的字眼而獲得許多讚賞。然而不幸的是，這些人能夠使用最美麗的詞彙表達意見，這次對男爵總督的請求卻不是他們所真正最需要的。他們的做法很像歐洲俄羅斯地區的農人，分不清楚事情的輕重緩急，比如他們不要求多設立學校、司法公正或甚至工資；而是些很瑣碎的問題。像是增加政府津貼，或是領養小孩的個人問題，這些問題大可向地方政府請求解決。男爵專注聆聽，對他們的艱難處境極為

11 編注：在俄羅斯，尊貴的訪客抵達時，人們會以一塊麵包和一些鹽作為款待的象徵。為了表示接受這種好客，訪客必須撕下麵包的一塊，蘸入鹽中並食用它。這是俄羅斯的一種款待傳統。

關心，答應會好好研究他們的問題，以期改善他們的生活。在阿爾科沃（Arkovo），那裡的副監獄長跟男爵報告說：「這裡的一切都好到不能再好了。」男爵說：「是好到不能再好，就只差沒什麼收成，看不到穀物而已。」在亞歷山德洛夫卡監獄，由於男爵的到訪，大家三餐可以吃到新鮮肉類甚至鹿肉。男爵到每個囚房參觀，接受所有請願並下令卸去囚犯身上的鐵鍊。

七月二十二日，在感恩儀式和遊行之後（這天剛好是大的宗教節日），一位監工急急忙忙跑來找我，說男爵要召見我，我立刻整裝接受召見。男爵很親切地接見我，我們聊談了大約半個鐘頭左右，柯諾諾維奇將軍從頭到尾在一旁作陪。男爵問我此行參訪是否有申請官方文件，獲得批准，我說沒有。

「連知名社團或報章雜誌的推介文件也沒有？」男爵問道。

我有一張出版社的證明文件，但我從未想過在報章雜誌上發表我參訪薩哈林島的心得。我的專長不在此，我不想誤導我的讀者，因此這張證件一直放在口袋，從沒機會派上用場。其實也可能沒什麼用。

「我給你一張通行證，你可以去任何你想去的地方或是見任何你想見的人，通行無阻，」男爵說道：「我們沒什麼好隱瞞，你可以視察任何地方，你可以通行無阻參訪任何監獄和屯墾區，也可以自由使用各種檔案資料；總之，這裡所有的大門永遠為你敞開著。不過有一件事情必須請你見諒，你不能跟這裡的政治犯有任何接觸，我沒有權利允許你這麼做。」

我臨走的時候，男爵說道：「我們明天再繼續談談，來的時候帶一些紙。」

同一天晚上我前往島上總督家裡參加慶祝晚宴，我藉此幾乎認識了島上的所有行政人員。宴會上有樂隊在演奏音樂，同時不斷有人上台講話，男爵為了回敬剛才大家對他的敬酒，就上台簡短地演講。演講中有幾句話至今仍令我印象深刻：「我非常確信，在薩哈林島上，我們這些『不幸者』所過的生活要比俄羅斯其他地方或甚至歐洲的犯人好很多。但我們做得還不夠，我們還有許多事情要做，往好的道路永無止境。」男爵五年前來過薩哈林島，他如今重訪，發現這裡進步很多，大大超乎預期。他的讚美並不算過分，當然也許有人會說，眼下在這個島上依然存在著饑荒和娼妓問題，還有非人道的體罰等等。我們必須相信他，和五年前相比，現在的薩哈林島彷彿是黃金時代的複製版。

晚上到處燈火通明。街道上家家戶戶懸掛著彩色燈籠。成群結隊的士兵、屯墾區流放者和囚犯在街道上遊蕩至深夜。監獄開放，大家可以自由活動。杜伊卡河向來因為泥土淤積和兩邊河岸光禿一片而顯得醜陋不堪，如今因為繽紛的燈籠和閃爍的燈光而變得美麗生動，甚至顯得莊嚴，但同時滑稽，彷彿試圖把廚師的女兒打扮成名媛一樣。總督住家的花園裡有人在奏樂歌唱，他們甚至發射一枚砲彈，在空中爆炸開來。然而，儘管這邊一片歡樂氣氛，此時的街道上卻顯露一股陰鬱的氣息，沒有歌聲、沒有手風琴，沒有任何人喝醉。人們徘徊得像幽魂，寂靜得像幽魂。一個流刑地即使燈火通明，燈光閃爍不停，終究還是一個流刑地。我們聽到遠處一個人的歌聲，他永遠回不了家鄉，他的歌聲僅流露出無望。

第二天，我帶著一些紙張去見男爵總督，他跟我解釋他對薩哈林島上有關苦役和流刑地的看法，他建議我把他講的話全部記下來。我樂意為之。他建議題名為《可憐不幸者的生活之描寫》。從上次談話，和今天的口述來判斷，他慷慨，高風亮節，但他對這裡「可憐不幸者的生活」卻不如自認的那麼熟悉。以下是他所闡述的幾個要點：「一個人不應該被剝奪希望的權利、不應該有終身懲罰。終身監禁應該改成限制期限為二十年。勞役不必太繁重。強制勞役對犯人無益。除非有益他的健康，否則一切肉體的懲罰都沒有必要。不要鐵鍊、不必監視，也不必剃光頭。」

接下來幾天都是好天氣，天空晴朗，空氣澄明，很像歐洲俄羅斯的秋天。晚上感覺很舒服，西方一片火紅，暗藍色的海水，白色月亮從山後冉冉升起。每當碰上這樣的夜晚，我就雇一輛馬車閒晃，沿著軍哨站和新－米克海洛夫卡小村莊之間的河谷一路前進，道路很平坦順暢，沿路都有柵欄和電報桿線。離亞歷山德洛夫卡越遠，河谷變得越狹窄，陰鬱的氣息也越深，牛蒡變得像是熱帶地區的植物了，黑暗從山巒四面八方慢慢整個籠罩了過來，遠處有人們在燒炭火的火光，同時從樹林裡也不斷閃出亮光。月亮慢慢升起。突然，我們的面前出現一幅奇異的景象：一個身穿全白的囚犯，倚在柵欄之間一個小平台柱子，沿著鐵軌朝我們走來。當下我嚇呆了。

「咱們是不是該回去了？」我問我的馬車伕。

馬車伕調頭，回望著山巒和火光說道：「這裡很淒涼，大人。您還是回去俄羅斯比較好些。」

3

人口調查、調查小卡的內容、我提出的問題以及屯墾區人們如何回答我的問題、一個小屋及其內的寄住者、放逐者對人口普查的看法。

為了能夠順利參訪到所有有人居住的地區，並且能夠更進一步熟悉這裡大部分放逐者的生活狀況，我用適合當下的方式工作。我使用人口調查的方式。我參訪屯墾區時，逐戶拜訪，記下屋裡每一位成員的狀況，包括屋主、家中大小成員、寄住者以及所有工人等等。為了讓工作進行順利並節省時間，他們慨然提供給我幾位助理。但我要的並非人口調查的結果，而是拜訪過程所獲得的印象，因此很少需要助理。這項工作我獨自進行了三個月，稱不上是人口調查。準確性或完整性並不出色。但因為相關的主題在該年代仍然缺乏可靠的資料，因此我的調查報告不得不說多少還是有一點用處。

為了我這次人口調查的工作，當地警察局的印刷部門為我製作一些小張的卡片。

我的工作方法如下：我在每張卡片的第一行寫下軍哨站或屯墾區的名稱，第二行我根據戶政事務所的檔案寫下各房子的地址門號，最後，第三行我寫下當事人的身分——囚犯、屯墾放逐者、放逐的農夫和自由個體戶。自由個體戶算是屬於獨立的一群，但有時候卻歸屬在我要參訪的對象，特別是他們生活在一些放逐者的家裡之時，比如說他們和放逐者之間有婚約關係時，不管是合法還是非法，這時他就隸屬於這個家庭，或是以工人或寄居者身分住在木棚屋裡頭。一般而言，在薩哈林島的生活慣例裡，確定一個人的身分地位具有特定意義，比如說，一個服苦役的囚犯對他自己的身分就會感到很尷尬，當有人問及他的身分時，他總是以「工人」身分來應對。如果他以前是個士兵，他會再補充說道：「以前是士兵，先生。」當他服完他的刑期時，他會說「他已經服滿他的時程」，這時他成為一個屯墾放逐者。事實上這個身分應該已經沒什麼好尷尬了，即使和「自由屯墾者」仍有一些差距，卻已經差不多了。如果被問及身分，他大可堂而皇之回答他是「自由人」。十年之後，也許只要六年，如《放逐法規》所規定，若表現優良，六年後就能獲得「放逐農夫」的身分，這時如果被問到身分，他就可以很得意地回答他是「農夫」了。「農夫」身分所代表的已經不是其他身分能夠同日而語了。我訪查時從不問及過去經歷，因為從戶政事務所拿到的檔案都已經註明。以前當過士兵的，情況比較特殊，他們不是城市裡的中產階級，不是商人或教士，他們喜歡強調以前的身分，尤其「自由」兩個字。當被問及以前的身分時，他們總是會這樣說：「我以前生活得自由之時……。」

在卡片的第四行上面，我寫下當事人的姓名。就我記憶所及，我似乎從未正確寫過一位韃靼女性的名字。一個韃靼家庭，父母都不懂俄文，生了一堆女兒，這時只能用猜的。官方戶口名簿上的韃靼名字也沒有一個是正確的。

有時候會有一種情況，一位俄羅斯農民，東正教教會的教徒，你問他名字時，他會很嚴肅跟你回答他叫「卡爾」。像他這樣叫「卡爾」的人還真不少，他們大多是在流浪時，在路上和一些德國人交換姓名而來，我手上就有兩位叫做「卡爾」的農夫，一位叫卡爾．朗格，另一位叫卡爾．卡爾洛夫，另有一位囚犯則是叫拿破崙。有一位女囚犯名叫普拉絲寇夫雅，別名聖母瑪利亞。至於姓氏，在薩哈林島上最多的是包格達諾夫和貝斯帕洛夫這兩個，其他還有一些奇奇怪怪的姓氏，譬如：跛腳者、大胃、無神、懶鬼等。韃靼人的姓氏最奇怪了，他們即使犯了罪，身分被剝奪了，他們還是不肯放棄加在他們姓氏前面的尊稱，比如可汗或蘇丹之類的頭銜，這樣的人還真不少。在流浪遊民當中，名字叫伊凡的人最多。至於姓，最多的則叫做「不記得」（這些人犯了罪被逮捕成為囚犯，被問及姓名時，都回答：不記得，辦案人員也懶得去追查，就把「不記得」直接登記為其姓氏）。以下是一些奇怪的名字和姓氏：瑪斯塔法．不記得、瓦希里．無祖國、弗蘭茲．不記得、伊凡．不記得．二十歲、亞科夫．無別名、浪人伊凡．三十五歲、無人知曉其頭銜之人……。

在同這一行上面，我必須註明該當事人和他所寄居之屋主之間的關係為何，妻子、兒子、女性同居人、雇工、房客、房客的兒子等等。如果當事人是小孩，還要進一步註明是婚生或非婚生，是親生還是領養。我必須強調一點，在薩哈林島上你會經常碰到領養的小孩，我在記錄時要同時記下養父。那些住在農夫木棚屋的人有可能和屋主一起擁有這間木棚屋。像在薩哈林島北部的兩個地區，一塊地常常是由兩三個人共有，這樣主人就不是只有一個，起先一個屯墾放逐者獲得一塊地耕作，建造一棟房子並建立一個家，兩三年之後，他們送來一個人和他共同耕作這塊地，要不從他那塊地割出一部分給另兩個屯墾放逐者。主要是因為行政當局不願或無法替新來的屯墾放逐者弄一塊新的土地，這些新來的屯墾者大多是已服完苦役，正在尋找土地來屯墾，但當局已找不出新的耕作土地給他們，所以就把他們塞入已經建立基礎的舊屯墾區，即使當事人不願意。此即為什麼住在木棚屋的人經常和屋主共同擁有這塊土地。共同擁有耕地的情形在沙皇頒布敕令後更為普遍，突然冒出許多減刑犯人，地方當局被迫為這數百人找土地。

在卡片的第五行註明他們的年齡。許多超過四十歲年紀的女人不太記得自己的年紀，回答前需要想一下。來自葉雷凡（Yerevan）地區的亞美尼亞（Armenians）女人對她們自己的年紀更是完全沒有概念，其中有一個這樣回答我：「我三十歲吧，不，那是很久以前，現在應該有五十了。」碰到這種情形，我只能根據外貌和監獄的其他有限資料來判定她們的年紀。至於十五歲上下的年輕女子，通常都會少報她們的年齡，有些女人已經結婚了，或是年輕時當娼妓，如今幾十年過去了，她們還是報十三或十四歲。這裡的關鍵點在於，在最貧窮的家庭裡，十五歲以下的小孩可以領有當局的食物津貼，因此在任何場合裡，他們在報年齡時一定要少報一兩歲，他們的年齡就永遠停留在十三或十四歲。

第六行是填報他們的宗教信仰。

第七行是關於出生地：他們在哪裡出生？一般來講，他們回答這個問題沒什麼困難，只有遊民浪人身分的人會用對付監獄那一套來搪塞，或乾脆回答「不記得」。老處女．娜塔莉亞．不記得，當我問她來自哪一省時，她回答說：「每一省都有那麼一點。」同鄉一般都會黏在一起，若要逃跑也是一起行動。來自吐拉（Tula）的人，挑選耕地共有者時，一定挑選來自吐拉的同鄉。來自巴庫（Baku）的人也是如此。這裡顯然存在著某種牢不可破的同鄉情誼，當我問到不在現場者的資訊時，旁邊的同鄉會立即鉅細靡遺地回答，絲毫不差。

第八行是關於來此的時間：他們哪一年來到薩哈林島？在薩哈林島住久的人，很少有人能夠立即回答這個問題，他們必須想很久。

對大多數人而言，來到薩哈林島那一年也就是他們不幸的一年，不是不知道就是不記得。我問一位女囚犯她哪一年來到薩哈林島，她想都不想就含混地回答：「誰知道？應該是一八八三年吧。」她的丈夫，或是她同居的男人，在一旁立即打斷說：「你在胡說什麼？你是一八八五年來的！」，「那就是一八八五年，唉。」她表示同意，嘆了一口氣。我們仔細研究檔案資料，發現她的男人所說是對的，大致說來，男人比女人反應較快，也比較準確，但他們還是需要思考一下，有時甚至還要經過一番交談。

「哪一年他們帶你來這裡？」我問其中一位屯墾放逐者。

「我隨著格拉德基那一波潮流一起過來。」他回答，用不確定的眼神看著他的伙伴。

格拉德基潮流，是第一波來到薩哈林島的軍艦。第一波潮流，是當時為和土耳其開戰而成立的志願艦隊中的一艘軍艦，一八七九年首度造訪薩哈林島。我將這些全部記下。

有些其他的回答像這樣：「我已經做了六年的苦役，我現在是成為屯墾放逐者的第三年……算在一起應該是……。」「您的意思是，現在是您來到薩哈林島的第九年？」「不，不是這樣，在我來薩哈林島之前，已經在戰地監獄待了兩年了。」另外還有一種回答：「我在德爾賓被暗殺那年來這裡。」或是「我來的那年剛好米特朱爾過世。」對我來講，我必須特別注意那些在一八六〇和一八七〇年代來的人，我需要他們回答得正確。但這非常困難。二十或二十五年前來的人，如今還有多少人還留在這裡？但好好弄清楚這些事情，這對薩哈林島未來的殖民事業還是會很有幫助。

在卡片的第九行我記下他們先前的主要職業，以及做過什麼買賣。第十行：認不認識字？通常這個問題都會這樣問：「您有辦法閱讀寫字？」但我單單只問：「您有辦法閱讀嗎？」因為有些農夫雖然不會寫字，卻認得一些印刷的字，你如果把閱讀和寫字的問題一起問他們，他們大多會全盤回答否定，既不會讀也不會寫。這類人當中有些就直截了當回答他是完全的文盲，既不會讀也不會寫，「您問這些幹什麼？我們為什麼要懂得讀和寫？」我忍不住繼續追問，他們會說：「我以前有一段時間讀懂一些印刷的字，現在可都忘光了。我們默默無聞，簡單講，我們就是一群鄉巴佬。」至於其他有些既不會讀也不會寫的人，他們會說視力不好或已經全盲。

第十一行是關於他們家庭身分的問題——已婚，鰥居或獨身。如果是已婚，在哪裡結婚，家鄉或是薩哈林島？其實在薩哈林島，「已婚、鰥居或獨身」無法定義一個人的家庭身分，在這裡已婚的人經常註定要過孤寂的獨身生活，因為他們的配偶大多住在家鄉，又不肯離婚。未婚者或配偶已死的人，寄居在他人家庭裡，而這裡的家庭一般都至少有六個小孩。他們在戶籍上註記為已婚，過的無異於單身生活，我認為他們應該註記為單身才對，在整個俄羅斯這種現象真是絕無僅有，但在薩哈林島上非常普遍。

非法同居——在這裡叫做「自由」住在一起，在文明社會裡不但行政當局反對，教會也不允許。但是在這裡不但得到認可，而且還相當受鼓勵。在許多屯墾區有不少男女都是非法的「自由」住在一起，他們就像一般合法婚姻一樣組織家庭，過著自由自在的家庭生活，為這塊殖民地生小孩，似乎也沒有必要特別立法去約束他們。

第十二行（也是最後一行）：他們有沒有接受政府的津貼？首先我想確定我們有多少比例的人口，若沒有政府提供物質協助就無法生活。換句話說，誰為我們的殖民地提供費用，殖民地自己，還是中央政府？所有囚犯在服滿苦役刑期成為屯墾放逐者之後的第一年，住救濟院的年老傷殘者，和最貧窮家庭十五歲以下的小孩，以上這些人都有資格領取國家津貼。方式有食物或衣服配給，或是金錢發放等，除去這些官方認定的領取津貼者之外，我記下的尚有，以支領薪資方式為政府提供各種不同服務的放逐者，比如教師、工作人員或監工等等，這也算是政府津貼領取者。但這還不算完整，除一般食物配給和津貼以及薪水之外，尚有比較大額度的額外津貼，在此不及備載，比如結婚的獎勵補助，以高價向屯墾放逐者收購穀物。還有更重要的，發放貸款給屯墾放逐者購買種子和牲畜，這類高達幾百盧布的貸款最後都是賴帳不還，不了了之，我在此不能以津貼名目登記，實在是不得已也。

女性的卡片我都一律以紅筆註記，和男性卡片較能一眼區別。另外我只登記眼下在家中一起生活的人員。例如如果此家庭的長子已經前往海參崴求職，次子在里科沃（Rykovo）的屯墾區工作，長子則不登記，次子的資料會註記在另一張卡片上。

我一般都是獨自一人逐戶訪查，有時會有囚徒或屯墾放逐者出於無聊而以嚮導身分陪我前往。有時上級會指派一位配戴手槍的監工在後面跟隨著，如影隨形。他主要是被派來在必要時為我說明事情，可是每當我有問題要問他時，他的眉毛會開始冒汗，回答道：「很抱歉，我實在是不知道，大人！」通常陪同者到了那裡之後，會赤著腳，脫下帽子，手上拿著墨水瓶，率先打開大門，然後在走廊上屋主細聲耳語，想見必定是講訪查的事情。我跟著走進木棚屋。在薩哈林島上，你可以看到各式各樣的木棚屋，木棚屋的樣式取決於屋主是從哪裡來——西伯利亞、烏克蘭或甚至是芬蘭[12]。一般來講，架構的大小離不開六亞申見方，有兩或三個窗，屋子外觀完全不裝飾，屋頂大多鋪稻草或樹皮，極少數鋪木板。一般沒有院子，四周圍沒有半棵樹，屋子本身也不附設棚子，也沒有洗澡間，這是一般西伯利亞風格的木棚屋。有些人會在屋子外面養狗，不凶猛，通常很懶散。如同前面所說，牠們只會對吉利亞克人狂吠，也許因為吉利亞克人穿狗皮做的靴子。不知為何這些溫馴的的狗要用繩索綁著。即便是豬，脖子也繫著韁繩，小公雞的腳也綁有繩子。

「為什麼您的狗和小公雞要用繩索綁著？」我問一位屋主。

「在薩哈林島，每一樣東西都要綁著，」他用開玩笑的口吻回答：「在這裡大家都這麼做。」

屋裡就是一個房間，有一個俄羅斯火爐。地板由木頭鋪成，房間裡有一張桌子，兩三張凳子，一張長椅，一床鋪蓋，置放在床架上或是直接鋪在地板上。有的房間則完全沒有家具，直接在房間中間擺設一張羽毛床，可看出有人睡過。窗上擺著裝有剩飯的碗。從整個房間的擺設看來，與其說這是個房間，倒不如說是孤寂的囚室。一個住房只要有女人和小孩，無論如何都會有家的感覺，就像個一般的農村家庭。但即便如此，你仍然會覺得這裡少了什麼；沒有祖父母，沒有世代相傳的老傢俱或舊神像；整個家缺少過去，也缺少傳統。這裡沒有被燈光點亮的祭拜神像的角落，即使有也都很黯淡；這裡沒有每天例行的行為的習慣，好像整個家庭並不是生活在自己的屋子裡頭，而是生活在一個臨時的地方，彷彿才剛剛抵達，沒有時間安頓。這裡沒有貓，冬天晚上聽不到蟋蟀的叫聲……主要問題是，這裡不是他們的家鄉。

我所看到的這幅生活圖像並未帶給我一種舒適和穩定的居家生活感覺，大多時候我碰到的屋主都是孤獨寂寞的無聊老單身漢，早已被懶散無趣的生活凍僵在那裡，即使他已經穿著「自由人」的衣著，卻由於過去囚犯生活的習慣使然，他還是把外套披在肩膀上，把一頂無邊帽擺在桌上，火爐還沒升火，桌上還擺著茶壺和瓶子，瓶口用紙張堵住。他用嘲弄冷淡的語氣述說他的生活和家鄉，他說他已經努力嘗試各種生活方式，卻一事無成，他不想再試了，這一切令他感到嫌惡，他只覺得孤獨寂寞。當我

12 編注：芬蘭（Chukhon），指俄羅斯的芬蘭族群。當時，芬蘭是沙皇帝國的一部分，儘管芬蘭作為一個民族群體的範圍遠遠超出了現今芬蘭的邊界，延伸到俄羅斯更遠的地方。這種詞語通常用來描述居住在俄羅斯境內的芬蘭族群成員。

在和他談話時，一些鄰人圍在旁邊，一起加入談話，我們談政府當局和天氣，還有女人……我這時才注意到，這個木棚屋除屋主之外還住著其他人，寄居者和工人。一位坐在門口的寄居者是個服苦役的囚犯，他頭上束著一條皮帶，腳上穿著一雙縫製的布鞋，他身上不時散發出皮革和補鞋匠的蠟油味道。走道上躺著幾個小傢伙，衣著破爛，那是他的小孩，旁邊陰暗狹窄角落上有個女人，那是他的太太，她正在一張小桌子上面做越橘布丁，她自願陪她丈夫前來薩哈林島服刑。這一家子不久前才剛從歐洲俄羅斯抵達這裡。這個木棚屋房間住了大概有五個人，一個自稱是寄居者，一個是工人，另外還有一個是共同居住者，還有一個站在火爐旁邊修理東西，眼睛瞪得很大，嘴巴在吹氣。另一個顯然是個搞笑專家，他正在裝出刻意的愚蠢表情，嘴巴喃喃自語，惹得旁邊的人哈哈大笑。「巴比倫妓女」，也就是這女屋主魯克莉亞·不記得正坐在床上，衣衫不整，一臉雀斑，憔悴瘦削，她一直試圖以幽默搞笑的語氣回答我的問題，兩腿抖動個不停，我看她年紀尚輕，看起來卻歷盡滄桑，在西伯利亞的各大小監獄和路上囚犯休息的地方，經歷過多少不足為外人道的豐富人生經驗。她在這木棚屋裡每天過著平淡無聊的生活，也許偶爾有個痴狂放蕩的浪人來造訪，才會造成她生活上一些小小的波動。在這裡，別期待看到正常的家庭生活。我造訪時經常遇到全屋的人正在玩牌，他們臉上全都流露著尷尬厭煩，期待我趕快離開，讓他們牌局可以繼續。有一次我進入一個木棚屋，裡頭空空如也，一樣家具都沒有，火爐也是空的，地板上靠牆壁地方坐著一排高加索高地的原住民，有的戴著帽子，有的頭髮剃得很短，髮質粗硬。他們毫不眨眼地直直盯著我看。有時我走進一幢木棚屋，男主人不在家，只有同居的女主人在，可她卻躺在床上，不肯下床，我只好讓她坐在床上回答我的問題，她不停打哈欠和伸懶腰，等訪談結束了，我要離開時，她又立刻躺回床上。

這裡大多數的屯墾放逐者都以為我是官方人員，以為人口調查工作是聊備一格的例行公事。但當他們發現我並不是薩哈林島的地方官員時，竟挑起了他們的好奇心，他們會這樣問我：

「您對我們做這些調查到底做什麼用？」

這引起了多方猜測：有人說可能上層當局打算擴大津貼發放，也有人說上層當局決定把大家移往西伯利亞大陸。關於後者，大家言之鑿鑿，似乎最可信，這裡的勞動殖民和屯墾工作遲早勢必要移往西伯利亞大陸——然而懷疑主義者仍然大有人在，他們再也不肯相信上級會做出什麼對他們有利的措施，因為連上帝都遺棄他們了。關於這個論點，我必須加以反駁。從木棚屋的走道和火爐邊，不斷傳來一股抱怨的聲音，好像在嘲弄大家的希望和期待，不停在干擾我們：

「寫，寫，去他媽的寫個不停，他們能做的就只有這個，願老天保佑我們！」

我來薩哈林島旅行並沒挨餓過，也沒經歷過貧乏窘迫的痛苦。我讀過農業學家米特朱爾（Mitzul）寫的書，他說他當年來薩哈林島探險時曾經歷極端的貧乏窘迫之苦，到最後甚至把自己的狗都吃了。如今情況已完全不同，現在農業學家到薩哈林島探險旅行，他們可以走最好的道路，即使在最貧困的屯墾區，都有監工宿舍或是所謂「軍哨站」提供最溫暖舒適的住宿服務，那裡提供有俄式茶壺和舒適的床鋪。今天的探險家會帶著美國罐頭食物、紅酒、餐具、枕頭以及一切日常生活所需，由這裡的囚徒幫他們揹運這些雜物，深入薩哈林島的內地和台加。然而即使在今天，這些探險活動最後仍有可能淪為吃樹葉皮加鹽巴果腹或甚至吃自己同伴的悲慘下場，但這種情況絕不會發生在旅行者或官員身上。

在下面幾章當中我將描寫一些軍哨站和村莊，順便介紹幾種不同類型的苦役勞動和監獄，雖然時間有限，我對它們認識得還不夠徹底。在薩哈林島上，一般的苦役勞動並不只限定在開採金礦和煤礦上面，它涵蓋薩哈林島上有人跡地方的各個層面活動範圍，比如開發林地、蓋工廠、疏導沼澤地、捕魚、處理稻草以及裝卸船貨等等，所有這些都可能構成苦役勞動的形式。在過去殖民地時代有可能是獨立存在的勞動型式，但在今天已經變成是一種混合的勞動型式，互相之間存在著緊密的關係。

我要從亞歷山德洛夫卡河谷和杜伊卡河地帶的屯墾區開始，這裡是北薩哈林島首先被選為屯墾區的地方。它最早被選為屯墾區並非它最早被開發，也不是因為它看起來更能滿足殖民事業的要求；純粹是出於偶然，主要也是因為它更靠近杜埃，而杜埃正是最早成為囚犯苦役勞動的地方。

4

杜伊卡河、亞歷山德洛夫卡河谷、亞歷山德洛夫卡的屯墾地、亞歷山德洛夫卡的流浪漢、亞歷山德洛夫卡軍哨站、軍哨站的過去、地窖、薩哈林島的巴黎。

杜伊卡河，有時也稱為亞歷山德洛夫卡河，一八八一年動物學家波利雅科夫（Polyakov）首度前往那裡探險。河流往下延伸的部分，河面約有十亞申那麼寬（約七公尺多），兩岸長滿濃密的樹木，岸邊浸在水裡，佈滿銀樅樹、落葉松、赤楊樹和柳樹等，形成一片難以跨越的沼澤地，在最早的時候，兩岸光禿禿，河流流到這裡時看起來像是一個狹長的水塘，這令人聯想起莫斯科城內的運河。

要是有機會讀到波利雅科夫在他書中對這裡的描寫，再看看今天這裡的樣子，就可以了解當局在這裡下過多少「苦役」的功夫在經營這塊土地。「從附近山巒的高處往下看，」波利雅科夫當初這樣寫道：「整個亞歷山德洛夫卡河谷覆滿林地，無止境的松柏在河谷的谷底延伸至遠方。」他同時描寫那片沒有盡頭的沼澤地，毫無生氣的土壤和綿密的樹林，「還有那巨大高聳的林木，地上到處堆著一些經年累月經過風吹雨打的腐朽樹幹，在樹木根部的地方會冒出一些上面蓋滿蘚苔的小土丘，旁邊還可以看到一些洞穴和車輪壓過的痕跡。」今天，在這些針葉林和沼澤中間，建立起一座小鎮，鋪好道路。我們看到了綠茵如織的草坪，種植小麥和蔬菜的園子，也許有人會抱怨我們還缺少森林地。但我們不妨想想才不久之前，有多少人在這裡流下多少的血汗，他們投身在深及腰部的爛泥巴裡賣力工作，再加上寒霜和冰冷的雨水、思鄉之苦、外人的侮辱，樺木條的鞭打等等，這畫面何等駭人！我每次和一位心腸仁慈的薩哈林島官員一起旅行時，他總是忍不住吟誦尼克拉索夫那首叫做〈火車路〉的詩作。

就在杜伊卡河河口出海的地方，有一條叫做小馬來亞・亞歷山德洛夫卡（Malaya Alexandrovka）的小河匯流進來，這條小河的兩岸即是所謂的屯墾地，他們稱之為「部落」，我在前面已經提過。這個小部落形成為軍哨站的郊區，兩者已經混合在一起，但其實兩者有許多不同之處，而且是獨立存在的，因此有必要分開來單獨談論。這個部落是我國最早的屯墾區之一，早在杜埃開始實行苦役制度之時，它就跟著開始運作了，當局迅速選擇這裡的原因，米特朱爾在書中提到，主要是這裡水源豐富，林木壯觀、土壤豐腴，而且河流便於航行。「從外貌看起來，」我們這位瘋狂探險家寫道，他顯然已把薩哈林島看成是「應許之地」，他說：「毫無疑問再也找不到比這裡更理想的殖民之地。在一八六二年，有八個放逐到薩哈林島的囚犯，其中四個選擇在這裡安頓下來。」然而，四個人能做什麼呢？他們拿起十字鎬和鏟子開始工作，春天耕耘，冬天收成。後來他們要求回到大陸本土，當局沒有批准。一八六九年，在現在部落所在之處，他們蓋起了一座農場。當局這樣做帶有試驗性質，他們想知道，他們能否把強制性的苦役勞動用在農業經營上面。三年間，這些服苦役的囚犯翻遍了這裡的土壤，鋪設了道路，並嘗試栽種農作物。但等到服刑完畢之時，他們不想繼續留在這裡，就向當局申請移往西伯利亞大陸，因為繼續留在這裡實在沒什麼前途。這次當局批准了，他們離開之後，「農場」繼續存在著，從歐洲俄羅斯繼續發放囚犯來這裡，有的甚至還帶著家屬，這些家屬必須有所安頓，也就是說必須有居住地。同時當局下令，認定薩哈林島為土地豐饒，適合發展農業的殖民地，計畫投入大量人力財力把這裡打造成一個以農業為核心的殖民地。到了一八七九年，艾甫古斯汀諾維奇博士（Dr Avgustinovich）在他的《旅行日誌》裡記載，在這裡的部落已經有了二十八個住戶。

目前這個部落一共有十五個戶口。這裡的屋頂都以木板覆蓋，室內空間很大，有的還隔成好幾個房間。邊房也蓋得很好，有園子可以種蔬菜，每兩棟屋子共用一個洗澡間。

根據統計資料，這裡可耕作的面積大約是三九．七五戴西亞丁[13]，乾草儲存量約

13 編注：約四百平方公尺。

二四．五戴西亞丁[14]，一共擁有二十三匹馬，四十七頭牛、山羊和綿羊。

這個部落所組成的住家很像是一個貴族式的屯墾區。首先這裡有一位法庭顧問，他娶了他們之中一位屯墾放逐者的女兒。有一位自由人，他陪他被判刑的母親來到這個島上服刑，另外還有七位放逐的農夫，四位屯墾放逐者，以及僅有的兩位苦役勞動囚犯。

這裡一共有二十二個家庭，只有四組是非法定夫妻組成的。就年齡的分布來看跟正常的村莊一樣，不像其他屯墾區以勞動年齡為主，這裡有兒童和青少年，也有六十五歲以上甚至七十五歲歲以上的老人。

但問題來了——我們如何解釋像這樣一個部落能興旺不衰？這裡的住戶也都不解：在這裡你如何能夠只依賴種植穀物維持生活呢？只要看看一個經營良好的屯墾區有何要素，便能理解。在一八八〇年之前來到薩哈林島的人，能夠適應薩哈林島的人，比例甚高。十九個男人帶著配偶前來，擁有土地者大部分都有家庭。女人經常是安定生活的力量，此一說法又再次印證。比如說，這裡有九個人是未婚，但實際上沒有一個是在過單身生活的。另一個因素：比較其他地區，這裡的識字率偏高：男生二十六人，女生十一人。

法庭顧問在這裡當上了薩哈林島的土地測量員，他是真正的「自由人」，他可以自由行動，想住哪裡就住哪裡。如果他們有行動自由，為什麼「自由的」家戶或放逐農夫不去西伯利亞？薩哈林島留住了他們，有人說那是因為他們在這裡的耕作事業成功，但並非所有人皆如此，部落裡可分配的乾草和耕地相當有限，只有八個人能夠擁有草地和牛群，只有十二個人能夠種植農作物，因此光是耕作的經濟效益並不足以說明這裡吸引人的原因。這裡似乎也沒有有利可圖的貿易買賣。前面提到的前軍官L，也只開一家小店鋪。公家機關的資料也說明了這個部落住戶並不富有，是什麼因素讓他們不肯離開呢？我們不得不追溯到大家都不願意提的因素——壞名聲。以前部落裡酒類的黑市交易非常猖狂，薩哈林島嚴格禁止走私交易，黑市遂衍生出特別的走私方式。他們把酒裝在裝棒砂糖的鐵罐裡或俄羅斯茶壺裡，繫於腰帶上，更多時候裝在桶子裡，整桶推著直接過關，因為下級海關人員早已全部被買通，上級則視而不見。在部落裡，一瓶伏特加可以賣到六或甚至十盧布，在薩哈林島北部地區，幾乎所有監獄的酒都是從這裡弄進去。許多行政人員也愛喝酒，對這類違法的酒從不拒絕，我認識一位獄政人員，在酒癮大發時，傾其所有，只為跟一位囚犯買下一瓶伏特加酒。

今天在部落裡大家再也不會那麼肆無忌憚談酒的事情，他們談別的事情——監獄

---

14 編注：約兩百五十平方公尺。

囚犯丟棄的東西的拍賣。他們只買工作服和羊皮夾克，其餘那些從大陸尼古拉耶夫斯克港運來的破爛東西，他們一概不要，然後才是他們主要的目標，秘密談論貸款的問題。有一次在聊天的場合裡，寇爾夫男爵曾說過，亞歷山德洛夫卡軍哨站是薩哈林島的巴黎。這喧囂飢餓的巴黎，人們很輕易就被帶去喝酒和賭博，被削弱意志力。若想狂歡，購買贓貨，或是想出賣自己的靈魂的話，那就直奔部落去。

在海岸和軍哨站之間的那塊空間，除了圍著柵欄的道路和我前面提到的部落之外，尚有一個可觀之風景，那就是渡輪橫渡杜伊卡河的景觀。這艘渡輪並不是一艘船或一艘竹排，而是一個四方形的箱子，負責渡輪工作的是一個七十一歲的老頭，之前是個服苦役勞動的囚犯。他駝背，肩胛骨突出，斷了一根肋骨，一隻手的拇指不見了，身上到處都是鞭刑的痕跡。頭頂上幾乎無毛，但眼睛清澈明朗，他會用溫和愉悅的眼神望著你看。他赤著雙腳，衣衫襤褸，個性卻很活潑健談。他於一八八五年從軍隊逃出，據他自己說是「由於愚蠢」，然後到處流浪，他給自己取了一個外號：「記不得我的親戚」，不久他被抓到了，被送去貝加爾湖和中國邊境之間，一個叫做札拜卡利葉（Zabailalye）的地方，「和一些哥薩克人混在一起」。

「我那時候常在想，」他告訴我：「在西伯利亞，人們一定是住在地底下，來去無蹤，我就決定挖地洞再次逃跑，竟真的成功了。不想逃到卡米席洛夫（Kamyshlov）時又被抓到了。大人，這次他們判我二十年苦役，外加九十下鞭刑，他們先遣送我到喀拉，在那裡狠狠修理了我一頓，再把我送來薩哈林島，哥薩科夫斯克這一帶，我決定再逃，就和一位同伴從哥薩科夫斯克逃跑，可惜只逃到杜埃我就病倒了，再也無法繼續逃跑，可我的夥伴逃到海蘭泡（Blagoveshchensk）。如今我正在服我第二階段的刑期，我在薩哈林島已經二十二年了，我現在時常後悔的一件事情就是從軍隊逃跑。」

「你為什麼到現在還在用假名？有這個必要嗎？」

「有一陣子我告訴了一位官員我的真實姓名。」

「然後呢？」

「然後並沒怎麼樣。那位官員跟我說，我們問你時，你根本不用理會，就報你現在在用的名字就行。他說的沒錯，不會出差錯……不管怎樣，我現在已經沒剩多少日子好活了，不過，老天在上，我還是希望我的親人知道我人在哪裡。」

「在這裡他們怎麼叫你？」

「在這裡他們都叫我瓦希里．伊格納提也夫，大人。」

「那麼，你的真實姓名到底是什麼？」

老帥哥儼然思考一陣，然後說道：

「尼奇塔．特洛非莫夫，來自利雅山省的史柯平斯基地區。」

我坐入箱子裡開始渡河，老帥哥不斷用他手上的長竹竿頂著河底讓箱子前進，瘦削的身軀一直緊蹦著，看起來很吃力。

「這工作對你來說有點吃重？」

「一點也不，只要他們不來找我麻煩就沒事。」

他告訴我說，他過去在薩哈林島的這二十二年之中，從未被鞭撻過，也從未被關過緊閉。

「因為我從不違抗命令，他們要我做什麼，我就做什麼，比如他們要我去鋸木頭，我立刻就去，他們要我去辦公室生火，我也是立刻就去。只有服從一條路，沒什麼好抱怨，一切榮耀歸於上帝，喔，生命很好，一切榮耀歸於上帝！」

夏天時他住在渡輪旁邊的一棟小茅屋裡，裡頭只有他的破衣物、一條麵包、一把來福槍，以及令人窒息的酸臭味。我問他來福槍做什麼用，他說用來防賊和射鳥，說完就笑了一笑。其實那把槍已經生鏽，頂多只能做做樣子而已。冬天時他就住在防坡堤上的辦公室裡，他靠撿木材維生。有一次我在路上碰見他，他的褲管捲得很高，露出一雙青筋畢露的紫色瘦腿，和一個中國人拖著一張魚網，魚網裡頭有一條乾癟的鮭魚，跟俄羅斯梭鱸一樣大。我隔著距離叫他，他也很高興和我打招呼。

亞歷山德洛夫卡軍哨站建立於一八八一年，一位官員告訴我說他已經在薩哈林島上住了十五年，他說他剛來時有一次差點就淹死在沼澤裡。伊拉克里神父（Hieromonk Irakly）在亞歷山德洛夫卡軍哨站住到一八八六年，他說當年這裡只有三棟房屋，監獄就設在兵營的小營房裡，也就是今天那些音樂家住的地方，即街上有樹根且現在是一座磚廠的地方，一八八二年他們曾經在此獵取貂皮。他們給伊拉克里神父被提供了一個警衛小屋做為教堂，但他婉拒了，指出那裡太狹小。在晴朗的天氣裡，他會在廣場上舉行彌撒，而在惡劣天氣中，他只會在軍營或適當的地方舉行簡化的彌撒。

「想想看，我在主持彌撒時，」他跟我說道：「隔壁卻不停傳來腳鐐的鏗鏘聲音，一邊在盛讚上帝的榮耀，另一邊卻是亂哄哄一片，大聲吆喝個不停。直嚷著：『我要揍你！我要揍死你！』」

亞歷山德洛夫卡的大幅度發展，始於薩哈林島的新定位，這裡最後終於成為薩哈林島的行政核心。當薩哈林島定位確立之後，多出許多行政人員缺額，包括一位將軍。同時需要一個合適的地點來當做行政中心，因為杜埃已成為流刑地，陰鬱侷促，不是成為行政中心城市的好選擇。距離杜埃六俄里外有一個部落，杜伊卡河旁早已有一個監獄，因此逐漸地，一個市鎮的格局成形；官邸，教堂，倉儲，商店等等。男爵口中的薩哈林島的巴黎終於建立了起來，人們終於可以在此過起現代人的城市生活了。

耕耘和灌溉土地，還有各種建築工程，全都由這裡的囚犯所完成。一八八八年這棟監獄建成之前，所有囚犯都住在地窖的小室之中。這些地下小室深約二到二點五亞中，有一個斜斜的用土鋪蓋的屋頂，窗很小很窄，與地面齊平。平常房間很陰暗，特別是冬天下雪覆滿屋外之時。土壤積水會讓地板開始滲水，水氣充滿屋頂和剝落的牆壁，環境惡劣，大家必須穿著羊皮外套睡覺。許多糞便和垃圾隨著滲透進來的汙水充塞整個房間，許多囚犯和他們的妻子就生活在這樣惡劣的環境之中。

目前的亞歷山德洛夫卡在地圖上的範圍大概只占兩俄里平方，但它早已和杜伊卡河畔的部落地區混在一起，而且它的一條街不斷地往哥薩科夫斯克的屯墾區那一帶延伸，未來整個城市的格局將會變得更加的壯觀。包含幾條筆直寬廣的大道，到時候就不稱為街道，而是今天在一些大城市裡所指稱的「區」了。在薩哈林島上，許多街名都是以當地還在世的官員名字來命名，而且是名字和姓一起用上。但是在亞歷山德洛夫卡則否，這裡還找不出一個官員有不朽資格讓人用他的姓名來為街道命名。他們大多使用最原始的屯墾區名稱來命名，比如，磚匠區、職員區、士兵區以及貝西科夫斯卡雅等等。當初是為了好記，除了貝西科夫斯卡雅之外。關於貝西科夫斯卡雅這個街名，據說貝西科夫斯卡雅是個捲髮的猶太女人。當初這裡還是一片松葉林時，她常來這裡和大家做生意，後來大家為了紀念她，這裡的街名就以她的名字來命名。另有一種別的說法，說有一位叫做貝西科娃的女性屯墾放逐者曾經住在這裡，大家懷念她，就以她的名字為這條街命名。

這裡的街道上面都鋪有木頭，整齊美觀，秩序井然。即使是偏僻的小街上，那裡住著許多窮人，也看不到爛泥巴和垃圾。行政區在市中心，有教堂和辦公室、總督的官邸和他辦公的地方、電報局、警察局。警察局旁有一間印刷工廠，此外這裡也有一家基金會所開設的商店，所得利潤當做發展薩哈林島殖民的基金。兵營、監獄醫院、有宣禮塔的清真寺正在興建、行政人員的辦公室和宿舍，苦役勞動的監獄，旁邊就是倉儲和苦役勞動的場所。這裡的房子大多很新，採歐式風格，屋頂都鋪設鐵片，外觀通常上漆。薩哈林島沒有很好的石灰和石頭，因此這裡的房子沒有石造建築。

如果不算官員和行政人員的住家，以及一般士兵和自由人身分的女人結婚後住的士兵區（這類人口每年都會變動），亞歷山德洛夫卡總共有二百九十八個住家。人口約一千四百九十九人，男性九百二十三人，女性五百七十六人。如果加上軍隊和囚犯人口，則人口將近三千人。和部落區相較，這裡「放逐的農夫」顯得很少，但有三分之一的住家卻由囚犯組成。《放逐法規》上有明文規定，只准許「可教化的」囚犯不必住在監獄裡面，因此他們當中有不少人就在監獄外面組織家庭，過起居家生活。但這條規定有其漏洞，在許多木棚屋裡就有「可教化的」囚犯和緩刑或無期徒刑的囚犯雜居在一起。另外有些具有專職技能的囚犯，比如行政辦事員、製圖匠以及工匠等等，他們的工作性質本來就不適於在監獄裡生活。在薩哈林島上，許多囚犯擁有家室，如果要他們住進監獄，妻子就會頓失所依。這可能為殖民地生活帶來混亂。當局可能會分不清楚一個家庭應一起住進監獄，還是讓他們住在外面，由政府負擔他們的住房和生活費用，或是將他們送回原居地。

一般來講，一個具有「緩刑」身分的囚犯如果住到木棚屋的話，他所受到的懲罰將會比一個「可教化的」囚犯輕很多。懲罰的一致性和公平性的觀念在這裡完全被破壞，但這個不足之處可以由殖民地特有的生活形式得到補償，混亂的感覺可以由某種措施消除，比如把監獄中的其餘犯人分配到木棚屋生活。但這中間有一個問題，那就是如何安排這些單身囚犯在木棚屋的生活與工作。為了安排他們，可能會影響到那些帶有家眷囚犯的生活和工作，他們可能會被安排到一個不適合建立農場的地方，無法耕作收成，但單身囚犯卻被安排到一個更有利的地方，但他們一樣做不了事情，因為他們的居家缺少女人。我們說過，殖民地的開墾不能沒有女人，但是在南部的薩哈林島，有好些地方根本見不到半個女人，每年的收成還是都很好，唯獨我們這裡薩哈林島的巴黎不行。在我來這裡的時候，願意跟隨丈夫從歐洲俄羅斯來這裡服刑的妻子已達一百五十八人。

在當時的亞歷山德洛夫卡已經沒有多餘的土地可供耕作，以前土地還很空曠的時候，整個部落區還可以分到一百到兩百或甚至五百沙鎮平方的耕地面積[15]，現在剩下十二沙鎮平方，甚至只有八或九沙鎮平方。我算過這裡有一百六十一戶，這些住家、耕地以及花園面積，不超過二十沙鎮平方。大體看來，亞歷山德洛夫卡河谷的自然環境限制了這裡的發展，無法再朝大海方向發展，因為那裡的土壤不適合耕作。環山地帶又建了軍哨站，能耕作和居住的土地就只能沿著杜伊卡河和柯薩夫科斯克路的方向伸展，擠成一堆。

根據官方檔案資料的紀錄，這裡能夠使用可耕作土地的住家只有三十六戶，能製造乾草的只有九戶。可耕地面積介於三百沙鎮平方到一戴西亞丁之間。[16]

這裡幾乎人人都種馬鈴薯，只有十六戶有馬，三十八戶有牛，而且大多為放逐的農夫和屯墾放逐者所擁有，但他們不是用來耕種，而是用來做生意。我們從上述數目的狀況可看出，他們決不是只靠種植農作物來維持生活，而且這種生活方式對他們也沒什麼吸引力，沒有人打算在此長久居留。那些於一八八一年在這裡屯墾的人如今沒有一個人留下來，一八八二年來的如今有六戶人家留下來，一八八三年來的有四戶，一八八四年十三戶，一八八五年來的則有六十八戶留下來。等於說一八八五年之後來的至今一共有二〇七戶留下來，他們留下來的最大理由是刑期未滿，其中放逐的農夫在數目上如此偏少，只有十九戶，這說明多數人服滿刑期就立刻前往西伯利亞大陸上尋求發展。

直到今天，住在亞歷山德洛夫卡的人賴以生存的東西是什麼，對我而言仍然是個謎。假設這些住戶和其妻子，和愛爾蘭人一樣，終年都吃馬鈴薯，這說得過去。可是

15 編注：一沙鎮約等於二・五公尺。
16 編注：約七百五十至一千一百平方公尺。

那些住在木棚屋的男女，有二百四十一個屯墾放逐者和三百五十八個苦役勞動者的囚犯，他們依賴什麼維生？他們半數以上領有政府津貼，比如囚犯和小孩的食物配給，有的甚至還有工資可領。他們當中約有一百個人在政府的工廠或其他機構工作。我卡片上記錄不少人從事手工藝，他們只能在鎮上工作，例如木匠、室內裝修工人、珠寶匠、鐘錶匠、修理匠及裁縫師等等。在亞歷山德洛夫卡鎮，做木頭或金屬類物品的工資一般都很貴，而且還要給一盧布以上的小費。至於政府的配給和津貼，囚犯光靠這些微薄收入能應付日常開銷嗎？以手工藝而言，工匠肯定比客戶多。較不要求手藝的工作，比如木工，一天約賺十戈比，要在鎮上過上衣食無缺的生活確實不容易。但他們還是每天都有茶喝，抽比本土劣等菸高級一點的土耳其香菸，外出時穿上「自由人」的衣服。此外還要付房租。他們從前往西伯利亞大陸的放逐農夫的手上買下地產，蓋新房子。他們周圍，攤商生意興旺，富農賺進大把盧布。

我曾經想過，這些囚犯當初從歐洲俄羅斯發配來亞歷山德洛夫卡時，身上帶著一些錢，這些錢終究帶來極大的助益。他們在這裡大量收購囚犯的衣物，然後拿去對岸大陸的尼古拉耶夫斯克轉賣給當地居民或剛抵達的囚犯，藉此賺取巨額利潤。或走私酒類，從事高利貸或賭博。男人一般做這類事情；至於女人大多是自願陪伴丈夫前來一起服刑，她們賣笑為生。一位「自由人」身分女人在接受警方盤問，問及身上的錢怎麼來時，她回答：「我用我的身體賺來的。」

這裡一共有三百三十二個家庭，其中有一百八十五個是合法結合的家庭，其餘一百四十七個是未經法定程序的自由結合家庭。其實，數量相對龐大的屯墾放逐者會組合家庭，並非出於對倫理秩序或家庭生活的嚮往，而是出於偶然的環境因素：地方當局在亞歷山德洛夫卡為這些人安置家庭時，未完善考慮合適地點，而是選擇離當局和監獄較近的地方，有時甚至為他們設想工作和生活的舒適方便問題，更進一步為他們安排一個女人。可見一個地方的發展，經常是人為因素勝過自然的定律。在亞歷山德洛夫卡而言，這似乎已經成為一條規律。

5

亞歷山德洛夫卡苦役勞動監獄、普通牢房、禁閉室、「黃金手」、廁所、「攤子」、亞歷山德洛夫卡囚犯的工作、工作人員、工廠。

我當初一來到亞歷山德洛夫卡不久就去參訪這裡的苦役勞動監獄。一進門有一個很大的方形院子，四周圍是兵營式的六排牢房，牢房和牢房之間以籬笆隔著。每個牢房的大門經常敞開，各有一個衛兵巡邏。院子打掃得很乾淨，完全看不到任何的石塊、垃圾、雜物或坑洞，這樣乾淨整潔的地方給人第一印象非常良好。

所有通往各區的大門都敞開著，我進入其中一個大門，走在一個小小的通道上，左右兩邊都有門通往囚室。通道上方有一塊黑色木板，上面寫著白色字體：第幾號牢房，囚室多少間，住多少人員等等。在走道盡端的右邊有一扇門通往一個雜物間，那裡頭住著兩個政治犯，都穿著沒有扣子的背心外套，穿著鞋子但沒有穿襪子。他們正在摺一條塞滿稻草的被子，陪同我來的地方總督解釋，這兩個政治犯其實可以住到監獄外面，但他們不願意和其他囚犯有所差別，就放棄了這個特權。

「安靜！起立！」這時傳來監工的喊叫聲音。

我們進入牢房，空間看起來很寬敞，大概有兩百沙鎮立方那麼大，所有的窗都開著，光線充足。牆壁未上漆，斑駁黯淡，龜裂處還塞著填絮[17]，房間裡唯一白色東西就是那幾個磁磚做的荷蘭火爐。地板上的木頭裸露未上漆。牢房的中間鋪有一個很長的床板，兩邊都傾斜，可以睡兩排的人，頭對著頭睡。睡鋪的數量沒有詳細紀錄，但依我判斷床板應該可以睡大約七十到一百七十人個人左右。床板上面沒有床墊，囚犯只能睡在硬梆梆的木板上面，要不就在身體底下鋪上破布破衣物或是碎布之類的東西。在他們睡覺旁邊床板上，置放帽子、靴子、沒吃完的麵包、瓶口用紙張塞住的空牛奶瓶以及鞋套之類等等雜物。床板底下則堆滿箱子、髒袋子、工具以及各種破舊衣物。床板旁邊有一隻被餵得很好的肥貓在那裡走來走去。牆上掛著他們的衣服，水壺和工具，架子上擺有茶壺和麵包，以及一些裝有雜物的盒子。

在薩哈林島一般自由人進入牢房並不需要脫帽，但流放者需要，因此我們就戴著帽子直接在床板旁邊走來走去。囚犯們列隊站在一旁，兩手拉著褲腰，靜靜地看著我們，我們也是靜靜地看著他們，好像我們是來搜購他們，眼下正在挑選似的。我們繼續進入其他牢房參觀，看起來大同小異，一樣邋遢寒酸，好像在一個放大鏡底下看一

17 編注：塗了膠水用於填塞縫隙的的細纖維。

隻蒼蠅，一切破敗形象皆無所遁形。如果要用一個最極端的詞彙來形容，那就是「虛無」兩個字了，完全否定了個人的本質、隱密，舒適，還有那不可侵犯的甜美睡眠。

其實，比起其他地方，亞歷山德洛夫卡的囚犯擁有更多的自由，他們不必繫鐵鍊或腳鐐，白天可以離開監獄自由移動，不必有衛士隨行監督。他們同時不必硬性穿囚犯制服，只要穿著適合天氣和工作性質服裝即可。至於那些處在看管底下的囚犯，近期曾企圖逃跑者，或是違犯監獄規章而被逮捕者，則一律監禁在一棟稱之為「禁閉室」的個別建築裡面。在薩哈林島的監獄裡，當局最常用來恐嚇犯人的話就是：「我要把你關進禁閉室。」這棟恐怖建築由幾位監工守衛著，一位監工跟我們說：「禁閉室裡的情況很令人滿意。」

一個巨大掛鎖的喀答聲音把一間很小的牢房打開了，這笨重的大鎖看起來像是從某個骨董商那裡買來。我們走進了這間小牢房，這裡頭關了大約二十個人，都是最近企圖逃跑被抓回來的囚犯，他們全身髒兮兮，衣服很皺，全身都上了鐵鍊和腳鐐，靴子也很邋遢，用碎布和繩子充當鞋帶。頭髮半邊被剃光，半邊凌亂，剃過的那半邊長出少量新髮。他們全都很瘦削，彷彿剛褪完皮，不過他們看起來很愉悅。他們的睡鋪很簡單，他們就直接睡在光禿的床板上，角落裡有一個夜壺，他們只能在眾目睽睽之下解決生理需求。有一個傢伙要求把他放了，他保證以後再也不會逃跑。另有一個則要求解開他身上的鐵鍊腳鐐，同時抱怨麵包不夠吃。

另外還有關兩三個囚犯的小牢房，甚至還有只單獨關一個人的牢房，在這裡你可以接觸到許多很有趣的人物。

在一間單獨囚禁的個人牢房裡，我們的注意力立即被一位名叫蘇菲亞・布利夫席坦（Sofiya Blyuvshtein）的惡名昭彰女囚犯吸引，她外號叫做「黃金手」，曾企圖逃離西伯利亞，後來被抓到而送來這裡，被判三年苦役勞動的徒刑。她細瘦嬌小，滿頭灰髮，臉部如同老婦人鬆弛下垂。她的雙手被銬住，她的木板床上只有一件灰色羊皮外套，平常穿著保暖之外，也當做睡覺時的被子。她會在房間裡走來走去，嗅著空氣，好像一隻被捕的老鼠，她的表情其實也很像老鼠。你無法想像不久之前她還仍然是個很有魅力的女性，甚至可以迷倒獄卒。在斯摩棱斯克（Smolensk），有一位典獄長不僅幫她逃獄，甚至還跟她一起逃跑。她跟其他所有送到這裡的女囚犯一樣，起先安頓在監獄外面的「自由區域」，但她一來就企圖逃跑，她偽裝成士兵逃逸，結果被捕。在她尚未被逮捕之前，亞歷山德洛夫卡軍哨站適巧發生了兩個大的案子：一位叫尼奇丁的店家老闆被謀殺，以及一位屯墾放逐者身分的猶太人尤爾科夫斯基被竊五萬六千盧布[18]。當局認為黃金手涉嫌重大，不是主謀就是共犯。當局鎖定她開始瘋狂查案，最後竟不了了之，因為查不到證據，而且當局自己也被搞昏頭了，唯一收穫是把逃跑的

18 譯注：這是一筆龐大數目，契訶夫當時已是名作家，月入三百盧布，已算是極高收入的富人了，當地總督的月入也不過兩百盧布而已。

黃金手抓回來服監。有很長一段時間，這兩樁案子一直是本鎮大家茶餘飯後談論最多的話題。

我將在後面另立一章專門談論廚房，比如他們每天如何準備九百個人吃的餐點，準備什麼樣的食物，如何調配營養，以及囚犯們如何進餐的問題等等，但是我想在這裡先簡單談一下這裡的廁所問題。眾所周知，我們大部分俄國人最不喜歡談到廁所的問題，因為會感到羞恥。在我們鄉下根本就沒有廁所，在修道院、在市集、在客棧或是任何不講究衛生的商業場所，這類地方的廁所總是令人感到非常尷尬，這種狀況也一樣發生在西伯利亞。在歷史上的許多流刑地，監獄的廁所總是成為傳染病的根源，但監獄裡的囚犯和管理人員大多能夠很快適應這種狀況，否則就乾脆不設廁所。弗拉索夫（Vlasov）先生在他的文章裡提到，在一八七二年的喀拉監獄裡，沒有一個牢房有廁所，囚犯要便溺時，由專人帶到外面廣場上集體解決，囚犯不可能單獨一個人去上廁所，就我所知這樣的情況非常普遍。在亞歷山德洛夫卡監獄裡的廁所（就是一個大糞坑），設在牢房和牢房之間院子中的一間隔開的小茅屋裡。想必當初在建造這個茅屋時，一切力求簡單方便，所以乍看顯得簡陋。但比起以前舊式的茅房建築，已經進步很多了，至少不會引發惡臭。房間很冷，而且裝有通風設備的木製煙囪，以便紓解房間的味道，牆壁旁設有「座位」，只能坐，不能站，以免把房間弄髒或弄濕。當然房間的難聞味道還是無法完全驅除，這時就再灑上焦油或石碳酸粉，這已經算得上是無可挑剔的茅房了。由於有這麼先進的茅房，日夜開放著，牢房裡就沒必要擺設夜壺，夜壺只用在禁閉室的房間，因為關在那裡的犯人不能外出上茅房。

碰到暖和好天氣時（這在本地並不多見），監獄所有的門和窗子都敞開著，通風狀況良好，所有囚犯整天都待在牢房外的院子或監獄外面活動。但冬天或壞天氣時（一年至少有十個月），牢房裡要升火爐，他們就在窗上開個小洞以便通風。監獄附近雖然有大片落葉松和針樅林，吹來的風有助於疏通氣流，卻十分不穩定。而且薩哈林島是個多雨的島嶼，空氣很潮濕，牢房裡容易累積水氣，冬天就特別寒冷。由於門窗關閉，只留一些小洞來疏通空氣，因此整個冬天的通風都極為不良，空氣既稀薄又混濁。我在我的日記裡這樣記載道：「第九號牢房，大約有一百八十七立方沙鎮的空氣容量，裡頭關了六十五個犯人。」這是夏季時節，晚上只有一半的囚犯會在牢裡過夜，但根據一八八八年的《醫學報告》所刊載的數據：「在亞歷山德洛夫卡監獄裡頭，能夠安頓囚犯的體積是九百七十立方沙鎮，最多的時候能夠容納到一千九百五十人，最少的時候是一千六百二十三人，整年的平均是一千七百八十五人。如果晚上在監獄裡過夜的人是七百四十人，則每人能呼吸到的空氣的量是一點三一沙鎮立方。」

夏天是監獄裡人數最少的時候，因為有許多囚犯被分派到別的地方工作，特別是到農地裡幫忙收成工作。秋天則人數最多，除了外地工作的人回來之外，「自願艦隊」

也在這同時送來大約四到五百名新的囚犯。他們先把這些囚犯安頓在亞歷山德洛夫卡監獄，然後再分發到其他別的監獄，因此秋天時節這裡容納最多的囚犯。也就是說，在通風最差的時候，每位囚犯能分享到的空氣容量最少。

當囚犯從外地回來時，幾乎都會遇到壞天氣，外衣和靴子全部濕透地回到原本的床位，空間不夠晾乾，只好把外套的一半晾在床板上，另一半放入被子裡壓著睡覺。他們的外套散發羊皮的味道，靴子則是皮革和焦油的味道。濕透的內衣褲不知道多久沒換，和身上分泌物以及汗臭混雜在一起（他們不知多久沒洗澡了，身上累積有多少的跳蚤），還有劣質菸草味和因胃脹氣打嗝所呼出來的各種食物味道，麵包、肉和鹹魚。掉落的食物碎屑、細小骨頭、大鍋裡殘留的捲心菜湯，用手指擰死在床板旁的臭蟲屍體所發出的臭味——種種這些構成牢房的空氣，溼冷酸臭，因濕氣而更使得味道更濃更重。有霜的早晨，窗戶內側會結上一層冰，使整個牢房陰暗無光。同時許多氫化硫和氯化物以及其他化學物質就和這些濕氣混雜在一起，製造出如同這裡的監工所說的「讓頭暈眩，讓內臟翻攪」的東西。

依監獄牢房的公社式自治系統來看，要讓大家居住生活的環境保持整潔乾淨，幾乎是不可能的。光就薩哈林島的氣候和囚犯的工作環境所限的條件之下，要維持環境的衛生就很困難了，負責的當局即使有意改善，總是效果不彰，遭受批評。除非承認當前系統已經過時並尋求替代之道。其實目前正朝這個方向，讓某些囚犯住在木棚屋而非監獄裡頭。抑或大家繼續妥協髒亂的起居環境，留給那些將公衛問題視為空洞形式的專家，去慢慢測量一沙申裡含有多少髒空氣。

要我們為牢房公社式的自治系統說些什麼好話，我認為不可能。生活在集體牢房裡，無法像社會或是商業公會裡可以迫使每個人都有義務。大家雖然住在一起，卻是各管各的。你無法要求一個囚犯在進門時靴子上面不可以沾有泥巴或糞便，不可以隨地吐痰，或是不准把臭蟲的死屍擱在床板上。如果房裡有臭味，有人東西不見了，或是有人唱猥褻的歌，每個人都有責任——也就是說，沒人有責任。我問過其中一位以前曾經當過榮譽公民的囚犯，我問道：「您為什麼要把自己搞成這樣髒亂？」他回答說道：「在這裡把自己搞得那麼乾淨整潔沒有用啊。」他說得沒錯，你今天把自己打點得乾乾淨淨，他們可能明天在你旁邊塞入一個新鄰居，臭蟲到處爬來爬去，你把自己弄得那麼乾淨有什麼用呢？

在集體牢房中，犯人獨處的需求被剝奪，即使是祈禱或自省也無法，但這對一個犯過錯的人而言卻是必要的。有時他們會賄賂警衛讓他們聚眾玩牌，大聲喧嘩，用不堪的語言互相叫罵，或是甩門等等。特別是禁閉室裡，鐵鍊和腳鐐聲音一整夜此起彼落，讓整天勞動之後想好好休息的人無法入眠，這對他們的身心健康，都可能造成嚴重的不良影響。像這樣牲畜一般的混亂生活，才真正打擊倫理道德修養。慢慢地他們失去了對家庭倫理的信仰，監獄裡的惡劣習性剝奪了他們重新追求未來美好生活的信心。他們離開監獄後，成為這流刑地的獨立個體，在法律的基礎和懲罰的威脅之下，他們被要求成為好的住戶，好的家人。

在集體牢房裡，你必須能夠忍受這一切醜陋現象，甚至要妥善利用，比如向上層舉發別人，甚至最終成為庫拉克主義者[19]，庫拉克乃是從市場上的露天攤子發展而來的名稱，這種攤子在此地監獄裡稱之為「眉登」，源自西伯利亞。某些有錢的囚犯，想藉自身的錢去撈更多的錢，他們一進牢房就開始興風作浪，從事放高利貸和詐騙行當，其借出款項常常一年可達幾百盧布之多。

「攤販」，即是攤子的所有者，他們在監獄裡的官方名稱是「雜役」，因為他們自動攬下倒夜壺和打掃房間的工作，藉此掩護不法勾當。在他們的床位旁邊會擺有一個大約一點五亞申大小的綠或棕色木箱子，箱子的周圍和底下則置放一些糖塊和一個像拳頭一般大小的白麵包捲，還有一個裝有香煙的牛奶罐，一些用紙或破布包住的小雜物等等。

在這些糖塊和麵包捲底下隱藏著一個魔鬼，其影響所及遠遠超越出監獄。所謂的「攤子」就是一個賭場，一個小型的蒙地卡羅，它以各式各樣的賭博方式吸引囚犯。讓他們深陷其中而無法自拔，監獄裡殘酷無情的高利貸運作遂應而生。債主以日計算抽取百分之十的利息，有時甚至以鐘頭計算，借貸者如果無法在當日還債，抵押物品立即淪為債主所有。當這些「攤販」和放貸者服完刑期離開監獄之後，他們在流刑地四處流竄，持續在監獄裡的舊業，大把大把賺進鈔票。因此，我在前面提到的五萬六千盧布的竊案，要是真發生在這些流放者身上，說來也就不足為奇了。

一八九〇年的夏天我居留在薩哈林島的時候，亞歷山德洛夫卡監獄登記入案的囚犯有兩千人，可是實際住在那裡的卻只有九百人。根據官方紀錄，先前夏天剛開始的時候，即一八九〇年的五月三日，在監獄裡用餐和睡覺的人有一千兩百七十九人，到夏天要結束時，人數只有六百七十五人。亞歷山德洛夫卡監獄的囚犯所從事的勞役工作類型，主要是建築和各種維修工作：蓋新的和翻修舊的大樓，鋪路和興建廣場等等。這之中最吃重的工作是木匠工作，一個囚犯在家鄉時若是木工，他來這裡後當然也是做木工，可其繁重程度卻要重上千百倍。他要做的不只是木匠的工作，他同時必須去八俄里外的森林砍伐木材，然後把要用的木頭拖回來。夏天的時候，許多人要拖著半亞申寬幾沙鎮長的大木頭，一路從森林拖回來軍哨站，看他們臉上所流露的完全是一種殉道者的表情，令人不忍直視，尤其是那些來自高加索山區的囚犯。據說冬天時每個人腳上都得了凍瘡，他們常常在把木頭拖回軍哨站之前，早已在半路上被寒冷折騰得半死了。這些木匠的痛苦當局不是不知道，可是在軍哨站裡的確再也找不到有人能夠勝任這項工作，缺工是常態。柯諾諾維奇將軍有一次告

19 編注：以正當或不正當手段奪取財富者。

訴我，在亞歷山德洛夫卡，不管要蓋公家大樓或是私人要蓋新房子，都是很困難的一件事情，即使有足夠的木匠，也缺人搬運木材。即便只是管理木材也是重勞動力。你每天都必須劈柴，堆放它們，在凌晨大家都還在睡覺時，你就必須在爐子裡生火。判斷一項工作吃力與否，不僅考量付出的體力勞動多寡，也必須將環境因素考慮進去。比如說在薩哈林島，終年霜凍和潮濕的氣候，會讓一個非技術性的勞動者苦不堪言，他必須忍常人所不能忍。例如劈柴這樣平凡的事，和在歐洲俄羅斯絕對差異甚大。流刑地法規有規定所有囚犯的勞役不能以「固定狀態」從事之，必須和從事農作或工廠工作一樣，要付出相當程度的體力勞動[20]。但這種規定並不務實際，因為工作環境和工作性質每個地方有所差異，你無法規定在暴風雪中運回木柴要花多少時間，也無法因此就讓他免去夜間勞動，如果那夜間勞動是必要的。同樣道理，一個在教化中的囚犯和一個緩刑的囚犯，基於需要，在禮拜天或節日和其他苦役勞動的囚犯一起在礦坑裡勞動，你不能因為是禮拜天或節日關係而免除他們的勞役，使整個工作停頓下來。這裡經常發生一種狀況，那就是監工能力不足或是懶散，使得工作事倍功半，亂無章法。比如在港口裝卸貨物或引導人員上下船的工作，這從來就不是一件簡單的差事。在歐洲俄羅斯多由專業人員為之，但是在亞歷山德洛夫卡並非如此，每次都是臨時派一批搞不清楚狀況的菜鳥來指揮工作，因此每次碰到這類場合，對受命到現場從事勞役的囚犯而言，總是折磨不堪。尤其碰到海面風浪洶湧要接運人員時，更是一場令人驚心動魄的煎熬。這些菜鳥一上船就開始罵東罵西，髒話罵個不停，底下已經上了平底船的人員在海面上因為風浪一直搖晃不停，有的因為暈船而嘔吐不止，甚至掉到海裡，整個場面混亂不堪。時間大量被浪費，每個人也承受無謂的折磨。等到工作完成，我聽到典獄長這樣說道：「唉呀，我帶來的人已經一整天沒吃東西了。」

有許多苦役工作都是為了監獄需求。監獄裡每天必不可少的人手有廚師、麵包師、鞋匠、挑水夫、煤炭工、牧牛工等等。其他像軍事和電報部門以及土地測量的工作也都交由苦役勞動犯人來做：像監獄的醫務室竟然有五十人的編制，沒人知道用意何在。其他許多行政單位也大多塞滿苦役囚犯，像最下級的行政實習單位，苦役囚犯的人數更多，我始終不得其解。像我所寄宿的那位醫生家裡，他只有一個兒子和他同住，家裡卻有兩個廚師，男女各一。此外還有一個管家和一個女僕，當然全都由苦役囚犯擔任，對一位層級不高的監獄醫生來講，這顯然是過於奢侈了。有一位監獄的行政人員家裡平常擁有八位固定的僕役：一位女裁縫師、一位修鞋匠、一位女僕、一位男僕兼

20 編注：總的來說，法規基於工人的體力和工作實踐標準，規定了各種類型的勞動。法規還規定了一天的工作時間數，符合年份季節和俄羅斯的地區。薩哈林位於俄羅斯的偏遠地帶。每天的最長工作時間是夏季每天十二個半小時，在冬季每天十一個半小時。然而，由於薩哈林的惡劣條件和工作的性質，囚犯的實際工作條件通常不嚴格遵守這些法規。

跑腿小弟、一位專門照顧他兒子的保姆、一位洗衣婦、一位專管炭火的女僕以及一位男性廚師。的確，在薩哈林島上僕人浮濫的現象長久以來就是一個尷尬而悲哀的問題。弗拉索夫在其《苦役勞動流刑地的不平現象簡述》（*Brief Description of Irregularities Exsiting at Hard-labour Institutions*）一書中提到，一八七一年首度來到薩哈林島時，「首先令我感到訝異的是，從島上總督以下，以至軍中的軍官和所有行政人員，家中僕役成群，全由監獄的囚犯所組成。」根據弗拉索夫所言，女犯人們則全都外出從事服務行政官員的工作，服務對象還包括那些未婚的監工在內。一八七二年，東部西伯利亞的總督西奈爾尼可夫（Sinelnikov）頒佈一項禁令，禁止在家中使用囚犯為僕役，這項禁令一直沿用至今，卻不是沒有漏洞。後來一位高級行政人員透過特別關係在他家中安置六個囚犯身分的僕役，有一次他舉辦一個野餐活動，竟然指派十二個囚犯先行到野餐地點準備好野餐的食物，當時薩哈林島的兩位總督，金哲和柯諾諾維奇，親自出面和他周旋，卻完全無效，最後只得不了了之。後來我發現當初訂下的禁令，只有三條法規與家中僕役的問題有關連，語意不詳，有意者都可引用這些法條做出對自己有利的解釋。一八八五年，當時薩哈林島的總督金哲似乎有意取消東部西伯利亞總督的禁令，便頒佈一項法令（第九五號法令），准許官員家庭引進女囚犯為家中僕役，每月給付二盧布工資，當然這筆工資最後必須撥入國庫。到了一八八八年，新任總督柯諾諾維奇上任之後，廢止他前任所頒布的法令，並重新規定（第二七六號法令）：「所有囚犯，不分男女，皆不准進入官員家庭為僕，更不准支薪，尤其是女性囚犯。鑒於諸多政府辦公之大樓及其附屬機構仍需人手協助，比如警衛及管理或清潔工人員，因此這類場所可允許使用固定數量之男女囚犯，唯不得有所逾越。」問題是，這些政府辦公大樓行政人員的家庭，幾乎都是坐落在這裡或是附近，他們免不了會要求這些囚犯來家裡從事雜務工作，當局也無法禁止他們這麼做。一八九〇年我來這裡時，這種情況已經相當普遍，即使那些與監獄事務無關的部門，像郵政局或電報局，其行政人員家裡也都充塞著由囚犯所擔當的僕役。他們不必為這些囚犯支付任何薪資，囚犯的飲食也一概由公家免費提供。

行政人員家裡的僕役由囚犯來擔當的情況，是一種私人服務的行為，和政府立法懲罰囚犯的宗旨可說是互相牴觸的。這不是苦役勞動的懲罰，這是變相的奴役行為。囚犯並不是為國家社會服務，而是為個人的利益服務。這樣的犯人對國家體制的改革或社會的進步毫無興趣，他的著眼點完全放在私人利益上面，他只為任用他的主人服務，他成為私人的奴隸，而不是接受國家懲罰的苦役勞動者，最後他成為了家事雜務的勞動者。等他服滿刑期在殖民地成為屯墾放逐者之時，他一無所長，變成在歐洲俄羅斯常見的僕役，穿梭在各大莊園裡，幫主人刷刷靴子，處理雜事，頂多做出簡單的菜餚。他無法下田工作，他的下場可能會很悲慘。至於一個女囚犯如果也是一樣成為僕役，她的下場也是好不到那裡，甚至帶來的壞處更多，她身處一群圍繞在雇主旁邊的僕役之中，她可能墮落得更快更徹底，她甚至成為破壞整個紀律的關鍵。有一位神父跟我說，在薩哈林島上有時候會遇到特殊情況，比如說一個「自由人」身分的女人或是士兵，他們去從事僕役工作，服伺的對象竟然是個女囚犯。

在亞歷山德洛夫卡，一般所說的「工廠製造」，乍看似乎進行得有聲有色，但並非如此。我來到一間工具鑄造廠，這間鑄造廠由一位自學有成的機械師傅負責管理，我看到一些馬車和手推車的鈴鐺和車輪、一台手動的壓軋機、鏤刻用的小器具、火爐配件等等，這些東西看起來都像是一些小玩具。它們看起來漂亮，可是拿到市場上去販賣，卻乏人問津。也許在較偏僻地方，西伯利亞大陸或奧迪薩鄉下地方，他們所生產的東西還可能更合用，甚至也更有利可圖。當然，如果這些工坊能夠成為囚犯學習手藝的學校，無論花費多少都是值得的。可這些工人卻又不是囚犯，他們大多是已經服滿刑期的放逐者，他們都早已是訓練有素的工人，每個月拿十八盧布的工資。看到工廠裡的熱絡氣氛，可以想見大家都是憑著一股熱誠在工作，機器輪子和鐵鎚的聲音此起彼落，他們似乎不在意產品品質，藝術或商業價值也不在考量範圍內，甚至根本也忘了這工作是懲罰犯人。在薩哈林島上，正如和其他流刑地一樣，所有與監獄有關的工作，唯一考量和最終目的，就是改造犯人。這裡工廠努力要造就的，最後要送去大陸本土的，不是什麼火爐配件或機械零件之類的東西，而是有用的人和嚴格訓練後的技術工人。

工廠裡的壓軋機、鋸木機和鍛鐵爐等機器狀況都維持良好，大家工作時情緒雀躍，也許是因為對熟悉工作性質的緣故。他們在家鄉時就已訓練有成，對銑床或鐵匠的工作早已能夠駕輕就熟，相對於其他對此一無所知的囚犯，他們顯然佔有更大的優勢。那些在家鄉時從來沒在這方面工作過的人，他們必須從頭慢慢學習和訓練。

6

——葉戈爾的故事。——

不久之後，讓我寄宿在他家裡的那位醫生服務期滿，他離開薩哈林島前往西伯利亞大陸，而我便去寄宿在一位行政官員家裡。他是一個很好的人，家裡只有一位僕人，是個烏克蘭的老婦人。另外還有一位名叫葉戈爾的囚犯，每天來一次，他專門負責運送薪材。他不說自己是這位官員的僕役，而是出於「敬意」，每天幫他送柴火來，順便為他做些雜務，比如清理廚房，或是幫忙烏克蘭老婦人做些她做不來的事情。這時你要是坐在客廳裡看書寫東西，突然從你的腳底下傳來沙沙作響或氣喘吁吁的聲音，好像有人在搬動桌子底下什麼笨重的東西，你往下看就會看到葉戈爾。他赤著腳，正在收拾紙屑和清理桌子底下的灰塵。他看起來約莫四十上下，一副笨拙模樣，但純真樸實，人們所說的一副「莊稼漢」樣子。他的嘴巴很寬，看起來很像比目魚，他有一頭紅色頭髮，一小撮鬍子，眼睛很小。你要是問他話，他不會立刻回答，先用疑惑眼光看你，然後說「什麼？」或「你要幹什麼？」他會用「大人」尊稱你，可跟你講話時一定用「你」，從不用「您」。他從來不會坐著不動而什麼都不做，他總是忙著做事，他從不會讓自己有一刻閒著。每當他和你講話時，眼睛總是四處搜尋有什麼地方需要再清理或是修理一下。他每天只睡二或三個小時，因為他根本沒有睡覺的地方，每逢假日他就穿著紅色襯衫和一件外套，站在十字路口，雙腳打開，挺出他的肚子，他說他在「散步」。

其實他在這流刑地為自己蓋了一間木棚屋，他做了一些桶子、桌子和笨重的大櫃子，他會做各式各樣的家具，當然只做給自己使用而已。他從不和人打架，也不和人發生任何瓜葛。只有一次，很久以前被他父親抽打得半死，那是有一次他父親派他看豆床，他不小心讓一隻小公雞闖進去把那些豆子吃光。

有一天，我和他聊了起來，以下是我們兩人之間的對話：

「他們為什麼把你送來這裡？」我問道。

「你說什麼，大人？」

「我說，他們為什麼把你送來薩哈林島？」

「殺人。」

「告訴我整件事情的經過，從頭慢慢講。」

葉戈爾站在門柱旁邊，兩手放在後面，開始講他的故事：

「我們一行人去鄉紳弗拉迪米爾．米克海利奇那裡談買木材的事情。買賣成交，我們就把木材鋸好堆到倉庫裡面，一切都很順利，我們也就準備出發回家了。就在離開村子不遠的地方路上，他們推派我先把合約書送去辦公室，並當場見證一番。我就騎著馬由安迪陪伴一起去辦公室，在半路上我們碰到道路淹水過不去，安迪就說：『我明天一早要去辦公室簽土地租約的事情，我到時順便再把這份合約帶去見證。』說著我們就一起離開那裡。我騎馬，安迪走路，我們一路來到巴拉金的一家酒館門口，剛好我們那一夥人也來到那裡，他們在酒館外面走道上休息抽煙。安迪跟我說道：『你身上有沒有五戈比銅板？有吧，老兄？我想進去喝一杯。』我說：『你每次都說五戈比只喝一杯，卻總是喝到爛醉。』他說：『不會的，我保證只喝一杯，一喝完就直接回家。』剛好我們那夥人也想喝酒，大家就集資合買半加侖的伏特加，坐到酒館一張桌子旁大喝起來。」

「請長話短說。」我說道。

「喔，是的，請你不要打岔，大人。我們很快就把那半加侖的伏特加喝完，安迪又去買了半品脫的白蘭地烈酒，他為他自己和我各倒一杯，我們一口氣又喝掉了，這時我們那一夥人都要離開回家了，我們也跟在後面離開了酒館。我騎在馬上，腦袋暈眩不止，我就停下來坐到路旁休息，我在那裡一邊唱歌一邊裝瘋賣傻。我和安迪並未惡言相向，我們就是醉了而已，然後我們就各自回家了。」

「你直接告訴我殺人這個部分。」我打斷他說道。

「等一下，不要打岔，我一回到家倒頭就睡，一直睡到第二天早上，直到有人把我弄醒，『出來，你們誰打了安迪？』我正想出去看是怎麼回事，他們帶著安迪進來了，村裡的警長也跟著一起進來，他開始盤問每個人，但沒有人承認打了安迪。當時安迪還活著，他說道：『我只記得謝爾基拿著一根竹竿打我，其他我記不得了。』謝爾基說他沒有打他，我們當時都一致認為謝爾基的嫌疑最大，就一直盯著他，以免發生意外。他的親人，包括他的姐姐和岳父，都一致要他認罪：『你就認罪吧，謝爾基，既然做了就不要否認，順便把有參與打安迪的人一起招出來，這樣對你會比較好。』安迪剛死的時候，全村莊的人把謝爾基押起來，在村里長者面前一起審問他，但他就是不認罪，當時大家就把他放了，讓他回家裡睡覺。大家擔心他會不會對自己怎麼樣，因為他家裡有一把老舊的來福槍，就派了幾個人監視他，但他第二天一早還是跑掉了，大家在全村裡遍尋不著，連田野裡也找了，就是找不到，後來竟在地方警察局裡找到了他。原來他一早就直接跑去警察局找局長，雙膝跪下認罪，並揭發同謀的人，聲稱我們，葉弗雷姆家的三個兒子，企圖幹掉安迪已經有整整三年之久了，『那天我們一夥人辦完事情要回家走在路上時，』謝爾基這樣說道：『我們三個人，伊凡、葉戈爾和我，我們決定趁這機會來好好修理安迪。伊凡和葉戈爾扶著他兩邊手臂，我拿著一根樹根猛打他，事後我很害怕，就一路奔跑回家。』警方當下收押了我們四個人——伊凡、基爾夏和我，還有謝爾基——並立即把我們關進了鎮上的監獄。」

「到底誰是伊凡和基爾夏？」我問道。

「都是我的親兄弟啊。一位叫做彼德．米克海利奇的商人來監獄看我們並把我們暫時保釋出去，我們因此能夠在外面度過一段快樂的時光，一直到「面紗節」那天。隔天法庭開庭審訊，基爾夏有一個證人，就是那天那夥人走最後的一個傢伙，見證他有不在場證明，因此他當場無罪開釋。因為完全沒有人能為我講話，我當場立即入罪。我在庭上講的話，就是我剛剛對你所敘述的真正事發經過，法庭完全不肯採信，還說：『你們這些人手放在十字架上發誓，說出來的竟然是謊話連篇。』我當下立即發配入獄，在監獄裡我們全都上銬上腳鍊。我平常要負責清掃牢房和倒夜壺，同時要負責推送晚餐，他們每個人每個月送我一截麵包，每截麵包大約有三番提[21]那麼重，當作我對他們服務的酬勞。這些事情都發生在聖尼古拉節之前。我的太太和我哥哥基爾夏曾來監獄看我，他們給我帶來衣物和一些其他東西……我太太一看到我就一直哭個不停，甚至還嚎啕大哭。我認為哭沒有用，臨走時我還送她兩截麵包當做禮物，我們還是忍不住哭了，我要她代我問候小孩們和那些基督教的朋友們。不久之後，他們把我們帶離開這裡，我們都上了手銬，兩個人一組並肩而行。伊凡跟我們走在一起，我們來到了諾夫果洛德，他們把我們所有證件全部帶走，把我們的頭髮剃光，繫上腳鐐，接著就把我們運往莫斯科，把我們關了一陣子。這期間我們送上請願書，祈求能夠獲得減刑。後來我們又怎麼來到奧德薩，我已經記不得了，只記得這是一趟愉快的旅行。來到奧德薩之後，他們在醫務室把我們全身剝光，徹底檢查身體並問了許多問題，然後把我們載運到一艘船上。幾個哥薩克人和士兵將我們引導到船艙裡頭，把我們安頓在上下鋪的木床上，我和其他五個人被安排在上鋪，起先我們不知道要幹什麼，突然有人大聲喊道：『我們要啟動啦！我們要啟動啦！』船開始慢慢滑動，一路顛簸地前進，好像有一場暴風雨正在襲來。船艙裡很悶熱，大家都把上身衣服脫掉，擠成一堆站著，有一個傢伙臉上變得很蒼白，但沒有人理會他。這時大家躺了下來，突然船身很激烈晃動了一下，船艙一片東倒西歪，船好像撞到了什麼東西。這天霧氣很重，天色烏黑，船艙劇烈搖晃，一團混亂，我們都還以為撞到了一條大魚，船底被魚卡住了，這時上面有人跳入水中努力要把船拉出來，卻拉不出來。他們把船往後推，有人潛入水底，企圖清除水底的障礙物，還是無濟於事。這時大夥擠在一起的船艙地板開始大量冒水，海水開始在大家腳底下到處流竄，大夥開始哀求道：『不要讓我們死在這裡吧，大人。』一位紳士說道：『不要跟我哀求，我不會讓你們死在這裡的！』這時水已經快要淹到底層的床鋪，底下的人開始緊張起來，不停哀嚎，這時那位紳士說道：

21 編注：一番提大約等於一四．五盎司。

『好吧，我讓你們出去，不過給我聽好，你們要是給我搞鬼，我把你們全都殺了！』他讓我們出去了。我們跪下來祈禱，風雨竟然就慢慢平靜了下來，我們繼續祈禱，祈求上天息怒，不要讓我們死掉。第二天他們把我們移到岸上，我們依然繼續祈禱，然後上了一艘土耳其船，就這樣，一路把我們運送到亞歷山德洛夫卡這裡。黃昏時他們讓我們下船，全都聚集在碼頭上，我們在那裡等了很久，等到他們來帶領我們時，天色早已很暗了，我們排成一排摸黑前進。有人看不見，就用手搭在前面看得見的人肩上，慢慢跟著走，我看得見，後面引導著十二個人跟著我一起走。我們一路來到監獄的庭院，我們在那裡分配牢房和床位，我們吃了一頓晚餐之後就寢睡覺，睡了一個舒服的大覺。第二天一早，大家在庭院集合，分發生活必需品，我們待了兩天，什麼都沒做。到第三天，他們才讓我們洗澡，第四天他們開始帶領我們外出工作，起先我們在一棟大的建築旁邊挖水溝，那棟建築就是現在的監獄醫院，我們順便清理旁邊的樹枝和垃圾，我們在那裡工作了一或兩個星期，也許一個月。然後我們去米克海洛夫卡附近搬運木頭，行走三俄里到一座橋旁，把木頭堆在那裡。接著我們去菜園裡工作，挖灌溉用水池，接著要開始處理乾草。他們把我們集合在庭院，問我們誰懂得處理乾草，有人說懂，他們就把他的名字登記下來。他們分配麵包、燕麥和肉給我們這些要去處理乾草的人，然後由一位監工帶領我們去兩個屯墾地處理乾草。大致而言，我在這段時間的日子過得還算不錯，老天賜我健康，我可以很順利完成我的割草工作。那位監工有時會打其他人，但從未對我動手甚至連罵都不曾罵過一句。但我們這夥人之間會互相咒罵和互相叫喊，這樣逞口舌之強有什麼用呢？好吧，沒什麼關係。一有空閒時，或是下雨的時候，我就用樺樹皮給自己編涼鞋。其他人去睡覺時，我就一個人坐在那裡繼續編涼鞋，我把編好的涼鞋賣給人，一雙涼鞋換兩塊牛肉，大約值四個戈比。等我們處理好乾草並堆在一起之後就啟程回去監獄，不久之後，他們雇我去米克海洛夫卡的屯墾放逐者沙西卡家裡當工人，在那裡我都做些一般農夫的工作：收割或挖馬鈴薯，沙西卡把木頭運去行政中心那裡，他把得到的酬勞全給了我。在政府辦公室工作時他們會為我準備吃的，我在那裡工作了兩個月又四天，沙西卡答應給我錢，可是一直沒給，他只給我三十六番堤的馬鈴薯，然後送我回去監獄。他們給我一把斧頭和一捆木材，帶進房裡生火，我為七個火爐生了火。我平常住在一間小屋裡，我的工作是提水清洗操場，沒事就是看管操場，我可以在那裡幫我的上司賣東西，他每天給我十五戈比。春天時，天氣開始轉暖，我就開始編織涼鞋，每雙賣十戈比。夏天一到，我就開始外出去河邊撿木材，然後把這些木材堆起來賣給一個開澡堂的猶太人，每一堆賣十五戈比。承蒙上帝眷顧，我的生活過得還不錯。我很多事情要做，我不能再繼續和你談了，大人，我要去提水了。」

「你不久就可成為屯墾放逐者了？」

「還有五年。」

「你會想家嗎？」

「不會，只有一件事情，我很擔心我的小孩，他們不是很聰明。」

「告訴我，葉戈爾，你在奧德薩上船時，心裡在想些什麼？」

「我在跟老天祈禱。」

「祈禱什麼？」

「讓我的小孩變聰明一些。」

「你為什麼不把太太和小孩一起帶來薩哈林島？」

「沒必要，他們在家裡很快樂。」

7

燈塔、哥薩科夫斯克屯墾地、蘇普魯連科醫師的收藏、氣象站、哥薩科夫斯克地區的氣候、新—米克海洛夫卡屯墾區、「放逐農夫」波堤幼姆金、前「執行者」特爾斯基、克拉斯尼雅爾爾屯墾區和布達科沃屯墾區。

我和一位郵政官員，也就是《薩哈林島人》一詩的作者，經常一起在亞歷山德洛夫卡附近一帶漫遊，留下了許多愉快的記憶。我們最常去的地方就是那座燈塔，高高坐落在河谷的榮奇耶岬角上。在白天的時候，如果從底下望上去，只能看到一間不起眼的小屋和一根桿子及其上面的大燈。但晚上，在一片黑暗中那盞燈顯得無比明亮，看起來很像是這個流刑地正以一顆紅色的大眼睛在睥睨這整個世界。前往燈塔的道路很陡峭，沿著山巒一路盤旋而上，路的兩旁植滿落葉松和樅樹。我們越是往上，感覺越是空曠自由，底下的一切，監獄、苦役、流刑地等等都拋諸腦後。我們來這裡，才真正體會到底下的生活是多麼的艱苦和枯躁乏味。日復一日，苦役勞動者和屯墾流放者不停接受懲罰的勞動，其他人則從早到晚不停談些無意義的瑣事，比如誰逃跑被抓回來了，誰又被鞭打了等等。不出一個禮拜，你就會適應這些無聊的事情。每天一早醒來，迫不及待讀《公眾要聞》（當地唯一的地方報紙），然後加入無聊的聊天，談些誰逃跑誰被處罰的雞毛蒜皮瑣事。但是來到這裡，山海遼闊，整個人的心情頓時豁然開朗。

我聽說在往燈塔的路旁，原本設有一些長椅，供人休息之用。但是後來因為一些囚徒和屯墾放逐者出來閒蕩時，用刀子在這些椅子上雕刻一些猥褻的文字，這些長椅就被迫撤掉了。這種所謂「牆壁文學」的愛好很普遍，在流刑地這種地方更是特別流行、毫無節制，不只椅子或山壁遭殃，連他們所寫的情書也一樣不堪入目。其實這些人在椅子上胡亂刻上這些文字的同時，他們的內心也會感到更加的空虛失落和極度不快樂。有些老人會喋喋不休地抱怨這個世界老是對他們充滿恨意，要把他們逼入絕境。他們會抱怨他們的風濕痛和視力衰退，但他們同時不會忘記縱情地大吃大喝，一有機會就劈哩啪啦放出一連串「馬車伕的咒罵言語」，有許多我們聞所未聞的用詞一有機會他們就一併發洩在牆壁上，即使只是用指甲塗寫，也要寫出一些很不堪入目的文字。這和上述的囚犯行為，幾乎沒有二致，就是發洩痛苦和壓抑的情緒而已。

在燈塔小屋的旁邊他們用鐵鍊繫著一隻兇惡猛犬，還有一尊大砲和一個鐘、據說不久之後他們打算在這裡裝設一個汽笛，碰到大霧或有船難時，藉此對亞歷山德洛夫卡的居民發出警報。站在燈塔的燈籠室裡頭，往下可以瞭望到廣闊的大海，以及那稱之為「三兄弟」的沙洲，海水在其四周圍來回衝擊著，令人暈眩，同時也感到害怕。從這裡可以很清楚看到韃靼海岸，甚至連德—卡斯特利海灣的入口也是一覽無遺。燈塔的管理員說他在這裡一天到晚就是看著船隻進出德—卡斯特力海灣，望著底下廣闊無垠的大海，海水在太陽光照射下，閃閃發亮，發出空洞的浪潮聲。遠方的海岸頻頻對你招手，哀愁的情緒不禁油然而生，你會覺得此生再也無法離開薩哈林島了。我的眼睛轉向另一邊的海岸，完全不同的景觀，我心裡忍不住想，如果我是這裡的囚犯，無論如何也要想方法逃離這裡。

亞歷山德洛夫卡的另一頭是哥薩科夫斯克屯墾地，設立於一八八一年，屯墾地的名稱乃是根據當時東部西伯利亞總督M．S．哥薩科夫的名字命名。有趣的是，在薩哈林島上，他們總是以西伯利亞總督或監獄總督或甚至醫生的助理等名字來為他們的屯墾地命名，而完全忽略拓荒者的名字，比如奈維爾斯科伊、水手哥薩科夫、包西尼亞克、波利雅柯夫以及其他一些人。我認為他們的事蹟無論如何都比那些監獄總督更值得尊敬記憶，尤其與某個曾以殘酷聞名而被謀殺的監獄總督相比，更是如此。

在哥薩科夫斯克屯墾地一共有二百七十二個住民：一百五十三個男人和一百一十九個女人。算起來有五十八個戶長，這些戶長的組成分子包括二十六個「放逐農夫」的身分，以及九個囚犯身分。以女人和乾草地以及牛羊的數量來看，這裡的屯墾地和亞歷山德洛夫卡興旺的屯墾地有細微差別，他們每八個戶長擁有兩間房子，九個房間分配一間澡堂，大部分的戶長（四十五個左右）都擁有馬匹和牛隻，至少兩匹馬和三或四隻牛。在北薩哈林島這一帶，哥薩科夫斯克屯墾地所建立的屯墾住民數目可說是首屈一指，其中有四十三位戶長從這裡的殖民地建立以來就擁有自己的住家和田產，仔細訊問之下，其中有八個早在一八七〇年就來薩哈林島了。有一個甚至早在一八六六年就來了，一個殖民地能有許多定居者是一件好事。

從外貌看去，哥薩科夫斯克屯墾地看起來倒是很像俄羅斯的一個美麗小村莊，尚未為現代文明所污染。我在一個星期天晚飯後第一次來到這裡，天氣很溫和寧靜，可以深深感受到休假的氛圍。男人躺在樹蔭底下睡覺或喝茶，女人們在門口或窗戶底下互相翻弄對方的頭髮抓蝨子。門前的花圃栽種有許多花草蔬菜，窗戶上擺放一些天竺葵的盆栽。許多小孩在街道上玩士兵騎馬的遊戲，逗弄剛吃飽而想睡覺的狗。這時一個牧羊人，一個老流浪漢，正趕著超過一百五十頭牛經過這裡，空氣裡瀰漫著濃濃的夏日氣息。牛叫聲、揮動鞭子的聲響、跟在牛群後面的小孩婦女的喊叫聲，還有那踏在滿佈糞便和灰塵的道路上的牛隻腳蹄重擊聲音，飄盪在空氣中的乳香，這一切顯得那麼不真實。在這裡，連流過的杜伊卡河都美麗迷人，流過後院、菜園，河的兩岸一片青綠色，岸邊長滿玫瑰柳和蓑衣草，我來的時候正是日暮時分，一片陰影投射在寧靜平滑的河面上，氣氛安詳到令人幾乎要昏昏欲睡。

這裡和亞歷山德洛夫卡屯墾地的小村莊一樣，有高比例的固定住民、女人和識字率，尤其是擁有極大比率的「自由人」身分的女人。除此，這兩個地方還擁有相同的歷史，比如秘密販售私酒和「徇私致富」。據說剛開始時，這裡的住民極盡能事地討好和巴結這裡的地方官員，連最底層最微末的辦事官員都一律尊稱他們為「大人」，也許還私下輸送一些好處。他們因此極容易取得他們所需要的物資，比如牛、羊、種子，甚至酒類。但是和亞歷山德洛夫卡屯墾地相較之下，他們的成功和興旺，依賴的絕不單單只是販賣私酒或「徇私」，或是靠近「薩哈林島的巴黎」亞歷山德洛夫卡的關係，無疑主要還是因為他們的農作經營得當。在亞歷山德洛夫卡的屯墾地，有四分之一的住戶沒有自己的土地可供耕作，另外有四分之一雖有自己的耕地，卻少得可憐，而且有一半的住戶還分配不到耕作用的牛隻，即使他們的收成尚可自足，在整個條件上還是落後很多。在整個薩哈林島上，我敢說沒有一個地方的條件可以和哥薩科夫斯克相比，也沒有一個地方比它更有資格成為屯墾地的樣板。他們號稱每年可以提交兩千普得[22]的穀物給當局，也許由於為了保全面子或是為了邀功而灌水，因為我手頭沒有準確的收成資料，不得而知。但從許多跡象看來似乎可信，比如他們擁有比別人多很多的牛隻，生活富足。還有，沒有人前往西伯利亞發展，即使有許多人早已具備此一

22 編注：一普得約等於十六・三八公斤。

資格。他們所生產的穀物不僅自給自足，甚至還剩餘很多可以上繳，接濟別的生產不足的地方，他們似乎都很願意永久居留下來，成為「屯墾放逐者」永久居留戶。

我們終於可以理解為什麼哥薩科夫斯克會那麼成功，而其他周圍的屯墾地始終無法自給自足，飽受匱乏之苦。哥薩科夫斯克地處杜伊卡河最寬闊的河谷地區，從這些人一開始來到這裡之時，立即分配到可以自由處置的廣闊土地，甚至還可以挑選自己想要耕種的土地，目前每二十戶擁有三到六戴西亞丁[23]的可耕地。我們必須了解一件事，那就是這裡可耕地的使用情形和歐洲俄羅斯地區有所不同，這裡的可耕地沒有所謂休耕的情形，它一年到頭都處在栽種農作物狀態。因此在這裡兩戴西亞丁面積的可耕地，其農作物產量就等於歐洲俄羅斯地區三戴西亞丁的產量。哥薩科夫斯克屯墾地成功的祕訣，說穿了就是他們擁有比別人寬廣的耕地面積。在薩哈林島上，每個屯墾地的農作收成，常常是相差兩至三倍之多，這取決於耕地面積，勞動力的多寡，以及種子的供應量。有一段時期穀物不好耕種，收成很差，當局就出面幫助哥薩科夫斯克的農民種植蔬菜和馬鈴薯，成效很不錯，如今這裡光種蔬菜和馬鈴薯的耕地面積已達三十三戴西亞丁之多。

放逐殖民地存在的時間並不長，它人口不多，流動性又大，因此很難建立準確的統計工作。我們只能從一些傳聞或是猜測的方式勉強下結論。要是我們不怕被批評結論下得太草率的話，可以這麼說：如果拿哥薩科夫斯克有關的資料來和殖民地其他屯墾地相比，以薩哈林島那少得可憐的收成來看，要做到不愁吃穿的地步，屯墾地每戶人家至少仍得擁有兩個戴西亞丁以上的耕地，這還不包括乾草地以及種植蔬菜和馬鈴薯的田地。眼下我們無法做出精確的計算並定下每戶耕地多寡的標準，但我認為至少得四個戴西亞丁才行，然而根據《一八八九年農業現況報告》所載，在薩哈林島上，目前屯墾地每戶所能分得的耕地面積，實際上只有半個戴西亞丁而已。

在哥薩科夫斯克有一棟美麗寬闊的房子，紅色屋頂，門前有一個舒適的花園，令人聯想起一幢中等大小的莊園。這棟房子的主人是前醫學部門的主

23 編注：一戴西亞丁約等於二．七畝或一萬〇八百平方公尺。

	亞歷山德洛夫卡地區	切雷波維茨克地區
一月	−18.9 度	−11.0 度
二月	−15.1 度	−8.2 度
三月	−10.1 度	−1.8 度
四月	＋ 0.1 度	＋ 2.8 度
五月	＋ 5.9 度	＋ 12.7 度
六月	＋ 11.0 度	＋ 17.5 度
七月	＋ 16.3 度	＋ 18.5 度
八月	＋ 17 度	＋ 13.5 度
九月	＋ 11.4 度	＋ 6.8 度
十月	＋ 3.7 度	＋ 1.8 度
十一月	−5.5 度	−5.7 度
十二月	−13.8 度	−12.8 度

任P·I·蘇普魯連科醫師。他在春天時前往彼德堡參加一個「監獄博覽會」，然後就再也不回來了，這房子也就空了下來。在幾個空房間裡我只看到醫生留下來沒帶走的一些動物標本，其他應該還有很多，不知道放到了哪裡，也許有人拿去研究薩哈林島生態。從屋裡所遺留的標本來看都做得相當精緻，絕對不是一般業餘愛好者所為，而且數量應該相當龐大，可以想見蘇普魯連科醫師曾經在這上面花費多少時間和精力。他從一八八一年開始從事這項工作，十年來他大概蒐集了薩哈林島上幾乎所有脊椎動物的標本，以及和人類學及民族誌學有關的一切。如果他的這些收藏都有留在這島上，那將會是一個極精彩的博物館。

在這棟房子旁邊有一座氣象站，這座氣象站向來為蘇普魯連科醫師所主管。他走了之後，現在負責主管的人是一位農業部門的督察。我來的時候有一位叫做戈羅瓦次基的囚犯負責接待我，他是這裡的職員，聰明博學，態度親切。他遞給我一張過去九年的氣溫統計表，我等一下可以據此來說明亞歷山德洛夫卡地區的大概氣候狀況。亞歷山德洛夫卡的市長有一次告訴我，他說在薩哈林島的沿海地帶這裡，沒有所謂的氣候可言，只有很壞的天氣。這裡是全俄羅斯氣候最險惡的地方，我一時看不出來，也許因為我來的時候正值夏季。可是根據其他來過的作家描寫和統計資料來看，這裡的惡劣氣候實在令人不敢恭維。這裡海上變化多端的氣候最為突出，年平均氣溫變化令人無從捉摸。比如這裡的年平均氣溫擺盪在攝氏一·二度和攝氏負一·二度之間，下雨天數是一〇二到二〇九天之間，一八八一年只有三五天是無風無雨的平靜日子，一八八四年則有一一二天，達三倍之多。這裡的最大特點是極低的年平均溫度，還有陰霾不定的下雨天數偏多。我在此打算拿西伯利亞諾夫哥羅德省的切雷波維茨克（Cherepovetsk）地區於一八八〇年的每月平均氣溫來和這裡做比較，這是全俄羅斯大陸最著名的惡劣氣候地區。不但氣候惡劣，而且潮濕，對健康極不利，可是和這裡相比，根本就不算什麼。

亞歷山德洛夫卡地區的年平均溫度是負〇．二度，差不多等於是零度，在切雷波維茨克地區則是二．七度。亞歷山德洛夫卡地區的冬天甚至比靠近北極圈的大天使城還要嚴峻，春天和夏天很像芬蘭，秋天則像聖彼德堡，至於全年的平均溫度倒是和靠近白令海的所羅維茨基群島（Solovetsky Islands）相同，一樣都是零度上下。我們不妨到杜伊卡河的河谷看看一處所謂的「永凍層」，一八八一年動物學家波利雅科夫首度來這裡探險時，於六月二十日在深達四分之三亞申的地底下發現了這塊不融化的「永凍層」。緊接著他於七月十四日在山谷的一些垃圾堆底下發現到有下雪的痕跡，這些雪一直到七月底才融化。我來這裡的前一年，也就是一八八九年的七月二十四日，這裡山上也下起了雪，許多人都穿著羊皮雪衣蜂擁來這裡看下雪。九年來，當局一直在觀察杜伊卡河上冰塊化解的時間，最早是四月二十三日，最遲是五月九日。在這九年當中每個冬天河上始終結凍，沒有例外，每年結凍一百八十一天，颳風一百五十一天，這種氣候現象有其實質上的重要意義。根據切爾諾夫作物的生長的說法，切雷波維茨克地區的夏天比較溫暖，也比較長，這對正在成熟中的蕎麥和小麥以及小黃瓜等農作物非常不利。至於亞歷山德洛夫卡地區，燕麥和小麥的生長都很順利，根據這裡農業督察的說法，他們從來沒去注意較溫暖的氣候是否會影響這些農作物的生長。

最值得注意的是，薩哈林島上異乎尋常的潮濕，對農作物種植和對居民健康影響最大。在這裡，一年當中有一百八十九天不是下雪就是下雨：一〇七天下雪，八十二天下雨（在切雷波維茨克地區，一年下雪才八十二天，下雨則是八十一天）。在亞歷山德洛夫卡地區這裡，經常連續幾星期，天空一片黑壓壓，鉛灰的雲朵懸著不散，老是不肯散開。每天都是壞天氣，彷彿無止無境，令當地居民頹喪至極，若非無所事事，哀聲嘆氣，就是伏特加喝個不停。沉著的人，因長時間看不到太陽，最後也不知不覺變得粗暴，對未來失去了信心。波利雅科夫在他的書中曾記載，一八八一年的六月已經有整整一個月沒看到太陽了，根據農業督察的報告，曾經一連四個夏天，從五月十八日日到九月一日，平均每個夏天太陽只露臉八次。這裡經常大霧瀰漫，特別是在海上，常常對船員造成極大災難。他們說，這些大霧夾帶極重鹽份，對岸邊一帶農作物造成傷害，尤其是樹木和草地。屯墾地的居民因為這霧，早已放棄耕種穀物，全都改種馬鈴薯了。有一次，一個晴朗的天氣，我親眼看見一面乳白色霧牆從海面上襲捲過來，好像一張白色天幕突然從天而降。

氣象站的所有儀器都已經在聖彼德堡測試過，並直接從那裡的主要物理實驗室運送過來。這裡沒有圖書室，除了我上面提過的那位叫做戈羅瓦茨基的工作人員之外，另外還有七個其他工作人員，六男一女，他們做什麼工作，我完全沒有概念。

在哥薩科夫斯克有一所學校和一間教堂，以及一間小醫院，醫院裡頭收容有十七個梅毒病患和三個精神病患，其中一個精神病患還同時染有梅毒。我來的時候，早在前一年的九月，一位新任年輕軍醫的院長關閉了醫院，我遂無緣參訪。我心裡在想，若他們遵照醫生指示把那些精神病患丟入火裡燒了，似乎也不意外。因為這裡地方醫院制度的文明水平顯然落後西方達兩百年之多，這是事實。

薄暮時分，我來到一棟木棚屋前面，我見到一位年紀約莫四十上下的男人，穿著夾克外套，褲子底端未像一般人那樣紮入高統靴子裡頭。他臉上的鬍子刮得很乾淨，夾克底下的襯衫顯得又皺又髒，還繫著一條類似領帶的東西。從整個外表看起來，他像是屬於擁有特權的階級，他坐在一張低矮的板凳上面，手上捧著一個土製的碗，正在吃鹹牛肉和馬鈴薯。他告訴我他的姓和名字都以「基」的音收尾，我猜想這傢伙以前應該是個官員，可能因為違紀而被流放來這裡。

「您以前是當官的？」我問道。

「不，完全不是，大人，我是教士。」

我不知道為什麼他會被流放到薩哈林島來，我沒有問，因為我不想知道。我想到才不久前，他還被尊稱為「神父」和「可敬的紳士」，有多少人爭著要親他的手，如今卻穿著一身寒酸坐在我面前。我根本不想知道他犯了什麼罪被發配到這裡來。在另外一個木棚屋，我遇到的是另一番不同景觀，這是一位年輕男囚犯，黑色頭髮，一臉憂鬱哀傷，穿著一件乾淨整潔的襯衣。他坐在桌旁，雙手掌撐著下巴，另有一位管家務的女囚犯正在清理桌上的茶壺和茶杯。我問年輕人是否結婚了，他說是。一開始他的太太和女兒陪他一起來薩哈林島，可是不久他太太就帶著女兒一起回去西伯利亞大陸的尼古拉耶夫斯克，如今兩個月過去了，他發過幾封電報給她，她就是不肯回來。

「她當然是不肯回來了，」那位管家務的女囚犯帶著惡意口吻輕快地說道：「她留在這裡幹什麼？她已經看夠了你的薩哈林島啦，你以為在這裡生活很容易是嗎？」他靜默不語，她繼續說道：「她是肯定不會回來了，她是個年輕女人，她是自由的。她要留在這裡幹什麼呢？她像小鳥一般飛走了，無影無蹤。她和你我不一樣，如果我不殺我丈夫，你不放火燒人家房子，我們現在也是自由自在的。但你現在坐在這裡等田野吹來的風，等你的女人，你只是在給自己找煩惱啊……。」我看得出來，他很痛苦，她卻不斷折磨他，增加他的痛苦。我走出木棚屋時，那位女管家說話的聲音始終在我耳際來回圍繞著。

我在哥薩科夫斯克參訪木棚屋時都由一位叫做基斯利亞科夫的囚犯陪伴，這是一個奇怪的傢伙，法院似乎還未完全忘記他，他正是那位當年聖彼德堡喧騰一時的殺妻案主角基斯利亞科夫。他本來是一位軍事雇員，有一天在聖彼德堡的聖尼古拉大街上用鐵鎚殺死妻子，然後前往市長那裡投案自首。根據他的故事所描述，他的太太很漂亮，他很愛她。有一天兩人吵架後，他就在神像面前發誓有一天要把她殺了，從那刻開始到他真正把她殺了那天，他的耳旁老是有一股聲音提醒他說著：「殺呀！殺呀！」在法院下最後判決前，他一直被安置在聖尼古拉醫院接受治療。也許因為這樣，他覺得自己有精神疾病，他常常要求我為他申請關到修道院裡。他在監獄裡的工作很簡單，做木栓用來抵住做好的麵包以免失重，這根本不是什麼苦役。但他還是不肯做，寧可花錢雇人來幫他做，事實上他什麼都沒做，每天穿著航海西裝，擺出一副很有派頭德性，顯然他看起來並不是很聰明樣子。但他很喜歡講話，自認是個哲學家，講出來的話充滿哲理。比如我們每次在路上碰到小孩，他就會用親切低沉的聲音說：「哪裡有跳蚤，哪裡就一定有小孩。」每次有人問我做這些調查何用時，他在一旁就插嘴說：「為了把我們都送上月球，你知道月球在哪裡吧？」每當夜晚來臨，我們一起徒步走回亞歷山德洛夫卡時，有好幾次他都會用哀怨的口氣對我說道：「復仇是一種最高貴的情感。」

沿著杜伊卡河往上游走的下一個屯墾地就是新─米克海洛夫卡屯墾區，這個屯墾區創立於一八七二年，屯墾區的名稱乃是根據探險家米特朱爾的本名米克海爾命名。許多作家稱這個屯墾區為維爾克尼．烏洛奇希席，當地的屯墾放逐者則稱之為帕西尼亞。這裡住有五百二十個居民，男性二百八十七名，女性二百三十三名，戶長有一百二十二名，其中有兩名共同擁有一戶。從《土地所有者清冊》中註明他們都擁有自己的耕地，其中八十四戶擁有自己的牛隻。從他們所居住的木棚屋看來，實在很難想像他們貧窮的程度，可是他們竟會這樣說：「在薩哈林島上，找不到比這裡更好的生活了。」據傳聞，過去幾年之中，這裡的貧窮已達忍無可忍的程度。許多女囚犯和擁有自由身分的女人，她們會走老遠的路途前去杜埃和沃也沃茨克地區的監獄，以極微薄的代價出賣身體給那裡的囚犯。那條路被她們來回走個不停，踐踏得寸草不生，至今草都還未長回來。其實，一開始這裡的居住者所擁有的可耕地和哥薩科夫斯克地區是差不多的（從三到六個或甚至八個戴西亞丁），生活怎麼樣也不至淪於貧窮。可是不知何故，耕地竟逐年變小，直到現在，竟然有超過一半以上的住戶所擁有的耕地面積只剩八分之一或頂多一又二分之一戴西亞丁那麼多。根據經驗，這根本種不了穀物，大家只好紛紛改種大麥或馬鈴薯，藉此勉強度日，甚至淪於貧窮挨餓。

這樣的土地吸引不了人。這個屯墾區從一八七一年創立以來，頭四年來的人沒有一個留下來。一八七六年來的有九個留了下來，一八七七年七個，一八七八年兩個，一八七九年四個，目前看到的大多是新來的。

在新－米克海洛夫卡屯墾區有一個電報站、一所學校、一間專門收容接受救濟者的兵營小屋，還有一間蓋了一半只見木頭骨架的教堂。這裡還有一間麵包坊，專門為來附近築路的囚犯們烘培麵包，他們做出來的麵包毫無品質可言，當局也懶得管，其低劣難嚥的程度惡名遠播。

任何人來到新—米克海洛夫卡不應該錯過一訪這裡一位叫做波堤幼姆金的「放逐農夫」，每當一位重要人物蒞臨薩哈林島之時，為了表達歡迎和敬意，為他提供麵包和鹽巴的人就是波堤幼姆金。另外，想知道殖民地農業成功的狀況時，通常也要詢問波堤幼姆金。在《土地所有者清冊》裡有關他的記載是，他擁有二十匹馬，九頭牛羊，不過據聞他所擁有的馬匹至少比實際登錄的多出一倍以上，也就是說至少有四十匹。他在此開了一家小店，在杜埃也有一家，交由他的兒子照應看管。他給人的印象是個殷實能幹的商人，不但買賣誠信實在，在倫理道德上也是個可靠的虔誠教徒。他家裡的房間很乾淨整潔，牆壁上貼滿海報，其中有一幅圖畫：捷克的馬倫巴和拉脫維亞的濱海旅遊勝地里包。他和他太太在跟我談話時顯得很沉著，充滿自信，我在他們的客廳裡喝茶，和他們隨意聊談。他說要在薩哈林島過上好生活是可能的，一般說來這裡土地的收成都還不錯，但現在面臨了一個很大的危機，那就是大家變得越來越懶惰。新一代嬌生慣養，好吃懶做，不肯努力。我問他說，他是不是真的在家裡招待過一位來訪的大人物吃他園子裡種的西瓜和美濃瓜，他眼睛眨都不眨一下回答道：「完全正確，我們這裡盛產美濃瓜。」

在新—米克海洛夫卡同時住著另一位名人，他就是前「執行者」特爾斯基，一位屯墾放逐者。所謂的「執行者」，除了極少場合為上級命令執行死刑之外，他的主要工作大多是為上級執行體罰工作。這個角色一般由上級重新從囚犯中遴選出，也有自我推薦，期盼透過此一工作得到減刑待遇。但這顯然是一樁吃力不討好差事，常常成為大家眼中釘。我見到特爾斯基時，他已經很衰弱，咳嗽咳個不停，不斷用他那細瘦蒼白的雙手撫著他的胸口，他抱怨他的胃痛得快裂開了。他前一陣子因為自己也違紀而被現任執行者柯梅列夫嚴酷體罰，他說「他幾乎擊碎了我整個靈魂。」一直到最近有一天，輪到柯梅列夫違紀，上級找他執行體罰，對他而言，那真是一個值得紀念的日子。他使出渾身解數，用盡全力把對方打到幾乎殘廢，據說至今仍未痊癒過來。人們說把兩隻毒蜘蛛放到同一個罐子裡，牠們會一直互咬，到死為止。

到一八八八年之前，新—米克海洛夫卡（Novo-Mikhailovka）是杜伊卡河上游唯一的一個屯墾區，現在又新多了兩個：克拉斯尼雅爾爾和布達科沃（Butakovo）。從新—米克海洛夫卡有一條路通往這兩個地方，這是一條新開闢的道路，平整筆直。我在前半段必須騎馬，約三俄里。第二段然後穿過一個風景如畫的針葉林，林中許多樹木早已被砍下。騎著馬走過這裡感覺非常輕鬆愉快，也很心曠神怡，好像走在一條美麗的鄉村道路上面。針葉林裡的許多大樹，雖然被砍光拿去當建築材料，但整個林子看起來還是相當壯美。這裡有樺樹、白楊樹、赤楊樹、黑楊樹、梣樹、柳樹，樹林間長著許多和人一樣高的草，有的甚至比人還高。巨大的羊齒類和牛蒡類植物，其葉子至少有一亞申平方那麼大，和其他草木混雜一起，形成一片綿密而無法穿透的灌木叢，為熊、黑貂和鹿提供最佳棲身之處。沿著這座針葉林一直到底就是山谷的終點，也正是群山的開端地方，那上面另矗立著一座巍峨綠色森林，森林裡滿是銀樅樹、翠松和落葉松等松柏科樹木，全都是落葉性植物，山巒的頂端要不是光禿一片，就是佈滿矮樹叢，我在俄羅斯各地從未見過像這裡那麼巨大的牛蒡樹所形成的壯觀灌木林。尤其夜晚在月光照射下，好像身處夢幻之中。特別是其中有一款傘狀花系植物，似乎還沒有俄羅斯名稱，顯得最為壯觀宜人。這種植物筆直的根莖估計至少有十英呎那麼高，最底下的圓周大小少說也有五英吋那麼寬。它的上半部呈紫紅色，最上面頂著一個傘狀的大花朵，其圓周直徑大小至少有一英呎。此外，在這朵大傘四周圍還圍繞著四到六朵較小且同樣是傘狀的花朵，整個形狀看起來像個四周分布著小蠟燭的大燭台，這種植物的拉丁學名叫做 Angelophyllum Ursinum。

這是克拉斯尼雅爾爾屯墾地設立的第二年，除了一條寬廣的街道之外，沒有任何其他道路。人們從一個木棚屋到另一個木棚屋時，必須繞過一些小土堆，水泥和刨屑，跳過一些木頭和樹幹，還有水溝，底下緩慢流動著棕色的髒水。木棚屋還沒有蓋好，有人正在疊磚頭，有人在為烘爐抹油，另外有人正拉著木頭過街。這裡本來安頓有五十一戶人家，後來不知何故，其中有三戶，包括一個叫潘吉兆的中國人，竟跑掉了。

他們跑去了哪裡，沒有人知道。另外還有七個高加索人，他們的木棚屋還未完全蓋好，就迫不及待全都擠了進去，在房間裡冷得互相抱在一起，而現在是八月的天氣。根據資料顯示，這個屯墾區剛建立不久，還未真正開始運作，這裡分配了九十個住戶，男女比率是二比一，其中有三戶是正規家庭，二十戶是沒有經過合法手續所自由組合的家庭，低於五歲的小孩有九個。其中有三個土地擁有者家庭自己擁有馬匹，另有九個則擁有牛隻。目前因為還沒開始正式運作，還看不到收成，因此每一戶都領有囚犯的津貼過活，可是之後怎麼辦，倒是沒有人想過這個問題。但大家心裡都很清楚，這裡未來的收成肯定不會好。到目前為止，他們總共才清理了大約二十四個半戴西亞丁土地，換句話說，每戶人家還分不到半個戴西亞丁的土地。他們打算種些穀物和馬鈴薯，他們連處裡乾草的田地都沒有。此外，這裡的河谷很狹窄，兩旁又都是高山峻嶺，完全沒有多餘的土地可資利用。當局也知道這裡無法留住人，他們每年會安置另一批新的住戶進來，但是土地有限，永遠不夠分配。當局就是不會去想到這個問題，也許有想到，但這是例行公事，交差了事。我不知道是誰為克拉斯尼雅爾爾選擇耕地，但我敢肯定被選來做這事情的人一定很不勝任，他一定沒來過鄉下地區，他甚至不了解殖民地的農業狀況。此外，這裡也沒有很好的供水系統，我問這裡的人他們的飲水從哪裡來，他們指著這裡的地下水溝。

這裡所有的木棚屋都是依傳統固定格式建造，兩個窗戶，但卻使用未成熟的劣質木頭，也許他們認為這些都是暫居之處。當局從未檢查這些建築物，也許因為沒有人懂如何蓋木棚屋，或安裝火爐。據說此地政府行政部門中有一位建築師，我來的時候剛好不在。但我相信他即使在也是無濟於事，因為他只管政府的建築工事，當局絕不會派他管屯墾地蓋木棚屋的事情。在所有政府官舍中，最賞心悅目者莫過於一位叫做烏比幼尼克的監工所居住的房子。這是一個個子矮小的士兵，人如其名，他的臉上老是露出一股充滿殺氣和疑惑樣子。和他住一起的是個個子高大的女人，身分是屯墾放逐者，她是他的情婦，還帶著一家子和他住一起。他領的是一個老監工的工資，但他的職務非常簡單輕鬆，主要是跟像我一樣的來訪者做簡報。他說他很不喜歡住在克拉斯尼雅爾爾（Krasny Yar），他一直想離開薩哈林島，還問我說如果他被調往西伯利亞工作，他的女友是否可能跟他一起過去。這問題始終困擾著他。

我並未繼續去參訪布達科沃屯墾地。根據《土地所有者清冊》的資料顯示，這個新屯墾地有三十九位居民，其中只有四位成年女性，總共有有二十二個住戶。到目前為止，只有四棟房子是蓋好的，其他的只是立好屋架而已。至於耕地，總計只有四個半的戴西亞丁面積可供耕作穀物和種植馬鈴薯，眼下沒有一個住戶擁有牛隻或家禽。

結束了杜伊卡河河谷屯墾地的參訪之後，我將繼續前往較小河流阿爾凱河河谷那一帶參訪，那裡一共有三個屯墾區。至於阿爾凱河河谷當初會被選來當做屯墾地，並不是因為那裡比別的地方開發得更好，或是因為它具備有更優良的殖民條件，而是出於偶然機會，單單只是因為它比其他河谷更靠近亞歷山德洛夫卡，如此而已。

8

阿爾凱河、阿爾科沃「警戒線」；第一、第二、第三阿爾科沃屯墾區；阿爾卡伊山谷。西海岸的屯墾區：姆佳奇、唐吉、柯埃、特拉姆包斯、維亞克訶堤、范吉；隧道、電報纜線屋、家族木造房舍。杜埃監獄、煤礦礦區、佛耶沃茨克監獄、那些被鐵鍊和腳鐐套住的囚犯。

阿爾凱河在杜伊卡河北方大約八到十俄里的地方流入韃靼海峽。才不久前，這還是一條真正的河流，人們在這裡垂釣有肉峰的鮭魚。可是最近由於一場森林大火和人們濫墾濫伐，河流的水變淺了，夏天則完全乾涸。可是春天雨季會氾濫成災，淹沒菜圃，把稻草和居民的收成沖入海裡。這樣的災難根本無法預防，河谷又那麼狹窄，居民只能往山上逃。

就在阿爾凱河的河口，也就是河流彎入河谷的地方，坐落著一個吉利亞克原住民小村莊，叫做阿爾凱沃，其外圍又稱為阿爾科沃「警戒線」，包括有三個屯墾區。有兩條路線可以從亞歷山德洛夫卡通往這裡，其一是走山路，我來的時候這條路剛好不通，因為沿路許多橋樑都被前一陣的森林大火焚燬，無法通行。其二是走海路，沿著海岸線走過來，但必須是退潮的時候才能通行。我於七月三十一日早上八點出發前往這裡，當時正是退潮的時候，海岸線上疾風勁雨，天空和海面一片陰霾，大海上沒有半艘船隻。陡峭的海岸線看起來有些令人驚惶不安，海浪猛烈衝擊著岸上岩石，乏味單調而充滿哀傷憂鬱。海岸上方那些發育不良的矮小樹木，臨空俯瞰著底下大海，和霜雪寒風搏鬥，在漫長可怖的秋冬夜晚無止境地從一端晃到另一端，被壓向土地，沒人聽見地嘎吱作響。

阿爾科沃警戒線緊鄰著吉利亞克原住民的村莊，先前追捕逃獄者的士兵就住在這裡。現在這裡住著一位監工，專門負責監督屯墾地的運作，等於是這裡的執行總督。距離這裡約兩俄里的地方就是第一個屯墾區，這裡只有一條街道，礙於地形的關係，這條街道始終無法繼續拓展。也許有一天這三個屯墾地結合在一起，薩哈林島將出現一個只有一條街道的大型屯墾區。這個屯墾區創立於一八八三年，擁有一百三十六個住民，八十三個男性和五十三個女性，設有二十八個住戶，全都是家庭式的組合，除了一位叫做帕甫洛夫斯卡雅的女囚犯之外。她的同居男人，也是這屋子的真正主人，前不久才剛過世，她是天主教徒。我來的時候，她以帶著請求和堅定的口氣跟我說道：「請幫我找個男人來照應這房子吧。」他們當中每三個人就擁有兩棟房子。第二個屯墾區創立於一八八四年，有九十二個住民，剛好男女各半，設有二十四個住戶，全都是家庭型態，這兩個屯墾區每個家庭都擁有兩棟房子。第三個屯墾區和第二個屯墾區於同一時間創立，我們可以看得出來，這個屯墾區在當時急於安置人員，創立得相當匆促。這裡一共有四十一個住民，十九個男人和二十二個女人，這些女人當中有十個是戶長，還有一位是共同居住者，有九位是家庭型態居住者。

這裡所有的住戶都擁有自己的耕地，面積大約都在一個半到兩個戴西亞丁之間，主要種植大麥、小麥、裸麥和馬鈴薯。大部分的人在家裡有養家禽。根據《土地所有者清冊》所載，這三個屯墾區在創立的極短時間之內，在農作方面的成績相當傲人，一位匿名作家也寫過有關這些屯墾區成功的因素：「這裡成功的秘訣在於肥沃的土地，非常適合栽種農作物，看看這裡茂盛的森林和美麗的草地就知道了。」但事實並非如此，這裡的三個屯墾區地處北薩哈林島上土地最貧瘠的地區。這裡的可耕地很廣闊，也不缺牛羊，可就是收成很不理想。這個地方除了具有所有薩哈林島屯墾地一切不利條件之外，這裡的農民首先就得面對大自然界的最嚴酷敵人，也就是我上面提到的匿名作家所極力稱讚的肥沃土地。這種土壤的最上層有兩英寸厚的腐植土，天熱時其熱度足可燒毀農作物底下的根莖，遇到下雨時反而阻擋雨水往下滲透，造成農作物的根莖乾枯而死。如此一來，這裡的土壤只能栽種一些硬根類作物如牛蒡或瑞典蕪菁，還有馬鈴薯。為了種植這類作物，土必須挖得比種植穀物類更深更徹底，費時又耗神。

我在前面已提過這條河流所帶來的災害，這樣的災害使得乾草無法存活，當然也就無乾草可用。他們只能去針葉林帶著鐮刀四處搜尋，砍些雜草代用，有點錢的人甚至前往提莫夫斯克地區購買乾草。

據說有些家庭在冬天時吃不到一片麵包，只能完全依賴吃瑞典蕪菁維生。就在我抵達這裡之前不久，聽說有一位住在第二屯墾區名叫史柯林的屯墾放逐者就活活餓死。根據附近鄰居所述，他長期以來每三天才吃一番特麵包，「我們都在等待相同的命運。」因為史柯林之死而受到驚嚇的一些鄰居這樣跟我說道。我還記得，有三位婦女跟我講到她們的日常生活時，還邊講邊掉眼淚。在一間木棚屋裡頭，完全沒有家具，只有一座陰鬱的巨大火爐幾乎盤據半個房間，一位婦女旁邊圍繞著幾個在哭鬧的小孩，旁邊還有幾隻在咯咯亂叫的小雞。她走出房間進入街道，哭鬧的小孩和咯咯叫的小雞跟在她後面，她又哭又笑，跟我道歉說很不好意思，他們實在是太餓了。她已經等不及她丈夫帶麵包回來，他拿一些越橘去鎮上賣，希望賣了錢能買一些麵包回來。她剁幾片包心菜葉子給小雞吃，那些小雞爭先恐後蜂擁而上，可是一發現那不是牠們要的，立刻又咯咯亂叫了起來。在另一間木棚屋裡，住著一位像蜘蛛一般滿頭亂髮的男人，眉毛很粗，全身髒兮兮。他的身分是囚犯，有另一個男的和他住一起，一樣全身很髒，滿頭亂髮，他們都帶著家人。一堆人擠在這間小木棚屋裡，如他們用俄語所說：「只有髒亂和恥辱。」除了小孩哭鬧和雞叫，以及像史柯林之死這樣的事實之外，藏在這些外貌的景觀之下的，是什麼樣的匱乏和饑饉！在阿爾科沃的第三個屯墾區裡，屯墾放逐者佩特洛夫的木棚屋矗立著任其荒蕪破敗，他說，那是由於他的疏忽，違法屠殺一隻牝牛，他本人被抓去關在佛耶沃茨克監獄裡至今。顯然他是窮到極點才殺了那隻小牛，拿去亞歷山德洛夫卡賣錢。根據《土地所有者清冊》所載，當局以借貸方式提供給他們栽種之用的穀粒，清冊記載他們如實栽種，但其實大半都被煮來吃了。他們和我交談時不諱言此一事實。當局也是以借貸方式提供給他們耕作用的牛隻和飼料。就這樣，每次都必須借貸栽種穀粒和耕田牛隻，債務越陷越深，到無力償還，每個人都欠上二至三百盧布以上。

在第二和第三屯墾區的中間有一處休息站，讓要前往提莫夫斯克地區的驛車在這裡更換馬匹，這裡既是郵政驛站也是客棧。要是在歐洲俄羅斯，像這樣小規模的驛站，頂多兩個工人一個監工便足夠。但在薩哈林島，他們凡事講究大格局，這裡除了一個監工之外，還編制一位職員、一位跑差、一位馬廄工人、兩位麵包師、兩位負責管理木材工人，另外還有四位工人，我問他們幹什麼的，他們回答說：「我們專門負責運送乾草。」

要是風景畫家湊巧來到薩哈林島，我會鄭重推薦他來阿爾科沃河谷這一帶作畫。這裡不僅美麗漂亮，而且色調豐富，花紋地毯或萬花筒已經不足以形容這裡風景的豐富了。雨後的巨大牛蒡夾雜在一片綠意盎然的植物之中閃閃發亮，旁邊一塊三沙鎮平方的土地上植有綠油油一片裸麥，再過去是一小片大麥田，然後又是牛蒡，牛蒡的後面是燕麥田和馬鈴薯田，還有兩棵頭部垂下的還在成長中的向日葵，像是兩根小小楔子矗立在一群深綠色細麻中間。此外，這裡還到處佈滿像是燭台的傘狀植物，頭部高高舉著，各種顏色交錯著：粉紅色、深紅色、深紫色以及罌粟花的深艷紅色。你在路上行走時，你會碰到一些農婦為了遮雨而在頭上披著牛蒡樹葉，看起來像是一隻綠色龜甲蟲。遠方是群山，也許沒有高加索的山那麼美麗壯觀，但就是山，一樣是山。

沿著西部海岸線，在阿爾凱河的河口附近，那裡有六個不重要的屯墾區。我沒去參訪，但我從《土地所有者清冊》和神父的告解書上面的資料大概可以了解那裡的一般狀況。這些屯墾區大多建在岬角上，面向大海，或是建在一些小河流的河口旁邊，屯墾區名稱都是就地而取。最初當局只是設置放哨站，編制四到五個人。後來對放哨站的需求量與日俱增，當局就在杜埃和波戈壁之間設置兼有屯墾和警戒功能的大型放哨站，委派素行優良的屯墾放逐者進駐，這些人大多帶有家眷。因此設置這些具有屯墾功能的放哨站的主要目的是「提供給從尼古拉耶夫斯克過來的郵車、旅客、狗拉雪橇車伕等某種程度的保護和臨時憩息之地，同時在該處海岸線建立警衛系統，杜絕囚犯脫逃和走私酒類必經路線。」目前尚無通往這些屯墾區的正式道路，在退潮的時候可以沿著海岸線走路過去，冬天時可以乘坐狗拉雪橇過去，平常天氣好的時候也可以搭船或小汽艇過去。我現在依從南到北的順序分述這幾個屯墾區如下：

姆佳奇：有三十八位住民、二十位男性、十八位女性，設有十四位戶長，其中十三戶是家庭型態組合，只有兩戶是非依法結合的家庭。每戶擁有約十二戴西亞丁耕地，可是自從三年前以來，他們已經放棄耕作穀物，全面改種馬鈴薯。有十一戶是自本屯墾區設置以來即領有目前面積的可耕地，其中有五人已成為放逐農夫身分。這裡容易討生活，說明了這些人不願意離開此地前往西伯利亞大陸發展的理由。這裡有七個人從事狗拉雪橇的運輸生意，他們專門在冬天時運送郵政人員和旅客，有一人從事狩獵。至於魚釣，根據一八八九年的《獄政年鑑》，則是沒有半個。

唐吉：有十九位住民、十一位男性、八位女性，設有六位戶長，每戶分有三個戴西亞丁面積的耕地。跟上述姆佳奇屯墾區一樣，受制於海洋濕氣的影響，他們也都放棄耕作穀物，全面種植馬鈴薯。這裡有兩戶住家擁有船隻，從事魚釣業。

柯埃：這個屯墾區設立在伸向海面的岬角上，名稱取自岬角的名字，地形峥嶸險峻。碰到好天氣的時候，從亞歷山德洛夫卡可以看得到這裡。這裡有三十四位住民，十九位男性、十五位女性，設有戶長十三位。這裡的住戶始終堅持種植穀物，他們不種馬鈴薯，只種大麥和小麥，另有三位從事狩獵。

特拉姆包斯：只有八位住民，三位男性、五位女性。這是一個幸運的屯墾區，女多於男，這裡設有三位戶長。

維亞克訶堤：這個屯墾區坐落在維亞克訶堤河旁，以這條河流名稱命名。河流流入一個湖泊後入海，這令人聯想彼德堡的涅瓦河。聽他們說在這個湖裡可以捕到鮭魚和鱘魚。

范吉：這是最靠近北部的一個屯墾區，有十三個住民，九位男性和四位女性，設有八個戶長。

根據一些學者和旅行家的描述，越是往北邊走，所看到的自然景觀越是淒厲荒涼。從特拉包姆斯屯墾區往北走，大多是冰凍土的平原，涵蓋了薩哈林島三分之一的面積。即使偶有山巒，也都是小山丘，有些作家說這是對岸大陸阿穆爾河入海時所造成的沖積結果。

在這片紅棕色的沼澤平原上，佈滿許多低矮扭曲的松柏科樹木，有的像落葉松的樹幹還不到一呎高，其花冠就像綠色枕頭一般匍匐在地上，其他比如像西洋杉的樹幹就直接覆蓋在地上。在這些矮林子之間的空地上長滿青苔，佈滿各種莓果，像莫克霍夫基、沼澤越橘、柯斯特尼基以及小紅莓等等。就像我們平常在歐洲俄羅斯的冰凍土地區會看到的那些莓類果子，大多生澀酸苦，無法入口。最後我們終於來到了平原的最北端，在一片鄉野景觀中，我們又看到了波瀾起伏的山巒，感覺又回到了冰冷海洋，大自然在跟我們揮手說再見。根據克魯岑希頓的地理圖集對這裡的描述，我們將再遇到一片細瘦高挑的落葉松樹林。

儘管自然景觀多麼的荒蕪淒涼，然而許多證據顯示，這一代海岸線屯墾區居民的生活，比起上述阿爾科沃的三個屯墾區或甚至亞歷山德洛夫卡的屯墾區，都要好上很多。

有一件事可以說明，那就是他們享有得天獨厚的有利條件，首先是他們不必背負耕作和收成的義務，他們可以自由使用他們現有的資源去做他們想做的行業。冬天時，這裡是從亞歷山德洛夫卡前往大陸尼古拉耶夫斯克的必經之處，許多吉利亞克和雅庫特原住民會前來這裡做買賣，這裡的屯墾放逐者會藉這機會拿許多貨物直接和他們交換，不必經過中間商的剝削。因此這裡沒有商家，沒有「眉登」（露天攤子），也沒有專賣二手貨的猶太商人，更沒有拿酒來交換狐狸毛的公家機構的人員。他們把換來的狐狸毛送給上級，作為奉承諂媚的手段。

往南就沒再建什麼新的殖民地了，沿著西部海岸來到亞歷山德洛夫卡的南部，這中間只有一個有人居住的地區，那就是杜埃。這是一個極度可怕的地方，恐怕只有聖人或精神有問題的人才會願意住到這裡。這裡有個軍哨站，這裡的居民都稱之為「港口」，最早建立於一八五七年。但這裡的名稱杜埃，或杜宜，早已存在多時，多少來自於這段海岸線的名稱，也就是現在杜埃礦坑的所在地。有一條叫做克霍因吉的小河流過其所處的山谷，從亞歷山德洛夫卡到杜埃的道路有兩條，一條是山路，另一條是海路。走海路並不務實際，因為巨大的容奇耶岬角就堵在那裡，延伸到海面上，你必須挖一個隧道才能通過海岸線。他們真的挖了，完全不諮詢專家工程師的意見，最後挖出一個烏黑的大洞，不堪使用，沒有人願意走那裡。當局所費不貲地建造這條隧道，但結局是擱置不用。剛好這時當局也同時開闢了一條好走的山路，那個隧道也就任由潮汐沖積洗刷。挖隧道這件事情最能說明俄國人任性善變，喜歡浪費的本性，而且凡事不求精確，想到那裡就做到那裡。在施工期間，工地的經理每天只是坐在軌道推車上滑過來又滑過去，車上掛著一個大牌子，上面寫著「亞歷山德洛夫卡——碼頭工程部」。同時囚犯卻像牛馬一般賣力工作著，晚上還要擠在骯髒潮濕的小茅屋或地窖裡，因為當時還沒有足夠人手蓋牢房來安頓他們。

就在海岸線上隧道的另一頭出口，有一間製鹽工廠和一間電報纜線屋，電報的纜線從那裡拉出，越過沙灘深入海底。電報纜線屋裡住著一位木工，是個波蘭囚犯，他的同居者是個十二歲的小女孩，最近才剛剛產下一嬰兒，據說是在路上休息站被一位囚犯強暴所致。沿著海岸線前往杜埃的路上，在險峻陡峭的海岸線上，可以看到許多閃閃發亮的石塊，發著黑光。每個石塊大約都有一亞申大小，那就是煤炭。根據專家的說法，這裡的煤炭在地層裡長期受到各式各樣板石的擠壓，最後浮出地面時，形成一種很漂亮很獨特的煤炭。即使有這麼奇特美麗的煤炭，但基於根深蒂固的偏見，使得他們忍不住對這裡的居民和植物發出同情憐憫的慨歎。再往前七俄里的地方，海岸線被一條裂縫切斷，這裡就是著名的佛耶沃茨克裂口，恐怖而惡名昭彰的佛耶沃茨克監獄就設在這裡。這裡專門關犯行重大的囚犯，包括全身披滿鐵鍊腳鐐的最惡性囚犯。

監獄四周圍佈滿警哨，幾乎是滴水不漏，除了手持真槍實彈的警衛之外，看不到其他任何人影，他們彷彿在荒野裡守護某種稀世珍寶一般。

再往前走一俄里就是煤礦的採礦場，再繼續往前走一俄里，碰到一個更大的裂口，那底下就是杜埃了，以前薩哈林島囚犯苦役勞動的總部。幾分鐘後我們走入那裡的街道，整個印象感覺起來像是古代的一個小碉堡，街道很光滑平整，像是個閱兵平台。一旁是乾淨整潔的平房，塗上條紋的守望台和桿子，現在唯一還缺的就是擊鼓聲了。平房裡住著這裡的軍事指揮官、監獄典獄長、神父以及其他官員等等。在這條街的底端矗立著一棟灰色的木頭築成的教堂，這裡剛好劃分出非官方的分界線，形成像俄文字母 ω 的形狀，往左右兩邊各分出一條渠道，往左邊那條所涵蓋的地區以前叫做「吉多夫斯卡雅」（猶太人聚落），往右邊那條所涵蓋的則是各式各樣的監獄建築，還包括了一個不知名的區塊。這兩個地區都顯得很擁擠，骯髒凌亂，看著感覺就很不舒服，特別是往左邊伸出的這一區塊更是如此。在這裡再也看不到街道上那樣乾淨整潔的白色平房，這裡的小屋子就是老舊，沒有庭院亦無綠色草皮，所有房子都挨著底下路旁凌亂骯髒的小巷子築成，有的甚至還靠著後面小山的斜坡。至於農作的耕地——如果在杜埃也可以叫做農作耕地的話——則是非常小塊，根據《土地所有者清冊》上面所載，有四戶人家每一戶才分配到四沙鎮平方的耕地，非常狹隘，連甩一隻貓的空間都不夠。儘管如此，杜埃的一位名叫托爾斯堤克訶的執行官員，還能在一塊充滿惡臭的小碎地為自己蓋上一棟住屋。如果不算軍方人員，杜埃一共有二百九十一位住民。一百六十七位男性和一百二十四位女性，設有四十六位戶長，其中有六戶是共同戶長，大部分的戶長都是苦役囚犯。我不能理解的一點是，當局是基於什麼樣的考量，怎麼會想到把這樣一批人和他們的妻小安置在這樣一個地方，一個斷縫的不毛之地。根據《土地所有者清冊》所載，整個杜埃的可耕地面積才不過八分之一個戴西亞丁面積而已（還不到半英畝），而且連一塊種乾草的稻田都沒有。我們不妨假設，這些男人的主要工作是監獄的苦役勞動，可是其他還有至少八十位以上的成年女性，她們每天都做什麼呢？一方面日子貧窮難過，又加上惡劣的天候，每天眼睛睜開看到的是空曠的遠山，聽到的是單調的海浪衝擊聲，還有那從不間斷的鐵鍊撞擊聲音，另一方面老是聽到監工房間傳來的用皮帶子和樺木鞭打犯人的吆喝聲和哀號聲。比起歐洲俄羅斯，她們在這裡的日子恐怕會顯得更加的漫長和難捱吧？這些婦女真的是無事可做，而且必須和許多人擠在木棚屋的唯一一個房間裡，除了她一家子之外，還住著一個士兵的家人，兩或三個囚犯房客或朋友，也可能有幾個正在成長中的小孩。房間角落裡還擺著兩或三個搖籃，雞和狗也一起擠在這房間裡。想到外面走動一下，可是木棚屋外面堆滿了垃圾，街道到處是水坑，真不知道要做什麼好，又沒東西可吃，真是令人無比厭煩。到了晚上，苦役勞動的丈夫回來了，他肚子餓想睡覺，但他的太太卻開始哭泣哀號：「你毀了我們，去你的！我受夠了，小孩們也都受夠了！」「繼續大聲哭號吧！」

在火爐旁邊的那位士兵喃喃低語著。不久後大家都睡著了，小孩哭鬧一陣之後，現在也都安靜了下來，但妻子就是無法入睡。她靜聽大海吼叫的聲音，心緒反覆翻騰，她被憂鬱折磨著，她為她的丈夫感到遺憾，她為自己忍住沒責備他而感到憤恨，但是到了明天，一切又周而復始。

我們如果光從杜埃一地的情況來看，可能會感覺我們的農業殖民地超載了太多女性和囚犯的家人。在這裡，由於木棚屋的空間不足，有二十七個家庭被安置在幾棟預備要拆除的舊大樓裡，裡面骯髒凌亂到了極點，大家管叫這裡為「婚姻牢房」。這裡沒有房間，只有牢房，和監獄一樣，牢房裡頭有一塊床板和一個夜壺。住在這些牢房裡的囚犯五花八門，他們來自社會各階層，其中有一間牢房裡頭裝飾著一個從玻璃窗敲下來的鏡子，散發著極強烈的廁所臭味。這裡住有：一位男囚犯和他「自由人身分」的妻子、一位男囚犯和他「自由人身分」的妻子和女兒、一位男囚犯和他「屯墾放逐者身分」的妻子和女兒、一位男囚犯和他「自由人身分」的妻子、一位波蘭「屯墾放逐者」和他女囚犯同居者。所有這些人，全都帶著他們的全部家當住在同一間牢房裡，並且連著床板睡在一起。另一間牢房裡：一位男囚犯和他「自由人身分」的妻子和兒子、一位韃靼女囚犯和她的女兒、一位韃靼男囚犯和他「自由人身分」的妻子和兩個戴著無邊帽的小兒子、一位男囚犯和他「自由人身分」的兒子，另外還有一位「屯墾放逐者」，他已經從事苦役勞動工作三十五年，留有一嘴黑色小鬍子，臉上很乾淨的樣子。他因為沒有靴子，老是赤著腳在房間裡走來走去，他說他就是愛賭。他的旁邊躺著一個女囚犯，是他的女朋友，樣子很笨拙，她躺在床板上半睡著，一副楚楚可憐樣子。再過去是個男囚犯和他「自由人身分」的妻子和三個小孩；一位男囚犯，沒有妻子或任何家人；一位男囚犯和兩個「自由人身分」的小孩；一位「屯墾放逐者」和一位小老頭囚犯，這小老頭的穿著很乾淨整潔，臉上鬍子也刮得一乾二淨。有一隻小豬在牢房裡到處走來走去，東咬西咬。房間裡堆了一些腐爛的穢物，許多臭蟲在那上面爬來爬去，臭不可聞。我聽說，住這裡最不能忍受的就是那些臭蟲。在第三個牢房裡，一位男囚犯，他「自由人身分」的妻子和兩個小孩；一位男囚犯，他「自由人身分」的妻子和一個女兒；一位男囚犯，他「自由人身分」的妻子和七個兒女，其中兩個女兒，一個十六歲，一個十五歲；一位男囚犯，他「自由人身分」的妻子和一個兒子；一位男囚犯，他「自由人身分」的妻子和四個小孩。在第四個牢房裡：住著一位陸軍軍人身分的監工和他十八歲的年輕妻子以及一個女兒，此外還住著一位男囚犯和他「自由人身分」的妻子，以及一位「屯墾放逐者」和一位男囚犯。我們不妨試想，在這樣野蠻惡劣的環境裡，一個十五六歲的女孩被迫和這些犯重罪的苦役刑犯共睡一處。還有許多女人和小孩，他們自願跟隨丈夫和父親，千里迢迢跑來這裡受罪，接受的待遇竟是那麼不堪，這也反映了我們對我國農業殖民地是多麼地不重視。

杜埃監獄很小，比起亞歷山德洛夫卡的監獄不知骯髒多少倍，這裡一樣分為一般牢房和連貫式床板牢房，但不管是房內擺設或處理事情的方式，比較起來都低劣很多。牆壁和地板都很髒，髒到已無法洗掉的程度。根據一八八九年的《醫學報告》上面所顯示，這裡的犯人每天能吸到的空氣平均是一．一二立方沙鎮。若夏天在門窗打開的情況下仍有尿糞臭味，那我無法想像冬天會變成什麼樣子，冬天時早上屋裡都會結出許多白霜和冰柱。這裡的典獄長以前是軍中醫院的勤務兵，曾在波蘭軍團服役，現在則當上法院書記，可是竟被派來這裡管理監獄。除了這裡，他還主管佛耶沃茨克監獄，礦區以及杜埃軍哨站，顯然他所負責管理的事務和他的職位並不相稱。

杜埃監獄的懲罰牢房專門關惡性重大的囚犯，比如累犯或必須嚴格看管的重刑犯。其實我們仔細看，這些都是再平凡不過的人們，有著很好的本性，一臉蠢相，充滿好奇表情，回答我問的問題時都畢恭畢敬。他們大部分人所犯的罪惡並不比他們臉上的表情更聰明或更狡猾，通常他們都是因為和人爭吵而殺了人才被送來這裡，起先判五至十年徒刑，然後又因為逃跑被抓回來，隔不久又再度逃跑又再被抓回來，最後以無期徒刑終場，並列入「永不可教化」名單。其實，他們所犯的罪大多很愚蠢又很平凡，從世俗的眼光看的確是如此，我在前面所引述的葉戈爾的故事就是一個典型例子，這樣的故事不知道有多少，既枯燥乏味又平庸無趣，我這次在流刑地許多犯人身上已經聽過不知凡幾。然而，這裡真正的惡人還是有的，有一位關在黑牢（懲罰牢房）的老頭，頭髮已經全白，年紀大概在六十至六十五歲左右，給我的印象就是十惡不赦的惡人。我來的前一天，他才被處罰鞭刑，我和他聊天談到這個時，他還把屁股亮給我看，真的是被打得皮裂肉綻。根據監獄囚犯所流傳的故事所述，這老頭曾經殺過六十個人，後來被抓來關在這裡，有一天，他引誘幾個新來的囚犯和他一起逃獄，他注意到這些都是身上有些資財的囚犯，等他們逃到一處針葉林時，他把他們都殺了。為了湮滅證據，他把他們的屍體剁碎丟入河裡。當官兵去圍捕他時，他還拿著一根大橡樹棍子抵抗拒捕。我望著他那雙細小遲鈍的眼睛，還有那巨大而半禿的，像鵝卵石一般的額頭，我覺得我聽來的故事應該不會假。有一位烏克蘭人，也是被關在黑牢，他的坦白令我感動，他要求典獄長還他一百九十五盧布，那是有一天他被搜身拿走的。「你這些錢哪裡來的？」典獄長問他，「玩牌贏來的。」他回答道，並且發誓。他們拿走他的錢，並直接把他關到黑牢。眾所周知，在監獄裡賭錢是很平常的事情，某些囚犯身上會擁有兩或三百盧布也不稀奇。在這黑牢裡，我看到一個流浪漢用刀割斷兩根手指頭，只是用一條破布包紮起來。我看到另一個流浪漢身上有被子彈擊中的傷疤，幸運的是子彈只是擦過第七根肋骨的邊緣，他的傷口也只是用一塊破布包紮起來而已。

杜埃顯得很安靜，大家早已習慣於那緩慢稀疏的腳鐐聲音，海面上的隆隆雷聲，還有電報線的嗡嗡聲。除此，這裡的沉默之聲反而變得特別明顯。這裡不只是光禿的軍哨站顯得嚴肅冷酷而已，要是有人突然在大街上爆出很大的笑聲，這會很不自然，會嚇到很多人。本質上而言，這裡所有的溝通方式本來就是以絕望和無情為主，只有冬天夜晚從海上吹來的寒風所發出的聲音才是真正不屬於這裡的正確曲調，也因為如此，杜埃的有名白癡席甘帝布，在這一片寂靜之中所唱出來的歌聲就顯得特別奇特。他是個老頭，本來也是個囚犯，但從來到薩哈林島上的第一天開始他就拒絕做苦役勞動，他們用盡各種方法，包括關黑牢和鞭打，都無法使他就範。每次鞭打之後，他就會大叫：「不管怎樣，我就是不工作！」大家最後拿他沒辦法，只好放任他自行其是，他就在街上到處遊蕩唱歌。

我在上面已經提過，杜埃的煤礦採礦場設在距離軍哨站一俄里遠的地方，我前往參訪，他們帶我進入礦坑並跟我說明整個採礦的作業方式，但我不是專家，無法描繪出這些過程。有興趣的讀者，不妨參閱採礦工程師凱朋先生所寫的專著，他曾主管過這裡的開採業務。

眼下杜埃礦坑由私人的「薩哈林島公司」專斷使用，這個公司的負責代表們都住在聖彼德堡。根據他們於一八七五年和政府所簽署的期限長達二十四年的合約，在此一期間他們可以自由使用薩哈林島西岸一塊長達二俄里寬一俄里的土地，他們同時可以無償使用此塊土地對岸大陸上普利莫斯卡雅地區的空地做為儲藏煤炭之用。此外，他們亦可無償獲得在該地建築廠房時所需之建材和勞工，而且他們進口相關器材一律免關稅。以後所開採煤礦賣給政府海軍，每一普特他們可抽得十五至三十戈比。另外政府每天提供四百個囚犯給他們當勞工使用，如有短少，則每人每天賠償一盧布。除此，他們如須夜間工作，政府所指派的囚犯勞工可以完全配合。

我國政府為了顧及簽約公司的權益，並為了能夠及早完成任務，特別在礦坑附近設立了兩個監獄，也就是杜埃監獄和佛耶沃茨克監獄。並在該地附近駐紮了一個三百四十人的分遣部隊，這個部隊每年開銷十五萬盧布。結果是，為了採礦的利益，政府不斷在這上面花錢，竟忽略了當初在這裡設立監獄和農業屯墾區的初衷。當局在這裡安頓七百個犯人和他們的家屬，還有士兵及工作人員，全都是為了工業利益，而不是為了懲罰犯人和開墾農地的真正目標。

「薩哈林島公司」為了回應政府的優惠條件，他們也列出三條他們必須遵守的義務。首先是，他們必須維持礦坑正常運作，順利出產一定數量的煤礦，為此他們必須聘用一位開礦專家隨時監督。其次是，每年兩次準時支付租地的租金和給囚犯工人的工資。最後一點，無論是何種性質工作，皆不得聘用囚犯以外的工人。這三條義務寫在一般紙上，很快就被忘掉了，礦坑工作一開始就不是進行得很起勁，走的是「庫拉克主義」路線（貪婪和剝削），有一則官方報告這樣寫道：「根本沒在進行生產技術改良的工作，連研究一下如何去做也不願意……說到整個礦坑的財務結構，就是貪婪的剝削而已，正如礦區工程師的上一篇報告所說的那樣。」事實上，合約上規定必須設置的礦區工程師根本就不存在，真正在主管礦坑開採業務的只是礦坑裡的一位工頭而已。說到工資，我不得不指出，真的像官方報告上所說的，就是「貪婪的剝削」。

簽約公司可以自由使用礦坑和囚犯勞工，但必須付給他們工資，然而不知基於什麼理由，其實也沒有理由，就是不發給他們。唯一可以解釋的理由是，聖彼德堡那邊的公司代表堅持他們每年一定要有十五萬盧布的利潤，以此為藉口拖延工資的發放，到最後就乾脆不給了。當局本身也以事不關己的態度不加以處理，兩邊的曖昧關係就這樣一直持續下去，直到合約終止。這個公司對薩哈林島一步一步的侵害方式，就像杜思妥也夫斯基一篇小說中筆下佛馬一角對史帝潘契科沃村莊的逐漸蛀蝕一樣，讓人完全感覺不出來。到一八九〇年的一月一日為止，這個公司一共欠政府財政部十九萬四千三百七十七盧布十五戈比，其中有十分之一是應該付給囚犯勞工的工資，但後來這筆錢給了沒，囚犯勞工有沒有拿到他們該得的工資，至今仍不得而知。

每天有三百五十至四百五十個囚犯被派遣到礦坑工作，其餘的有三百五十至四百個則留在杜埃和佛耶沃茨克監獄待命。待命的囚犯並非無事可做，根據合約，他們仍有許多跟開礦有關的工作。被指定要前往礦坑工作的囚犯必須在早上五點在「工作臺」集合，被帶往「採礦行政中心」再前往礦坑。這個行政中心是由幾個人組成的「辦公室」，這個辦公室專門負責監督礦坑工作的進行，考核每位囚犯的工作狀況，再責成報告往監獄當局呈遞，他們對勞動的囚犯操有生殺大權。至於監獄當局，他們只要監督囚犯的行為並防止他們逃跑即可，幾乎不必做任何事情。

這裡有新和舊兩個礦坑，囚犯們在新的礦坑裡工作，這裡礦坑的礦層高度約兩個亞申[24]，寬度也是，從出口到挖礦的地方約為一百五十沙鎮[25]，一個礦工必須推著重達一普特的小推車[26]，在潮濕陰暗的礦坑裡行走，這是最艱難和最危險的部分，他裝上煤礦後折返。出口處煤礦被運至卡車上，然後運往倉庫儲藏。每位礦工每天至少要來回十三次，這是他的「刑罰任務」。在一八八九至一九九〇年期間，每位礦工平均每天開採約十・八普特的煤礦[27]，比礦區行政中心所設定的標準十五普特少四・二普特。事實上，這個礦坑的煤礦產量和礦工的工作效率都不高，每天的總產量大約在一千五百到三千普特之間而已。

屯墾放逐者也參與杜埃礦坑的採礦工作，而且大多是以受雇方式自動參與。一般而言，他們的工作環境比一般囚犯更為艱難險惡，他們在舊的礦坑工作時，礦層高度不到一個亞申，挖礦地方距離出口二百三十沙鎮，而且這裡滲水特別嚴重，他們在潮濕環境下工作。為了工作他們還必須住在礦區附近的草寮，這可比監獄糟很多。雖然如此，他們的工作效率卻要比囚犯高出很多，七十%甚至一百%。這是自願工作者比被迫勞動者的優勢。公司方面樂於多花些錢雇用屯墾放逐者來做這項工作。甚至也有囚犯自己不願意做這工作，就私下花錢雇用他們去做。雖然這違反合約，不得聘用囚犯以外的工人，但礦物管理局接受這樣的現象，因為對採礦有好處。自從杜埃屯墾區設立以來，貧窮而心地單純者就只知道為他人服務藉以賺取生活所需。而以詐賭和借錢給人為生的富人，每天無所事事，喝茶閒逛，他們只要買通監工即可，因此這裡就經常發生一些傳奇逸事。我來到這裡的一個星期之前，有一位富裕的囚犯，原本是聖彼德堡的商人，因縱火罪被判刑遞送來這裡。他一來就開始賄賂監工和監獄執行官，因而不必參與苦役勞動。這傢伙很蠢，出手很大方，每次給監工五盧布，執行官三盧布，他後來覺得給太多了，就不想再給。監工就稟報典獄長說這位囚犯拒絕工作，典獄長就下令鞭打三十下，監獄執行官也不客氣狠狠鞭打他，鞭打時商人大叫道：「我從未被這樣打過呀！」之後他恢復賄賂，彷彿什麼都沒發生過，他繼續僱用屯墾放逐者。

其實，這裡最辛苦的工作不一定是下礦坑，在既潮濕又陰暗的地下隧道挖礦和運礦，不是彎腰就是匍匐在地。然而築路可能更辛苦，你必須暴露在風雨中，這必須消耗極大的體力。對於熟悉烏克蘭多內茨克地區礦坑的人而言，杜埃礦坑的可怕情形根本不算什麼。真正無法忍受的並不是礦坑裡繁重的工作本身，而是缺乏同理心的整個官僚的組織和運作方式，你必須不斷忍受羞辱、不公和獨斷，富人喝茶，窮人工作，

24 編注：約一四二公分。
25 編注：約三百公尺。
26 編注：約十六公斤半或三十六英磅。
27 編注：約一八〇公斤。

監工當著眾人面前欺瞞上級，對下則是作威作福，礦區行政中心和監獄本身經常爆發衝突，貪贓枉法的事情層出不窮，就是為了分贓不均而已，最後受害的還是底下的囚犯勞工，如同一句諺語所說：「老闆吵架，工人頭痛。」底下的人要的是公平正義。如果長期下來老是要不到，他們就會陷入痛苦和懷疑，然後是怨聲載道，老一輩的人會經常批評人和事，以及當局。當局根本懶得理會，常常是一笑置之，因為他們覺得很可笑。另一個理由使得這裡的採礦工作顯得繁重乏味是，囚犯經年累月工作，沒有休息，每天看到的就是礦坑、監獄到礦坑的道路和大海，他的整個生命就這樣無聲無息消磨在這海岸一角，永無止盡。

在杜埃礦區的行政中心旁邊有一間茅屋，這是給在礦坑工作的屯墾放逐者晚上睡覺的地方。這是一間很小的舊穀倉，小到連睡覺都有些困難。我那天早上五點鐘到達那裡，剛好那幾位屯墾放逐者也才剛起床。多麼陰暗，多麼臭，一片凌亂！每個人頭髮都散亂不堪，好像整個晚上都在吵鬧。大家臉色一團鐵青，半醒半睡，表情彷彿生病的人或精神失常。顯然他們都穿著工作服和靴子睡覺，擠成一團，有的佔著床板睡覺，有的跌出床板之外，甚至還掉到骯髒的地板上。那天早上陪我一起過來的醫生告訴我說，像他們這樣，三、四個人擠在這麼狹小的空間裡頭，每個人只能享受到一立方沙鎮的空氣。而此刻霍亂正入侵薩哈林島，他們已經在每個港口開始檢疫所有的船隻。

同這一天早上，我也同時參訪了佛耶沃茨克監獄。這個監獄建立於一八七〇年代，為了建立這個監獄，他們就在海岸線上開拓出四百八十平方沙鎮面積的土地（約將近一平方公里）。如今這個監獄可以說是薩哈林島上所有監獄中最惡名昭彰的一個，即使中間有經過整修改建，基本上它還是維持原來的格局和模樣。因此，它可以說是上個朝代中老式和恐怖監獄之運作方式的最佳見證。這個監獄主要分為三個大的區塊和一個小的區塊，這個小的區塊就是懲罰牢房（黑牢）的所在地，當然此刻並不適合談論這裡的空氣和通風問題，因此這一問題暫且不表。我來的時候，他們前一晚才剛擦洗好地板，但經過一晚濕氣和臭味仍未消散。我一進來首先聽到的是大家對臭蟲的抱怨，臭蟲造成他們生活上的極端痛苦，先前他們用漂白劑毒殺牠們，或是冬天時用冰霜來凍死牠們，如今這兩招已經不管用了。在監工們住的另一邊位置，充滿廁所的酸臭味，一樣飽受臭蟲肆虐所苦。

在佛耶沃茨克監獄關著一些必須用鐵鍊和腳鐐套住的囚犯，然後繫在一個單輪推車上。這裡一共有八位這樣的囚犯，他們平常和其他囚犯關在一般牢房裡，但他們不必工作，他們整天閒著，至少根據《囚犯放逐者對各種勞動之配置紀錄》所載，事實確是如此。那些繫在單輪手推車的重刑囚犯，在人數上肯定有所限制，他們不必服勞動苦役，政府就是讓他們閒著，但他們平時必須上身繫著鐵鍊，腳上銬著腳鐐，繫在手上的鐵鍊往前延伸三或四亞申那麼長，綁在獨輪手推車底下。鐵鍊和手推車限制了囚犯，使他們盡可能做最少動作，這無疑影響到他們的肌肉。他們的手已經習慣任何動作都伴隨著重量，即使最細微的也是。許多人拿掉鐵鍊之後，仍感覺到侷促，做出許多用力且突然的動作。比如伸手去拿桌上的一杯茶要喝，茶杯還未靠到嘴邊，茶水已經灑滿了全身，好像患了小舞蹈病（chorea minor）一般。晚上睡覺時，他們必須把小推車擺在床板底下，然後睡在床沿，這對他來說比較輕鬆。

這八位都是被判終身監禁的重刑累犯，其中一位是個六十歲的老頭，他因逃跑被抓回而套上鐵鍊和腳鐐，或如他自己所說：「犯傻。」他顯然患有肺病，上一任的典獄長基於同情心，讓他晚上可以睡到火爐旁邊。另有一位原來是鐵道局的警衛，起先犯了宗教褻瀆罪，後來在薩哈林島上又偽造二十五盧布紙鈔被抓到。和我一起過來的人經過那裡時，罵他無恥竟然去搶劫教堂，他回說：「搶教堂又怎樣？上帝又沒在用錢！」他發現囚犯沒有笑，自己的話讓大家表情不悅，立即又補上一句：「至少我沒到處殺人。」第三位是前海軍船上的海員，起先因為冒犯長官而被送來薩哈林島，他握緊拳頭撲向長官準備要打他，後來在薩哈林島流刑地又再犯相同罪行。最近一次是典獄長命令給他鞭刑時，他撲向典獄長要揍他。在海軍軍事法庭上，辯方律師團聲稱他這種行為乃是出於精神失常，但不被法庭採納，仍判他死刑。後來經阿穆爾河地區總督寇爾夫男爵出面周旋，改判無期徒刑，終身苦役勞動，平常必須套上鐵鍊腳鐐，繫在單輪推車上。這裡其餘重刑犯，都是因謀殺罪名被送來這裡。

那天早晨，天氣很陰霾潮濕，而且很冷，海浪非常凶猛。我們從舊礦坑前往新礦坑時，在半路上看到一個高加索老頭昏倒在海灘上，兩個鄉下人扶著他，一副不知所措樣子，到處張望著。老頭的面色很蒼白，雙手冰冷，脈膊微弱。我們討論一下就走了，沒有對他進行任何診療行為。我建議先給他服用一點纈草酊劑，不會有什麼危險性。醫生說在佛耶沃茨克監獄的醫務室根本沒有藥品，什麼都沒有。

9

提姆河、包希尼亞克中尉、動物學家波利雅科夫、上阿爾穆丹屯墾區、下阿爾穆丹屯墾區、德賓斯柯耶屯墾區、沿著提姆河的郊外遠足、烏斯科沃、吉普賽人、在台加內的遠足、佛斯克列申斯柯耶。

薩哈林島北部所謂的第二區主要坐落在分水嶺山巒的另一邊，稱之為提莫夫斯克區，這裡的屯墾區大多設立在提姆河旁，此河往東北方向流入鄂霍次克海。你如果從亞歷山德洛夫卡往新—米克海洛夫卡雅的方向走過去，首先你會面臨一排高山，擋住整個地平線，你眼前的這個山區叫做匹林嘉（Pilinga）。在匹林嘉的高度可以環視整個風景，左邊俯瞰遙望杜埃河谷和大海，右邊沿著提姆河往東北方向，一直到提姆河注入鄂霍次海的海口，綿延長達兩百俄里的廣大平原，比起亞歷山德洛夫卡的平原大上數倍而且更有趣。這裡水源富饒，林木豐盛，草長得比人還高，河流的漁產更是豐富多樣，還有礦田滿佈，讓人覺得可以養活個上百萬人口。然而真正的實際情況並不

如我們所想像，鄂霍次克海所帶來的一股超級冷流，在薩哈林島的東岸徘徊不去，連六月的夏天，岸邊都還漂浮著大塊浮冰，逼得人們裹足不前，這說明著大自然在創造薩哈林島的時候，最後才考慮到人類及其利益。要不是有連綿不斷的山巒擋住，這塊平原有可能會變成一片永久冰凍土，比北極圈的維亞克塔（Viakhta）那一帶更冷更無助。

第一個來到提姆河並為世人介紹此河的人是包希尼亞克中尉，他於一八五二年奉尼維斯科伊將軍之命前來這裡蒐集有關當地原住民吉利亞克人所盛傳發現煤礦的訊息，然後橫切薩哈林島進入鄂霍次克海，據聞出海口那裡有一個絕佳建港據點。據說包希尼亞克中尉單槍匹馬駕著一台狗拉的雪橇，三十五份的乾糧，茶葉和糖，一個小羅盤，還有一個尼維斯科伊將軍在他臨行前贈給他的十字架。將軍鄭重跟他加油打氣說道：「足夠的糧食和水，加上上帝的保佑，此去使命必達。」他沿著提姆河一路直奔東邊鄂霍次克海海岸，然後又回到西岸，回來抵達時全身襤褸不堪，飢寒交迫，雙腳滿是凍瘡，拉雪橇的狗既累又餓，不願意再移動。時值復活節齋戒期間，他窩在一個吉利亞克人原住民的小茅屋裡，無乾糧食物可讓他開齋，雙腳嚴重受傷。包希尼亞克探險最有趣的部分，當然是他的個性，他的年輕（他當時才二十一歲），他的無私，以及英雄主義的奉獻精神。當時正值三月，整條提姆河仍為冰雪所覆蓋，此趟旅程之艱困難行可想而知，卻也提供了他後來可資記載的豐富而有趣的材料。

事隔將近三十年之後的一八八一年，動物學家波利雅科夫帶著他的探險隊和科學裝備又來到提姆河，從事一次更嚴肅和更全面的探險。他們從亞歷山德洛夫卡騎牛出發，於七月二十四日經過千辛萬難越過匹林嘉山區，沿路只有狹窄步道，崎嶇難行，舉步維艱。他們僱用許多囚犯為他們扛食物和裝備，一路從亞歷山德洛夫卡扛到提莫夫斯克區。這裡山高約兩千英呎左右，提姆河最靠近匹林嘉山區的一個支流阿德姆沃河流經這裡，他們便在這裡設了一個臨時軍哨營區。如今全拆了，只剩下當時營區的監工所設置的一根旗桿。提姆河的支流大多河床很淺，水流湍急，船隻根本無法行走。波利雅科夫和他的人員先騎牛涉水進入提姆河，到德賓斯柯耶屯墾區之後再從那裡換乘小船順水而下。

有關這一段旅程的敘述，波利雅科夫寫得非常枯燥乏味，主要是他要如實詳細描繪在路上所遇到的所有湍流和淺灘，而這些文字又不太能引起興趣。從德賓斯柯耶開始，在長達二百四十二俄里的距離當中，他必須克服一一〇個障礙，其中包括十一個湍流，八十九個淺灘，有十個地方的通道被樹幹和樹枝堵住，等於每隔兩俄里他就要碰到淺灘或是航道被堵住。從德賓斯柯耶出發時，提姆河的河面大概有二十到二十五沙鎮那麼寬[28]，越往前走河面越寬，但相對河水變得越淺，到處是淺灘，水流速度很快，河道彎彎曲曲，漩渦特別多，一艘船幾乎不可能順利通過。

在波利雅科夫看來，似乎只有竹筏才能勉強順利通過這麼險惡的河道。整個航程要一直到河流距離出海口七十到一百俄里的地方，航行才開始變得順暢起來，這裡河水變深了，河道也變筆直了，再也沒有湍流和淺灘，河上甚至都可以行駛蒸氣汽艇或是蒸氣拖船了。

當這條河流的捕魚權利最終落到大企業家手裡時，他們勢必會大力整頓這條河流，特別是挖深航道的水深，也許甚至會沿著河岸建設一條鐵道，直接通到出海口，這條河流的收益無疑可使所有費用回本，不過這將會是很久以後的事情。眼下的當務之急，以擁有這麼豐富資源的提姆河來看，就是如何好好利用這些資源來造福屯墾區的居民，這一帶屯墾放逐者所過生活的拮据程度，和亞歷山德洛夫卡地區比較起來，實在是有過之而無不及。

根據波利雅科夫在他的書中所述，在提姆河的河谷裡到處都是湖泊，乾涸溪流的河床，溪谷和凹洞等等。沿著河的兩岸本來應該長滿飼養牛馬的秣草，卻是一片光禿，也看不到為泉水所覆蓋的草地。只見到處是蓑衣草，這是湖泊的草過度生長所致。靠山斜坡上有針葉林，河岸另一邊斜坡上長有樺樹、垂柳樹和榆樹等，還有一整片小樹林的白楊樹。白楊樹很高大，有的長在岸邊，根被河水滲透腐蝕爛掉了，整棵樹倒在河流中間，把整個航道堵住了。有一些櫻桃樹、柳條樹、茶藤樹和山楂樹等組成一個

28 編注：大約四十幾到五十幾公尺。

小叢林，由於氣氛陰暗，招來許多蚊子。越靠近海邊，植物越稀疏，白楊樹漸漸地就消失不見了，垂楊柳變成了小灌木叢，河流的兩岸所呈現的景觀變成是一片細沙或是泥炭，上面長有沼澤越橘、野生黃色草莓和青苔。河面也越來越寬廣，達到七十五到一百沙鎮那麼寬[29]，這裡早已是一片永凍土，河的兩岸一片沼澤……刺骨寒風從海面上吹了過來。

提姆河先流入尼伊斯基海灣，然後再從那裡匯入鄂霍次克海，再入太平洋。當年波利雅科夫在這個海灣岸上度過的那個第一個夜晚，天氣酷寒，卻很晴朗，一顆彗星帶著分叉尾巴在天空中劃過，波利雅科夫並未寫下當年他看到彗星以及在傾聽夜晚的聲音時，心裡在想些什麼，睡眠「征服」了他。第二天早上，命運以一幅出乎意料的景觀酬賞了他，就在海灣的出海口那裡，他看到一艘大船停泊在那裡，船身很大，船的兩旁漆上白色，駕駛艙矗立在甲板上，整個裝備非常齊全美觀，船首上還繫著一隻活生生的老鷹。

整個海灣岸上給予波利雅科夫一種陰霾憂鬱的印象，他說這是極地特有的典型景觀，這裡的植物顯得貧脊稀疏。有一個由沙丘形成的細長沙洲隔開海灣和大海，在這細長沙洲以外就是無止盡延伸的憂鬱和兇猛的大海。在某一個夜晚裡，一個小男孩躺在床上讀梅恩．雷德（Mayne Reid）的作品[30]，棉被掉下去了，他全身顫抖著，他夢見了正如眼前的大海，海面上鉛灰灰一片，在這之上是「鉛灰色天空單調地懸掛著」。

兇猛的海浪不斷衝擊著海岸，岸上光禿一片，沒有半棵樹，海浪不停咆哮著，有時還可以瞥見海浪中夾雜著幾個黑點，那是鯨魚。

今天要去提莫夫斯克地區，再也不用跨越匹林嘉山區上崎嶇難行的道路，我在前面已經提過，他們從亞歷山德洛夫卡要去提莫夫斯克地區，都是沿著主要大道行走，跨越阿爾科沃山谷並在阿爾科沃小站更換馬匹。從阿爾科沃小站往前十六俄里的地方，在主要大道路旁，就是提莫夫斯克地區的第一個屯墾區，這個屯墾區的名稱聽起來很像是來自東方的童話故事，叫做維爾克訶尼・（上）阿爾穆丹，建立於一八八四年，分為兩個部分，建在提姆河支流阿爾穆丹河旁山巒的斜坡上。這裡有一百七十八位住民，一百二十三位男性，五十五位女性，設有七十五位戶長，其中有二十八位是住戶共同擁有者。大家會注意到，和亞歷山德洛夫卡地區的屯墾區比較起來，這裡大部分的住戶都是共同擁有者，或是半共同分住者，女人很少，合法結合的家庭也偏少，在四十二個家庭裡，只有九個是合法結合的家庭，其中只有三位「自由身分」的女人自願陪丈夫來這裡服刑，這和克拉斯尼雅爾以及布塔科沃兩地的情況很相似，而這兩地的屯墾業務早在一年前就已經停擺了。像提莫夫斯克屯墾區這種缺乏女人和合法家庭

---

29 編注：約一百五十到兩百公尺。

30 編注：愛爾蘭兒童作家。

的現象委實令人感到訝異，這顯然與薩哈林島當局所設定的比例原則不相符合，這並非出於地方的或經濟上的理由，而是因為許多囚犯剛一抵達薩哈林島時，大多就地安置在亞歷山德洛夫卡，當地官員相信一個原則：「施捨先從家裡開始」以及「先來先照顧」，因此他們就留下大部分女人，他們的屯墾區也的確需要女人，可是提莫夫斯克地區的官員卻這樣告訴我：「好的他們留下自己用，剩下不好的才往我們這邊送。」

在上阿爾穆丹屯墾區的木棚屋，屋頂都只能鋪上稻草或樹皮，有些窗戶沒有安裝，或用木板封起來。這裡實在是太窮了，有二十個男人不住家裡，必須外出另謀生計。七十五個住戶和二十八個共同住戶才擁有六十個戴西亞丁可耕地，每年所分得的播種種子才一百八十三普特，平均一戶分不到二普特，他們根本無法靠這收成過生活，這個屯墾區的位置高出海平面很多，北面毫無屏障可言，無法抵擋從北邊吹來的寒風，會比附近的屯墾區，比如馬洛─提莫沃（Malo-Tymovo）屯墾區，晚兩個星期才融雪。夏天時為了捕魚，他們必須走二十到二十五俄里到提姆河，路上順便捕獵一些羽毛豐富的小動物當做娛樂消遣，對他們的經濟生活毫無幫助。

我發現戶長和其他家庭成員都待在家裡無事可做，雖然不是禮拜天或假日，時值八月，因為正值漁產旺季，不論男女老少應該都找得到事情可做，在田裡或提姆河上。他們已經坐著聊天很久而感到厭煩，因無聊而笑了起來，轉而又開始掉淚。這是一群失敗的人們，許多這樣的人不是淪於精神失常，就是成為殺人兇犯。「多餘的人」，社會這樣定義他們，他們竭盡所能嘗試努力賺錢生活，最後還是一事無成，「完全沒有出路」。強迫性懶惰慢慢入侵，變成一種習慣。就像海邊捕魚的人等待天氣好轉，他們日漸憔悴，不得不入睡，最後什麼都沒做，很有可能已經變得什麼都做不了。唯一讓他們花時間的事情是玩牌賭錢。這聽來有點奇怪，玩牌竟成為上阿爾穆丹最盛行的活動，薩哈林島一些著名玩牌高手都來自這裡。他們無錢可賭，大家就拿東西來賭，不眠不休賭個不停，就像那齣著名法國戲劇《三十年，或賭徒的一生》裡頭所描寫那樣。我和這屯墾區一位叫做席佐夫，最會玩牌的屯墾放逐者，有如下一段對話：

「他們為什麼不讓我們到對岸大陸去，大人？」他問道。

「你要去那裡幹什麼？」我開玩笑說道：「你知道，那裡又沒有人可以和你玩牌。」

「喔，那裡才有真正的牌局。」

「你會玩史托斯？」隔了一會兒我問道。

「我講的就是這個，大人——史托斯牌局。」

後來不久之後，要離開上阿爾穆丹時，我問我的囚犯馬車伕：

「他們真的玩牌賭錢？」

「是啊，大家都知道。」

「他們拿什麼賭？」

「我不懂您的意思，拿什麼賭？他們賭政府的食物配給，麵包或比如燻魚之類，他們就是賭食物和衣服，然後坐在那裡忍凍挨餓。」

「食物拿來賭，吃什麼？」

「他們吃什麼？賭贏了，當然就有得吃，賭輸了，就餓著肚皮去睡覺。」

我在同這一條支流上面繼續往下走，來到下一個屯墾區，叫做尼茲尼．（下）阿爾穆丹，規模比上一個稍微小一些。我抵達時已經是夜晚，晚上必須睡在監工住處的小閣樓，因為他不願意讓我睡他的房間。「我這裡晚上沒辨法睡覺，大人，到處是臭蟲和蟑螂爬來爬去，幾百萬隻！」他攤開雙手說道，一副愛莫能助樣子：「您要是不介意，就委屈一下睡樓上的瞭望塔？」我必須從外面的樓梯摸黑上樓，剛剛下過雨，階梯很濕很滑。晚一點我下樓來拿菸草時，真的就看到「幾百萬隻」昆蟲在那裡爬來爬去，真是蔚為奇觀，很可能只有薩哈林島所專有的奇觀。牆壁上和天花板黑鴉鴉一片，風吹來時，黑影子晃來晃去，好像葬禮上在風中飄揚的黑紗布，窸窸窣窣的聲音清楚可聞，彷彿臭蟲蟑螂要趕去哪裡開會。

在下阿爾穆丹屯墾區有一〇一個居民，七十六個男性和二十五個女性，設有四十七個戶長，外加二十三個共同居住者，合法結合的家庭只有四個，非合法結合的則有十五個，擁有「自由人」身分的女人只有兩位，這裡沒有一個住民的年齡是介於十五和二十歲之間，人們生活非常貧苦，只有六家木棚屋的屋頂是釘木版的，其餘都是舖樹皮。至於窗戶，和上阿爾穆丹一樣，大多擱置沒有裝上。我並未記下任何人工作狀況，因為在這裡連一般戶長都無事可做，有二十一位住戶已經離開到他處尋找生計。這個屯墾區自一八八四年創立以來，就一直只擁有三十七個戴西亞丁面積的可耕地和菜圃，平均一戶只擁有半個戴西亞丁的面積而已。每年的冬天和春天只撒種八十三普特的穀物種子，這整個屯墾區怎麼看一點都不像是一個農業社區。這裡有俄羅斯人和波蘭人混住，以及俄國境內少數民族芬蘭人和喬治亞人。每個人衣衫襤褸，始終挨餓。他們會來這裡絕非出於本意而是偶然，就像出於一場船難。

下一個屯墾區沿著主要道路，就坐落在提姆河旁邊，創立於一八八〇年，名稱取為德賓斯柯耶屯墾區，之所以取這樣的名稱乃是為了紀念當時監獄的典獄長德賓，他因為行事作風過於殘酷而被一位囚犯給殺了。他當時還很年輕，為人卻非常粗暴嚴厲，據以前熟悉他的人對他的回憶，他經常手上拿著一根拐杖在監獄周圍和附近街上走來走去，他的手杖只用來打人。他在一家麵包廠裡被謀殺，他因為掙扎掉到了麵包槽裡頭，摔得渾身是血，後來就死了。監獄裡的囚犯對他的死都感覺大快人心，大家就集資六十盧布樂捐給那位殺他的人。

一般來講，德賓斯柯耶的過去並沒什麼好得意的，這個屯墾區所坐落的平原上的一隅顯得很狹窄，地面上覆蓋著一個濃密的樺樹和白楊樹林。平原的另一端空間比較大，唯地勢較低，且多沼澤，長有檜木和落葉松林，似不宜闢為屯墾地。當初在設置這個屯墾區時，剛砍完樹木，清理出蓋木棚屋、監獄和倉儲空地，並完成排水系統時，他們面臨了一個未曾預料的大災難：附近一條小河阿姆嘉河（Amga）氾濫成災，淹沒了整個屯墾區。一切必須從頭來過，他們先挖一條新的運河來疏通氾濫的河水。今天德賓斯柯耶屯墾區佔地面積約一俄里平方，整個外觀看起來就像一個傳統典型的俄國村莊，你先跨過一個華麗的木橋，然後走進那裡，木橋底下的河水潺潺而流，河流的兩岸一片綠地，種有柳樹。進去之後，你會踏上寬廣的街道，那裡的木棚屋不但屋頂都是鋪木板，而且還有庭院。新的監獄建築，各式各樣的倉庫和穀倉，典獄長的住宅就坐落在屯墾區的中央，這一切給人的感覺不像是監獄，而是一座莊園。典獄長每天沒事就是巡視這裡所有的穀倉，手上的鑰匙鏗鏘作響。他就像美好舊時代裡的地主那樣，「日夜不眠不休守著他的財物」。他的太太坐在門前的花園裡，既高雅又威嚴，像個女侯爵，確定所有事情都秩序井然。房屋前的幾顆西瓜已經成熟，正從地裡探頭出來。囚犯園丁卡拉塔也夫在西瓜周圍走來走去，臉上掛著一副奴隸一般熱誠的臣服表情。典獄長夫人這時看到河流旁邊有幾個囚犯在那裡釣魚，其中一個剛釣到一條肥碩的西伯利亞鮭魚，他們稱之為「銀魚」，但這條魚並不帶回監獄，而是送給上級做上等燻魚片吃。門前的花園附近，典獄長的幾個女兒正在那裡散步，她們是這莊園的高貴女士，她們穿得像小天使一般。她們的服裝，由一位原是製帽女工的女囚犯縫製，她因縱火被送來這裡。這裡處處可以感受到一種安詳富足的感覺，人們像貓一般，走路輕盈，說話細聲細氣，不疾不徐，一副滿足自得的樣子。

德賓斯柯耶屯墾區一共有七百三十九位住民，包括四百四十二位男性和二百九十七位女性，如果再把監獄的囚犯算進去，這裡就一共大約有一千位位住民了。這裡設有二百五十位戶長和五十八位共同居住者，光就外表來看，家庭和女人的數目，住民年齡的組合比例，以及各方面與此有關的數據所顯示，這些都說明了這裡可以說得上是薩哈林島上的真正屯墾區，而不是偶然湊在一起的烏合之眾。這裡有一百二十一個合法結合的家庭，「自由組合」的家庭只有十四個，而這其中合法結合家庭中，具有「自由人」身分的妻子就有一〇三位，小孩在這些住民中所佔的比例達三分之一之多。我們如果想了解這裡住民的實際經濟狀況，就和薩哈林島上其他屯墾區一樣，必須考慮各種偶然因素，那才是真正決定他們的經濟狀況。這裡的自然和經濟法則更是臣服於一些意外的因素，比如非勞動人口的比例，像生病或游手好閒以及先前居住城市而無能從事農耕的人口等等；其他例如久居此地的人，與監獄的距離，地方政府行事風格等等，這些大約五年變動一次，或更頻繁。這些在一八八〇年之前早期過來的居民，篳路藍縷，經過千辛萬苦把這裡建立了起來，已經習慣了這裡的一切，他們佔據了最佳的生活地段和最好的耕地，現在大多過著比較寬裕富足的生活；那些從歐洲俄羅斯來的，身上帶著金錢和家眷，現在的生活大抵也都過得還不錯。根據報告所載，二百二十戴斯亞丁面積的耕地和每年三千普特重的漁獲量，都說明著這裡的住戶過著什麼樣的優渥富足的生活，然而，這裡還是有一半的居民過的是饑寒交迫的窮困日子，成為多餘的存在，影響大家的生活。在歐洲俄羅斯，就算一場火災後也不會有這麼大的貧富差距。

當我抵達德賓斯柯耶屯墾區時，正下著大雨，天氣很冷，地上泥濘不堪，我隨後立即先參訪他們的木棚屋。監獄典獄長說他家裡沒有多餘的空間，就把我安置在一間剛蓋好不久的新穀倉裡面，裡頭堆滿彎木家具。他們幫我在穀倉裡擺上一個床和一張桌子，還在門後釘上一個木栓，以便我可以在屋內把門鎖上。從晚上到凌晨兩點，我閱讀《土地所有者清冊》和《按字母順序紀錄簿》，並從中摘記必要的資料。雨不停打在屋頂上，偶有晚歸的囚犯或士兵從屋旁踩著泥濘走過。此時穀倉和我的靈魂一片寧靜，可就在我吹熄蠟燭並鑽入床鋪時，我彷彿聽到沙沙聲、耳語聲、敲擊聲、濺水聲以及深沉嘆息聲……等等，有水滴從天花板上掉下來，滴在彎木椅子的格子花紋上面，發出清脆空洞的聲音，在這聲音之後，我彷彿又聽到有人發出絕望的耳語聲音：「喔，老天！喔，老天！」穀倉的旁邊就是監獄，會不會有囚犯穿過地道往我這邊爬過來？就在此時，一陣風吹過來，雨聲變大了一下，附近的幾棵樹跟著發出一陣沙沙響聲，這時，那深沉而絕望的嘆息聲又再度響起：「喔，老天！喔，老天！」

隔天一早，我來到穀倉大門口，天空一片灰色陰霾，看樣子又要下雨了。典獄長手上拿著一串鑰匙，開始一間一間檢視穀倉。「我會給你們開一張看病單，我知道你們已經等了一個禮拜了。」他對著一群囚犯喊道：「我會開的！」

上面這些話是典獄長對著一群大約二十名的囚犯所說，從這話內容可以判斷，這些囚犯正等著要去醫院看病。他們衣衫襤褸，全身被雨水徹底淋濕，腳上沾滿泥巴，身體不停顫抖，他們一直要裝出有病的樣子，可他們除了臉上流露一副寒愴樣子之外，實在看不出他們身上有什麼病。「喔，老天！喔，老天！」，他們當中有人突然嘆息說道，我感覺我的夢魘延續，這時「賤民」這個字眼猛然浮上我的心頭。這是俄文字彙中形容處在最低賤狀態人物的一個字眼。在我整個逗留薩哈林島期間，除了杜埃礦區的屯墾放逐者礦工之外，就是德賓斯柯耶這裡的囚犯，讓我見識到什麼叫做最低賤的人類處境。

在德賓斯柯耶住著一位女囚犯，聽說以前還是個男爵夫人，這裡的婦女都叫她為「工作的女士」。她在這裡過著一種刻苦節儉的生活，大家都說她對現在的的狀況很滿意。這裡還住著一位以前的莫斯科商人，他曾在莫斯科兩條大道交會點的特維爾斯卡雅—亞姆斯卡雅（Tverskaya-Yamskaya）那一帶做過一些買賣，那裡是莫斯科著名的賽馬場。他嘆了一口氣對我說道：「此刻莫斯科正在賽馬！」說著轉向旁邊幾位屯墾放逐者，對他們描述莫斯科的賽馬情況，每逢禮拜天，會有一大堆人湧進特維爾斯卡雅—亞姆斯卡雅，熱鬧非凡。「請相信我，大人，」他為他的故事變得激動起來，轉向我說道：「我願意付出任何代價，甚至我的生命，只求讓我再看一眼，不是俄羅斯，也不是莫斯科，而是特維爾斯卡雅！」順便一提，在德賓斯柯耶住著兩個同名同姓的人，都叫做葉梅里安．沙莫克瓦洛夫，我記得我還在其中一個葉梅里安家的後院看到一隻公雞被綁在那裡，繩子就綁在公雞的一隻腿上。這裡所有的居民，包括他們兩個，都覺得很有意思，德賓斯柯耶竟然將俄羅斯的兩個同名同姓的人聚集在此。八月二十七日那天，薩哈林島總督柯諾諾維奇將軍、提莫夫斯克和布塔科夫兩個地區長官以及一位年輕官員來到德賓斯柯耶，這三位都是受過高等教育且風趣的人，我和他們三人一起進行小型郊外遠足，結果竟變成一次不是很愉快的探險活動。那天從一開始就下著傾盆大雨，路上既濕滑又泥濘難行，每個人都全身溼透，靴子積滿了雨水，又冷又難受。這時想點根菸抽都困難重重，我們必須互相幫忙才能把火點著。我們跳上一艘小船，沿著提姆河順流而下，我們來到一個釣魚場，停下來參觀釣魚場裝備、水車以及監獄的耕地，水車的感覺很不錯，可是那塊耕地實在是小得很可憐，甚至讓人感到可笑。我們有四個划槳手和一個舵手，他們同心協力一起賣力工作。因為河上水流很急，彎道也多，我們可以不斷欣賞到美麗風景的快速變化，可此時我願意以這些帶有野蠻風格的美景：綠草如茵的河岸、陡峭的斜坡，以及矗立不動的孤寂漁人身影等等，去換取一個溫暖的房間和一雙乾爽的靴子。這些美景對我而言並不新穎，甚至有點單調，但最主要是因為被灰色雨霧籠罩著。坐在船頭的布塔科夫長官正舉起他的來福槍射擊正在空中飛翔的野鴨，我們都露出了驚訝的神色。

到目前為止，沿著提姆河往德賓斯柯耶的東北邊方向過去，只設置了兩個屯墾區而已：佛斯克列申斯柯耶（Voskresenskoye）和烏斯科沃（Uskovo）。據估計，從這裡沿著提姆河到出海口，像這樣的屯墾區至少得再設置三十個，每隔十俄里設置一個，以便填補這裡所欠缺的活動人力。當局也是正好有此計畫，他們打算沿著提姆河到尼伊斯基海灣出海口，每年以設置一到兩個屯墾區的數量進行此項工作，然後建設一條公路，從德賓斯柯耶沿著提姆河到出海口，把這裡所有的屯墾區串連起來。當我們的船行抵佛斯克列申斯柯耶時，岸上有一位監工在那裡跟我們揮手致意，想必他們早已接獲我們要來的消息。布塔科夫長官從船上對他大聲呼叫說，我們不下船，要直接去烏斯科沃，晚上大夥要在他那裡過夜，所以等一下我們一夥從烏斯科沃回來時請幫忙多準備一些稻草。

不久之後，空氣中傳來一股強烈臭魚味，我們來到了一個吉利亞克原住民所聚居的小村落，叫做烏斯科沃，名稱根據烏斯科沃命名。有許多吉利亞克人帶著老婆和小孩以及無尾狗在岸上歡迎我們，他們現在不像當年動物學家波利雅科夫來時那樣，一臉愕然樣子。連小孩和無尾狗看到我們時，表情都沒有變化。烏斯科沃屯墾區坐落在離這裡岸邊兩俄里遠的地方，這屯墾區整個景觀和克拉斯尼雅爾很像，有一條寬廣卻崎嶇不平的街道，上面鋪有小土堆和綠草，街道兩旁到處是還沒蓋好的木棚屋，一些砍倒的樹木，到處堆滿垃圾。在薩哈林島上，所有正在蓋的屯墾區給人的印象大多是，剛剛被敵人蹂躪過或是已被棄用之地。只有整體結構的鮮豔色調和被刨工刨下的木屑，會讓人感覺這不是廢墟，而是興建。烏斯科沃屯墾區一共有七十七個住民，五十九個男性和十八個女性，設有三十三個戶長，另外還包括有二十個多餘的人，也就是共同居住者，這裡只有九戶是由合法家庭所組成。我們在監工的辦公室喝茶時，許多婦女和小孩都因為好奇而圍在辦公室門口，好像吉普賽人的營區，每當有陌生人出現，他們的婦女和小孩就會好奇而圍過來。其中有幾個皮膚比較黝黑的正好就是吉普賽人，她們臉上大多會流露一種狡詰而悲苦哀怨的神情。有一些吉普賽囚犯被送來烏斯科沃，他們的妻子和小孩也都自動願意跟著一起來服刑。我注意到在這些吉普賽女人當中有兩三位看起來有些面熟，原來我來烏斯科沃一個禮拜前有打過照面，我當時在里科沃看到她們背著袋子走在街道上，到處問人要不要算命。

烏斯科沃住民的生活非常窮苦，他們總共才擁有十一個戴西亞丁面積的耕地和菜圃，平均一戶只能分得大約五分之一個戴西亞丁面積的耕地，他們必須依賴政府的施捨度日，但他們同時必須為此付出代價，他們每次必須走路穿過一大片針葉森林到德賓斯柯耶，再從那裡走路扛回政府所發放的食物配給。

我們休息了一會兒，在下午五點出發走路回去佛斯克列申斯柯耶，路途並不算遠，才六俄里而已，可是一想到要穿過那片偌大的針葉森林，感覺就累了起來，我們才走了一俄里左右，我就覺得很累了。雨一直不停下著，我們一離開烏斯科沃就立即碰到一條約有一沙鎮寬的小溪，我們必須在溪流上面鋪上三塊木板以踏過它們度溪。每個人都安全通過了，輪到我時卻搖晃個不停，靴子裡進滿了水。不久之後我們來到一個又長又筆直的路塹，好像正在施工，要開闢成一片讓道路跨過的塹壕，看起來很難跨越過去，沒有一沙鎮長的土地是平坦而可輕易跨過的，到處是小土丘和積滿雨水的窪洞，還有從土裡鑽出的像鋼絲那般硬梆梆的根莖，走在那上面，好像涉水在走家裡門口的台階，真是困難重重。但是最難克服的還是那四處散置的樹枝和一堆一堆疊放著的被砍下來的樹木，因為無路可繞，你必須爬上爬下一路跨過去，然後又是沼澤，好像沒完沒了，每當我經過千辛萬苦爬到樹堆頂峰時，我的夥伴在另一端就會對我喊叫，要我爬左邊或右邊的另一堆，讓我拿不定主意該怎麼辦。起先我拿定主意絕不讓我另一隻靴子進水，後來發現沒用，就完全放棄了。我聽到那三位為我們揹行囊的屯墾放逐者沉重的喘息聲，空氣稀薄與呼吸困難是一場折磨。我們很想喝東西……我們脫下帽子繼續往前走，感覺比較輕鬆一點。

將軍坐在一塊厚重木頭上面休息喘氣，我們也都坐了下來，並拿出香煙請那三位屯墾放逐者抽，他們還不敢坐下來。

「噢呼，這路真是難走！」

「到佛斯克列申斯柯耶還有幾俄里？」

「還有三俄里。」

布塔科夫的長官是我們這些人當中走起路來最愉悅輕快的一個，他以前經常從事穿越針葉森林和永凍土的長途遠足，如今這六俄里距離的步行對他來講根本不算什麼。他告訴我他有一次從波洛涅河（Poronai）到札里夫河（Zaliv Terpeniya）來回徒步遠足的經過。他說，第一天苦不堪言，第二天全身痠痛，但是感覺走起來越走越輕鬆，第三天以後，他覺得好像長出了翅膀，健步如飛，雖然不久前不斷被巴古爾尼克勾住陷入泥沼[31]。

我們的行程才走一半，天色突然暗了下來，一片黑暗很快籠罩了我們四周圍。我已經不敢冀望我們的旅程會很快終結，我走在及膝的水中摸索著前進，不時踢到木頭而跌跌撞撞，我們四周圍許多磷火停住不動。池塘上和腐朽的樹木旁邊也是到處閃爍著磷光，我的靴子上黏著許多斑點，好像螢火蟲一般不停閃著亮光。

謝謝老天，遠處出現了燈光，是真正的燈光，不是磷光。有人跟我們喊叫，我們立即回應大叫，監工提著燈籠出現了，他大步跨過水窪，他的燈籠在水窪裡反射出亮光，他引導我們走向在一片黑暗中隱約浮現的佛斯克列申斯柯耶。走沒多遠，我們來到了監工的辦公室，大家一到那裡，立即換上乾衣服。雖然我也全身濕透，但我沒帶換洗衣服。監工的辦公室只有一張床，當然讓給了將軍，我們其他人，早已精疲力竭，直接睡在地面的乾草上。

佛斯克列申斯柯耶屯墾區有烏斯科沃的兩倍大，這裡一共有一百八十三位住民，一百七十五位男性和八位女性，有七個「自由結合」的家庭，真正合法結合的夫妻只有一對，這個屯墾區幾乎沒有小孩，只有一個小女孩。這裡設有九十七個住戶，其中有七個住戶是共同居住者。

31 編注：一種灌木植物的汁液，有潤滑功能。

10

里科夫斯柯耶屯墾區、監獄。加爾金—弗拉斯科耶氣象站、帕勒摩屯墾區、監工米克留科夫、瓦樂吉屯墾區和隆嘉利屯墾區、馬洛—提莫沃屯墾區、安德烈耶—伊凡諾夫斯科耶屯墾區。

在提姆河的上游，河流的最南方盆地地段，我們看到高度發展的生存面貌。這裡天氣較暖和，大自然也沒那麼嚴酷，對於一個在河流中下游飽受飢寒折磨的人而言，這裡無疑更為適合生存和發展。這裡甚至有一個區塊和歐洲俄羅斯很相像，對一個放逐囚犯而言，這種相似充滿了魅力，主要見諸於坐落在平原地段的提莫夫斯克區行政中心，也正是里科夫斯柯耶屯墾區的所在地。這個平原往上延伸達六俄里之遠，往東邊沿著提姆河岸延伸是一排山巒做為屏障，西邊橫亙著一系列隱約可見的暗藍色低矮山脊。這簡直就是一片完美的平原，完全看不到小土丘或高地，在外貌上很像歐洲俄羅斯一般平原的景觀：平坦的耕地、乾草田、牧草地和綠色矮樹林等等。當年動物學家波利雅科夫初到這裡時，他所看到的河谷表面是一片雜草叢生的小土丘，到處是被雨水沖刷過所形成的坑坑洞洞，還有許多小湖泊和流入提姆河的小溪流，小溪流遍地橫流亂竄。若有人騎著馬經過這裡，溪水有時會淹到馬的膝蓋，甚至到腹部。今天的整個景觀已經完全不同，四處井然有序，一條十四俄里長的道路銜接德賓斯柯耶和里科夫斯柯耶，平坦筆直得令人印象十分深刻。

里科夫斯柯耶屯墾區，或稱為里科沃，創立於一八七八年，以當時一位在此擔任典獄長的退役中士命名。他既是屯墾區之創立者，也經營有功。這個屯墾區的最大特點是發展極為迅速，這在薩哈林島極為罕見，在過去五年裡，它的範圍和人口增加了四倍，它目前占地三平方俄里，住民有一千三百六十八人，男性八百三十一位，女性五百三十七位。如果再把監獄人口和當地駐軍人員算進去，就差不多有兩千人了，幾乎可和亞歷山德洛夫卡軍哨站可等量齊觀了。不一樣的地方是，亞歷山德洛夫卡已經成為一個小城市，一個巴比倫，城裡已經設置有多處賭場，甚至有一個猶太人也在那裡開設了一間「家庭澡堂」[32]。里科沃則停留在典型純樸的俄羅斯村莊風貌，沒有文化粉飾。這裡的主要一條街道長達三俄里，不管是走路或騎馬要走過這條街道，肯定很快就會覺乏味無聊。這裡街道的區分方式不像西伯利亞分為區或段，也不像亞歷山德洛夫卡那樣取具有紀念價值的名稱；而是從俄文文字中任意擷取來命名，由當初最早

32 編注：妓院別稱。

來開發的屯墾放逐者隨意取名，不具任何意義，卻很有意思，比如，黃腿、胃口、無神、埋葬、河流、麵包捲、灰姑娘、水槽、病不會好等等，有一條街取名為西佐夫斯卡雅，只因為叫這名字的一位女屯墾放逐者曾站在街的角落。此外也有取名為山脊街和烏克蘭街這類比較正規的街名，薩哈林島上沒有一個屯墾區像這裡那麼隨意取名。在這屯墾區的正中央有一個很大的廣場，廣場上有一棟木頭建造的教堂。在廣場的邊緣，不像一般歐洲俄羅斯的村莊設有商店和攤販，而是監獄建築、辦公機關和官員住宅，我們在走過這廣場時，不妨想像市集上的喧嚷聲，烏斯科沃的吉普賽人在大聲喊叫賣馬、焦油和燻魚的臭味、牛的叫聲，手風琴聲融入醉漢的歌唱，但你突然聽到令人討厭的鐵鍊聲，囚犯和警衛空洞的腳步聲正邁過廣場，走向監獄。

在里科沃共設有三百三十五個戶長，其中有一百八十九個是「半共同擁有者」，也自稱是戶長。此外有一百九十五個合法組成的家庭，「自由結合」的則有九十一個，其中大部分合法組成家庭的妻子都具有「自由人」身分，她們都是自願陪丈夫來服刑，人數有一百五十五個之多。這數目字乍看很高，但別被這數字騙了，因為它並不具任何意義。從「半共同擁有者」的數目可看出他們是多餘的，他們沒有任何媒介或機會可以獨立運作，因為這裡早已人口擁擠，糧食不足了。薩哈林島當局從一開始在安置人員時，總是因循慣例，不知因地制宜，也不從長計議。他們就用這種不務實的辦法，在許多有利的環境，比如里科沃，胡亂安置不得當的人選，遂造成像里科沃這樣的地方和上阿爾穆丹一樣貧窮，而這種情況事實上是可以避免的。里科沃有足夠的耕地，人力充足，以及其他種種有利條件，兩百個住戶已足夠應付這一切，當局卻要塞進五百個住戶，使許多人成為「多餘的」，據說當局還打算繼續塞人進來。

里科沃的監獄很新，它根據薩哈林島所有監獄的模型建造而成——木造房舍和簡陋骯髒的通鋪牢房。最近這所監獄由於在許多方面的優異表現，被官方評鑑為整個北薩哈林島的最佳監獄，在我看來也是如此。在我來此參訪之前，我已事先參閱一些官方資料，並藉由獄中少數非文盲囚犯幫忙所整理出來的資訊，我已大概了解這所監獄的一般狀況。我發現地方當局的負責單位都是一批訓練有素的工作人員，好像由專門學校訓練出來一般，我比對《土地所有者清冊》和《按字母順序紀錄簿》所述，已經形成一個具體完整的概念，等到我親身來到這裡，與我腦中的印象幾乎吻合。特別是這裡的廚師和麵包師傅，還有監工人員，他們不像亞歷山德洛夫卡或杜埃那裡的監工那麼粗造和愚昧。

這說明一個監獄要弄得整潔乾淨是絕對可能的。比如說這裡的廚房或麵包坊，起居室，家具或陶瓷器，還有工作人員的衣著等等，其乾淨程度，再挑剔的衛生單位來檢查時也挑不出什麼毛病。這樣的水平完全出於自動自發，不管有沒有什麼人來參訪，都是一致不變的。那天我來時去參訪廚房，他們正在煮一大鍋新鮮魚湯，這魚從河流上游捕來。起先囚犯們吃了這魚之後，雖並不嚴重，但證明對胃腸有害，當局認為囚犯並沒有挑剔食物的權利，打算放任不管。但在這些囚犯當中有一群由特別放逐者成員所組成的群體，他們有權利對當局反映食物的問題，比如包心菜湯發酸或麵包裡有石礫，因此像上述魚湯問題立即獲得改善。說到麵包問題，這裡麵包的供給相當充足，絕不偷工減料，我試著隨意拿起其中幾塊秤了一下，每一塊都足足有三番提，有些還超重。

這裡的廁所和其他監獄一樣，使用糞坑系統，但是和其他監獄不一樣的地方是，他們非常勤於清理，這也許對囚犯有其不便之處，卻對環境衛生有益。室內有些溫暖，卻聞不到酸臭味，他們採用艾利斯曼教授所寫著名手冊《翻轉通風》中所述之特別通風方法。這種方法如下：在糞坑上擺設一個裝有煙囪和管子的大火爐，爐火讓它不停燃燒著，將屋子門窗緊閉，讓爐子從糞坑裡吸出氧氣繼續燃燒，並透過管子吸進屋裡所有難聞的味道，連同糞坑的酸味一起經由煙囪排到屋外。這個監獄的典獄長李文先生是個很有才華的人，不但行政經驗豐富，而且幹勁十足。在他用心經營之下，整個監獄改進了不少。不幸地他有一個致命短處，那就是喜歡鞭打犯人。有一次一位犯人持刀像要宰掉野獸那樣攻擊他，當然後來那位囚犯也受到了極嚴厲的處分。像這樣一位會為眾人福利設想周到的人，竟然著迷於野蠻的體罰鞭打行為，兩種完全不相容的性情會同時存在於他身上，實在無法解釋。葛爾辛在《一位大兵的回憶》一書中所描寫范哲爾上尉這樣的變態人物，恐怕不會是無中生有吧。

里科沃有一間小學、一個電報局、一間醫院和一個氣象站，氣象站並非由官方經營，而是由一個來自特別階級的屯墾放逐者以私人身分負責經營管理。他是好人，工作非常勤奮，同時還身兼教堂執事。氣象站成立四年以來，雖然沒收集到什麼寶貴資料，倒是能夠顯示出其獨樹一幟的風格，和北薩哈林島另一主要氣象站，也就是亞歷山德洛夫卡的氣象站，互別苗頭，提莫夫斯克地區是大陸型氣候，另一邊則是海洋型氣候，兩邊相隔還不到七十俄里。

在提莫夫斯克地區，氣溫和下雨雪天數的變化並不是那麼明顯。這裡的夏天暖和些，冬天卻更為嚴峻，每年的平均溫度都在零度以下，甚至比靠近北極圈內白海上的索羅維茨基群島還要低。提莫夫斯克地區的高度，其海平面比亞歷山德洛夫卡還要高些，但因為四面高山環繞，每年平均颳風的日子就少六十天，特別是颳寒風的日子就少二十天。但相對提莫夫斯克降雨和下雪的日子就較多，平均降雪一百一十六天，降雨七十六天。兩個地方的降雪量和降雨量相差達三百毫米之多，但亞歷山德洛夫卡卻反而比較潮溼。

一八八九年七月二十四日早上，在德賓斯柯耶突然下起一陣寒霜，把已經成熟的馬鈴薯連根帶莖一起凍傷。八月十八日，另一場寒霜把整個地區馬鈴薯的花葉全部摧毀殆盡。

從里科沃往南，在提姆河一條支流的旁邊，在以前吉利亞克原住民聚居村落的舊址帕勒摩上面，那就是帕勒摩屯墾區，創立於一八八六年。有一條很棒的鄉村道路從里科沃跨過一個很平坦的平原，一路到達這裡，這中間的間隔十四俄里，也許那天天氣實在太好，我感覺異常舒適，就特別想起歐洲俄羅斯的鄉下平原。據聞不久之後，他們還要開闢出一條從里科沃到帕勒摩的郵務和電報道路，已經策劃很久了，聽說現在已經動工在興建了。

帕勒摩屯墾區一共有三百九十六位住民，三百四十五位男性和五十一位女性，設有一百八十三個住戶，外加有一百三十七個是「半擁有者」。其實整個地方安置五十個住戶就足夠應付一切了。薩哈林島這麼多農業殖民地中，沒有像這裡一樣淨是不利條件的屯墾地。首先，這裡的土壤全由碎石子所組成，根據這裡現在的住民所言，從西伯利亞過來的唐古斯族原住民（Tungus）曾在這片土地上放牧鹿。甚至在遠古時代，這裡曾經是一片大海，還傳聞最近有吉利亞克族原住民在這裡發現過古代船舶的遺骸。這裡只有一〇八個戴西亞丁的可耕地，還包括菜圃和乾草田在內，卻要分配給三百個住戶。這裡成年的女性只有三十位，和成年男性的比率是一比十。彷彿是嘲弄，或是為了讓這個事實更戲劇化，死神最近在短時間內就帶走了三位女性住戶。這裡有三分之一的住戶還是屬於城市階級，在他們結束刑期成為放逐者之前，幾乎沒參與過什麼農耕活動，等於什麼都沒做。很不幸，這裡的不利條件不僅止於此，正如俗話所說：「不雨則已，每雨必氾濫。」沒有一個屯墾區像這裡一樣，盜賊那麼猖狂。帕勒摩

（Palevo）居民飽受盜賊騷擾之苦，由來已久，他們將之歸咎於時運不濟。這裡幾乎每晚都出現盜賊，就在我來這裡的前一天，有三個盜賊因為偷小麥被捕而套上鐵鍊和腳鐐。有些盜賊是出於窮途末路而犯案，但有些盜賊純粹是出於好玩，這種盜賊他們稱之為「難纏的渾蛋」。這些人會在半夜裡宰了你的耕牛，或是把田裡未熟的馬鈴薯全部拔出，或是弄壞你家的窗框。這讓貧窮家庭的狀況雪上加霜，還給大家帶來心理上的恐懼不安。

這些種種不利條件自然會造成生活陷入貧困，木棚屋的屋頂不是鋪樹皮，就是鋪稻草，不但沒院子，也沒任何附屬建築，有四十九間屋子只蓋一半，顯然被屋主遺棄了，有十七個屋主早就去別的地方另謀生計。

當我在帕勒摩的木棚屋四處散步時，一位當地監工緊緊跟著我不放。他原來是個放屯墾放逐者，出生在普斯科夫。我隨口問他那天是星期三還是星期四，他竟回答說：「很抱歉，我實在是不知道，大人。」

後來我來到此地監工的官方宿舍，那裡住著一位已經退休的全薩哈林島最老的監工，名字叫做卡普．米克留科夫，他是薩哈林島流刑地開拓歷史的最佳見證者。他於一八六〇年來到薩哈林島，當時的薩哈林島才剛開始其屯墾業務，在當今薩哈林島還活著的居民當中，只有他最有資格來寫一部薩哈林島殖民流刑地的開拓史。他很健談，樂意以很長的篇幅回答我任何問題，長到讓人覺得他的記性已經不太靈光，老是挑最久遠和最得意的事情講，他眼下的生活處境相當優渥，過著一種愉悅的家居生活。他的客廳牆壁上掛著兩幅油畫，一幅畫的是他自己，另一幅是他的第二任太太，胸前別著一朵花。他來自維亞茨基省（Vyatsky），他說話時臉部的表情豐富多樣，這讓我特別想到當代俄羅斯詩人費特。他隱藏他的年齡，他對外宣稱他只有六十一歲，事實上大家都知道他已經七十好幾了。他這位第二任老婆是一位屯墾放逐者的女兒，年紀很輕，他們生有六個兒女，年紀從一歲到九歲不等，最小的還未斷奶。

我們一直聊到半夜，他從頭到尾只談薩哈林島流刑地的故事和奇人異事，比如一位名叫謝利瓦諾夫的監獄典獄長，以脾氣暴躁聞名，脾氣發作時會直接用拳頭敲開門鎖，後來因為對待犯人太嚴苛而被謀殺了。

我們聊談結束後，米克留科夫回到他太太和小孩睡覺的房間，我走到街上，這是一個寧靜而繁星滿佈的夜晚。一位警衛正在巡邏，附近一條溪流頻頻傳來流水聲。我站在那裡佇立良久，看向天空，又看向木棚屋。想來很不可思議，我竟然會來到離家一萬俄里的帕勒摩的某個地方，而這裡的人竟分不清楚今天是禮拜三還是禮拜四，也許對他們而言每天都一樣，禮拜三或禮拜四沒有什麼區別……。

再繼續往南走下去，就在正在興建中的郵務道路旁邊，坐落著瓦樂吉屯墾區，創立於一八八九年，這裡有四十位男性住民，卻沒有半個女性。就在我來這裡的一個禮拜之前，他們從里科沃送三個家庭經過這裡往南邊的波洛涅河的一條支流上面，準備在那裡建立另一個新的屯墾區，叫做隆嘉利屯墾區。這兩個屯墾區都尚未真正開始運作，我打算留給未來不久來這裡參訪的作家有機會好好就近觀察，並寫出他們中肯的心得報告。

有關提莫夫斯克地區的屯墾區參訪活動，如今僅剩下兩個尚未完成，一個是馬洛－提莫沃（小提莫沃），另一個是安德烈耶－伊凡諾夫斯科耶。這兩個屯墾區都坐落在馬拉雅．提姆河（小提姆河）上面，這條河發源於匹林嘉山區附近，然後在德賓斯柯耶附近流入提姆河。上述第一個屯墾區是提莫夫斯克地區最老的屯墾區，創立於一八七七年。以前從亞歷山德洛夫卡到提莫夫斯克，都要經過匹林嘉山區，這條道路通向提姆河時就會經過這個屯墾區，這個屯墾區如今有一百九十位住民，一百一十一位男性和七十九位女性，設有六十七位住戶和「共同擁有者」。有一段時期，馬洛－提莫沃曾經是提莫夫斯克地區最主要的屯墾區，也是這一帶最熱絡的活動中心，但後來這裡的經濟生活停滯不前，便開始衰落了，如今只剩下監獄和監獄典獄長的住宅還可以說明當年的風光面貌。這個監獄很小，典獄長的住宅卻很大。目前的典獄長是一個來自聖彼德堡的年輕人K先生，他很有教養，看他像是很想念歐洲俄羅斯的樣子。他的住處和辦公處都很寬廣，天花板很高，在房間裡走動時會不斷聽到步伐回音的空洞而孤寂的迴響聲音，久久不散，讓人感覺被囚在一個大房間裡頭。他每天早上四或五點起床，先喝一杯茶，然後開始巡視牢房，他要做什麼呢？他在他那如迷宮一般的牢房裡繞來繞去，不時看看木板釘成的牆壁，然後又繼續走，走，走，再喝一杯茶，喝完了又繼續走，除了他的腳步聲和風聲，其他什麼都聽不到。

在馬洛－提莫沃屯墾區有許多永久住民，我遇到其中一個叫做福拉吉也夫的韃靼人，他曾經跟隨動物學家波利雅科夫到尼伊斯基海灣探險，他以極愉悅的心情回憶著和波利雅科夫一起探險的經驗。這裡有許多老人，其中一個叫做包格達諾夫的老頭令人印象最為深刻，他的生活風格最為奇特。他不信教，以放貸為生，我去見他時，怎麼樣都不讓我進去。後來我進去了，話就開始扯個沒完，他講起這些日子以來各種人無所不有，若隨便讓他們進門，有可能被洗劫一空……。

安德烈耶－伊凡諾夫斯科耶屯墾區的名稱乃是根據一個叫做安德烈．伊凡諾維奇的人之名所取，創立於一八八五年，建立在一個沼澤地上面。這個屯墾區有三百八十二位住民，二百七十七位男性和一〇五位女性，並設有包括「共同擁有者」在內的兩百三十一個住戶，這裡和帕勒沃摩一樣，設五十個住戶即綽綽有餘。另一方面，這裡人口的組合方式也很不理想，和帕勒沃摩一樣有太多城市人口和受教育人口，他們以前從未做過農耕工作，來到這裡之後就變成了「多餘人口」。此外，這裡的非東正教基督教徒和非基督教徒也為數不少，約占四分之一：有四十七位天主教徒，相同數目的伊斯蘭教徒，十二位路德派新教徒。這顯然是一群烏合之眾，偶然機會湊一起，卻要他們在一夕之間全都一起融入農村生活。

11

增設屯墾區計畫、一群石器時代的人、自願屯墾者、吉利亞克人；他們的數量、外貌、體格、飲食、服裝、住居、衛生條件；他們的性格、俄羅斯化的嘗試、歐洛奇人。

讀者們當會注意到，在我所參訪過的薩哈林島北部這兩個地區的屯墾區，其面積大小都還不及歐洲俄羅斯一個最小的省份，但目前尚未測出有多少俄里平方，因為南北疆界還沒準確界定。這兩個地區各自的行政中心，亞歷山德洛夫卡軍哨站和里科沃，連結兩地最短的距離，經由匹林嘉山區，才六十俄里，要是不提兩個新設立於波洛涅河支流的更南邊屯墾區：唐吉（Tangi）和范吉（Vangi），則帕勒摩屯墾區都算遙遠。因此大家曾議論要不要往帕勒摩的南邊再設立新的屯墾區。以行政區域的大小標準來看，他們希望這裡的劃分能符合歐洲俄羅斯，但這是對西伯利亞和薩哈林島地理不了解而產生的想法。像西伯利亞的阿那迪爾地區（Anadyr District）廣袤到一個月都走不完，只設一個單一的行政單位，而薩哈林島瑣碎的行政劃分是根據實務經驗而來。首先，放逐殖民地之間的距離越短越便於管理。其次，廣設屯墾區的目的就是要吸引更多的移民來從事地方的開發，細分行政區域不但便於管理，而且較容易吸引移民前來屯墾，增加行政人員的質和量，很自然會增加行政效率，這對屯墾業務肯定是很有幫助的。

我曾經和這裡當地居民談起增設屯墾區的計畫，他們都很興奮，好像猶太人在談巴勒斯坦迦南（Land of Canaan）復國的屯墾行動一般。我們在地圖上可以看到，沿著波洛涅河興建的屯墾區打通了一條道路通往南方，據說他們準備要把杜埃和沃也沃茨克礦區的採礦囚犯移過來這裡，那裡將成為記憶中的恐怖之地。主要是先前負責開礦的「薩哈林島公司」無心履行合約，那裡的開礦工作今後將交由商業公司雇用屯墾放逐者來做，所以那裡原來的開礦囚犯可能移來這個新的屯墾區。

在離開北薩哈林島之前，我還有幾句結論的話要說，主要是關於在不同時間之中曾經在這些地方生活過的人士，如今他們大多已經服滿刑期並獨立生活於屯墾殖民地各處。當年動物學家波利雅科夫來到杜伊卡河的河谷時，曾發現一些用黑曜石削成的刀子形狀的器具、石製弓箭的箭頭、磨刀石以及石斧等等。波利雅科夫當時推斷，在很久遠的過去，住在這裡的居民是一群石器時代的人，他們還不懂得使用金屬器具。他還在他們住的地方發現有陶瓷碎片、熊和狗的骨頭以及捕漁網的浮筒等等，這說明他們已經懂得製造陶瓷，懂得打獵時帶狗去獵熊，已經知道用魚網捕魚。顯然他們已經知道用打火石取火的技巧，但薩哈林島從未存在像打火石的東西，他們可能取自西伯利亞大陸或是附近的島嶼。還有，狗的角色就跟今天一樣拉雪橇。在提姆河的河谷，波利雅科夫同時也發現有許多古代先民的遺物，像是簡陋的住屋和粗糙的工具等等。他下結論說道：「在這裡古代可能有小型聚落，雖然智能發展並不高，但幾百年來，他們已經學會如何保護自己並免於飢寒。我們可以猜測，他們以前以小聚落方式住在這裡並非完全定居，多少帶有游牧性質。」

當年尼維斯科伊將軍派遣包希尼亞克中尉來薩哈林島的提姆河出任務時，曾對他交代另一個額外任務，就是藉此機會證實一項吉利亞克族原住民所傳播的謠言：之前克沃斯托夫中尉所帶來的一批人，是否如吉利亞克族原住民所傳言，都曾經留在提姆河那一帶。包希尼亞克中尉有完成了這一項額外任務，他有找到這些當時留在提姆河的俄國人的蹤跡。他來到提姆河岸的屯墾地，以三亞申的南京棉布和當地吉利亞克族原住民交換從一本聖經撕下來的四頁內文，因為這四頁上面用俄文寫滿了極重要的資訊。他們跟他說這本聖經乃是一位俄國人所留下，裡頭字跡已經變得模糊不清，但仍可辨識：「我們，伊凡、丹尼拉、彼德、謝爾基和瓦西里等人，於一八〇五年八月十七日，被克沃斯托夫從船上趕入阿尼瓦河岸的托馬利—阿尼瓦屯墾地，我們一直在那裡待到一八一〇年，不久之後日本人來了，然後我們就移去了提姆河那一帶。」包希尼亞克當時仔細檢視了他們住過的地方之後，很確定他們住過三間木棚屋，並擁有自己的菜園。如今他們都死了，最後一個叫做瓦西里的，前不久才死去。當地原住民同時還告訴他說，他們都很喜歡這幾個俄國人，除了頭髮修得比較短之外，穿著和他們沒有不同。他們會跟著一起打獵捕魚。其中兩個還和當地女人生了幾個小孩。如今，當年被克沃斯托夫遺留在北薩哈林島的那幾個俄國人早已被遺忘，他們的後代亦然。

包希尼亞克在他的回憶錄裡有特別提到，當他到處詢問有沒有任何俄國人來到這島上屯墾時，在偶然機會於唐吉屯墾地裡的當地原住民口中獲悉如下資訊：大約在當時的三十五或四十年前，有一艘輪船在薩哈林島的東部外海發生船難，全體船員獲救，他們就留在那裡建造了一棟房子，隨後又建造了一條船。不久之後他們乘坐這條船經過拉貝魯茲海峽（日本稱為宗谷海峽，介於南薩哈林島和日本北海道之間的海峽）進入韃靼海峽，卻在姆嘉奇村莊附近又碰上船難，最後差不多全體遇難，只有一個人獲救，這個人自稱名叫凱梅茲。不久從西伯利亞大陸的阿穆爾河地區來了兩個俄國人，分別名叫瓦西里和尼奇塔，他們三個人就在姆嘉奇蓋了一棟屋子住在一起，同時做起動物皮毛的生意，經常和日本人以及滿州人買賣。有一位吉利亞克族原住民給包希尼亞克看一面鏡子，他說那是凱梅茲送給他父親的禮物，極為珍貴，他從未想到要把它賣掉。瓦西里和尼奇塔很怕俄羅斯的沙皇，看樣子顯然是從歐洲俄羅斯那邊跑過來的逃犯，此三人終其一生都住在薩哈林島，直到老死。

日本人間宮林藏佐在他的書中曾記述一八〇八年，俄國船艦不斷騷擾薩哈林島西岸並鼓動當地原住民殺害日本人和驅逐日本人的事情，他特別寫出這些俄國人的名字：卡穆奇（Kamutzi）、西莫納（Simena）、莫馬（Moma）和瓦西雷（Vasire）。L．I．席蘭克（Shrenk）在他的《阿穆爾河地區的原住民》一書中也有談到此事，他說：「不難認出他們的俄文名字，薩莫言（Semyon）、弗馬（Foma）、瓦西里（Vasily）、卡穆奇（對他而言跟凱梅茲〔Kemetz〕很像）。」

上述這八位薩哈林島魯賓遜漂流記主角的簡單故事說明了一個事實，那就是北薩哈林島從一開始就吸引了多位自願屯墾者，當然，就他們所做所為一切而言，我們也許會認為這些人在北薩哈林島的行徑，基本上並不具有任何開墾的意義。他們從來不是在那裡從事農耕工作，但他們從事了狩獵和捕魚方面的貿易行為，而且他們終其一生，全部生命都耗在那裡。

不妨在此提一下當地原住民吉利亞克族人，我們對北薩哈林島最早開墾業務的敘述才算完整。這些原住民主要居住在北薩哈林島，分布在東岸和西岸，以及提姆河流域那一帶，過去一些來過的作家提過的吉利亞克人居住古老屯墾地及其名稱，仍保留至今未變，他們維持遊牧，範圍在北薩哈林島，有時到對岸的大陸。他們永遠不會改變他們的語言和生活習慣，好比烏克蘭人長居莫斯科之後，口音和生活習慣跟家鄉的烏克蘭人沒什麼差別。吉利亞克人的情況正是如此，因此不難算出這裡吉利亞克人的人口總數，我們絕不會把他們和從韃靼海岸來此地做買賣的其他原住民搞混。要是能夠每隔五年到十年為他們清算一次人口，應該是很適當的一件事情，因為自從當局在此地推展屯墾業務以來，他們的人口不斷減少，外人不斷湧入。

包希尼亞克中尉根據當年他手上的資料顯示，一八五六年薩哈林島一共有三千兩百七十個吉利亞克人，大約相隔十五年後，米特朱爾在他的著作中，他所紀錄的薩哈林島吉利亞克人人數是一千五百人。我現在手上拿到的由此地公家機關於一八八九年所印行的《原住民人數登錄手冊》，裡頭所記載的我參訪過的兩個地區的吉利亞克人人數是三百二十人，如果這個數目字可信，在未來的五年到十年之間，在薩哈林島上將再也看不到半個吉利亞克人。我無法判定包希尼亞克和米特朱爾的資料是否正確，但幸運的是我敢肯定官方資料的三百二十人不具任何意義。首先，《原住民人數登錄手冊》乃為當地公家機關的一般職員所編輯，大多缺乏科學素養或實務訓練，他們以高傲的優越姿態來到吉利亞克人的屯墾區蒐集資料，但吉利亞克人的風俗禮儀不接受傲慢專橫的行為，也對任何人口普查感到反感，因此需要有技巧地應對。其次，行政人員在蒐集資料時並未提出任何明確目標，未依循民族誌地圖，憑一己感覺行事。只有那些居住在范吉以南的吉利亞克人才會被記錄進亞歷山德羅夫斯克地區的登記戶；至於提莫夫斯克地區，只有里科沃附近被記錄，他們並不住在那裡，只是偶爾經過看看而已。

毫無疑問，薩哈林島上的吉利亞克人正在減少當中，但無法精確計算，只能估計。

到底減少了多少？減少的原因何在？吉利亞克人是否正在滅絕當中？還是他們遷移到對岸大陸或是北方的群島？俄羅斯人的入侵是否影響他們的生存，由於沒有準確的資料可資參考，我們無法斷言，但依我觀察，此刻尚還看不出什麼影響，因為眼下吉利亞克人大多聚集在提姆河中下游出海口一帶，這些地方俄羅斯人尚未真正涉足。

吉利亞克人既不屬於蒙古族，也不屬於通古斯族，這是一支不太為人熟知的民族。曾經興旺過一陣，統治過整個亞洲，後來衰落了，現在竟只剩下一小撮人盤據一小塊土地在苟延殘喘，不過這倒是一個性情開朗和善的種族。因善於社交和遷徙，他們很容易融入鄰近地區的生活。因此我們很難得碰到純正血統的吉利亞克人，多數有著蒙古人、通古斯人或愛奴人血統。一般吉利亞克人的臉圓且扁，像月亮一樣，顴骨很高，面色偏黃，沒有梳洗，眼睛斜斜的，嘴角有稀疏的鬍子，頭髮烏黑，髮質偏硬，往後綁成一條辮子。一個吉利亞克人的臉上表情掩蓋不住他身上的野性，那種野性看起來溫和而純真，甚至是聰明的，有時流露著喜悅的微笑，有時流露著像寡婦的深沉的憂傷。當你看著他的側臉，稀疏的鬍子，綁起來的辮子，陰柔的表情，會讓你感覺像極庫提也津（Kutyeikin）[33]，難怪有許多旅客會說吉利亞克人的祖先一定帶有高加索人的血統。

33 編注：丹尼斯．封維辛的名劇《大笨瓜》裡的角色。

對那些想更進一步仔細了解吉利亞克人的人，我極力推薦他去讀一些著名人種學家的著作，比如L．I．席蘭克的《阿穆爾河地區的原住民》。我的主要偏好僅限於大自然環境以及對未來殖民屯墾業務可能會有助益的一面。

一般吉利亞克人的個子都不高，卻很結實健壯，矮壯身材適合在針葉森林裡活動。他們的骨頭很粗，外面包覆著堅韌結實的肌肉，足以對抗整個惡劣的大自然環境。他們看起來顯得瘦削，沒有多餘脂肪。你不會碰到一個肥胖的吉利亞克人，但顯然需要消耗大量脂肪，藉以抵抗寒冷和潮濕的空氣。所以他們必須食用大量含有脂肪的魚和肉類來保暖。他們吃大量的海豹、鮭魚、鱘魚、鯨魚，連血帶肉，而且很多時候在冰凍狀態下就直接生吃，因此他們的咀嚼肌肉特別發達，卻大傷牙齒。他們的飲食幾乎都是肉類，僅少數時候在家吃飯或參加慶典，才會加滿洲大蒜（Manchurian garlic）和莓果。尼維斯柯伊將軍在他的書中曾說，吉利亞克人認為耕耘土地是大罪，他們禁止挖土地種植任何東西，違者處死。所以他們不吃五穀雜糧，但俄羅斯人帶來麵包之後，他們卻不排斥。最近這些日子，我行走在亞歷山德洛夫卡或里科沃的大街上時，就常看到一些吉利亞克人腋下夾著一條麵包。

吉利亞克人的衣著注重禦寒和防潮，能夠應變劇烈變化的天氣。夏天穿著中國棉布剪裁的襯衣和褲子，有時在特殊的場合，就在肩膀上披上一件短襖或海豹皮或狗毛製成的外套，腳上則穿著動物皮毛製成的長統靴。冬天時，他們穿皮毛棉褲，一定要輕便好活動，以配合他們捕獵或駕馭狗拉雪橇時的動作能夠便捷俐落。有時為了顯得拉風，他們會穿上囚徒的工作服四處走動招搖。八十五年前，克魯岑希頓就說他在這裡看到一個吉利亞克人，身著一套華麗衣裳，上面繡著花朵。今天你再也看不到如此打扮的吉利亞克人，在白天手上拿著點燃的蠟燭。

至於吉利亞克人所住的小茅屋，主要也是以禦寒和防潮為主，分為夏季和冬季兩種。夏季的茅屋以高腳柱撐高屋子，冬季的茅屋從外表看去，建得很像地窖，內部四周圍牆壁以細小木頭編成。外面部分，木頭牆壁上塗滿許多泥土，整個看起來很像是削了頭的金字塔。包希尼亞克中尉在他的回憶錄裡頭有記載，他曾經在吉利亞克人的茅屋裡住過一個晚上，茅屋裡有一個約一亞申半深的茅坑，上面覆蓋一層薄薄的木片，四周圍再堆起土堆圍住。這些小茅屋用隨手可得的便宜材料做成，因此若他們需遷徙，不將這些建材帶走也不覺得浪費。屋裡乾燥保暖，比起監獄囚犯在築路或務農時臨時搭建的又濕又冷樹皮小屋，可要強太多了。夏季茅屋很適合推薦給園丁、礦工和漁夫，做為臨時住宿，也適用於所有囚犯和屯墾放逐者外出工作時。

吉利亞克人從不盥洗，即使是民族誌學者也分辨不出他們的臉部到底是什麼顏色，他們也從不換洗衣物，皮毛外套看起來就像剛從一隻死狗身上剝下來。他們身上會發出一股很重的酸臭味。當你聞到一股死魚味時，你就知道你來到了吉利亞克人住的地方了。每一間小茅屋裡面都會有一塊乾燥土地來曬剝開的魚，從遠處看去很像一堆珊瑚擺在那裡。克魯岑希頓在他的書中說，他看到地上有一堆蛆在蠕動著，這些蛆堆在一起足足有一英吋厚。冬天時屋裡生火堆，煙霧彌漫，全家人，包括夫妻和小孩們全都圍在火堆旁吸煙草。我們對吉利亞克人的生病和死亡狀況所知不多，但依照這樣的生活情況看來，恐怕對健康極為不利。也許正因為如此，他們體型偏矮小，臉部浮腫，動作緩慢懶散；也可能是因為吉利亞克人對傳染病的抵抗力很差所致。就我們所知，過去曾有一段時期天花肆虐整個薩哈林島，克魯岑希頓和他那著名的探險隊來到這個島最北端的伊麗維塔和瑪麗亞兩個岬角之間，他們在那裡的屯墾地發現有二十七個住戶，時序是一八六〇年，這似乎是當時整個薩哈林島所僅有的屯墾地，當地的吉利亞克人告訴他們說，過去十年來，也就是自一八五〇年以後，由於天花肆虐，薩哈林島上居民已經大幅減少了。這種傳染病曾在附近島嶼十分猖獗，卻很少傳染到薩哈林島上來。其實最大的問題在於，吉利亞克人的抵抗力實在是太弱了，若是傷寒或白喉傳染散播，情況會和天花相同。我這次來到薩哈林島並沒聽說有什麼傳染病，他們說過去二十年來只有眼睛結膜炎至今仍在傳染。

薩哈林島總督柯諾諾維奇將軍准許當地居民到地區醫院免費看病（根據一八九〇年所頒佈第三三五號法令），我沒有直接觀察吉利亞克人生病的狀況如何，但從他們的生活環境和生活方式看來，比如髒亂的居家環境，毫無節制的酗酒習慣，經常性和中國人及日本人接觸，人狗雜居等等，想必他們應該是經常疾病纏身，極需要醫藥的輔助。要是當局允許他們免費接受疾病治療，那麼當地的醫生就能夠就近照顧他們並觀察他們生病的狀況，即使醫藥無法阻止他們免於滅絕的命運，但至少就目前情形來看，可以最大限度讓他們免於受疾病之害。

許多作家對吉利亞克人有不同描述，但有一點大家的看法一致，即吉利亞克人並不好戰。他們生性和藹可親，大多能夠跟鄰居和睦相處。他們對於陌生人心懷警戒恐懼，但會友善對待之。他們最多說謊，將薩哈林島描述得非常陰森，藉此嚇走來訪的人。他們熱情擁抱克魯岑希頓的探險夥伴，當他們獲悉L・I・席蘭克生病時，全都陷入一陣真誠而深沉的哀傷。他們只有在做買賣或和有疑慮或危險對象交談時才會說謊，他們說謊之前會先對夥伴使眼色，像是小孩一樣。他們在日常生活中是很討厭說謊。我回想起在里科沃時，有一天有兩個吉利亞克人懷疑我對他們說謊時的激烈反應，讓我更加確定這層事實。那天那兩個吉利亞克人——一個留小鬍子，另一個有一張圓圓的帶有陰柔的臉——正躺在一個屯墾放逐者的木棚屋前面草皮上。我正好從那裡經過，他們把我叫住，問我能不能幫他們進去屋裡拿他們早上遺留在那裡的外出服，他們不敢進去。我跟他們解釋我沒有權利這麼做，特別是當屋主不在家的時候，他們靜默不語許久。

「您是——政治的？（即政治犯）」陰柔臉龐的人問道。

「不是。」

「那麼您是——抄寫——抄寫員？（公務員）」他又問道。
「是的，我寫東西。」
「您一個月可以拿多少工資？」
我當時一個月可以賺三百盧布，我就照實說出這個數目字。沒想到我的回答竟造成他們極端激烈的不愉快反應，他們翻身趴著面對地面，一副激烈胃痛想吐的樣子。
「哎喲，您怎麼可以這樣隨便講話？」我聽到他們中間有一人這麼說：「您怎麼可以這樣隨便亂扯？哎喲，這樣子不好！您不可以這樣啊！」
「我有說錯什麼了嗎？」我問道。
「布塔科夫，我們這裡的地方總督，是個大人物，他一個月也不過才拿兩百盧布。您不是什麼總督，只是個小小抄寫員，一個月拿三百！不要胡亂吹牛！不可以這樣！」[34]
我跟他們解釋，地方總督雖然是個大人物，但他只在一個固定地方工作，而我從一萬俄里外前來，我的開銷比他大，所以我一個月拿三百盧布。他們兩個人互相交換了一下眼神，然後用吉利亞克話互相談了一會兒，開始露出放心的樣子。從他們臉部表情看來，似乎已經相信我所說的話了。
「不錯，不錯，」留小鬍子那位很高興說道：「很好，你可以走了。」
「不錯，」另一個對我點頭說道：「你可以走了。」

一般來講，吉利亞克人都會貫徹接獲的任務，從未聽說他們之中有誰會做事情半途而廢，或是私吞別人的財物。動物學家波利雅科夫來這裡探險時，很多時候必須和吉利亞克人船夫打交道，他說他們都非常盡責，在運送政府貨物時表現尤其出色。他們很爽朗勤快，也很聰明伶俐，他們不認可有人權力比他們高，他們似乎沒有尊卑觀念。I·費舍在他的《西伯利亞史》（*History of Siberia*）一書中提到著名探險家波亞爾科夫第一次遇見吉利亞克人時，他們尚未臣服於任何人。他們的語彙中有一個字詞叫做「揚琴」，意思是「上級」，專門針對將軍或擁有許多南京棉布和煙草的富裕商人。尼維斯柯伊將軍在他住的地方掛著一幅沙皇的肖像，他們看到了就說這是一個身體健壯的人，常常發送南京棉布和煙草給人們。薩哈林島上總督的權力極大，有一次，我和總督兩個人從上阿爾穆丹到阿爾科沃遠足，一個吉利亞克人毫無顧忌地對我們大喊：「停下！」問我們來的路上有沒有看到他的白狗。大家都說吉利亞克人對家中的長者很不尊重，在家庭裡，父親並不認為自己比兒子優越，兒子也不尊敬父親；而一個年邁的母親並不會比一個青春期的女兒有更多的權力。包希尼亞克中尉在回憶錄中

34 譯注：在十九世紀的舊俄沙皇時代，以當時幣值算，三百盧布的確是一筆相當大的數目。一八四〇年代初杜思妥也夫斯基在聖彼德堡讀軍工學校時，每個月的生活費是三十盧布，他家裡一個僕人每個月的工資是十二盧布。

說，他不只一次看到吉利亞克兒子在屋裡打他自己的母親，然後把她丟出屋外，沒有一個人敢說他的不是。家庭裡男性不論年紀一律平等，若你請他們喝伏特加，那麼連最年幼的你也得一起請。至於女性，從祖母到母親，甚至小女嬰，都毫無權力地位。她們像牲畜被對待，或像是可以隨意拋售的物品，男人可以像在踹一隻狗那樣踹她們。然而，一個吉利亞克男人至少會愛護他們的狗，但如果要他去愛護女人，想都不要想。他們視婚姻為小事，大概比酗酒重要一點，也不伴隨宗教或迷信儀式。吉利亞克人可用一支矛、一條船或一隻狗換到一個女孩，然後把她帶回到他自己的蒙古包，和她一起躺在熊皮上，這樣就完成了。他們允許一夫多妻制，但尚未普及，儘管女性多於男性。吉利亞克人對婦女的蔑視，就好像對待低等生物或物品，因此他不認為自己應受譴責，即便真的將女性當成奴隸也是。席蘭克在他書中所述，吉利亞克人經常帶著愛奴族的女人到市集上當奴隸或物品那樣拍賣，如同一塊南京棉布或一包煙草。瑞典著名戲劇作家史特林堡是個遠近聞名的厭女主義者，他主張應該把女人當奴隸看待，只為男人的幻想服務，這和吉利亞克人對待女人的心態可謂不謀而合。他要是有機會住在薩哈林島北部，應該會花很多時間和吉利亞克人贊同彼此。

柯諾諾維奇將軍曾告訴我，他一直想把薩哈林島的吉利亞克人俄羅斯化，我無法理解其必要性。其實早在將軍來之前，薩哈林島就已經開始俄羅斯化了。當時許多公務人員，不管是高薪還是低薪，人人都穿起昂貴的狐狸皮或黑貂皮外套，吉利亞克人的茅屋也開始出現伏特加。接著吉利亞克人也都受雇加入追捕逃犯的行列，以人數計酬。柯諾諾維奇將軍來了之後，甚至開始雇用吉利亞克人當監工。在他所頒布的法令上，他說此舉乃出於官方亟須熟悉當地環境的人促進地方當局與原住民之間的和諧。將軍後來親口跟我說，這樣的舉動最終目標就是俄羅斯化。第一批被任命為監獄監工的吉利亞克人有瓦斯卡、伊巴爾卡、歐爾昆和帕夫林卡等四個人（一八八九年第三〇八號法案），之後不久，伊巴爾卡和歐爾昆兩人因「未及時執行命令」而被解職，由索弗隆卡取代其位（一八八九年第四二六號法案）。我見過這幾位監工，他們身上都別著徽章，並配帶左輪手槍。這些受地方當局雇用的吉利亞克人當中，最受歡迎且最受矚目的人就是瓦斯卡，這是個狡猾而工於心計的傢伙，很愛喝酒。有一天，我走入殖民地基金會的一家商店，裡頭擠著一堆伶俐的人們，我看到瓦斯卡就站在門口。有一個傢伙指著架上的一排酒瓶說道，要是誰能把那些酒都喝了，一定穩醉無疑。瓦斯卡一聽立即露出諂媚的笑聲，眼睛發出亮光，臉上流露出一種被搔到癢處的喜悅。

距離我來到這裡前不久，一位吉利亞克人的監工殺死了一個囚犯，地方法務團體正在判斷他是從前面或是從後面射殺這個囚犯，以此來決定這位吉利亞克人的監工是否有罪。

靠近監獄並不會俄羅斯化，只會變得更腐敗墮落而已。吉利亞克人並不需要改進什麼，他們也搞不清楚我們在做些什麼，比如說他們就無法理解我們為什麼要追捕囚犯，為什麼要剝奪他們的自由，有時甚至還殺了他們。他們無法理解這是出於公平正義，而非一時興起。但他們會單純把它看成是我們對囚犯的野蠻欺凌行為，他們極可能把自己看成只是受雇的殺手。如果說俄羅斯化是必要的，我認為我們首先要考量的不是我們需要什麼，而是他們需要什麼。上述提到的所頒布的法令，比如允許當地原住民到「地區醫院」免費看病，以及一八八六年吉利亞克人居住地區鬧飢荒時，發放麵粉和小麥粒等食物津貼並無償歸還借貸的抵押物（一八九〇年第二〇四號法令），這些措施比起徽章和左輪手槍，更能迅速達到俄羅斯化的目標。

北薩哈林島的原住民除了吉利亞克人之外，尚有通古斯人族的歐洛奇人（Oroki，也作Orochi）。但在我們的殖民業務中，幾乎沒什麼人知道他們，而且他們所聚居的領域和俄羅斯的屯墾地區也很少有交集，因此我只會稍稍略微提到他們。

12

南下的旅程、一位熱情的女士、西海岸的洋流、毛卡、克利里昂、阿尼瓦、哥薩科夫斯克軍哨站、新認識的人、東北部、南薩哈林的氣候、哥薩科夫斯克監獄、救火車。

九月十日，我又回到貝加爾號船上——讀者對這艘船應該已經很熟悉——正要前往南薩哈林島。我很高興要離開這裡，我對北薩哈林島已經感到十分厭煩，我需要去追求新鮮印象。貝加爾號在晚上十點起錨，天色很暗，我獨自一個人站在船尾，往後望去，向這個被「三兄弟」沙洲包圍的小世界說再見。在夜色底下，「三兄弟」一片朦朧，無法辨認，看起來只覺隱隱約約像三個披著黑紗的僧侶躺在那裡。輪船引擎的聲音雖然很大，但我還是可以很清楚聽到海浪拍擊峭壁的聲音。不久，瓊奇埃爾岬角和「三兄弟」完全被遠遠拋卻在後，漸漸消失在一片黑暗之中，直到完全看不見——對我來講，是真正永遠消失不見了。海浪的衝擊聲音，既單調無力，又邪惡無情，正逐漸遠退……船行大約八俄里之後，我看到了遠方岸上閃爍不定的燈光，那是可怖的沃也沃茨克監獄，再稍微遠一點的，那就是杜埃的燈光了。但這些很快又消失不見了，只留下一片黑暗，以及一股邪惡的感覺，好像剛從一場不祥的惡夢中甦醒過來一樣。

我走下船艙，看到許多人聚在船長和他副手臥室隔壁的房間，氣氛極為愉悅。裡頭有幾個旅客，一個年輕日本人、一位女士、一個軍團的軍官，還有一位僧侶，伊拉克里神父，他是來薩哈林島傳教的傳教士。他一直跟著我的步伐走，這次就一路跟著我往薩哈林島南方走，也許我們最後會一道回去歐洲俄羅斯。那位女士是一位海軍軍官的太太，她離家逃跑去海參崴，卻在那裡碰到霍亂，受到驚嚇之後又跑了回來，正在回家路上。這位女士的性情非常好，很喜歡笑，常常一件很微不足道的事情就可以讓她大笑，笑到肚子痛，或甚至流出眼淚。她有時會用她那濃厚的鄉音發出沙啞的R音來跟你講話，講到一半笑聲會像噴泉一樣湧出。我看著她，也忍不住一起笑，然後是伊拉克里神父跟著我笑，最後那個日本人也笑了。「夠了！」船長看到了會擺擺手這樣說，但他自己最後也是忍不住笑了。也許他平常行走在這韃靼海峽上面，大多時候都繃著臉，一副兇惡樣子，難得能夠像現在這樣看到大家開心大笑，自己也忍不住笑了起來。第二天早上，神父、女士、那個日本人和我，我們四個人來到甲板上聊天，一樣有談有笑，唯一美中不足的是，沒有鯨魚冒出水面從鼻子噴出水柱加入我們的笑聲。

很湊巧的是，這天上午的天氣特別好，風平浪靜，氣溫暖和，令人感覺十分的心曠神怡。我們的左側緊靠著薩哈林島沿岸而行，陸地上一片綠意盎然，這顯然是一塊尚未被流刑地入侵的處女地。我們的右側是韃靼海岸，在晨曦的透明空氣中一目了然，這裡的韃靼海峽已經很像一片汪洋大海，不像杜埃外海的海水那麼混濁，而且海闊天空，可以盡情大口呼吸空氣。進入薩哈林島下半部、全島的三分之一領域時，整個地理環境和法國很接近，要不是那冰冷無比的環島海底水流，如果能夠在這裡蓋一間美麗的鄉村住屋應該會很不錯，但今天就不會只有席甘迪普（Shkandybs）和貝茲波茲尼（Bezbozhnys）這兩個族人住在那裡了。薩哈林島東西兩岸海水底下的冰凍水流，主要來自北方的島嶼，夾帶的浮冰甚至要一直到夏末才會溶解。整個薩哈林島就一直沐浴在這種被包覆的冷峻水流當中，特別是東部海岸，首當其衝面對這股從北方傾巢而下的冷流，還有強烈冷風，更是冷不可擋。西岸比較幸運，北方下來的冷流在此被從日本上來的名之為「黑潮」的暖流沖散了，變得比東岸暖和許多。越是往南，氣溫越溫暖，因此，薩哈林島西岸的南方部分，植物的生長非常豐盛。只不過這裡，唉呀，距離日本和法國還是相當遙遠。

同時令人感到有趣的一點是，在過去三十五年來，就在薩哈林島的殖民大軍努力在這北極圈荒地，種植小麥以及舖橋造路通往只有低層軟體動物出沒處之際，最溫暖的南方海岸，竟然完全被忽略了。我們在船上，不管眼睛直接看或雙筒望遠鏡看過去，一片綠意盎然的海岸斜坡，看得見建築角材，可惜看不到住家和人影。就在這時——

這是我們開始航行的第二天——船長為我指出岸上一處地方，聚集著一小撮木棚屋、穀倉和儲藏室，他說：「那裡就是毛卡（Mauka）。」長久以來，他們一直努力在這裡萃取海甘藍菜，全部都賣給中國人，他們隨時都要，而且胃口奇大。這筆買賣極為有利可圖，甚至吸引了許多俄羅斯人和外國人湧到這裡，藉此謀取優渥生活。突然之間，這裡成為薩哈林島上極受歡迎的一個地方。這個地方在杜埃南方四百俄里處，北緯四十七度線上，以氣候溫和可人著稱。曾經有一度這裡的買賣貿易全操縱在日本人手裡，當探險家米特朱爾來到這裡時，這裡有三十棟以上日本建築。至少有四十人以上的男女永久性分住在這些建築裡面，到春天時還會有三百人左右從日本本土來到這裡和愛奴人一起工作，這裡的勞工主要以愛奴人為主。但現在這裡的海甘藍菜工業全都操縱在一個叫做謝米歐諾夫的俄國商人手裡，他的兒子早已定居在毛卡。他在這裡的事業全都交給一位叫做鄧拜的蘇格蘭人負責經營，這傢伙看起來有點年紀了，但一副精明幹練樣子。他在日本長崎擁有一棟自己的房子，我和他認識之後，就跟他說我接下來秋天時很可能會到日本去，他很高興地跟我說到時候可以去住他家裡。在這裡為謝米歐諾夫工作的人除了這位蘇格蘭人之外，還有滿州人、韓國人和俄羅斯人。俄羅斯人來得晚，我們的屯墾放逐者要到一八八六年之後才開始來這裡討生活，而且都是自發而來，並非當局分配。我想主要理由是監獄當局對醃漬甘藍比對新鮮海甘藍菜有興趣。第一次嘗試不成功，前來的俄羅斯人對技術層面又所知不多，其後雖然漸入佳境，鄧拜還是對他們不如對滿州人那麼滿意，首先，這裡有幾百個屯墾放逐者，這是一股龐大的工作勢力。其次，毛卡已經列入哥薩科夫斯克地區的行政管轄範圍，你不能忽視俄羅斯人的存在。今天這裡的屯墾區有三十八個住民：三十三個男性和五個女性。這三十三個男性全都帶有戶長身分，其中有三人已經成為「放逐者農夫」的身分，五位女性全都是囚犯，而且是「同居者」身分。這裡沒有小孩，沒有教堂，只有煩悶和無聊，尤其是在冬天的時候，工人不上工離開了之後。平常整個地區只有一個監工，還有軍隊派來的一個代理下士和三個大兵。

從地圖上看去，把整個薩哈林島比喻成一條斯特力魚[35]實在很恰當，特別是最南端部分，的確真像是一條魚的尾巴。尾巴的左翼是克利里昂岬角（Cape Krilyon），右翼是阿尼瓦岬角（Cape Aniva），兩個岬角之間是一個半圓形的海灣，叫做阿尼瓦海灣（Aniva Bay）。輪船在克利里昂岬角急轉轉向東北。克利里昂岬角在陽光照耀下留下宜人的印象，紅色的燈塔單獨巍巍矗立在岬角的頂端，看起來像貴族的鄉下別墅。這個岬角很大，像個大斜坡延伸入海，綠油油一片，表面又十分光滑，像水中美麗的一片大草坪。陸地的部分也是覆蓋著一大片像絲絨一般的草地，在此片浪漫的風景景觀當中，唯一欠缺的是羊馬牛群在冷空氣中漫步於森林邊緣。他們說這裡的草地很平庸，

35 編注：鱘魚。

無法栽種農作物。克利里昂這一帶終年為夾帶濃厚鹽分的海上霧氣籠罩，這對農作物生長傷害甚鉅。

九月十二日中午之前，我們的船繞過克利里昂岬角，進入阿尼瓦海灣。這個海灣的直徑有八十到九十俄里那麼寬，但從兩邊岬角卻都可清楚眺望到整個海灣的海岸，在這海灣的沿岸中間又形成一個小海灣，我們稱之為布克塔·羅索西葉伊（Bukhta Lososyey）。在這小海灣之上矗立著哥薩科夫斯克軍哨站，這裡即是薩哈林島整個南部的行政中心。對那位愛笑的女士來說有一件愉快的事：從堪察加半島駛來的自願艦隊的海參崴號在科薩科夫斯克停泊，她的丈夫是這艘艦艇的船長，群眾都騷動不已。

從海上遠遠望去，這個小鎮的軍哨站看起來巍峨不群，外貌上和西伯利亞一般的軍哨站就是不一樣，我實在無法適當地形容。這個軍哨站建於將近四十年前，當時沿著南邊海岸，到處都是日式建築、倉庫和儲藏室。附近的這些日式建築讓軍哨站形成獨特的外觀。據聞哥薩科夫斯克開始建設於一八六九年，等於說那時才真正開始殖民地的開墾業務。事實上俄羅斯人在鮭魚灣岸（Salmon Inlet）旁建立第一個軍哨站的時機更早，約在一八五三年至一八五四年間，它坐落在一個峽谷的山口，至今這個山口仍用日本名稱白華灣（Hahka-Tomari）。從海上遠遠望去，只能看到那裡的主要大街和兩排房子，往岸邊陡峭地伸展著。那些光滑的木製房子在陽光底下閃閃發亮，特別是那棟老式、風格簡單而顯得美麗獨特的教堂建築，更是閃爍著獨特的白色光芒。那裡每戶人家的門前都插著一根竹竿，想必是旗桿，讓小鎮外觀顯得不那麼悅目。這裡的海港和北薩哈林島一樣，一般輪船必須在外海下錨停泊，因此我們的船就停在離海岸大約一或二俄里的地方，岸邊的停靠台只能停靠小汽艇或小舢舨，他們用小汽艇載著官員來我們的輪船接駁船上的高級船員。小艇還沒到，我們就先聽到從上面傳來的愉快叫聲：「啤酒，老兄！先來一杯白蘭地，老兄！」緊接著一艘捕鯨船划了過來，由囚犯擔當的划槳手坐在划槳位置上，這時坐在掌舵台位置上的本地總督Ｉ．Ｉ．貝里以軍事口令大聲喊道：「收槳！擱槳！」

幾分鐘之後，我和貝里先生就混熟了。我們一起登岸，共進晚餐。談話中我獲悉他剛剛坐著海參崴號從鄂霍次克海岸一個叫做塔雷卡（Tarayka）的地方回來，囚犯們正在那裡築一條道路。

他住的地方並不大，但卻充滿貴族氣息。他喜歡舒適住家和美食，很明顯可以從他管轄的地區看出來。我後來稍為瀏覽了一下監工的辦公室和各處哨站，發現每個地方一定備有刀叉和酒瓶，每個警衛至少都能煮出一道美味可口的湯。更重要的是，這裡的臭蟲和蟑螂絕對沒有北薩哈林島那麼猖獗。根據貝里自己的記載，他在塔雷卡監督築路時，他為自己搭了一個侯爵風格的帳篷當做休憩之處，並且有一個廚師專門侍候他的三餐，閒暇時讀法國小說。他是烏克蘭人，曾經讀過法律。他很年輕，還不到四十歲，這是薩哈林島一般主管的平均年齡。時代不一樣了，現在許多年輕官員已能獨當一面主管囚犯事務。現在一個畫家要畫一幅流氓被官員鞭打的圖畫時，畫中那位鞭打人的官員可能不再是一個紅鼻子的醉醺醺的老頭上尉，而是一位受過教育且有文化教養，身著嶄新官服的年輕官員。

我們又繼續聊了一會兒，夜色降臨，燈火亮了。我離開親切好客的貝里先生的住處，前往警察局秘書家裡，他為我張羅了過夜的地方。路上既黑又靜，海面上海浪滔滔，顯得很空洞遲鈍。星空逐漸有烏雲，好像大自然正在醞釀什麼事情。我沿著大街一直走到快要到達海岸邊，輪船仍然停泊在海上。我右轉時，從一棟屋子裡傳來一陣喧鬧笑聲，我以為我正在秋夜的一個偏遠小鎮前往一個俱樂部。這裡是警察局秘書居住的宿舍，我走上嘎吱作響的台階，來到門前的陽台，然後進入屋裡。大廳裡我看到幾位軍官和公家機關官員在吸食菸草，神情飄然，煙霧瀰漫，彷彿在酒館或潮濕大樓才會見到的景象。我認識其中一位F先生，他是農業督察員，我們之前在亞歷山德洛夫卡已經見過面。其他人都是第一次見面，卻對我非常親切，好像我們已經認識有好幾年的樣子。他們引領我到桌子旁邊，看來非得跟著一起喝伏特加酒不可，雖然這些伏特加都已經加水稀釋過。他們還準備了一些劣質的白蘭地和乾柴難嚼的肉類，由柯曼科的囚犯烹飪和送上桌，他是烏克蘭人，嘴上留著黑色小鬍子。今晚的宴會除了我之外，另外還有一位遠至的客人，那就是伊爾庫次克「磁力氣象觀測站」的主任E．V．席鐵林。他剛乘坐「海參崴號」從勘察加半島和鄂霍次克海過來，他一直努力在說服當局能夠在該地設立一個氣象觀測中心。另外我還在這裡認識一位席少校，他是哥薩科夫斯克地區「放逐囚犯監獄」的典獄長，之前曾服務於聖彼德堡警察總局格雷色將軍麾下。他的體格非常壯碩魁梧，令人肅然起敬。目前為止只有在督察職位之類才有機會遇到。他說他認識一些聖彼德堡的著名作家，他只簡單叫他們為「邁克」或「強尼」，他邀請我明天和他共進早餐和晚餐，就在我們聊天的當兒，他都對我指稱「你」，而不是「您」。

客人們在半夜兩點鐘離開，他們離開後我就直接上床，四周圍吵鬧的聲音依然此起彼落。東北風開始吹拂起來，這麼說來從晚上開始，天空就一直陰沉沉的。柯曼科從院子進來，他說所有的輪船都離開了，海面上已經吹起強風，「他們應該還會再回來，當然！」他說道，並笑了起來：「要不然，他們要開去哪裡？」房間裡變得又冷又濕，氣溫大概頂多六或七度。可憐的年輕人F，他是警察局的秘書，他頭痛又咳嗽，徹夜難眠。與他住在同一間宿舍的K上尉也無法入睡，他敲了敲房間的牆壁，對我說：「我這裡有《週刊雜誌》，您要不要看看？」

第二天一早，我躺在床上感覺很冷，整個房間都很冷，外面更冷。我走到外面時，正在下著冷颼颼的細雨，強風已把樹木吹彎，海怒吼著。雨打在臉上，打在屋頂上，好像細小子彈在掃射。海參崴號和貝加爾號敵不過風雨，已經回來，停泊在海上不遠處，在強風驟雨和濃濃煙霧中不停搖晃著。我在街道上四處遊蕩著，沿著防波堤走來走去，草地早已溼透，樹上的葉子不停滴著水珠。

在防波堤上衛兵崗亭旁邊擺有一隻小鯨魚的骨架，這隻鯨魚可能曾經在北方廣闊的海域裡快樂活潑地四處游來游去，如今這位海克力斯的白骨卻只能躺在這裡泥巴中，任憑風吹雨打……。這裡的主要大街鋪有碎石，維護得很好。路旁鋪有人行道，有路燈並植有樹木，每天都會有一個身上有刺青的老婦人在這裡打掃，這裡只有政府辦公室和官員的住家，沒有一間屋子是放逐者的住宅。這一帶的房子大多在外貌上看起來很新，不像北方的杜埃那裡那樣，在此完全感受不到政府官僚的壓迫感覺。在哥薩科夫斯克軍哨站這裡，我們會注意到，在其主要四條大街上，舊建築要比新建築多，許多屋齡超過二十或三十年。這裡不僅舊建築多，而且長久住在這裡的居民也特別多，尤其公務人員，這也許說明了南方之地比北方兩個地區，更適合穩定的生活。我注意到，這裡比別的地方風氣更為守舊，即使不好的也都保留下來。比如，比起北部地區，這裡就很喜歡體罰犯人，動不動一打就是五十下以上的鞭刑。這個習俗是由一名上校帶來的。若你是一個自由人，正行走在大街上，前方來了一群囚犯，就在前面五十步遠的地方，監工大聲喊道：「立─正！脫─帽！」他們用用陰鬱的目光瞪著你看，好像如果他們不是在五十步遠摘下帽子，而是在二十或三十步的距離，你就會用拐杖打他們，就像Z先生或N先生所做的那樣。

這次令我感到遺憾的是，沒有見到薩哈林島最老的官員，西席馬利幼夫參謀上尉，他生活在薩哈林島上和住在這裡的時間長度，絕對不亞於巴勒沃的米克利由科夫。他在我來到這裡的幾個月前才去世，我只見到他住過的那間孤立的屋子。他早在薩哈林島的史前時代就已經奉派來到這裡，時代可說相當久遠，以至於人們在編撰「薩哈林島之起源」故事時，總是把他的名字和這裡的地理大變動緊緊結合在一起。例如：在非常久遠的遠古時代裡，當時薩哈林島尚未存在，有一天火山大爆發，從海底浮上一顆大巨石，上面坐著一隻海獅和西席馬利幼夫參謀上尉。他們說參謀上尉穿著繡有軍章的外套，手上拿著公家文件，叫當地土著為「林地的野蠻居民」。他參與一些探險活動，其中特別有一個是參加波利雅科夫的提姆河探險活動，根據探險文件的紀載，他們兩人曾經吵過架。

哥薩科夫斯克軍哨站有一百六十三位居民，其中九十三位男性和七十位女性，如果包括自由人身分的居民，士兵和他們的妻子和小孩，以及晚上睡在監獄裡的囚犯，這裡的人口總共有一千人多一點。

這裡編成五十六個住戶，沒有一戶是農家，都像都市。這對屯墾工作完全毫無價值，這裡只有三戴西亞丁面積的耕地，十八戴西亞丁面積的乾草地，後者和監獄單位一起共用。這裡的耕地很擁擠，有的幾乎被擠到斜坡或是峽谷底下，看到這景象我們了解到當初建立軍哨站的人根本沒想到以後除了軍人，還要容納許多農事屯墾者。我問他們的職業，他們如何謀生時，他們回答道：「做該死勞動！」或是「做該死的生意！」說到去外面做買賣，比起薩哈林島北部的屯墾區居民，這裡的人的處境有利太多了，只要他們願意，一般都能夠在外面輕易找到維持生計的工作，至少春夏兩季。但是這其實對他們吸引力並不大，因為他們幾乎從不到外面討生活。事實上他們過的就是都市人的生活方式，有自己維持生計之道。他們大多數人來自歐洲俄羅斯，被流放時身上都帶著許多錢，有些是公家機關職員或是教堂司事，有的甚至開店鋪，有的甚至幹違法勾當以謀取暴利，比如以囚犯砍伐下來的木材，偷拿去和日本人交換日本伏特加，再以高價偷偷售出。有些女人甚至賣淫為生，其中包括自由人身分者，就連有一個女囚犯是大學畢業生，也不例外。這裡比薩哈林島北部較少飢餓和寒冷，按理說應該較少有這類事情發生，事實不然，有些囚犯為了能夠抽到土耳其高級煙草竟會逼迫他們的妻子去賣淫賺錢，這種行徑毋寧比北部地區為了果腹去幹這類行為更加惡劣，但其實不都一樣嗎？

這裡有四十一位囚犯以家庭組合形式住在一起，其餘兩百二十一對為非法。這裡只有十位具有自由身分的女人，數量只是北部地區里科沃的十六分之一，也只有境況險惡的杜埃的四分之一而已。

在我參訪哥薩科夫斯克的過程當中，的確也碰到過一些有趣的個性人物。首先我要提到的人物是皮西契科夫，他被判終身服苦役，他的犯罪經歷成為作家尤思潘斯基（Uspensky）寫作《一對一》的絕佳題材。皮西契科夫因用鞭子鞭打妻子致死而入罪，這位妻子受過教育，當時還懷有幾個月的身孕，他折磨她長達六個小時，把她慢慢凌虐致死。他會突然起意殺她是因為對她婚前愛情生活醋勁大發。這必須追溯到他們結婚之前的生活，一八七七年土俄戰爭之時，他們尚未結婚，她愛上了一位土耳其的俘虜，他為了成全他們，就約他們兩位一起見面並極力拉攏他們。沒想到土耳其人離開之後她覺得他的人很好，竟愛上了他，並且很快就結了婚，還陸續生下四個兒女，但突然間，痛苦與嫉妒開始啃噬著他的心，最終把她給殺了。

他又高又瘦，英俊，留著大鬍子。他因為在警察局工作，因此能夠穿自由人身分的服裝。他工作勤奮，為人有禮。從他的外貌表情看來，他似乎已經退縮到自己個人的內在世界裡，為自己築起一層外殼。我有一次去他的住處，但他不在家，他在一棟木棚屋裡擁有一間臥室，裡頭擺著一張乾淨整潔的床，上面鋪蓋著一條紅色棉質的被子，牆上掛有一幅女人的畫像，我猜想那應該是他太太。

另外吉亞柯米尼這個家庭也很有趣，一共三個人：父親、母親以及兒子，父親曾在黑海的一艘小商船上當過船長，三人於一八七八年一起被尼古拉耶夫地區的軍事法庭控告謀殺罪，他們堅稱無罪，但最後還是判了刑。眼下母親和兒子已經服完他們的苦役刑期，父親截至目前為止仍然還是囚犯身分。他們在此地開了一家商店，裡頭的房間整理得很整潔舒適，比波坦金地區（Poryomkin）新—米克海洛夫卡的富有人家家裡的房間還要整潔舒適。當年父母親兩個人徒步橫越西伯利亞大陸，兒子走海路，早他們三年抵達這裡。我們聽這位父親講述他在西伯利亞的經歷，內心恐懼之感跟著不禁油然而生。他眼睛所看到的一切恐怖事物，這還不包括他的囚犯身分，身心所遭遇到的折磨和打擊。他當時有一位女兒，自願陪同來流刑地服刑，卻不堪勞累而死於途中。最後他們所乘坐的船卻在毛卡外海遭遇船難，當父親在述說這一切磨難時，母親在一旁不停抽泣著，「就這樣，要不然你打算怎樣？」老頭子手一揮說道：「這是上帝的意旨。」

就文明程度，哥薩科夫斯克顯然落後其北方許多。比方說，截至目前為止，這裡仍未設有電報局和氣象站。對氣候的認識，只能根據曾在這裡久居或像我這種短暫參訪的作家的零星紀錄。哥薩科夫斯克軍哨站的平均溫度，春夏秋比北方的杜埃高兩度，冬天則高五度左右。可是阿尼瓦海灣，就在哥薩科夫斯克軍哨站的東面一點點距離而已，當地氣溫卻與哥薩科夫斯克軍哨站截然不同，低了許多，和北方的杜埃相差無幾。在距離哥薩科夫斯克軍哨站北方八十八俄里的奈布奇（Naibuchi）一帶，一八七〇年五月十一日上午，弗薩德尼克號船長在那裡紀錄到的溫度是攝氏二度，正在下雪。我們可以看出，這裡雖然地處南方，氣候上卻一點都不像南方，冬天時這裡氣候嚴峻的程度並不亞於北極圈的歐洛內茨克省，夏天則像北極圈的大天使城（Archangel）附近各省。就在五月中之時，克魯岑希頓來到這裡，他看到阿尼瓦海灣的西岸正在下雪。在哥薩科夫斯克地區的北面，也就是庫斯奈（Kusunnai），人們在那裡萃取海甘藍。

一年之中有一百四十九天的壞天氣，南面的穆拉維幼夫斯克軍哨站，一年的壞天氣也有一百三十天。然而，儘管如此，南部地區的氣候還是要比北部地區溫和許多，更適於居住。在這裡有時冬天裡甚至還會有融冰現象，這在杜埃或里科沃不曾見過；河流上的冰融化得更早，太陽更頻繁地從雲層後面出現。

哥薩克夫斯克監獄坐落在整個軍哨站的最高點，一條大道從底下直接通到監獄的柵欄，柵欄上有幾個小門，看起來並不起眼。但這是每天出入監獄的必經通道，每個晚上會有許多囚犯在經過搜身之後，依序進出。監獄的院子設在傾斜的平面上，因此即使周圍有柵欄和其他建築，從院子的中心點還是可以眺望到遠方淺藍色的海面，因此在這裡似乎可以吸到充足的新鮮空氣。我們在觀察這座監獄時首先會發現一個明顯現象，地方行政當局刻意要把一般囚犯和屯墾放逐者明顯隔開。在北方的亞歷山德洛夫卡，監獄的工作房和囚犯的生活區域混雜散佈在軍哨站各處。但是在這裡，所有工作房或甚至停放救火車的棚子都設立在監獄院子裡，而囚犯是絕對不允許在監獄外面生活的，即使是「感化的犯人」也不行。因此，在這裡軍哨站和監獄是各自獨立存在的，你很有可能在軍哨站住了很長一段時間之後，都還不知道在大街的盡頭有一座監獄。

監獄的牢房都很老舊，通風很差，廁所比北方的監獄更糟，麵包房也是一團髒亂；關緊閉的牢房一片烏黑，不通風而且寒冷，我好幾次看到關在那裡的囚犯因溼冷而瑟瑟發抖。這裡只有一樣東西比北方監獄好些，那就是關腳鐐囚犯的區塊比較寬敞，而且上腳鐐的囚犯也比較少。在這牢房裡，以前當過海員的囚犯比較講究整齊和清潔，他們至少穿得乾淨整潔些。我來的時候，晚上只有四百五十個囚犯在牢房裡睡覺，其餘的都在外面做工，主要是做築路工事，晚上就睡在外面。總體算起來，這裡總共有一千兩百〇五位囚犯。

這裡的典獄長最喜歡對來參訪的人展示他們的救火車，這幾輛救火車的確看起來很豪華，大大超越了許多更大城鎮的救火車：提水的桶子、抽水幫浦，裝在箱子裡的斧頭等等，都給人玩具感的閃閃發光，彷彿是為展示而準備的。警報響起，所有在工作房裡的囚犯全部衝出來，不戴帽子，不穿外衣，在一分鐘之內完成救火準備，迅即如雷地沿著大街衝向海邊。整個場面非常壯觀有效率，席少校這位救火引擎的創造者，感到很得意，不斷問我喜不喜歡。唯一的缺憾是，有些年紀較大的人必須和年輕人一起扛著裝備奔跑，他們應該免於這種勤務，至少要考量到他們體力衰退。

13

保羅安海灣、穆拉維幼夫斯克軍哨站。波瓦雅剪徑、弗托拉雅剪徑和特列提雅剪徑、索羅維幼夫卡屯墾區、留托加屯墾區、戈里密斯屯墾區、米特朱爾卡屯墾區、李斯特文尼奇諾也屯墾區、柯穆托夫卡屯墾區、包夏雅．葉蘭屯墾區、弗拉迪米洛夫卡屯墾區、農場或者「公司」、路戈沃也屯墾區、波波爾斯基耶．尤爾蒂屯墾區、貝里歐茲尼奇屯墾區、克雷斯帝屯墾區、包爾斯霍耶屯墾區和塔科埃屯墾區、加爾基諾—弗拉斯科耶屯墾區、杜布基屯墾區、奈布奇、大海。

我將以觀察阿尼瓦海灣沿岸的幾個屯墾地來結束我這次對哥薩科夫斯克地區幾個屯墾地點的參訪。第一個位於軍哨站東南四俄里的地方，仍然保留日本名稱：保羅安海灣（Poro-an-Tomari）。這個屯墾區建立於一八八二年，設在愛奴人長久以來聚集的一個小村落上面，這裡有七十二位住民，包含了五十三位男性和十九位女性，設有

四十七位戶長，其中三十八位是單身。這裡乍看好像空間很廣闊，但每一戶分得的可耕地面積才四分之一戴西亞丁，乾草田的面積也不過半個戴西亞丁，這說明不可能再開拓新地了。然而，保羅安海灣屯墾區如果是在北部的薩哈林島，以其條件來看，至少可以設立兩百個住戶之多，甚至再加上一百五十個共同住戶。這裡南方地區的行政當局行事風格比較保守拘束，他們寧願再設立新的也不願去發展舊的。

我在此紀錄了九位六十五歲到八十五歲之間的老者，其中有一位名叫揚．利澤包爾斯基，七十五歲，他的模樣很像是一八五五年克里米亞戰爭的歐查科夫之役的士兵。也許是年紀太大，他竟記不得他是犯了什麼罪被抓來關在這裡，甚至懷疑他到底有沒有犯罪。當我聽說這些老者都是因為犯重罪才被發配來這裡，而且是終身苦役時，著實感到非常訝異，後來A．N．寇爾夫男爵下令把這些人轉為屯墾放逐者，這些人的年紀實在是太大了。

有一位叫做柯斯汀的屯墾放逐者，為了洗滌自己的靈魂，他把自己整天關在地窖的小房間裡祈禱。他從不走出房門，也不讓人進入他的房間，他整天沒事就是祈禱，大家都叫他為「上帝的奴隸」，因為在自由時他曾是一名朝聖者。他平常以幫人油漆房子為業，同時也在野外「特列提雅剪徑」（第三斷層）幫人看守羊群，這差事剛好適合他愛好孤獨和沉思的習性。

距離這裡北方四十俄里的地方還有一個穆拉維幼夫斯克（Muravyovsk）軍哨站，

現在剩下在地圖上存在。但這個軍哨站早在一八五三年就開始建立了，就建在鮭魚灣的入口岸上。到了一八五四年，和土耳其的戰爭風聲甚囂塵上，整個建設工作停頓了下來，十二年後才又動工，建在布斯灣上。這裡又稱「十二呎港口」，以當地一個淺水湖泊的名稱命名。這個湖泊有一條水道通往大海，只能停泊小型船隻。在米特朱爾來到這裡的年代，這裡駐紮有三百名士兵，全都患上嚴重的壞血病。當初政府當局在這裡建立軍哨站的目的就是為了有效控制薩哈林島南部，一八七五年簽署合約後[36]，此地就因為失去用途而關閉。我還聽說，大家在撤離時，放火燒光這裡的木棚屋。

有一條明媚愉悅的大道沿著海岸線通向哥薩科夫斯克軍哨站西部方向的幾個屯墾區，道路的右邊是陡峭的土石和碎石，覆有綠色植被。左邊則是波浪滔滔的大海。海灘上，海浪不斷衝上來，化為泡沫，然後有氣無力地又退回海裡。海甘藍被海浪沖上沙灘，像棕色鑲邊的裙擺一般沿著海岸躺著，散發出一股病態的甜味，卻不難聞，帶有某種腐爛的海藻的味道，而這正是南方海域特有的味道，正如同你驅趕馬車沿著海岸奔馳時，看到海鴨不斷撲翅飛起時的感覺一樣。在這裡輪船和一般小船難得一見，不管是近處或遠方海平線上，幾乎看不到什麼，有時候會看見一艘運送乾草的平底船，幾乎一動不動，有時還會升上一塊醜陋難看的帆布。有時會看到一個囚犯在水裡用繩

36 編注：俄國和日本簽署《薩哈林島和千島群島交換條約》，俄國以千島群島北部諸島和日本交換薩哈林島全島管轄權，日本完全撤出薩哈林島。

子綁著一根木頭，拖著木頭涉水——這些是我們在這裡唯一看到的畫面。

陡峭的海岸在此被一個又長又深的峽谷中斷，溫塔涅（Untanai）溪流經這裡。以前有一陣子這裡曾坐落著一個公家的農場，叫做溫托夫斯克農場，囚犯都管叫它為「板條」，正如其名。眼下監獄的菜園就坐落在這裡，除此，此處還坐落有三棟屯墾放逐者的木棚屋，現在這個地方叫做「波瓦雅剪徑」（第一斷層）。

緊接下來是「弗托拉雅剪徑」（第二斷層），這裡有六個農場住戶。有一個老婦人，名叫烏麗安娜小姐，和一位富有的老放逐農夫同居住在一起。很久以前，這位老婦人曾經殺死自己的嬰兒，並把他埋在地底下。在法庭上，她說她沒有殺死她的嬰孩，她只是把他活埋而已，她以為這樣講也許可以免除罪責，最後法庭判她二十年監禁。烏麗安娜在對我講述這件事情時哭得很傷心，可等她一講完擦掉眼淚後卻突然說道：「咱們去買些好吃的醃漬甘藍菜來吃，您覺得怎麼樣？」

在特列提雅剪徑（第三斷層）有十七個農場住戶。

這三個屯墾區總共有四十六位居民，其中包含有十七位女性，設有二十六個住戶。這裡的住民安康富裕，他們擁有許多牛隻，有人甚至以買賣牛隻維生。誠然，有人認為這裡的富裕主要原因在於氣候和土壤的條件優良，但我卻更進一步認為，要是讓亞歷山德洛夫卡或杜埃的官員來這裡主導一切屯墾事務，我相信在一年之內，這裡三個屯墾區的住戶總和會從二十六個變成三百個，還不把共同居住者算在裡面。這些人會變得疏於管理住處，不服管教，整天坐在那裡，再也找不到東西可吃了。我們的屯墾業務才剛剛起步，還很年輕，基礎還不是很穩固。這三個屯墾區的例子說明了一項經營法則，那就是我們在設置屯墾住戶時，數量越少越好，好比建設街道不能太長，街道越長就越貧窮。

就在距離軍哨站四俄里遠的地方，坐落著索羅維幼夫卡屯墾區，這個屯墾區創立於一八八二年，它佔據著比薩哈林島其他地方屯墾區更為有利的地理位置。它依傍著大海，不遠處就是釣魚小河蘇西河的出海口，這裡的居民豢養牛隻並出售牛奶，他們也種植農作物。這裡有七十四個居民，男女各半，各有三十七位，設有二十六個住戶，他們都各自擁有自己的耕地和乾草田，每人至少平均擁有一戴西亞丁的面積。這裡只有靠海邊的土地是好的，越往內陸海岸斜坡上的土地反而更為貧脊，長滿針樅、翠松和銀樅之類的樹木。

在阿尼瓦海灣岸上更遠的地方還有一個屯墾區，離道路大約有二十五俄里遠，要是從軍哨站搭船過去，大概也有十四海里那麼遠。這個屯墾地的名稱是留托加（Lyutoga），距離和它同名稱的一條河流的出海口才八俄里左右而已。這個屯墾區創立於一八八六年，從這裡和軍哨站的聯絡溝通方式很笨拙，沿著海岸走路過去抑或者是搭船。而對當地的屯墾者而言，他們大多搭運乾草的平底船。這裡有五十三個居民，三十七個男性和十六個女性，同時設有三十三個住戶。

那條沿著海岸的道路會經過索羅維幼夫卡（Soloyyovka），一路來到蘇西河（Susui）的出海口，然後右轉通向北方。在地圖上，我們會看到蘇西河的上游是和奈布河（Naibu）連在一起，奈布河和蘇西河分開後一路流向鄂霍次克海，沿著這兩條河流，從阿尼瓦海灣通往薩哈林島東岸的一條筆直道路上，連貫著幾個屯墾區，足足有八十八俄里長。這整排的屯墾區涵蓋了薩哈林島南部地區的核心部分，形成了這地區的「面貌特徵」，而這條道路說得上是此一地區郵政公路的起點，當局打算藉此來連貫南北薩哈林島。

我變得疲憊和懶散，在南方我不像在北方時工作那麼勤奮，我常常一整天都在散步、郊遊和野餐，提不起勁去看看那些木棚屋；因此，當他們熱心地提出協助時，我不好意思拒絕。我驅車前往鄂霍次克海，回來時由貝里先生陪同，一路上他不停跟我介紹他所管轄的地區，後來我開始進行我的普查工作時，換一位屯墾區的視察雅爾切夫先生來陪伴我。

南方地區的屯墾區有其特殊之處，從北方屯墾區來的人首先忍不住會注意到的是，這裡沒有那麼貧窮。我沒看過有未完工、廢棄或是木板釘的窗戶的木棚屋，屋頂用木板是普遍的，如同北方用稻草或樹皮一樣。但這裡的道路和橋樑則不如北方，特別是錫安奇（Siyantzy）和塔科埃（Maloye Takoay）之間的道路。每遇洪水或大雨就一片泥濘，無法通行。除此，住民看起來比北方更年輕健康，更開朗，除了他們的生活比較富足的因素之外，另一個重要的因素是，流放在這裡的囚犯湊巧刑期都比較短；換言之，年紀較輕也較少經歷苦役的折磨，在這裡我就經常碰到二十到二十五歲之間的囚犯，已經服完苦役並擁有住家了，也有不少年紀在三十到四十歲之間就已經成為「放逐的農夫」了。

另一個重要因素是，已經具有「放逐的農夫」身分的人並不急著離開，比如我在上面提過的索羅維幼夫卡屯墾區，在二十六個住戶之中就有十六戶具有「放逐的農夫」身分。這裡缺乏女性，有一些屯墾區甚至連半個女人都沒有，多數年邁且看起來身體不佳。這使我們相信這裡的地方官員和屯墾放逐者的抱怨是真的，他們抱怨北方官員都只把「挑剩的貨物」才往他們這邊送，年輕健康的都留著自己用。Z醫生告訴我，有一陣他充當監獄的醫生，有一次他受命為一批剛到的女囚犯做健康檢查，他發現她們身上都染有女性疾病的健康問題。

在南方地區，像「共租者」或「半擁有者」這一類字眼平常是完全不用的，因為每塊地的主人永遠只有一個，正如同北方的屯墾區，有一些人在一個屯墾區已經登記入案並設定為住戶，可是在那裡並無棲身之處。在這裡的軍哨站和屯墾區完全看不到猶太人的蹤跡，在一些木棚屋裡頭的牆壁上可以看到一些日本小圖畫，還有一些日圓硬幣。

蘇西河上的第一個屯墾區是戈里密斯（Goly Mys），去年[37]才剛剛設立，木棚屋都還沒蓋好。這裡有二十個男性住民，沒有女性。這個屯墾區建在一個小山丘上面，這個小山丘以前叫做「裸岬」。蘇西河雖然流經這裡，卻和住家有著相當距離，人們必須每天下山來提水，這裡還沒有鑿井。

第二個屯墾區叫做米特朱爾卡，是為了紀念農業學家M．S．米特朱爾而命名。還沒建設道路之前，設有一個驛站，專門為負有公務職責在身的政府官員換馬和提供休憩場所。有一些在馬廄工作的馬伕和工人，當局允許他們在勞役刑期結束之前，提前在驛站附近蓋住家並經營屯墾業務，這是米特朱爾卡屯墾區最早非正式的一批屯墾人員。目前這個屯墾區有十戶住家，二十五個住民，包含有十六個男性和九個女性。一八八六年之後，地區總督下令禁止任何人再移入屯墾，這項決定是正確的，因為這裡的牧草地只夠供給十個農場而已。眼下整個屯墾區共有十七隻牛和十三匹馬，根據官方所登記的紀錄，不算綿羊和山羊，有六十四隻雞，這些數目字一直沒增加，即使住戶增加了也是如此。

談到南部地區屯墾地的特點時，有一項我忘了提，那就是這裡特有的烏頭草（Aconitum napellus）。在這個屯墾區有一位屯墾放逐者，名叫塔科沃伊，他養了一隻豬，不小心吃了烏頭草，中毒而死。他覺得把整隻豬扔了可惜，就留下豬肝自己吃了，卻差一點跟著死掉。當我來到他的木棚屋時，他勉強站起來迎接我，說話的聲音很微弱，但他卻笑著跟我講述那塊豬肝的故事。他整個臉還浮腫著，暗青紫色，可以想見他為那塊豬肝付出了什麼樣慘痛的代價。就在前不久，有一個叫做剛科夫的老頭在家裡吃烏頭草死掉，他住的這間房子空了下來，竟然成了米特朱爾卡地區的一個觀光景點。幾年前，前任典獄長L偶然發現某種爬藤植物，他認為這是葡萄樹，他覺得在南薩哈林島可以成功種植，就上報給當時的薩哈林島總督金哲將軍。金哲將軍立刻下達一道命令，到全島各個監獄尋求在葡萄園工作過的囚犯，找他來負責做這件事情。他們找到了一個屯墾放逐者，名叫拉葉夫斯基。從一般傳統標準看，他的個子算是很高，自稱是個種葡萄專家。他們相信他，立刻讓他從亞歷山德洛夫卡軍哨站帶著一紙便條搭上輪船前來哥薩科夫斯克軍哨站。抵達後他們問他：「你來這裡做什麼？」「我來種葡萄。」他回答道，他們看看他，然後看看便條紙，大家聳聳肩。拉葉夫斯基抵達之後，帽子歪戴在頭上，開始四處遊蕩，他自認為是應島上總督之邀來這裡工作，沒必要跟屯墾區的視察員報備。這時誤會就產生了，他來到米特朱爾卡之後，由於他的身高和姿態，他們以浪人身分逮捕他，然後送去軍哨站關起來。他被關了很長一段時間，接受調查後才被釋放，隨後定居在米特朱爾卡。直到死去，薩哈林島始終沒長出一棵葡萄樹來。他住的地方就由公家接收做為償還債務之用，並以十五盧布價錢轉

37 編注：一八八九年。

售給老頭剛科夫。就在付錢交屋時，剛科夫老頭曖昧地跟地區總督眨眨眼並說：「您等著瞧，我會死掉，這間屋子會再度帶給您一番騷亂。」不久之後他就真死於烏頭草，國家確實要再次處理這間房子。

在米特朱爾卡住著一位女孩，名叫坦妮雅，這是一位屯墾放逐者尼古拉耶夫的女兒。芳齡十六歲，金髮，身材細瘦高挑，臉部五官端正，溫和美麗，據說已經許配給當地一位監工。每當你驅車經過米特朱爾卡時，總會看到她坐在房間窗口，低著頭在沉思默想。即將要把一生虛擲在薩哈林島上的年輕美麗女孩在想什麼，做什麼夢，似乎只有老天才知道。

距離米特朱爾卡五俄里遠的地方坐落著一個新的屯墾區，叫做李斯特文尼奇諾也（Listvennichnoye），這裡的道路穿過落葉松樹林。這個屯墾區又叫做克以利斯多佛洛夫卡（Kristophorovka），因為之前有一位叫做克利斯多佛的吉利亞克人曾在這裡河邊設圈套捕捉黑貂，大家就以他的名字為此屯墾區命名。當局選擇這裡當做殖民屯墾地顯然是一大失算，因為這裡的土壤很貧脊，根本就不適合耕作。這裡只有十五個住民，沒有女性。

再繼續往前一點，就在克利斯多佛洛夫卡河的旁邊，最早的時候有幾個囚犯盤據在這裡伐木製造各種木製器具。當時當局允許他們在服完勞役刑期之前，事先蓋好未來居住的木棚屋，後來當局發現他們所盤據的地方並不理想，在一八八六年時把他們蓋好的四間木棚屋移去別的地方，距離李斯特文尼奇諾也北部四俄里遠的地方，成為今天柯穆托夫卡屯墾區的前身。這個屯墾區之所以取這名字乃是因為，當時有一個叫做柯穆特卡的自由人農夫自願移居這裡，一度以狩獵為業，後來屯墾區成立時就以他的名字為名。這裡現在有三十八位居民，二十五位男性和十三位女性，並設有二十五個住戶，這是最無趣的屯墾區之中的一個，但他們還是喜歡吹噓它的一個著名特點：屯墾者布朗諾夫斯基住在這裡，這是一個在南薩哈林島遠近馳名，眾人皆知，無人不識的盜賊，個性激烈不屈不撓，而且行事風格強硬激烈。

再繼續往前三俄里就是包夏雅．葉蘭（Bolshaya Yelan）屯墾區（大葉蘭），這個屯墾區幾年前才剛建立而已。「葉蘭」這個名稱原來指的是西伯利亞地區長有榆樹、橡樹、山楂樹、山梣樹、接骨樹以及樺樹等樹木之河谷，這裡的樹不受寒風襲擊，與附近山巒沼澤的樹木和極地地區的貧瘠林木相比，這裡林木茂盛，草長得有兩個人那麼高。夏天時，只要天氣晴朗，這裡的土地就會「冒蒸氣」，用他們的話說，像身處澡堂那般窒息，土壤的熱氣會把農作物燻成乾稻草，在一個月之內長有一沙鎮那麼高。這些「葉蘭」，對一個烏克蘭人而言，很容易令他聯想起家鄉的「勒瓦達」（levadas）：交替種植牧草和果樹以及一些矮樹的河谷。這裡最適合定居。

包夏雅．葉蘭屯墾區有四十二個居民，三十四個男性和八個女性，設有三十個住戶。當屯墾放逐者來這裡開墾土地藉以建立他們自己的耕地時，當局命令他們盡可能保留那些老樹。因此，整個屯墾區看起來不新，不管是在街道上或農家的庭院裡，到處都可以看到葉子寬大的古老榆樹，好像是祖先栽種的成果。

在所有這些地方上的屯墾放逐者當中，有一對來自基輔省的巴畢奇兄弟最引人注意。他們剛來的時候一起住在同一棟木棚屋，後來因為吵架，就要求當局將他們兩人分開，其中一個後來這樣說他的另一個兄弟：「我很怕他，他像一條蟒蛇。」

再往前五俄里是弗拉迪米洛夫卡（Vladimirovka）屯墾區，設立於一八八一年，根據一位少校弗拉迪米爾的名字而命名，這位少校當時在這裡負責監督這裡的苦役囚犯。此地的屯墾放逐者也稱這個屯墾區為酋爾納雅·雷奇卡（黑潮），這裡有九十一位住民，男性五十五位，女性三十六位，設有四十六個住戶。其中有十九戶是單身住戶，必須自己擠牛奶過日子，另外有二十七個家庭，但這些家庭當中經合法程序組合的只有六個。以農業殖民地的觀點來看，這個屯墾區的價值等同北方地區兩個屯墾區。單就女人來講，她們大多是跟隨丈夫一起被流放到這裡，具有自由人身分，又能遠離監獄的污染腐化，可以說是一個殖民屯墾區最有價值的部分。真正定居這裡並真正參與屯墾工作的女人只有一個，她前不久才因被控謀殺丈夫而被流放到這裡。然而比起北方地區，例如杜埃的那些不幸的具有自由人身分、「困在牢房裡不停被家事折磨」的女人，這裡同樣身分的女人可要有用太多了。在弗拉迪米洛夫卡屯墾區，光是有長角的家畜就超過一百頭以上，馬有四十匹，也有很廣闊的乾草地，可惜這裡的住戶就是沒有女主人，沒有女人的住戶就不能算是真正的住戶人家了。

在弗拉迪米洛夫卡，當地視察員Y先生和他那助產士太太所居住的官舍旁邊，依附有一座模範農場（費爾瑪，ferma），當地的屯墾放逐者和士兵都稱它為「公司」（firma）。Y先生本人對自然科學非常有興趣，特別是植物學，他只說植物的拉丁文學名，比如他在家裡晚餐常吃的綠扁豆，他會這樣說：「這是faseolus。」他養了一隻骯髒的小黑狗，也給牠取了一個拉丁文學名的名字，叫做Favus（蜂巢癩痢）。他是薩哈林島上在農藝學方面最有學問的官員，投身農藝，可是他所經營的那座模範農場，收成卻比附近屯墾放逐者所運作的任何一座農場都要差，這倒引起大家的疑惑和嘲諷。我的看法是，這種收成上的差距不是只發生在Y先生身上，任何一個官員的情況亦然。這個模範農場沒有氣象站，沒有牛隻，也不提供肥料，農場內沒有一棟像樣的建築，沒有一個既有經驗又可以全天候在農場內工作的專業人員，這根本不像個農場，反倒像是個業餘的公司。以農場為招牌當做掩護，提供無關痛癢的娛樂消遣。它也沒什麼實驗性質，它只占地五個戴西亞丁那麼大[38]。根據一份官方資料表示，他們故意選擇劣於平均的土地，目的是「向人們展示，透過適當照顧培養，即使在這裡也可以獲得令人滿意的結果。」

38 編注：約五萬四千平方公尺。

這裡發生過一個愛情故事。有一位叫做武寇爾・波波夫的農夫，他發現他妻子和他父親有染，就把父親痛打一頓，然後把他給殺了。他被判刑服苦役，送到哥薩科夫斯克地區服刑，然後分發到模範農場「公司」來，充當Y先生的馬車伕。他的體格非常健壯，很年輕，相貌英俊，個性也溫和體貼，經常沉默寡言，陷入沉思。Y先生和他太太從一開始就很信任他，他們離家到外地旅行時，都很放心把房子交代給他看管，他們知道他不會從抽屜偷錢，也不會偷喝酒櫃裡的酒。他在薩哈林島上不能再結婚，因為他的老婆還在家鄉，而且也不願意和他離婚，這是我們這位男主角當下的處境。女主角是個女囚犯，名叫葉蓮娜・提歐提希娜雅，她當時正和一位叫做柯希里幼夫的屯墾放逐者同居住在一起，柯希里幼夫是個脾氣暴躁、樸質的男人。不久，地方總督為了懲罰她，就把她調去「公司」工作，她一到那裡很快就認識了武寇爾，並立刻愛上了他，武寇爾也漸漸地愛上她。這時，葉蓮娜的同居者知道這件事情之後，就跑來要求葉蓮娜回去他那裡。

「好，很好，好極了，可是我已經看透了你！」葉蓮娜說道：「和我結婚，我才和你回去。」

柯希里幼夫辦理和葉蓮娜的結婚手續，當局也批准了。就在這同時，武寇爾也正式對葉蓮娜宣告他的愛，並懇求她搬來和他住一起，葉蓮娜也正式宣示她對他的愛，然後說道：

「我可以時常找你，但我不可能搬來和你住在這裡。你是有家室的人，你結婚了；我有身為女人的事要做，我必須考慮自己的未來，然後和一個好男人安定下來。」

武寇爾不久後發現葉蓮娜要跟別人結婚，陷入絕望，吃烏頭草服毒自盡。後來葉蓮娜在面對警方問訊時，她承認：「我和他共度了四個晚上。」據說就在武寇爾自殺的幾個星期之前，他盯著正在房間裡擦地板的葉蓮娜說道，：「唉，女人，女人！我因為女人被發配來這裡做苦役，現在又要因為女人來結束這一切！」

在弗拉迪米洛夫卡，我結識了屯墾放逐者瓦希里．斯米爾諾夫，他因為印假鈔被送來這裡服刑，他現在已經服完苦役和限居刑期。目前以補獵黑貂為業，他樂在其中。他曾經每天靠假鈔賺三百盧布，但直到他放棄這一行並從事正當工作後才被追查逮補。他以一副專家口吻和我談論印假鈔的事情，他說眼下的鈔票連隨便一個蠢老太婆都可以造假，他以平靜口氣談論他的過去，雖說多少帶著嘲諷口吻。他還說，莫斯科最著名大牌律師布列瓦科曾在法庭上幫他辯護，他覺得非常得意。

緊跟著弗拉迪米洛夫卡下去有一片很大的草皮，面積大概有幾百個戴斯亞丁那麼大（大約有一千多英畝到兩千英畝），形狀呈半圓形，直徑有四俄里。就在這片草皮的盡頭，坐落著另一個屯墾區，叫做路戈沃也（Lugovoye），或路日基（Luzhki）。這個屯墾區創立於一八八八年，有六十九個男性，女性只有五個。

再往前四俄里的地方，我們來到波波爾斯基耶．尤爾蒂（Poporskiye Yurty）屯墾區，又名「教士的茅屋」，這個屯墾區創立於一八八四年。本來命名為新亞歷山德洛夫卡（Novo-Alexandrovka），但這個名字並沒有沿用下來。話說有一年的四旬齋節要結束時，西蒙．卡贊斯基牧師（Reverend Simeon Kazansky），或簡稱西蒙神父（Father Simon），坐著狗拉的雪橇趕去奈布奇，為那裡的士兵做禮拜（另有一說，說他是從亞歷山德洛夫卡趕路回來），回來時竟在半路上碰上一場暴風雪，病倒了奄奄一息。他看到愛奴族漁人住的茅屋，就進去避難，同時吩咐他的車伕去弗拉迪米洛夫卡找人過來幫忙，那裡住著一些有自由人身分的屯墾放逐者，他們把神父送去哥薩科夫斯克軍哨站，這才勉強救活了過來。自此以後，大家就稱那些愛奴族漁人住的茅屋為「教士的茅屋」（Priest's Yurts），這個名稱後來就為大家所沿用。那些屯墾放逐者就稱他們住的地方為「華沙」（Warsaw），因為那裡住著許多天主教徒。這個屯墾區有一百一十一位住民，九十五位男性和十六位女性，設有四十二個住戶，其中只有十戶是正規組合而成的家庭。

「教士的茅屋」正好就坐落在哥薩科夫斯克軍哨站和奈布奇之間的道路上，這裡也是蘇西河盆地的終點。我們驅車經過一個不陡的斜坡，在不經意中經過一座山巒，然後往下走入奈布河所沖積灌溉的河谷，我們來到這個河谷的第一個屯墾區，距離「教士的茅屋」有八俄里遠，這個屯墾區叫做貝里歐茲尼奇（Beryozniki），因為以前曾長滿樺樹。這是薩哈林島南部最大的一個屯墾區，有一百五十九位住民，一百四十二位男性和十七位女性，設有一百四十個住戶。這裡已經有四條街道和一個廣場，聽說不久之後還要建一間教堂，一間電報局和一棟屯墾區視察員的官舍。而且，如果屯墾業務做得成功的話，這裡將升級成為一個自治市鎮。然而仔細看，這卻是一個非常無趣的地方，這裡的人也一樣非常無趣，他們心裡想的，不是對自治市鎮的期待，而是如何趕快服完刑期，離開這裡前往對岸的大陸去。我問一位屯墾放逐者有沒有結過婚，他百無聊賴地回答我：「我結過婚，我的太太被我殺了。」另外一個，患有血友病，他知道我以前幹過醫生，就一路不停跟著我，老是用疑惑的眼光看我並問我他是不是得了肺病，他一想到自己將無法活著獲得放逐農夫身分並死在薩哈林島就恐慌不已。

再往前走五俄里遠的地方是另一個屯墾區，叫做克雷斯帝（Kresty），創立於一八八五年。據說當年有兩個流浪漢在這裡被謀殺，他們的墳墓上立著十字架，現在已經不見了。另有一種說法，有一棵松柏科大樹倒下來，剛好有兩根樹枝插在墳墓上，慢慢形成為兩個十字架。這兩種說法都充滿詩意。克雷斯帝此一名稱顯然是由當地居民所取。

克雷斯帝屯墾區坐落在塔科埃河旁邊，剛好有一條支流在此注入此河，這裡的土壤很肥沃，上有一層薄薄的淤泥，同時有許多草皮。因此這裡每年的收成都相當不錯，幸運的是每個住戶也都運作非常得當。但剛開始時並不是這樣，剛開始前面幾年，這個屯墾區和上阿穆爾丹屯墾區幾乎沒什麼兩樣，經常處在瓦解邊緣。他們當初一口氣送來三十個人，這些屯墾放逐者幾乎是空著手來到這裡，亞歷山德洛夫卡當局根本沒送來什麼器具，後來當局出於憐憫，送來一些舊斧頭，讓他們至少可以為自己伐木。然後連續三年，當局沒有送來半頭牛隻，就跟亞歷山德洛夫卡那邊當局始終不肯送器具來一樣。

這裡一共有九十個住民，六十三個男性和二十七個女性，並設有五十二個住戶。

這裡有一家小商店，由一位曾經在提莫夫斯克地區當過監工的退休士官長負責管理經營，他賣一些雜貨，銅製手環以及沙丁魚罐頭等等。當我走進他的商店之時，他起先以為我是什麼重要官員，他一看到我立即莫名其妙對我聲明他以前曾參與某項勾當，如今已無事釋放了，說著同時急忙對我出示一些證明文件，其中有一封信是來自一位叫史奈德的先生。我記得在信的末尾有一句神秘的短語：「天氣暖和一點時，咱們來烤冰凍牛肉。」然後他為了證明他不欠任何人任何東西，就在那堆文件裡搜尋類似收據的東西，卻沒找出什麼。我走出商店時除了獲得他的清白聲明，還獲得一番提[39]粗製濫造的鄉下糖果，因為被他強迫推銷，花了我五十戈比。

緊接著克雷斯帝的另一個屯墾區坐落在一條河旁邊，這條河仍保留著日本名稱，叫做塔科伊河。這是奈布河的一條支流，這條河的河谷叫做塔科伊，屯墾區就叫做（大）塔科伊屯墾區，這裡因為一度曾經有一些自由人身分的屯墾者住在這裡而聞名。依官方紀錄，這個屯墾區建立於一八八四年，事實上建立的時間要更早許多，起先他們為了紀念弗拉索夫先生，將屯墾區命名為弗拉索夫斯科耶，但並未沿用。這裡有七十一位住民，包括五十六位男性和十五位女性，同時設有四十七個住戶。有一位經過大學醫科訓練的醫生助理常駐在這裡，就在我來到這裡的一個星期之前，這位醫生助理的年輕太太才吃烏頭草自殺。

在定居點附近，尤其是在通往克雷斯蒂的路上，人們發現了冷杉是優質的建材。這裡覆滿綠色植被，豐茂翠綠，彷彿被水洗滌過。塔科伊山谷的植物種類比北方豐富，但北方的風景更加生機勃勃，更讓我想起歐洲的俄羅斯。確實，那裡的自然風光嚴肅而悲傷，但它是俄羅斯式的嚴肅；然而，在這裡，它以艾諾人式的方式微笑和悲傷，並在俄羅斯靈魂中激起一種難以形容的感覺。

一樣在塔科伊裡頭，距離大塔科伊屯墾區四俄里半遠的一條小溪旁邊，坐落著（小）塔科伊屯墾區，這條小溪流入塔科伊河。這個屯墾區創立於一八八五年，一共有五十二位住民，包括三十七位男性和十五位女性，並設有三十五個住戶，其中只有九戶是以家庭形式組合，而且都是未經合法婚姻程序組合的家庭。

再往前八俄里遠的地方有一塊地，過去愛奴人和日本人都叫它為錫安查（Siyancha），日本人還在那裡設了一個釣魚台，這塊地就是加爾基諾—弗拉斯科耶屯

---

39 編注：約四百一十公克。

墾區（Galkino-Vraskoye），或又稱為錫安奇屯墾區。這個屯墾區創立於一八八四年，地處塔科伊河和奈布河的交會點，風景很美，但就是有其不利之處。春秋兩季，或甚至夏天雨季來臨之時，奈布河就像許多山裡的溪流一樣反覆無常。錫安奇屯墾區首當其衝，到處氾濫成災，激烈洪流擋住塔科伊河流入奈布河，塔科伊河的河水因此溢出河岸而氾濫成一片。塔科伊河的一些支流也同樣氾濫成災，整個屯墾區變成跟威尼斯一樣，人們划著愛奴人的小船到處鑽來鑽去，建在低窪地區的木棚屋底層全部泡在水中。當初選擇這個地方當做屯墾區的人是一位叫做伊凡諾夫的先生，他對屯墾業務不了解，正如同他不了解愛奴人和吉利亞克人的語言，他還被當局任命為這兩個族人語言的翻譯官。他當時還是當地監獄的副典獄長，執行著今天屯墾區督察員的職務。當時愛奴人和一些屯墾放逐者曾提醒他要注意這是個沼澤地區，要留意水患，他完全不加理會，甚至有抱怨的，一律鞭刑侍候。結果在一次洪水中，一頭公牛被淹死，在另一次洪水中也有一匹馬死去。

在塔科伊河和奈布河交會處形成一個半島，有一座橋可以通往那裡，這裡風景非常美，完全是田園詩的景象。辦公室裡頭很明亮乾淨，還擺有一個火爐。從外面陽台可以看到河流，庭院有一個小花園。老囚犯沙維爾也夫是這裡的守門人，有官員來這裡過夜時，他就充當僕人和廚師。有一次他侍候我和另一位官員吃晚飯時，上菜的方式不妥當，我們的官員當下厲聲喝斥道：「你這大傻瓜！」我望著這位溫馴膽怯的老囚犯，當時心裡忍不住這樣想著——今天還是這樣想——俄羅斯知識分子對流刑地苦役唯一能成功的事情，就是以平庸粗鄙的方式將之減低到成為一種奴隸狀態。

這個屯墾區一共有七十四個住民，五十個男性和二十四個女性，在所設定的住戶當中，有二十九位戶長具有放逐農夫的身分。

沿著公路所設立的最後一個屯墾區是杜布基，創立於一八八六年，建在一個橡木樹林的旁邊。杜布基和錫安奇之間距離八俄里，這中間我們會看到一些大火燒過的林子，林子和林子之間有些草地，我聽說卡波爾茶葉就是產在那裡。

有時你驅車經過這裡時，他們會指著一條溪流給你看，他們會告訴你說，這是以前屯墾放逐者馬洛維奇金釣魚的地方，現在這條溪流就以他的名字命名。杜布基屯墾區目前有四十四個住民，包括三十一個男性和十三個女性，設有三十個住戶。這個屯墾區的地點很理想。他們的理論是，能夠生長橡樹的方，其土壤必定也適合生長小麥。如今這裡的大部分土地都闢為農耕地和乾草田。這裡不久前還是一片沼澤地，Y先生提議，當地屯墾放逐者就在這裡挖了一個一沙鎮深的壕溝，一路通到奈布河，現在狀況良好。

許多牌棍、藏匿贓物的宵小和逃獄者紛紛匯集到這裡來，也許是因為這個小屯墾區地處隱蔽地點，自成一個世界，跟外界幾乎完全隔絕。今年六月時，本地屯墾放逐者李凡諾夫賭光他所有家當，在家裡吃烏頭草服毒自盡。

從杜布基屯墾區到奈布河的出海口只有四俄里，但這塊地方並不適合屯墾耕作，河流出海口附近到處都是沼澤地，沿海地段又都是沙地，更不適合耕作，頂多能夠種些具有海洋特性的莓類植物而已。有一條道路通向海邊，但也可以划著愛奴人的小船沿著河流抵達那裡。

以前奈布奇軍哨站就坐落在河流出海口處，這個軍哨站創立於一八六六年。探險家米特朱爾於一八七〇年代初期來到這裡時，他看到這裡有十八棟建築，屬於住宅和非住宅，外加一間小教堂和一家雜貨店。一八七一年，一位通訊記者來到這裡，他寫說有二十位士兵，由一位候補軍官指揮，駐紮在這裡。在一間木棚屋裡頭，一位高個子的漂亮女兵還招待他吃新鮮的雞蛋和黑麵包，這位女兵說住在這裡很愉快，唯一缺點是這裡的糖太貴了。

今天再也看不到那些木棚屋的遺跡了，往四周圍的原野望去，那位美麗的高個子女兵似乎只像是一則神話。他們此刻正在這裡蓋一棟新房子，好像是在蓋監工的辦公室，或是一間氣象中心。咆哮的海浪冰冷無色，灰色海浪不斷拍打沙灘，好像絕望地這樣喊道：「喔，上帝，你為什麼要創造我們？」這裡是大海洋，也就是眾所周知的太平洋。我們在這裡可以聽到附近奈布奇河岸旁建築工事裡囚犯們揮動斧頭的聲音，在海洋的對岸，是美國⋯⋯。往左邊望去，薩哈林島的岬角在薄霧中隱約若現，往右邊望去，更多的岬角⋯⋯往四周圍看去，看不到一個人或一隻鳥，連蒼蠅也沒有，這些海浪不知道在為誰吼叫，也許有人會在夜裡來這裡聽它們吼叫。等我走了以後，就再也沒半個人了。人站在岸上時，腦筋充塞的不再是連貫的邏輯思考，而是一連串斷續的反思和夢幻，感覺不是那麼好。就在此時，你卻會有一股慾望想永遠待在那裡，繼續看著海浪單調乏味的沖擊，以及傾聽那充滿威脅的吼叫聲。

14

塔雷卡、自願屯墾者、他們的失敗、愛奴人，他們擴展範圍的限制、他們的組成、外貌、飲食、住宅、習俗、日本人、庫斯—科坦大峽谷、日本領事館。

在波洛涅河最南邊流入札利夫海灣的一條支流旁邊，我們來到西斯卡（Siska）屯墾區，本地人稱它為塔雷卡。整個塔雷卡在行政劃分上屬於南部地區，但只是幾個點而已，它的面積綿延四百俄里，甚至延伸到哥薩科夫斯克。這裡的氣候很糟，甚至比北方的杜埃還糟。我在前面第十章曾提到官方預計設立的行政區即叫做「塔雷卡區」，將涵蓋所有沿著波洛涅河所設立的屯墾區，包括現在這個西斯卡屯墾區。以後在南方登陸的囚犯將往這邊送。根據官方資料所登記的人數，這裡目前只有七個住民：六個男性，一個女性。我沒去那裡參訪，但這裡有一則別人的記載資料：「這整個地區，包括屯墾區在內，可說極為慘淡。首先，這裡缺飲用水和柴火，這裡的居民只能飲用井水，一遇到下雨，井裡的水就像永凍土的水一樣，一片紅色。屯墾區坐落在海岸一帶，那裡都是沙土，四周圍則是永凍土……一般說來，這裡給人的整體印象是陰鬱、悽慘。」

在結束南薩哈林島的參訪之前，照例有幾句結論的話要說，談論一下曾經在這裡的住民，以及眼下住在這裡獨立於放逐殖民地之外的人們。我將從自願的殖民活動開始。早在一八六八年的時候，東西伯利亞地區的一個行政單位獲准移置二十五個家庭到薩哈林島南部從事屯墾業務，他們首先想到的是具有自由人身分的農夫。在阿穆爾河沿岸一帶從事屯墾工作的農民，但成效不大，有一位作家還說他們這組織的成果「很可悲」，這些屯墾者則是「值得同情的可憐蟲」。這些人都是來自烏克蘭切爾尼郭夫省（Chernigov Province），他們在來阿穆爾河之前，早在托玻爾斯克省（Tobolsk Province）做過屯墾工作，並未成功。現在當局建議他們移民到薩哈林島南部，提供非常優渥的條件：兩年免費的麵粉和麥片粉，另外還有耕田器具、牛隻、穀粒等，甚至還有金錢借貸，這些開銷以五年期限償還，同時還免除他們二十年賦稅和兵役之義務。有來自阿穆爾河的十個家庭，以及來自巴拉幹地區和伊爾庫次克省的十一個家庭，都表示願意配合前往，總共有一〇一個人。一八六九年八月，他們乘坐曼德朱爾號補給船出發，先到穆拉維幼夫斯克軍哨站，再從鄂霍次克海繞過阿尼瓦岬角，最後抵達奈布奇軍哨站，這裡距離他們的目的地塔科伊河谷只剩三十俄里而已，他們將在那裡展開自願殖民屯墾的奠基工作。這時秋季已臨，所有內河航行的船隻已經停駛，最後

「曼德朱爾號」讓他們在哥薩科夫斯克軍哨站下船並卸下他們所有家當，他們預計從這裡穿過乾燥的土地，開路前往塔科伊河谷。借用米特朱爾的話，迪亞科諾夫少尉帶著十五個人「出發了」，清理了一條穿過森林的狹窄道路。他們前進的速度很慢，有十六個家庭等得不耐煩，就推著牛車直接穿過大片台加，直奔塔科伊河谷。地上積雪已深，他們必須拋棄一些馬車和重錙，才能繼續前進，他們最後終於於十一月二十日抵達塔科伊河谷，一到達那裡立即著手蓋簡單茅屋和地窖，以備禦寒過冬。就在聖誕節的前一個禮拜，其他最後六個家庭也到了，卻苦於沒有歇腳的地方，也來不及蓋出可以住宿之處，他們就在奈布奇四處尋找歇腳之處，最後終於在庫斯奈軍哨站找到臨時落腳的地方，在士兵的軍營過冬，隔年春天才回到塔科伊河谷。

「就在這節骨眼，官僚機構的草率態度和無能開始產生影響。」一位作家這樣寫道。他們許諾給每個家庭價值一千盧布的耕具，以及四頭不同種類的家畜，等到他們在尼古拉耶夫斯克港要上船時卻大打折扣，沒有石磨，沒有耕牛，所有的犁具都少了犁頭。冬天時，狗拉雪橇送來犁頭——卻只有九個，他們向當局申請剩餘的犁頭，但他們的要求「沒有引起應有的重視」。牛隻於一八六九年的秋天終於送到庫斯奈，抵達時全都累得半死，在庫斯奈也沒有飼料給牛吃，該年冬天送來的四十一隻耕牛，死了二十隻。馬匹留在尼古拉耶夫斯克港過冬，因馬匹飼料過於昂貴，他們就先把這批馬賣了，隔年在札拜卡爾地區買了一批新的，還附了保證書，可是後來還是證明不如舊馬，送到之後還被屯墾農夫們退了好幾匹。他們所提供的穀粒幾乎無法發芽，他們竟然把春天播種的裸麥穀粒和冬天播種的裸麥穀粒混在一起，放在同一個袋子裡交給他們。儘管是國家當局所發放的東西，這些穀粒最後只得全部作廢，拿來餵牛或是自己吃掉。而且沒有石磨，所以穀粒只能用蒸的方式蒸成粥。

就在一連串歉收後，一八七五年又迎來一場大水災，徹底擊潰了這些自願屯墾者想在薩哈林島建立農耕事業的信心。他們開始萌生另移他地的打算。在阿尼瓦海灣的岸邊，在哥薩科夫斯克和穆拉維幼夫斯克兩個軍哨站之間，有一個叫做奇畢沙尼的地方，一個擁有二十個農場的新的屯墾區剛剛成立，他們獲悉消息之後，開始向當局申請移居烏蘇里地區（南烏蘇里）的許可。他們原以為以他們條件，應該可以優先獲得許可，沒想到一等就是十年，這之間他們只能靠狩獵黑貂和捕魚過生活，最後終於在一八八六年得到許可獲准移居烏蘇里地區。「他們放棄先前所建立的家園，」一位新聞記者這樣寫道：「口袋空空如也，帶著極少數家當，以及每戶人家所分配到的一匹馬，開始了他們的遷徙之旅。」（一八八六年第二二號《海參崴》雜誌）。今天，在包爾斯霍耶（Bolshoye）和塔科伊兩個短距離的屯墾區之間，離道路不遠處，我們可以看到一個大火焚燬過的區塊，那就是自願屯墾者曾經建立的一個屯墾區，他們在此所蓋建的木棚屋，在他們離開之後早已被一些浪人放火焚燬。我聽說在奇畢沙尼（Chibisani）的屯墾區，有一些木棚屋和教堂，甚至學校的一些教室，至今都還沒啟用過，我並未去那裡參訪。

今天只剩下三個自願屯墾者還留在薩哈林島：克霍穆托夫，我已經提過，以及兩個在奇畢沙尼出生的女人。一提到克霍穆托夫，大家就會說「他在到處遊蕩」，據說他可能住在穆拉維幼夫斯克軍哨站，但很少人見過他，他在布斯灣（Busse Bay）靠狩獵黑貂和捕抓鱘魚過日子。至於另外那兩個女人，其中一個叫蘇菲亞，嫁給一個叫做巴拉諾夫斯基的放逐農夫，他們目前住在米特朱爾卡。另一個女人叫做阿妮夏，她嫁給一個叫做李奧諾夫的屯墾放逐者，他們目前住在特列提雅台地。不久之後，克霍穆托夫將會死在這裡，那兩位女人將跟隨她們的丈夫前往西伯利亞大陸發展，有關自願屯墾者的事蹟將慢慢從人們的記憶中消失。

因此，自願屯墾者在南薩哈林島的殖民屯墾業務可以說是全盤失敗，很難判斷要歸咎於嚴峻惡劣的大自然環境，或是出於行政官僚的無能。畢竟試驗短暫，參與者也缺乏耐性，他們向來在西伯利亞大陸過著類似游牧的生活，因此若再試驗一次，結果也很難預料。這次的殖民地的屯墾業務，失敗我認為帶有兩個教訓意義，其一，這些自願屯墾者其實從事農業的時間並不長，在到達西伯利亞大陸之前的十年裡都是以狩獵和捕魚為生；年邁的克霍穆托夫留在薩哈林島，寧可重操狩獵和捕魚舊業，也不願意去種麥子和包心菜。其次，如果這個自由人健康且充滿活力，當他每天都在談話中聽說距離哥薩科夫斯克僅有兩天旅程的地方就是溫暖而豐饒的南烏蘇里地區，要讓他留在南薩哈林島上是不可能的。

南薩哈林島的當地居民，也就是地方上的原住民，當被問及他們是誰時，他們不會回答說他們是哪一族人，或哪一個民族的子民，而只是簡單說他們是「愛奴人」，「愛奴」的意思是「人」。在席蘭克所編繪的人種分布地圖上，黃色部分即是愛奴人的分佈地區，這個地區包括日本的松前島（Matsmay），以及薩哈林島南端到札利夫海灣部分，他們有些也住在千島群島（Kurilians）上，因此俄國人叫他們為千島人。住在薩哈林島上的愛奴人有多少，沒有精確統計過，但很明顯正在大幅度迅速減少當中。大約二十五年前，杜布洛特沃爾斯基博士在薩哈林島上做過調查，他說曾經有一度光在布斯海灣那一帶就有八個很大的愛奴人聚落，人數最多者多達兩百人，在奈布河那一帶，他還發現到有許多愛奴人的屯墾痕跡，他從許多不同來源獲得愛奴人人數多寡的事實，總共有三個：兩千二百八十五人，兩千四百一十八人，以及兩千〇五十人。他認為最後一個最為可信。根據博士同一時期的另一位作家的記載，沿著哥薩科夫斯克軍哨站的河流下來，兩岸佈滿許多愛奴人的屯墾區，但我這次來並未在軍哨站附近看到半個愛奴人的屯墾區，只在塔科伊和席安季兩個屯墾區附近看到一些愛奴人住過的茅屋。根據官方所刊行的《一八八九年哥薩科夫斯克地區原住民所登記戶籍人口》顯示，愛奴人男性有五百八十四人，女性五百六十九人。

杜布洛特沃爾斯基博士認為愛奴人會逐漸消失的原因是頻繁的部落戰爭和偏低的

生育率，以及更主要的——疾病。梅毒和壞血病最常見，天花也經常發生。

但上述沒有一個能夠解釋為什麼愛奴人消失得如此之快。在過去二十五年到三十年之間，薩哈林島上並未發生什麼戰爭，也未流行什麼重大傳染疾病，可是愛奴人的人口卻驟減了整整一半。我的看法是，他們的人口會流失那麼快，就好像冰塊在溶化一般，並不單單只是他們人口在遞減，最主要因素應該是，他們的人口在不斷外移。

早在俄國人佔領薩哈林島南部之前，愛奴人早已受日本人奴役，主要是愛奴人性情溫順，但更重要的是因為挨餓，沒有米他們就活不下去。

俄國人來了之後，解放了他們並保護他們，同時不干預他們的內政。一八八四年幾個逃獄囚犯屠殺了幾個愛奴人家庭，一位狗拉雪橇的愛奴人車伕拒載公務郵件而被鞭打；另外還有愛奴人女性被俄國人凌辱強暴。這些都是個別單一事件。真正嚴重的是長期以來愛奴人沒有米吃，俄國人來了，雖然帶來自由和自主，卻沒帶米來。如今日本人走了，他們也不肯捕魚，無以為生就開始挨餓，他們不像吉利亞克人，光吃魚和肉就可以過生活，他們一定要吃米。結果儘管他們那麼不喜歡日本人，還是紛紛移往附近日本人管制的松前島。我讀到一篇舊的雜誌上的報導（《聲音》雜誌，一八七六年第十六期）記載，有一個愛奴人的請願團來到哥薩科夫斯克軍哨站，他們要求給工作，要不然至少給種馬鈴薯的種子並教導他們怎麼種馬鈴薯，可當局的承諾從未兌現，貧窮挨餓的愛奴人紛紛移往松前島。另外一篇報導（《海參崴》雜誌，第二八號），愛奴人也曾提出書面請願，但根本沒有人理會，他們只好不斷移往松前島。

愛奴人的皮膚很黑，像吉普賽人，男人大多留濃密大鬍子或小鬍子，頭髮黑色，身材中等，體格健壯；眼睛是黑色的，富有表情且溫柔；臉部寬廣而粗獷，誠如海V・林姆斯基－柯薩科夫所描述：「臉沒有蒙古人那麼平，眼睛也沒有中國人那麼斜。」有人說，一個留著大鬍子的愛奴人，看起來很像我們歐洲俄羅斯地區的農夫。他們所穿的袍子和我們一般人所穿的袍子（chuyka）的確很像。一個愛奴人穿上袍子，再繫上腰帶，看起來就十足像我們城裡某個商人的車伕了。

愛奴人身上會長出很多黑色的細毛，特別是在胸膛，有時還會長成一綹一綹的，再加上連野蠻人身上都很少見的鬍子和頭髮，全身看起來毛茸茸的，經常會嚇到來此地參訪的外地遊客，他們回去以後都把愛奴人形容成全身是毛的動物。哥薩克人在上個世紀時，還在千島群島上跟當地土著（愛奴人）強硬勒索獸皮，說他們全身毛茸茸的。

愛奴人的生活位置，與毛髮稀少種族的生活位置相近，造成人種學家在研究上的困難。截至目前為止，科學界尚無法將愛奴人歸納入任何種族而給予適當的位置，有時將之歸納入蒙古族，有時則是哥薩克族，有一位英國人甚至認為他們是猶太人的後裔，在遠古時代他們被丟到一些日本的島嶼上。今天比較可信的說法有兩個：一個是愛奴人本身即屬於一個特殊人種，與其他任何人種無關，在過去歷史裡，他們居住在東亞的一些島嶼上面。另一個說法來自我國人種學家席蘭克先生，他認為愛奴人是屬於遠古亞洲地區的一個人種，後來被蒙古人趕出亞洲大陸，逃回附近的島嶼老巢。他們逃亡的路線還跨過韓國，一路從南往北，從溫暖奔向寒冷，更換的生存環境越換越差。他們並不好戰，他們厭惡暴力，要征服他們或奴役他們並不難。他們被蒙古人趕出亞洲大陸，跑到日本島嶼又被日本人趕走，跑到千島爾群島被哥薩克人欺負凌辱，好不容易來到薩哈林島南部，吉利亞克人又規定他們不准越過塔雷卡一步，他們實在躲到沒地方可躲，處境真的非常絕望堪憐。你今天在路上碰到一個愛奴人——一般都是赤腳不戴帽，上衣剪裁到膝蓋上面，他會對你彎腰行禮，用極友善的眼神望著你，樣子非常悲哀。彷彿屢屢受挫的人，為活到這把年紀，鬍子都已長到這麼長，仍一事無成而感到極度不安。

有關愛奴人的細節，大家不妨參閱席蘭克、杜布洛特沃爾斯基博士和A·波隆斯基等人的著作。他們對吉利亞克人在飲食和衣著的論點一樣適用於愛奴人，唯有一點例外，那就是愛奴人只愛吃米，這是祖先的遺傳。他們的祖先曾居住在南方一些島嶼上面，因為無米可吃而備嘗艱辛，他們不喜歡吃俄羅斯麵包。他們的飲食和吉利亞克人很不一樣，比較豐富多樣，他們除了吃魚和肉，也吃植物，有時也吃軟體動物，以及義大利乞丐愛吃的「沼澤菓」。他們少量多餐，幾乎每小時都吃；一般而言不像北方蠻族那樣大吃大喝。由於斷奶後的兒童，飲食會直接變成魚類或鯨魚肉，因此普遍斷奶得晚。林姆斯基—柯薩科夫說他有一次就看到一個愛奴人婦女在給一個三歲的小孩餵奶，這個小孩已經很大了，可以在附近跑來跑去，像大人那樣，腰間還繫著一把小刀。南方對他們在衣著上和住居場所影響甚大，這裡所說的南方指的是真正的南方，而不單單只是薩哈林島的南部。夏天的時候，愛奴人會穿著草葉和樹皮編織而成的襯衫四處走來走去，比較沒那麼窮的時候，他們會穿絲質的袍子外出。他們平常不配戴任何頭飾，不管是夏天還是冬天，總是赤著腳四處走來走去，直到開始下雪。他們住的茅屋老是煙霧瀰漫，而且很臭，儘管如此，和吉利亞克人住的地方比起來，卻還是更為整潔明亮，也更為「有文化」一些。茅屋旁邊有一塊地方專門曬魚乾，一股潮濕而令人窒息的腥臭味可以飄到很遠的地方，有好幾條狗在那裡狂吠和打架，有時你會看到屋旁有一個小鐵籠，裡頭坐著一隻小熊，這是他們準備冬天過「熊節」時要殺來吃的。有一天早上我就看到一個十幾歲女孩用一支小鏟子叉著一隻沾水的魚乾來餵熊。愛奴人的茅屋一般由單薄的木頭和木板建成，屋頂上橫放著一些細竿子，再鋪上一層乾草。屋內床板沿著牆壁架設，上方再釘一個架子，用來擺放各式各樣的器具。除擺放獸皮，漁網的浮筒以及各種陶瓷器皿之外，還有簍筐和小塊毯子，甚至樂器。屋子的主人總是坐在床板上不停吸著煙斗，你問他問題，他會簡短回答，禮貌中帶有不情願。茅屋房間的中間擺有一個火爐，裡頭生著柴火，煙霧從屋頂的一個小洞排放出去，在火爐的上方用吊鉤吊著一個黑色大鍋子，裡頭正在煮魚湯，一鍋灰色的、泡沫狀的液體。我心想，給歐洲人再多的錢也會不願意喝一口。有幾個像怪物一般的女人圍坐在大鍋子旁邊，愛奴人的妻子和母親缺乏魅力，而她們的男人則強健和英俊。有許多作家描寫過愛奴人的女人，說她們是如何的邋遢和倒人胃口，她們的皮膚暗黃無光如同一張羊皮紙，眼睛細小，目光無神，頭髮又直又硬，一直往下垂，又不長成捲髮。長長地，有如鬃毛一般散亂地披在臉上，看起來就像是披在一間舊倉庫屋頂上的稻草。她們的衣著齷齪邋遢，身材異常削瘦，表情老態。結過婚的女人特別喜歡在嘴唇上面塗上墨藍色，失去人類的面部特徵。我看到她們時，她們正用杓子要撈起魚湯裡的浮渣，面容嚴肅，幾乎是嚴厲地——讓我覺得看到活生生的女巫。但是，她們的小孩或十幾歲的女孩倒是不會創造出這種令人倒胃口的印象。

愛奴人從不洗澡，不脫衣服就上床睡覺。

大家在談到愛奴人時，大多盡量用好的詞彙去形容他們，都一致認為他們天性溫和善良，本質很好，極可信任，也容易溝通，而且彬彬有禮，在狩獵時很勇敢。套用曾和拉貝魯茲一起來薩哈林島探險的羅倫博士的話講，他們說得上「有文化教養，有智慧。」他們本性中即包含有不自私、開朗、以及信任友誼和慷慨之價值等特質。他們真誠，絕對無法忍受欺騙。我國著名探險家，海軍上將克魯岑希頓來這裡探險，要離開時滿心歡喜，他列舉許多他們優良的心理特質，然後下結論說道：「這種稀有的優良特質絕不是來自後天的教育提升，而是其天生所遺傳本性即是如此，這是我所見過最優秀的人種。」A．盧旦諾夫斯基這樣寫道：「在薩哈林島南部真再也找不到比我們碰到的這些人更溫和良善的了。」任何形式的暴力都會引起他們極端的反彈和恐懼。A．波隆斯基從檔案裡找出一段有關愛奴人的悲哀插曲，事情發生在一個世紀之前的千島群島上。當時一位哥薩克中尉丘爾尼在那裡勸導當地愛奴人加入俄國國籍，看他們沒什麼反應，就突然想到要鞭笞他們：「愛奴人看到這光景全都嚇呆了，當他們看到兩個女人被反綁著拖出來要鞭打時，有幾個愛奴人就乘隙跑向一個險峻的懸崖邊，另一個愛奴人帶著二十個女人和小孩，跑到海邊坐上獨木舟要逃跑，來不及逃跑的一些女人就被綁在那裡鞭打。同時之間，哥薩克人帶著六個愛奴人去追捕那些逃掉的愛奴人，為了怕他們跑掉，全都用鐵鍊把雙手反綁在後面，其中一個愛奴人受不了這殘酷折磨，竟當場死掉了。他們把屍體拋入海裡，整個屍體都已膨脹了起來，手部看起來像是被剝了皮在熱水裡煮過一般。末了，丘爾尼中尉為了警惕這些愛奴人，就說：「咱們在俄羅斯都是這樣在辦事的。」

在下結論之前，我還有幾句關於日本人的話要說，他們在薩哈林島南部的歷史上曾扮演過多麼重要的一個角色。我們大家都知道，薩哈林島南部，占整個島三分之一範圍的面積，要到一八七五年之後才真正無條件完全屬於俄國，在那時之前，全為日本人所盤據。E．郭利琴親王在他所寫的《一八五四年航海暨航海天文學實用手冊》一書中（這本書至今仍為許多航海者在使用）甚至把薩哈林島北半部和瑪麗亞

（Mariya）及伊麗莎維塔（Elizavera）兩個岬角也都劃入為日本管轄的範圍。但是當時許多人，包括我國航海家奈維爾斯柯伊在內，都一致認為薩哈林島南部會隸屬於日本實在是很奇怪的一件事，連日本人自己都覺得奇怪，後來俄國人竟莫名其妙承認薩哈林島南部確實是日本人的土地。日本人最早出現在薩哈林島南部是本世紀初期的事情，不可能更早。我國探險家布斯先生於一八五三年來到這裡時，曾記下他和幾個上一輩愛奴人老者之間的談話，他們說：「薩哈林島是愛奴人的土地，這裡沒有日本人的土地。」早在一八〇六年時，克沃斯托夫的探測工作來到這裡，他就在阿尼瓦海灣那一帶發現有一個日本人屯墾區，那裡的建築物看起來也都像剛蓋好不久，可見日本人才剛來沒多久。隔後不久，克魯岑希頓於四月裡來到這裡，正值鯡魚季節，除此還有各式各樣的魚類，甚至還有海豹和鯨魚，整個海面好像在沸騰一樣。他看到許多日本人在海裡用桶子撈魚，而不是用大的拖魚網捕魚，可見這裡當時根本還沒有存在什麼魚產業，不像現在所建立的大規模魚產工業那樣。這些第一批的日本殖民者大多是逃亡的罪犯，或是曾經在域外混生活如今回不了家的人。

在本世紀初，由於我國政府的積極外交活動，薩哈林島的存在終於引起了大家的注意，外交大使雷札諾夫由政府授權和日本締結貿易協定，並進一步努力「要取得薩哈林島的宗主權，薩哈林島並未屬於日本，亦未屬於中國。」然而他的做法卻十分笨拙，「日本人對於基督教信仰缺乏耐性，」他下令他的部下在參與會議時要忍耐，「不要配戴十字架或任何象徵基督的東西，比如聖像或祈禱書之類等等。」依克魯岑希頓的說法，雷札諾夫後來被拒絕參加聽證會，被剝奪配劍，「由於這一缺乏耐性的結果」，他幾乎已被剝奪所有的權力，而這是我們的外交大使，是俄羅斯的頂尖人物！雷札諾夫很不甘心，決定向日本人報復，他命令海軍司令克沃斯托夫去稍稍教訓一下薩哈林島上的日本人，當然不是以正式方式下達命令，而是以迂迴方式——將密令封在一個信封裡，收到後立即行事。[40]

雷札諾夫和克沃斯托夫是首先承認薩哈林島南部屬於日本人的人。然而日本政府並未真正佔領南薩哈林島，只是派遣土地測量員前往測量並了解該地實際狀況而已。大致說來，在薩哈林島的整個發展歷史過程當中，日本這個活潑機智且敏捷幹練的民族，並未對它表現過什麼積極的態度，唯一能夠說明的理由是，他們和俄羅斯一樣，始終無法確定自己對薩哈林島有什麼權利。

就在日本人實際測量過薩哈林島的地理環境之後，他們想到似乎可以在這裡從事殖民業務，至少在農耕方面，然而他們的想法錯了，因為後來事實證明並不如他們所預期。根據當時工程師羅帕金的講法，日本工人根本無法忍受這裡酷寒的冬天，只有少數日本一些企業主來薩哈林島，極少數還帶著妻女，像士兵紮營那樣住著，能撐過

40 譯注：後來克沃斯托夫帶領俄軍在南薩哈林島的阿尼瓦海灣一帶掠奪日本人，引起日本當局的警覺，但也只是警覺而已。

這裡冬天的人極為少數，大部分人帶著無用之物回到日本。他們不種植東西，也不經營菜園或豢養牛隻，所有家當都從日本帶來。南薩哈林島這一帶唯一吸引他們的東西是魚，魚穫可以帶給他們高額的收入，因為這裡的魚產實在太豐富了，愛奴人成為他們的廉價勞工，幾乎無償。他們在漁業上的獲利起先是一年有五萬盧布那麼多，後來飆到每年三十萬盧布，難怪每個日本的漁公司老闆都是絲袍子架身，穿金戴銀。剛一開始的時候，日本人只在阿尼瓦海灣沿岸一帶以及毛卡地區設有商業據點，這些據點都坐落在庫斯—科坦（Kusun-Kotan）大峽谷裡面，當今的日本領事即是住在這裡。後來他們鑿穿阿尼瓦海灣和塔科伊河谷之間的森林，形成一個路塹，他們就在那裡開設許多商店，距離今天的加爾基諾—弗拉斯科耶不遠，這個路塹今天還在，就叫做「日本路塹」。後來他們繼續往前延伸到塔雷卡，在波洛涅河一帶捕魚，並在那裡建立西斯卡屯墾區，他們的船甚至還來到尼伊斯基海灣，波利雅科夫說他在一八八一年行駛在特洛河上時，曾碰到過一艘裝備漂亮嶄新的日本漁船。

起初日本人只對薩哈林島的經濟效益感興趣，如同美國人只對薩哈林島附近的「海豹島」。直到俄國於一八五三年在穆拉維幼夫斯克建立了軍哨站之後，日本才真正開始佈署他們的政治活動，但他們害怕喪失捕魚的優渥收入和當地愛奴人免費勞工，因此他們特別小心翼翼和俄國人周旋。他們一直在增強他們在島上的影響力，藉以和俄國人互相抗衡。但結果是，也許由於他們對自己在島上的權利不是很確定，他們這次和俄國的抗爭竟導向一個依舊沒結果的方向，最終以荒謬終場。日本人表現得像孩子一樣。他們開始在愛奴人中間散佈中傷俄國人的壞話，並揚言要把所有俄國人抓來碎屍萬段。俄國這邊，就選了一個地方建立起一個軍哨站，日本人也不甘示弱，就在離俄國軍哨站不遠的河流對岸，設立起類似軍事設施的木樁，藉此發揮威嚇作用。雖然想展現可怖的一面，但日本人仍是愛好和平且性情溫和的民族，他們不斷送來鱒魚給俄國士兵加菜，我們的士兵跟他們要求捕魚的魚網，他們二話不說，立刻如數送來。

一八六七年兩國簽署一個協定，薩哈林島由兩國共同擁有，兩國政府互相承認兩國人民都有權利經營薩哈林島，協定中強調，兩國不准任何一方獨佔薩哈林島。然而不久之後，也就是一八七五年，兩國又簽訂了一個條約，俄國以千島群島和日本交換薩哈林島的獨佔權，薩哈林島終於正式成為俄羅斯帝國的一個部分，日本獲得千島群島作為補償。

就在哥薩科夫斯克軍哨站所在的峽谷旁邊，還有另一個大峽谷，這裡過去曾是日本人的聚落，叫做庫斯—科坦。如今沒有一棟建築物留下來，我只看到一家日本人開的小商店，裡頭賣些禮品雜貨之類。我走進去買了幾粒日本硬梨，看樣子這店才剛開業不久。在這大峽谷的最精華地區矗立著一幢白色房子，飄揚著一面白底紅圓圈的旗子，這裡就是日本的領事館。有一天早上，外頭正吹著東北季風，房間裡很冷，我正裹在棉被裡取暖，這時日本領事久瀨先生和他的秘書杉山先生來造訪，我第一件事情就是跟他們道歉說，這裡實在是太冷了。

「喔，不，」我的客人說道：「你的房間溫暖極了。」

我從他們臉上表情和說話聲調，可以感覺到他們似乎想說，我的房間不只是溫暖，簡直就是熱，像是地球上難得一見的樂園。這兩位都是純正的日本人，中等身材，都有一張像蒙古人的臉龐。領事久瀨先生看去大約四十左右的年紀，沒有留鬍子，看不太出鬍渣，體格結實。他的秘書杉山先生大約年輕十歲左右，戴著深藍色鏡框的眼鏡，但看起來就是有肺病的樣子——顯然是薩哈林島氣候的犧牲者。隔了一會兒又來了另一位祕書，鈴木先生，身高略低於平均，上唇留著很濃密的小鬍子，兩邊的尾端像中國人那樣向下捲曲。他的眼睛很細，而且斜斜的。從日本的審美觀點看，他說得上是個充滿魅力的英俊男人。有一次我們提到日本的某一位大臣時，久瀨先生就說：「他很帥，很有男人氣概，很像我們的鈴木先生。」他們外出時都穿歐式服裝，他們俄語說得非常好，我造訪他們的領事館時，時常看到他們在讀法文或俄文書，他們有滿滿一整櫃的書。他們都受過歐式教育，舉止有禮、親切、體貼。對這裡的地方官員而言，日本領事館實在是一個舒適的好地方，大家來到這裡會感覺很放鬆，會暫時整個忘掉監獄、苦役、爭吵以及所有不愉快的事情。

日本領事館的主要工作是仲介日本企業家來這裡經商貿易時，和本地官員之間意見的協調溝通。碰到重大節日時，總領事久瀨先生就會帶著他的秘書，穿著筆挺，從庫斯－科坦大峽谷走路來到軍哨站，特別來拜望我們的地區總督並致上至高敬意。我們的地區總督貝里先生也會回拜如儀，每年的十二月一日是日本天皇的生日，他會帶著所有官員前往庫斯－科坦的領事館拜望致意，然後大家開香檳慶祝。有時他們會來參觀拜望我們停放在港口的軍艦，我們會以七響禮炮跟他們致意。就在我來這裡的停留期間，適巧久瀨先生和鈴木先生獲頒安娜和史丹尼斯拉夫第三級榮譽勳章，貝里先生親自帶著S少校和警察局秘書F先生，穿著端莊畢挺的制服前往庫斯－科坦頒發勳章，我也跟著一起去湊熱鬧。日本人因為這勳章和盛大莊嚴的頒獎典禮而覺異常感動，大家當場開香檳大肆慶祝，我看到鈴木先生特別開心，他手上拿著勳章反覆從各個角度觀看個不停，好像小孩在把玩新到手的玩具那樣。我可以從他那「英俊而充滿男子氣概」的臉上看出他此刻的內心掙扎，一方面他想趕快衝回家跟新婚妻子展示這個勳章，但又礙於禮儀，不好意思隨便離開在場的賓客。

為南薩哈林島殖民屯墾區的參訪下結論之後，我如今要進一步來觀察這些屯墾區的特異性，無論是重要和不重要的，這些特異性將構成我們殖民屯墾區生活的全貌。

15

屯墾住戶、獲得屯墾放逐者身分、選擇新屯墾、建立家庭、共享者、由屯墾放逐者、將屯墾放逐者移轉到內地、在屯墾區的生活、監獄的附近、與出生地和社會地位有關的人口結構。

除了主要目標如報復、灌輸恐懼或矯正，另一個重要的附帶目標，就是殖民屯墾。監獄和殖民屯墾是互不相容的，監獄牢房的集體生活會把一個囚犯貶低成為奴隸，他會隨著時間沉淪，長期群聚會扼殺其本能，健康會每況愈下，人變得老邁，志氣消沉。越晚出獄越不可能成為殖民屯墾業務中有用的分子，只是負擔而已。正因如此，有實際殖民屯墾經驗的人首先主張須縮短囚犯的監禁和強迫勞動期限，政府的《放逐法規》據此做了讓步的大幅修訂。在「可教化」範疇的犯人服刑十個月就算做一年。在第二和第三範疇的犯人，比如那些被判刑四到十二年刑期的犯人，如果被分派去礦坑服勞役，他們服十二個月的刑期就算做十八個月，依此類推。當然，如果碰到「皇家特赦」，則刑期會縮得更短。

一般來講，根據法規，一個囚犯如果被轉列入「可教化」的範疇，那麼他就可以住到監獄外面，住到自己的屋子裡面，甚至結婚生子，領取津貼，建立自己的家庭。實際狀況要比法規的規定走得更遠，為了使囚犯身分更易於轉換成有更多可自由行動的身分，阿穆爾地區（含薩哈林島）的總督於一八八八年頒布一項法令，規定工作認真和行為良好者，可在刑期到滿之前提早解除囚犯身分。薩哈林島總督柯諾諾維奇將軍立即轉頒這項法令（第三〇二號），並承諾如果一切行為符合規定，將提早二年或甚至三年解除囚犯的勞役刑期。除此，即使沒有法律條款或規定的允許，所有女性囚犯都一律可以住到監獄外面，只因為這樣做對殖民屯墾業務有好處，他們可以住到自己家裡，或是住到有自由人身份的人所居住的區域，好比一些「緩刑者」或甚至是無期徒刑囚犯，只要他們有家庭或者本身是手藝好的工匠、是狗拉雪橇的車伕、土地測量員等等，也可以住到監獄外面，情況是一樣的。大抵說來，這樣做法單單只是為了「人道考量」，似乎尚不足以說明這一切，主要是讓他們不必住在監獄，而是住在外面的木棚屋，基本上並沒有害處，而且，基於公平原則，如果允許無期徒刑囚犯Z住到監獄外面，只因為他來這裡時攜家帶眷，有太太和小孩，那麼對短期罪犯N來說非常不公平。

到一八九〇年的一月一日為止，在北薩哈林島這三個地區一共有五千九百〇五個囚犯（包括男女），當中有兩千一百二十四位（百分之三十六）刑期是八年以內，有一千五百六十七位（百分之二十六．五）刑期介於八年到十二年之間，有七百四十七位（百分之十二．七）刑期介於十二年到十五年之間，有七百三十一位（百分之十二．一）刑期介於十五年到二十年之間，其他還有三百八十六位（百分之六．五）刑期無限，也就是無期徒刑，以及一百七十五位累犯（百分之三），刑期從二十年到五十年不等。整體看來，有期徒刑囚犯，刑期在十二年以內者，佔百分之六十二．五，約佔總人數的一半多一點。在年齡方面，已判刑並正在服刑囚犯的一般年齡我不清楚，眼下已服完刑且正在從事屯墾放逐工作的，其平均年齡約在三十五歲上下，甚至以上，這當然已加上平均八到十年的服監刑期。但我們仍須考量一個事實，那就是，一般被關在監獄服刑的人會比在外面正常生活的人老得快，而且快很多。因此，一個囚犯被關在牢裡，如果一切依法行事，嚴格監禁管束，如軍事訓練一般從事勞役工作，則不只長期監禁者，包括短期監禁者服完刑期要投入屯墾工作時，早已喪失其能力了。

在我參訪期間，這裡一共有四百二十四個屯墾住戶（包括男女），他們住在他們自己的農耕土地上面，這同時也涵蓋有九〇八位其他囚犯，比如戶長的太太、男女同居者、工人及一般租戶等等，總共有一千三百三十二個人住在監獄外面（佔整體囚犯人口的百分之二十三），他們一般就住在自己的木棚屋或是有自由人身分所居住的宅子。一般來講，一個囚犯住在監獄外的住戶裡，他和一樣住在住戶裡的屯墾放逐者，基本上沒什麼區別，像住在住戶裡的囚犯農夫的工作和歐洲俄羅斯地區一樣。如果把一個農夫身分的囚犯配置在以前在家時也是農夫的屯墾囚犯住戶裡，效果非常理想，比起澳洲那些從事農耕工作者，更加有效果。一個屯墾住戶的租賃囚犯，他雖然晚上睡在那裡，但他還是必須和他監獄裡的夥伴一樣，經常準時向監獄當局稟報他的工作和生活狀況。有些手工匠，比如木工和鞋匠，可以在他們的住處從事勞役工作，如果沒有意外，他們就以此種方式服完他們的刑期。

大約有四分之一的囚犯住在監獄外面，並未發生過什麼動亂。我並不認為我們的流刑地懲罰系統之所以能夠維持秩序井然，乃是因為其餘四分之三的囚犯還關在監獄的關係，我們只要看看木棚屋的安置犯人方式是如何優於牢房的大通舖就知道了，可惜至今仍未看到有人在這方面做過仔細研究。

從來沒有人曾經證明過，木棚屋的犯罪和逃跑事件比監獄少，或是說木棚屋的勞役生產量比監獄多。未來監獄當局所做的統計數字遲早會適當回答這個問題，然後做出擁護木棚屋的決策。眼下有一件事情可以非常肯定，對我們的殖民事業有很大好處，每個囚犯一抵達即建造他們和他們家人要住的木棚屋，然後趁年輕時著手屯墾活動。這不會影響正義，對他們的好處是先完成最艱苦的部分，等服完刑期獲得屯墾放逐者身分時，一切就可以駕輕就熟。

當一個囚犯的服監刑期屆滿之時，他的身分將轉換成為屯墾放逐者。這整個過程很迅速，如果他身上有錢或是和當局關係不錯，他可以繼續留在亞歷山德洛夫卡，或是去任何他喜歡的屯墾區，如果他在服刑期間尚未擁有自己的住處，則要買一棟或自己建造一棟。他這時身分已經轉換，已無義務非做農耕或勞役不可。但如果他和多數人一樣，那麼服刑期滿後，就直接由監獄當局為他隨便分配到任一屯墾區。如果該地已滿員或無適合耕地，就暫時分配給他現成的住戶，成為該住戶共同擁有者或半擁有者，要不然就將他發配到一個新設立的屯墾區。

大抵而言，新屯墾區地段的選擇工作都是交給地方行政當局負責，這需要特別的經驗和知識，負責的人主要是地方總督，監獄典獄長和屯墾區督察員。基本上並沒有特別的法規或條款規定這類工作要怎樣做，一切取決於偶然因素，全由承辦官員來決定：他們是否老到有經驗，熟悉地方事務和屯墾業務，比方說，北方的布塔科夫先生，南方的貝里和雅爾切夫兩位先生。如果是缺乏經驗的生手，他們至少也得熟悉文獻、法律或軍事方面的事務。最糟糕的莫過於那些未受教育又缺乏實際經驗之輩，又是城市出身，沒什麼農村經驗。我在前面曾經提到過一位官員，當屯墾放逐者和當地居民跟他說，他挑選這塊地來當做屯墾區並不適當，每到春天之際或下大雨時就會做水災，他根本不加理會。就在我逗留期間，我看到一位官員帶著隨從，在一天之內走了十五到二十俄里遠的地方，仔細視察了要設立屯墾區的地段。當天回到家裡，在兩三個鐘頭之內就批准了這個提案，他說這次的視察工作做得很好。

資深官員一般不願意出任新屯墾地段的工作，因為事務纏身。資淺官員則是缺乏經驗又漠不關心，行政當局一拖再拖，結果是既有屯墾區發生爆滿現象。最後當局不得不從囚犯和士兵監工當中尋求協助，據聞這兩類人在尋找設立屯墾地點的事務方面曾經有過成功經驗。在一八八八年時，薩哈林島總督柯諾諾維奇將軍有鑑於提莫夫斯克和亞歷山德洛夫卡這兩個地區的屯墾地人口越來越擁擠，耕地面積越來越狹小，就下達一道指令（第二八六號）：「立刻組織一個由可靠的囚犯組成的團隊，由幾個有效率有學養，且在屯墾業務上最有經驗的監工或官員帶領，尋找適合開拓為屯墾地的新地段。」這個團隊深入到連地形學者都未曾涉足的窮鄉僻壤，最後終於發現了理想的地段；但海拔、土壤和水質等問題，大家一無所知，僅能通過猜測來判斷該地段是否適合屯墾耕作，從不事先諮詢專業人士或地形學者——事實上在薩哈林島根本也沒有半個所謂的地形學者——最後的決定遂顯得十分草率。等到土地測量員要來測量時，地方已經清理好，人也早已經住進來了。

我們在參訪了幾個屯墾區之後，地方總督告訴我他的感想，他說道：「真正的『苦役勞動』是始於實際的『苦役勞動』之後。」誠然，如果懲罰的輕重是以付出勞力的多寡來衡量，那麼，薩哈林島上屯墾放逐者受罰程度恐怕比一般囚犯多。大部分屯墾放逐者會被發配到新的屯墾地段，大多是沼澤和林地，他們帶著一把木匠斧頭、一把鋸子和一支鏟子，伐木翻土、挖掘壕溝、挖溝渠排水，這些工作持續不間斷。長時間暴露在濕冷空氣，薩哈林島幾乎每天陰雨，氣溫很低，沒有一個地方的苦役勞動像薩哈林島這樣逼人，連續數週無法擺脫刺骨寒氣和發燒的侵擾。這就是所謂的「薩哈林島熱病」：頭痛和全身關節疼痛。這倒不是什麼傳染疾病，就是惡劣的氣候所引起而已。必須先建造屯墾區，然後才開拓一條對外交通的道路。因此他們必須自己從軍哨站拖繫重建材過來，耗盡他們的健康和體力。從軍哨站到他們新建屯墾區地段並無道路貫通，他們必須負重，帶著簡單口糧，穿過濃密的台加，有時涉過水深及膝的水窪，有時在山間林葉颼颼的冷風中蹣跚而行，有時被高聳草叢糾纏無法動彈。《放逐法規》第三〇七條載明，監獄外的屯墾放逐者必須自己砍伐木材來建造自己要住的房子，當局派遣囚犯相助並支付雇用木匠和購買器材的費用。但後來這項優惠取消了，一位官員跟我說道：「我們因此助長了一批遊手好閒之徒，囚犯在工作，屯墾放逐者在一旁玩擲錢遊戲。」儘管如此，屯墾放逐者經過一番努力，仍把屯墾區建造好了。木匠搭建房子骨架，火爐上了油，木板鋸好，一切就緒。有些人力氣不夠或不懂怎麼做，就花錢請夥伴幫他做，當那些身強力壯的在從事繁重艱困的工作時，那些缺乏體力或在監獄久待而失去勞力的，如果不玩擲錢遊戲或紙牌，就做些比較輕鬆而不需費力氣的活兒。許多人精疲力竭，中途放棄。有許多曼吉人和哥薩克人不懂怎麼蓋俄羅斯木棚屋，通常都在第一年就放棄逃跑了。眼下在薩哈林島上至少有一半的屯墾住戶住的不是自己的房子，我認為可由初期遇到的困難來解釋。農業視察員的資料顯示，一八八九年的提莫夫斯克地區，該地無屋的屯墾住戶至少佔百分之五十以上；哥薩科夫斯克地區少一些，但也佔百分之四十二，亞歷山德洛夫卡佔比率更少，只有百分之二十。理由不外是，一方面這裡築屋的障礙較少，另一方面，也許這裡的經濟狀況比較富裕，這裡的許多屯墾者並不建造房子，他們買房子。自己建造房子的確困難重重，當房子的框架弄好之時，當局以貸款方式提供給他們屋內裝潢所必需的玻璃和裝設火爐的鐵片等等，島上總督柯諾諾維奇將軍在他所頒佈的法令中有一條就特別提到這個貸款：「一提到這個貸款就令人覺得極度難過，跟所有其他貸款一樣，錢下來得特別慢，屯墾者等這錢等得不耐煩，最後就放棄繼續建造他們的木棚屋……去年秋天，我偶然驅車經過哥薩科夫斯克地區的幾個屯墾區，看到一些木棚屋蓋了一半空在那裡，在等玻璃、釘子和火爐風門的鐵片，直到今天問題根本沒什麼改善，這些屋子還是空著擺在那裡。」

一個新的屯墾區一旦設立且運作了，行政當局就再也不管實際狀況和未來發展，他們起先設定五十到一百個住戶，然後每年繼續不斷塞人進來，以至到最後沒有人搞得清楚這個屯墾區到底可以容納多少人。這就是為什麼常常一個新的屯墾區才開辦沒多久，就發生人員爆滿和空間不足的現象，哥薩科夫斯克地區最常發生這種狀況，卻從來沒有人理會。甚至整個北薩哈林島地區的所有屯墾區都有這個問題，提莫夫斯克地區的總督布塔科夫先生，像他這樣一個那麼謹慎且忠誠正直的人，都會在他所管轄地區的屯墾區不斷塞人進去，似乎根本沒想到未來的問題，從未見過有哪一個地區像他所管轄的地區那樣，在屯墾區塞入那麼多住戶和住戶的共同持有者。他底下的行政人員似乎對農業殖民的事務也是一無所知，他們心裡可能這樣想著，這些屯墾放逐者不會佔用這塊土地太久，頂多六年。等他們一旦獲得「放逐農夫」的身分時，肯定會立刻離開這裡，跨海前往西伯利亞大陸發展，在這裡擁有多少土地耕作，對他們來講，根本不具任何意義。

我手頭的紀錄，北薩哈林島這三個地區一共有三千五百二十二個住戶，其中有六百三十八個住戶是共同租戶，佔百分之十八。我們如果不把哥薩科夫斯克地區算在裡面的話——那裡每一塊耕地只設置一個住戶，共同租戶的住戶比例會更高。在提莫夫斯克地區，屯墾區越新，半擁有者住戶的比例就越高。舉例來說，在那裡的弗斯克雷申斯柯也屯墾區設有九十七個住戶，半擁有者的住戶就有七十七個，這意味著設置新的屯墾區來分配耕地給超額的屯墾放逐者，困難重重，而且是一年比一年困難，因為他們會認為沒這個必要，設立新的屯墾區是非常萬不得已的事情。

一個屯墾放逐者一旦被設定為屯墾住戶，他就有義務好好努力且正確地經營這個住戶。若因怠慢、疏忽或不情願，便要立刻被送回監獄睡「大通舖」一年，變回囚犯做苦役勞動一年，從木棚屋回去監獄。《放逐法規》第四〇二號條款有規定：「如果囚犯經地方當局認定為一無所有且無依無靠，阿穆爾河地區的總督有義務扶助剛轉換身分成為屯墾放逐者的生活兩年，必要時三年。」在這期間，他可持續領有政府發放給的衣服食物津貼，與在監服刑的囚犯無異。行政當局基於人道和實際情況的考量，會按時發放補助給這些新科屯墾放逐者。誠然，這個時候的屯墾者的確日子並不好過，他要為自己蓋一棟木棚屋，為即將到來的農耕工作做準備，同時還要兼顧自己的三餐，沒有政府的津貼，生活肯定無以為繼。我們可以在政府檔案資料中看到一些被取消配給津貼的個案，只因為他們的輕忽和懶散，「沒有好好努力為自己建立一個家」。

一個屯墾放逐者在做了十年的屯墾工作之後，可以登記成為「放逐的農夫」身分，這個新的身分就意義重大了。他可以離開薩哈林島前往西伯利亞大陸任何地方尋求其他發展，除了西伯利亞西南方三省之外：半雷申斯克、亞克莫林斯克和半帕拉汀斯克。他還可以加入「農夫協會」（須經官方同意），他的身分雖名為「放逐的農夫」，但他可以住在城裡從事諸如企業貿易之類的商業行為，他如果違紀犯法，要和一般人一樣接受民法和刑法的制裁，而不再是《放逐法規》的約束。他可以自由自在和他人通訊，而不必像囚犯或屯墾放逐者那樣，必須接受嚴格管控。然而，他身上流放者的標記永遠無法抹除，他一輩子不能回去家鄉。

一個屯墾放逐者在十年之後開始享有「放逐農夫」的一切權利，並不會受到任何情況的影響，除了《放逐法規》上面第三七五條附註所提到的狀況之外，一個屯墾放逐者要成為放逐的農夫之唯一先決條件是，他必須在屯墾區服務滿十年，不管他是農耕地持有者，農務勞動者或是任何工匠業務執行者。我和阿穆爾河流域地區的一位監獄督察員，卡默爾斯基先生，談起這方面議題時，他很肯定跟我說，行政當局沒有權利讓一個屯墾放逐者的居留年限超過十年，或以任何理由阻擾他成為「放逐的農夫」。可是我在薩哈林島上卻經常遇到一些老者，他們維持屯墾放逐者的身分都已經超過十年以上，始終未能取得「放逐農夫」的身分。我並未去查證這些老者所說的話，或是去查詢他們的服監紀錄，許多老人對數字的記憶經常出錯，我無法判斷他們所說的話是否正確，也許說謊亂講，也許經辦官員缺乏訓練，這在薩哈林島上的政府機構乃是司空見慣的事情。對於那些在屯墾期間「素行優良，認真從事有益工作並已學得屯墾生活」的屯墾放逐者，可以從十年的服監刑期減至六年，換句話說，他們只要六年時間就可得到「放逐農夫」的身分。這條特別條款載明在《放逐法規》的第三七七條款上面，薩哈林島總督和地方總督盡其所能盡量利用這個條款，造福了許多屯墾放逐者，我在薩哈林島上就碰見過許多個只服六年刑期的屯墾放逐者。然而很不幸，法規上所記載所謂的「有益工作」和「學得屯墾生活」，在這三個不同地區卻有各自不同的理解，比方說在提莫夫斯克地區，只要你還欠政府的貸款債務，就不准提早晉升到「放逐農夫」的身分。在亞歷山德洛夫卡地區，並不是每個屯墾放逐者都從事農耕工作，他並不需要農耕器具、種子或穀粒，他就沒有欠政府貸款的問題，因此他就比較有可能及早獲得他的權利。一個屯墾放逐者必須擁有一個住戶，這是一個條件，但有人天生就是不喜歡這種束縛，他可能寧可受雇工作去當個勞動者，也不願意去被賦予義務擁有一個住戶當戶長。我曾就這個問題詢問這三個地區的行政單位，這特別條款能否適用於某個屯墾放逐者身上：他並未擁有自己的住戶，因為他在某個官邸當廚師，或是一直在做鞋匠。哥薩科夫斯克地區的答覆是肯定的，另兩個地區的答覆則不置可否。顯然這並無統一「標準」可言，照此行事風格來看，假設有一個新設立的屯墾區，當地主管要求他的屯墾放逐者在蓋木棚屋時，屋頂必須鋪設鐵皮，而且必須能夠在教堂的合唱隊裡唱歌，我們也無法說這位主管是強人所難了。

我在錫安奇時，有一天當地屯墾區的督察員雅爾切夫把二十五個屯墾放逐者召集到監工的辦公室來，並當眾宣布島上總督所下達的指令：他們已經獲得「放逐農夫」的身分了。這項指令早在一月二十七日就由薩哈林島總督簽署，而對著這些屯墾放逐者宣布的日期是九月二十六日，當時二十五個屯墾放逐者一聽到這個好消息時都默默不語，沒什麼反應，也沒表示感謝的樣子，就是靜靜站在那裡不動，臉色凝重。好似這整個世界，包括他們的受苦受難，終於要終結了的樣子。最後雅爾切夫先生和我跟他們談起打算留在薩哈林島上或是想離開，他們都一致說想離開，可是身上一無所有，不知道要怎麼離開。雖說從薩哈林島跨海到對岸大陸並不算遙遠，但你還是需要一筆旅費，到那裡之後要加入協會，有生活開銷，要買一小塊土地，給自己蓋一棟房子，算一算至少也要一百五十盧布，要去哪裡弄到這筆錢呢？在里科沃的屯墾區，算是面積比較大，也比較富裕，但我發現最後只有三十九位屯墾放逐者晉升為「放逐農夫」

身分，而且也都不願意留在薩哈林島落地生根，他們都打算要去對岸大陸發展。其中有一個人，名字叫做貝斯帕洛夫，正在他的耕地上蓋一棟有陽台的二層豪華大樓房，他們稱之為度假別墅的那種，大家都用迷惑的眼光望著這幢豪華別墅。他已經取得「放逐農夫」身分，在這裡蓋這幢豪華別墅幹什麼。像他這樣手頭有幾個錢，不去大陸上阿穆爾河流域那一帶找個地方安頓下來，好好享受生活，卻反而和已經長大的兒子要永遠窩在像里科沃這樣的地方，說來實在令人百思不得其解。我在杜布基遇到一個已經取得「放逐農夫」身分的傢伙，正在玩牌賭錢，我就問他有沒有打算要去西伯利亞大陸，他抬起頭眼睛瞪著著天花板回答道：「我會盡一切所能過去那裡。」

有許多放逐農夫會想離開薩哈林島前往西伯利亞。理由不外乎是，繼續留在這裡缺乏安全感，乏味無聊，擔心小孩子的未來等等，但真正的理由主要是強烈期盼在未來有限的人生，能夠好好呼吸到自由空氣，享受真正自由的生活，不必像現在這樣，生活得像個囚徒。大家經常談論的烏蘇里地區和阿穆爾河流域就近在咫尺，坐輪船過去，只要三到四天的時間，那裡有自由、溫暖和好收成……。

已經移居到那裡的人經常寫信回來，跟這裡的朋友報告他們在那裡的生活狀況。每個人都會和你握手，一瓶伏特加酒才五十戈比。有一次，我在亞歷山德洛夫卡的碼頭隨意漫步走動，不經意走入一間候船室，在那裡看到一個老頭，年紀六十開外，還有一個老婦人，身上背著大包小包的包袱，我們當下隨意聊了起來。這老頭前不久才剛獲得「放逐農夫」的身分，現在他和太太兩人正要前往對岸大陸，先到海參崴，然後再去「上帝要他們去的地方」。他們說他們身上沒什麼錢，船要二十四小時後才到，他們沒事就先躲到候船室等船，好像生怕被抓回去似的。他們一談起對岸大陸，口吻充滿著摯愛和敬意，並肯定去了那裡之後一切會很好很圓滿。我來到亞歷山德洛夫卡的一個墳場，我看到一個黑色十字架，上頭除了鑲有一幅聖母瑪麗亞畫像之外，下方還刻了幾行字：「這裡躺著阿菲妮亞．庫爾尼科瓦小姐，逝於一八八八年五月二十一日，享年十八歲。其雙親已於一八八九年六月一日移居西伯利亞大陸，特予誌之，以資紀念。」

一個已獲得「放逐農夫」身分的屯墾放逐者如果有行為上的瑕疵，或是仍欠政府的貸款債務未償，就沒有資格移居西伯利亞大陸。還有，如果他此刻正和一位也是屯墾放逐者的女伴同居並生有非婚生小孩，同時已獲得放逐農夫的身分並想移往西伯利亞大陸，首先他必得留下財產證明來保證同居者和小孩未來的生活無虞，才得放行（一八八九年所頒佈第九二號放逐法規）。一個已具放逐農夫身分的薩哈林島人來到西伯利亞大陸之後，他首先必須向他所要居住的鄉鎮公所登錄註冊，鄉鎮公所再回報他原來所居住的薩哈林島行政區域，然後知會警察機關註銷他在薩哈林島的戶籍身分，薩哈林島上從此又少了一個「可憐不幸的傢伙」。東西伯利亞總督寇爾夫男爵告訴我一件事情，他說，一個薩哈林島的放逐農夫來到西伯利亞大陸之後，要是行為不端，行政當局會立刻將他遣送回薩哈林島，永不得再離開。

消息指稱，從薩哈林島來到西伯利亞大陸發展的放逐農夫，一般都生活得很不錯。我雖沒親自去西伯利亞他們生活的地方實際參訪，倒是讀了一些他們寫回薩哈林島的信件，不過後來我的確有碰到過一個傢伙，不是在鄉下，而是在城市裡。我離開薩哈林島之後，有一天和我的旅行夥伴伊拉克里神父來到海參崴，我和神父從一家商店走出來時，有一個上身圍著一件白色圍兜，腳上穿著一雙金光閃亮靴子的傢伙——看樣子像是某高級公寓的門房或是銀行或公家機關的大門警衛，看到伊拉克里神父，很是興奮，跑過來叫住我們，要神父給他賜福。原來他曾經是伊拉克里神父「精神徒眾」的一員，神父還記得他的姓名，「怎麼樣，過得還挺不錯吧？」神父問道，「很好，承蒙上帝保佑。」那傢伙很高興回答道。

這些已經取得「放逐農夫」身分的人在離開前往西伯利亞大陸之前，仍然必須住在軍哨站和屯墾區裡，和其他屯墾放逐者以及囚犯在齷齪環境底下繼續維持著跟平常沒兩樣的住家生活。他們一切行為仍得必須聽命於監獄當局的指揮，雖然這裡好些，不必像南方那樣，在五十步遠的地方看到長官就要脫帽敬禮，也不必動不動就被鞭苔，但他們還未真正成為放逐農夫，他們仍然還是囚犯。他們就住在放逐囚犯的監獄旁邊，每天都會看到它，一個是關放逐囚犯的監獄，另一邊則是靜謐的農墾田地，兩邊是鄰居，卻從來感覺不到對方的存在。有些作家描述曾經在里科沃地區參觀當地人跳鄉村土風舞，用手風琴伴奏唱活潑的歌曲，我倒是從未看過和聽過這些。我無法想像許多個鄉下少女在監獄旁邊唱歌跳舞的情況，在這裡，除了腳鐐鏗鏘的聲音和監工的吆喝聲之外，要是突然傳來優美的歌聲，那才真是怪事，一個心腸柔軟仁慈的人是絕不會跑來監獄唱歌的。這些準放逐的農夫和屯墾放逐者以及他們自由人身分的妻子和小孩，早已被監獄的一切制式化了，監獄當局的嚴格管控和監視讓他們感到神經緊蹦和害怕，當局同時還拿走他們的草皮，最好的捕魚場所和最好的木材，挪作監獄的各種用途。逃獄者、監獄裡的放高利貸者和小偷們一天到晚騷擾他們，監獄的管理員只要稍稍在街上走動一下，他們就驚惶失措，監獄的監工常常欺凌他們的妻女，佔她們便宜，而且，最糟糕的是，監獄時時刻刻都在提醒他們的過去，他們是誰，以及他們身處何處。

這裡的鄉下居民尚未真正形成為一個社會，這裡的成年人差不多都是薩哈林島上的原住民，其他似乎還沒有人把薩哈林島當做永遠的家鄉。這裡還沒有根深蒂固的居民，絕大多數的居民都是新來者。這裡的人口結構每年都在變動，有新的人來，有舊的人離去。有許多屯墾區根本就不像是一個農村社會，如同我在前面提過的，倒更像是一個隨便組成的烏合之眾，他們互相稱兄道弟，因為他們湊在一起受苦受難，然而他們卻很少有共通的地方，甚至互相之間根本是很陌生的。他們不但宗教不同，甚至連使用的語言也不同，老一輩的人用揶揄嘲弄的口吻說，有那麼多不同種族的人聚集在這個小村落裡：俄羅斯人、烏克蘭人、韃靼人、波蘭人、猶太人、朱克宏人、吉爾吉斯人、喬治亞人和吉普賽人，這世界上真再也找不到第二個地方像這個樣子那麼混亂。我在許多場合已經一再講過，我們的屯墾區實在參雜有太多「非俄羅斯」要素了。

這樣的混雜情況還帶來另一樣對屯墾區發展極不利的因素：許多老邁殘弱者混進我們的殖民農墾區，他們大多羸弱無力，且患有身體或心理上疾病，有的甚至還有犯罪傾向，這些人根本無法參與農事勞動。其他有的即使不是老邁殘弱，有許多根本也沒受過農耕訓練，有的來自城市，一輩子從未碰過農務，對如何種田完全毫無概念。我手上有一份來自政府註冊單位於一八九〇年一月一日所頒佈的最新資料，資料上顯示，在整個薩哈林島上，包括監獄和屯墾區，囚犯和屯墾者一共有九十一位是來自貴族、鄉紳和所謂的「城市階層」。其他還有商人和外國移民，共有九百二十四位，這兩個部分加起來約佔總人數的百分之十。

每個村落會設有一個長者，從住戶中選出——大多是屯墾放逐者或放逐的農夫——然後再由屯墾區的督察員認可批准。會被選為長者的人一般都是穩重可靠，做事認真，智能發達，讀過書，沒有特別法規規定他要做什麼職務。他仿效歐洲俄羅斯地區一般長者的做法，處理大家日常生活中一些小事務的糾紛，有困難時幫忙扶持一下，同時還負責核發馬車的租車證明。在里科沃地區，長者還能出版自己的刊物，他們有的還有薪俸可領。

每個屯墾區都設置一個監工，這個位置可以說就是地方軍隊裡最低層級的軍官，他不必讀過書，甚至可以是文盲。他必須隨時向上級報告他所管轄屯墾區所發生的一切狀況，他要監視所有屯墾放逐者的一切行為，以及他們的農耕工作狀況，確定沒有人偷懶或不請假離開工作崗位。他是整個屯墾區的直接長官，也是這裡的判官，官階不高，可權力卻很大。他甚至操控著每一個屯墾放逐者的生殺大權，他所呈送給上級的報告紀錄對每個屯墾者而言可說極為重要，比如說他們的行為是否端正，住家是否管理得當，以及他們是否已學得了屯墾工作的要訣等等，這些都會關係到他們未來的下場，以下是一位監工所寫的一張報告紀錄樣本：

上阿爾穆丹屯墾區居民之不端行為報告

姓名	**所犯罪行**
一、阿南尼伊・以茲杜金	竊盜
二、彼得・瓦西里也夫・基瑟里幼夫	同上
三、伊凡・格里賓	同上

四、希姆揚・加林斯基　　不顧家庭又不聽勸導

五、伊凡・卡山金　　同上

16

依性別區分的囚犯人口組成、女性問題、女囚犯和女性屯墾放逐者、男性和女性同居者、自由人身分的女性。

在薩哈林島的放逐殖民地，每一百個男人就有五十三個女人，但這樣的比例只針對住在木棚屋的人口，監獄裡的男囚犯和未結婚的士兵並未列入計算。至於女人，除了屯墾放逐者之外，還有在放逐殖民地從事服務工作的女人，套用這裡一位官員的話形容——專門滿足自然需求的女人，一樣沒算在裡面。如果這兩組男女也一起列入計算，那麼所得出的比例將會很不一樣。監獄裡的囚犯和兵營裡的士兵，他們純粹是以自己的需要為出發點看屯墾區的存在。他們如果常去那裡就必須擔冒降低生育能力和染病的風險，這種風險是「偶然」的機率問題，主要取決於監獄或兵營與屯墾區之間的距離遠近。就好比歐洲俄羅斯地區「淘金礦場」的工人，他們住的地方和火車鐵道距離之遠近，會影響附近鐵道經過的村莊的生活。我們如果把屯墾區的所有男性放在一起看，包括監獄的男性囚犯和兵營的士兵，那麼在男女比率上勢必要有所調整，女人的比率可能要降到一半左右，變成每一百個男人就只有二十五個女人。

即使從表面看來，五十三和二十五是個小數目，但是對一個新設立的屯墾區來講就不算低，何況這樣一個屯墾區即使條件再怎麼不好還是會繼續發展。在西伯利亞，女性在全體囚犯和屯墾放逐者之中所佔的比率還不到百分之十。稍微留意俄羅斯在域外的殖民活動，就會發現許多被殖民的當地住民都已成為值得尊敬的農夫，他們會很樂意接受從祖國送過來的妓女，用一百磅的煙草去跟船東交換。在薩哈林島上，所謂的「女人問題」，始終都是一個尷尬問題，但比起西歐國家剛開始發展殖民地的時期倒是沒有那麼激烈。

會來到薩哈林島的女人不只是女罪犯和妓女。多虧中央監獄部門和自願艦隊的大力協助，特別是後者不遺餘力的來回奔波，才能建立中央當局和薩哈林島之間迅速而便利的溝通，同時簡化妻子和兒女陪伴流放當事人一起前來薩哈林島服刑的規定。前不久，一個女性自願陪伴某個囚犯來到這裡，她一來就自願服務三十個囚犯。這些自由人身分的女性已經形成為屯墾區的一大特色。我們很難想像，像里科沃或新—米克海洛夫卡這樣的屯墾區，如果少了這些「陪伴丈夫來這裡，讓他好過些，導致喪失自我」的悲劇性角色，不知道會像什麼樣子。這也許是薩哈林島在我國放逐殖民歷史上佔有一席之地的原因。

這裡要從女囚犯開始，到一八九〇年的一月一日為止，女囚犯的人數佔北薩哈林島這三個地區所有囚犯總人數的百分之十一．五。從殖民屯墾的觀點看，這些女人佔有一個重要優勢：她們都年輕，身體健康，精神狀態良好，大多是因為感情或家庭事務而被入罪判刑，並非殺人。至於其他縱火或印假鈔的女罪犯，許多也是受愛情誘惑，被情人唆使犯下這些罪行。

愛情因素在她們審判前後的悲慘中扮演著致命的角色，當她們坐在輪船上要被遣送去流刑地時，謠言開始在她們之間流傳，說她們一到薩哈林島，就會被以強迫的方式嫁出去。她們為此感到憂心忡忡，於是請求高級船員向上級請願，不要強迫她們出嫁。

十五到二十年前，女囚犯一抵達這裡就被直接送往妓院。弗拉索夫在他的論文中這樣寫道：「在南薩哈林島，沒有多餘的地方容納女囚犯，她們都住到麵包房……後來島上的總督德布雷多維奇就下了一道命令，把監獄裡女囚犯住的部分改為妓院。」大家根本不談勞役的問題，那些真正犯了罪的或者不討男人歡心的女囚，就被分派到廚房工作，其餘的則開始「服務男人的需要」，然後也開始酗酒。根據弗拉索夫的論文，這些女囚最後變得極度沉淪墮落，最令人感到吃驚的是，其中有人竟會「為了一瓶酒而出賣自己的小孩」。

近日，每當有新的女囚犯來到亞歷山德洛夫卡時，她們一下船就會直接被帶往監獄。她們身上背著大包小包的行李，蹣跚地走在公路上，還沒從暈船狀態中甦醒過來，一副無精打采樣子。他們後面跟著一群女人、男人、小孩和在政府機關裡幫傭的人，看起來活像市集裡的一群小丑，也很像一群蜻集在阿尼瓦海灣的鯡魚，後面跟著一群鯨魚、海豹和海豚，紛紛想討好滿肚子魚卵的鯡魚，期盼得到一些好處。這些跟在後面的男人當中有一些是屯墾放逐者的鄉下農夫，他們心中抱持一個誠實單純的想法：他們想找一個老婆。跟在後面一起湊熱鬧的女人則是好奇想看看這些剛到的女囚犯當中，有沒有和她們同一個家鄉來的。至於職員和監工，他們則在期盼他們的「娘兒們」，這件事情必須在入夜前辦妥。晚上這些新來的女囚犯將被鎖在專為她們準備的牢房裡過夜，其他人就整夜在他們的牢房裡聊天聊個不停，聊這些新來者不知道會分發到什麼單位，聊家庭生活的魅力，聊一個沒有女人的家庭根本不能叫做家庭等等。第二天，在輪船啟程前往哥薩科夫斯克之前，這些新來的女囚犯會先被分配好要前往的地區。分配工作由亞歷山德洛夫卡的官員負責進行，他們會把品質最好的女囚犯留在自己的地區，而其他兩個地區，比如最靠近的提莫夫斯克，就分配給他們比較不漂亮的，而且數目也不多。其他品質最差的，比如年紀較大的或是缺乏姿色的，一概往南方送。分配工作完全掌控在北方地區手裡，就像在篩檢東西一樣，篩出好的留著自己用，不好的則往南方輸送。在從事分配工作時，沒有人會去想到屯墾工作的問題，因此在薩哈林島上，女人數量分配不均，大大影響了屯墾工作的成效。我曾經提過，女性分配越多的地方，屯墾工作的成效就越差。比如亞歷山德洛夫卡地區，女性分配最多，男女比率是每一百個男人對比六十九個女人，屯墾工作的成效最差；提莫夫斯克地區是一百個男人對比四十七個女人，等而次之；哥薩科夫斯克地區，男女的比數是百分之三十六，比率最低，屯墾工作成效卻是最好。

有些女人會被分派到官員家裡，投入幫傭工作。她們除了打理監獄之外，還有囚車和船艙，更把官員們的房間打掃得明亮乾淨，猶如一幢魔幻城堡——城堡的主人有好有壞，總是可以對她們施展無限的權力，但她們倒也很快就適應了。多年後，她們在談話中總是經常會不經意冒出這樣的語句：「很抱歉，我不知道，先生。」、「要不要嚐嚐這道菜，大人？」、「是的，悉聽尊便，先生。」有些女人走進職員或監工的後房當小妾，但絕大多數還是進入屯墾放逐者的木棚屋，一般屯墾放逐者要手頭上有些錢或是有人贊助，才能夠分配到女人。至於囚犯，也是要手頭有錢，或是在這狹小齷齪的監獄世界有某種程度的影響力，才可能分配得到女人。

在哥薩科夫斯克軍哨站，新到的女人會先被安頓在一個特別的軍營草房裡，由地區總督和屯墾區的督察員一起，決定哪一個屯墾放逐者或「放逐農夫」可以分配到一個女人。優先考量的條件是：他必須生活安定、愛好家庭、素行優良並且沒有不良紀錄。那些被評議通過獲選的人，當局會通知他們在某一天的某一個時辰，前來軍哨站的監獄迎接他們的女人。這一天的這一個時辰到了，從奈布奇到軍哨站的那條漫長主要道路上，你會碰到幾個「訂了親的準新郎」（我們這樣稱呼他們實在有點諷刺味道），他們正往南方的方向行走。他們的樣子看起來很特別，的確很像新郎，其中一個穿著一件紅棉布襯衫、另一個戴著一頂農場主的帽子，還有一個穿著一雙白色的閃閃發亮的高跟長統靴，真不知道他在哪裡和在什麼狀況下會去買這樣一雙靴子。不久之後他們終於抵達軍哨站，有人帶他們進到兵營裡臨時安頓這些女人的房間，然後離開，讓他們和這些女人單獨待在一起。在前面的十五分鐘到半個小時的時間裡，氣氛顯得既尷尬又笨拙，「準新郎」們在床板旁走來走去，不時靜靜地對這些女人們投以嚴肅的目光上下打量，她們也靜靜地坐著不動，眼睛盯在地板上看著。每個男人都努力在挑選，臉上不露惡意或扭曲的微笑，他們帶著完美「人道精神」對待她們，用有年紀以及一張囚犯樣子的臉龐望著她們，他們極力想在她們臉上歸納出：哪一位會是個好老婆呢？終於有一個女的被挑起了興緻，一位「準新郎」坐到她身旁，他們之間開始了對話，她問他有沒有一個俄羅斯茶壺，以及他住的木棚屋，屋頂是舖木板還是稻草？他回答說，他有一個俄羅斯茶壺，還有一匹馬和一頭兩歲大的小牝牛，此外，他的木棚屋頂舖的是木板。在這個有關財力證明的開場白之後，這個女的突然想到要問他一個問題：

「您不會對我不好吧？」

對話至此結束，這位女士就此分配給屯墾區的這位屯墾放逐者，一場像公民婚禮的場面總算完成。屯墾放逐者帶著他這位新伴侶回家，為了讓這最後一章圓滿終局，他就用身上僅剩的錢雇了一輛馬車，和新娘一起坐馬車回家。一回到家，新伴侶立刻用俄羅斯茶壺煮茶，裊裊煙霧往外飄去。隔壁鄰居看到了議論紛紛，他們說：活到這一大把年紀，終於找到了一個女人。

在這島上，女人並不需要從事一般囚犯的苦役勞動，當然，她們有時也會做些比較吃重的工作，比如到辦公室清洗地板，到菜園裡幹活，或是縫布袋等等，但這些都不是強制性的或固定的苦役勞動。監獄當局將女囚犯全都安置去從事屯墾殖民活動，打從她們被送往薩哈林島時，當局就沒想過要懲罰她們或矯正她們，當局想的是要她們去生養小孩或是幫忙農務。根據《放逐法規》第三四五條條款，女囚犯就是專門用來分配給屯墾放逐者，專門幫忙從事農墾工作之用，同時「未婚女囚犯可以到附近新的屯墾區協助建立住屋，藉以賺取外快，直到結婚」。但這個條款的設立，只是為了遮掩非法或通姦行為而已，因為一位女囚犯或女屯墾放逐者為一位男性屯墾放逐者幫忙做事，並非只是雇傭，而是同居者。雖然當局已經認可，但畢竟還是非法夫妻關係，不過他們在行政機關的註冊單位所登記的名稱卻是「家務共同建立者」或「家庭共同組織者」，我們就說他們共同建立了一個「自由家庭」。可以說，除了極少數來自特權階層或為了陪伴丈夫而登島的女人之外，大部分的女囚犯都會成為「同居者」，這似乎已經成為一條規律。我聽說在弗拉迪米洛夫卡屯墾區有一個女囚犯拒絕成為「同居者」，她說，她是來流刑地做苦役的，其他一切免談！大家都覺得這個女人很莫名其妙。

關於女囚犯的問題，每一個放逐殖民地都有其不同的特殊處裡方式，但他們幾乎都不把女囚犯當人看待，也不是家庭主婦，甚至比家畜還不如，或許介於人和牲畜之間。西斯卡屯墾區的屯墾者曾向當地總督遞出這樣一封請願書：「我們極誠懇的盼望大人發放幾頭能生產牛奶的牛隻給我們，同時提供幾位女性為我們處理家務。」

有一次，薩哈林島總督接見幾位烏斯科沃屯墾區的屯墾者，我剛好在場，總督承諾他們的幾項請求，其中有一項，我聽到他這樣說：

「關於女人的問題，我絕不會讓你們失望。」

「女人從俄羅斯被送來這裡的時候是秋天而不是春天，這很不理想，」一位官員告訴我：「女人一到冬天便無事可做，對她的男人完全沒有幫助，只是多了一張吃飯的嘴巴而已，所以一般屯墾戶都很不情願在秋天接納她們。」

他們談論女人的語氣，就如同在春天時談論耕馬會在冬天耗費多少昂貴的飼料一般，從不顧慮到人性的尊嚴和女性的本質以及女囚犯的卑微心理。他們彷彿在說：她們已經喪失了羞恥心，早在入監之前或前來西伯利亞的路上，也因此當她們在嚐受體罰之苦時，根本就不會有什麼羞恥的感覺。然而，她們的本性再怎麼沉淪墮落，也不至於要違背本意去嫁人，或是去成為一個「同居者」。不過據說強迫之說純屬傳聞，正如同海邊的絞刑台或地洞的勞役苦刑之說，都只是子虛烏有。

一個女人年紀的老邁、不同的宗教信仰或者無業遊民的身分等，都不足以成為「同居」的障礙。我碰過五十歲或更老的女性和年輕的屯墾者「同居」，有的甚至和年紀不到二十五歲的年輕監工居住在一起。不乏有年紀老邁的母親和成年的女兒一起來到流刑地後，分別和兩個屯墾放逐者同居，母女同時懷孕，好像在比賽一般。天主教徒和路德派新教徒，甚至韃靼人和猶太人，有時也會和俄羅斯人混雜住在一起。我在亞歷山德洛夫卡的一個木棚屋裡，就遇到過一個俄羅斯女人，她和一群吉爾吉斯人以及哥薩克人住在一起，還服侍他們吃晚餐。她說她和其中一個韃靼人同居住一起，她都叫他為車臣人（Chechen）。在亞歷山德洛夫卡住著一位名叫克爾巴雷的韃靼人，在那裡沒有人不認識他，他和一位名叫羅布希娜的俄羅斯女人同居住在一起，還一起生了三個小孩。流浪的遊民也會想建立家庭，在德賓斯柯耶有個叫做「浪人伊凡」的流浪漢，三十五歲，他面帶微笑跟我宣稱，他有兩個同居者：「一個在這裡，另一個在對岸的尼古拉耶夫斯克港口。」另有一位屯墾放逐者，在這裡住有十年以上了，他一直和一個「不記得自己家鄉在哪的女人」同居一起，而他始終不知道她的真正姓名，也不知道她從哪裡來。

當一位屯墾者和他的同居者被問及他們在這裡的日子過得怎樣時，他們通常都會這樣回答：「我們在一起很快樂。」有些女囚犯告訴我說，當她們還沒來這裡之前，住在歐洲俄羅斯時，每天的生活要看丈夫的臉色，不是打就是罵，但來到這流刑地之後，她們才真正看到生命的亮光。「我現在和一個很好的男人住在一起，謝謝老天，他對我真是體貼。」這裡一般的屯墾放逐者對待他們的同居者都充滿憐憫同情，都會把她們照顧得無微不至。

「在這鄉下地區，由於缺乏女人，農夫們必須自己單獨下田耕作，自己煮三餐，自己擠牛奶，衣服破了要自己補。」有一次東西伯利亞總督寇爾夫男爵告訴我：「因此，只要有一個女人出現在他面前，他就會緊緊把她抱住，女人喜歡這種無微不至的呵護。」

「但即使這樣還是無法阻止裂痕的產生。」薩哈林島總督柯諾諾維奇將軍在一旁說道，他當時也在場。

吵架和扭打還是會發生，這樣的事件經常會演變到傷痕累累的地步，但並非不可收拾。經常是男方想要好好教訓女方，但他做不到，因為他知道她是理直的一方、她今天和他同居，並無任何法律的約束，她隨時可以走人，甚至可以投入另一個男人的懷抱。然而一個屯墾者會對他的同居者產生同情和憐憫，顯然不單單只是出於審慎考量，還有其他因素，這中間愛的成分還是不能忽略。我在杜埃看到一個因患有癲癇症而精神錯亂的女囚犯，她和一樣身為囚犯的同居者一同住在一間木棚屋裡頭。男的百般呵護照顧她。我就問男方，和這樣一個女人住在同一個房間裡頭，負擔一定很重，他很高興回答說：「不會，一點都不會，大人，我這樣做是出於人道主義。」在新—

米克海洛夫卡屯墾區，一位屯墾放逐者的同居者，她躺在房間中間的破布堆已經有好一陣子了，她沒辦法下床走路，屯墾放逐者必須隨侍在側。我企圖說服他將同居者送去醫院由專人照顧，這樣能為他減少一些不便，而他也跟我談及人道精神。

我們除了會碰見像上述一般善良和正規中庸的家庭之外，同時也會碰到一些所謂特別類型的「自由家庭」，這正是衍生「放逐殖民地女性問題」的部分原因。這些家庭從一開始就自絕於他人之外，並以違反自然的嬌柔做作方式建立自己的隱密世界，讓人感覺這裡充滿監獄和犯人生活的氣氛。這種家庭已經腐敗多時，變得和外面的世界非常不一樣。為了標新立異以及順應潮流，許多男女雜居在一起，他們認為放逐殖民地就應該是這個樣子。這已經是這裡的一項「成規」，他們必須墨守，事實上他們只不過是因為自身脆弱且意志力薄弱，不得不然而已，根本沒有人強迫他們。在新－米克海洛夫卡屯墾區，一位年約五十的烏克蘭婦人，和她那也是囚犯的兒子一起來這裡服刑，他們涉嫌殺害兒子的媳婦並把屍體丟在井裡。這位婦人家裡還留有一個年邁的丈夫和幾個小孩，而她一來到這裡便立即和一個她不喜歡的男人同居在一起，她很瞧不起這個男人，卻還是每天和他同床共眠。只是恥於和外人談起。她其實也是無計可施，因為放逐殖民地的「成規」就是如此。和他們同住在一起的還有許多其他人，雖然住在同一個屋簷底下，大家卻是老死不相往來，因此也互不認識，即使一起住了五年或甚至十年，也不知道對方年紀多大、從哪個省份來或者他的中間名是什麼……

有一個女人，人家問她的同居者年紀有多大，她露出一副無精打采樣子，懶懶地望著天花板說道：「鬼才知道！」等到她的同居者外出工作或是在某處打牌的時候，她就閒極無聊往床上一躺，一副極懶散模樣，嘴巴一直喊餓，當然沒有人理會。萬一有某個鄰居或什麼人進來，她就極不願意地挺起身子，然後開始講她是「因為丈夫的緣故才會來這裡」，她平白無故在這裡受苦受難，實在很不值得，她根本就是無辜的：「是那些小鬼殺了他，我卻要代替他們來這裡受罪。」這時她的同居男人回來了，無所事事，和女人也無話可說，女人起身拿起俄羅斯茶壺要煮茶，卻沒有茶葉和糖，只得作罷。看著女人懶洋洋地躺在床上，同居男人覺得被乏味和無用感籠罩，儘管他覺得又餓又氣惱，他只是嘆了口氣，然後也躺在床上。像這樣的家庭，如果同居的女人出去外面兼差賺皮肉錢，同居的男人會很高興並加以鼓勵，因為女人畢竟比家裡所飼養的牲畜更能帶來經濟效益，對她的尊敬不禁油然而生。比方說，會很樂意親自用俄羅斯茶壺煮茶給她喝，她生氣罵嘴時，就靜靜保持不吭聲，讓她罵個痛快。這樣的女人一般都很喜歡更換同居者，總希望換個比較有錢一點的，至少要能夠買伏特加酒給她喝，其實她只是因為厭煩才喜歡換對象，就是愛嘗鮮而已。

女性囚犯被分配到屯墾區的住戶之後，依舊可以領取監獄的食物配給，有時這便是女囚犯和同居者賴以為生的糧食來源。而她仍有義務參與農墾活動，因為她還是被視為一個苦役勞動者，因此她和她的同居者每年一樣必須將需要二十普得的收成從一個地區運送至另一個地區，或是每年向軍哨站繳交一打以上的原木。這裡有一條規定，一個女囚犯如果以囚犯身分服刑時，她可以按時領取囚犯的食物配給津貼，一旦她服完囚犯刑期，成為屯墾放逐者時，她的食物津貼就跟著終止，她必須開始自力更生。假若她服的是無期徒刑，食物津貼就領到她的生命結束為止，在這之間她可以衣食無憂，但成為屯墾放逐者之後，她要繼續煎熬六年，直到在特別的基礎上成為「放逐農夫」時，就可以離開薩哈林島跨海到對岸西伯利亞大陸發展，這時才真正海闊天空。

目前在島上具有自由人身分的女人比女性囚犯還要多，這些具有自由人身分的女人都是自願陪同她們的丈夫來這裡服刑。在屯墾區的女人當中，每三個就有兩個是屬於這種身分的女人，總數大約有六百九十七位，其他包括女性囚犯、女性屯墾放逐者和女性「放逐農夫」總數大約有一千〇四十一位。換句話說，這些具有自由人身分的女性約占女人總數的百分之四十。這些女人會基於各式各樣的理由願意離鄉背井，陪伴她們的罪犯丈夫來流刑地一起服刑：有的是出於愛和憐憫；有的則是基於宗教信仰，認為上帝才能分開他們；另有的則是為了逃離羞恥，有些觀念比較落後的偏遠鄉下，丈夫犯了罪會汙染到妻子的清白。比如有一個丈夫犯了罪，妻子去溪邊洗衣服時，大家一看到她，就叫她為「罪犯太太」；還有一些則是被她們的丈夫欺騙誘拐去的，好像掉入陷阱一般。她們的丈夫甚至還沒登島就寫信回家說：這裡很棒，天氣暖和宜人，薩哈林島的土地很寬廣，麵包很便宜，當局也都對他們很親切。年復一年的寫著相同的內容，有時再添加一些新的誘惑，直到她們如丈夫們的判斷一樣無知且信以為真。最後還有一種是基於道德感而去的，當初她們的丈夫犯罪時也許有她們的份，只是出於罪證不足等原因而逃過審判，她們覺得心理不安便跟著去了。最常見的還是前面兩個理由：出於同情憐憫的自我犧牲傾向和堅定的宗教信仰。在這些陪伴丈夫前往流刑地的女人當中，除了大部分是俄羅斯人之外，其他還有韃靼人、猶太人、吉普賽人、波蘭人和德國人。

當這些具有自由人身分的女人抵達薩哈林島上時，並未得到特別親切的接待，這裡有一段典型的插曲：一八八九年的十月十九日，三百個自由人身分的女人和一群少年及小孩，坐著自願艦隊的海參崴號輪船抵達亞歷山德洛夫卡。他們從海參崴啟程，經過三或四天的航行抵達這裡，一路上沒有熱食可吃，天氣又冷，據醫生告訴我，當時船上有二十六個人患上猩紅熱、天花和痲疹。船到的時候已經半夜，大概是害怕壞天氣來襲，船長當下就要求所有旅客和貨物必須在夜裡，只有半夜十二點到凌晨兩點短短的時間，全部撤離輪船。女人和小孩全都關到碼頭上的船塢和一間倉庫裡面，生病的人就安置到另一個專門設置的小屋接受隔離檢疫，旅客的行李全都散置在一艘平底船上面。第二天一早，有消息傳來說，昨晚夜裡平底船在停泊處的韁繩脫落，整條船被海浪沖到外海去了，大家一聽到這消息，立刻嚎啕大哭，大夥兒哭成一團，一個女人說她損失財物達三百盧布之多。報告書很快出爐，一切歸咎於夜裡的那場暴風雨，沒有人須為此負責任。然而再隔一天，她們開始陸續在監獄裡發現她們遺失的行李和財物，早已為囚犯們據為己有。

有一個自由人身分的女人在到達這裡不久之後，老是露出一副驚慌失措的樣子。這整個島嶼和整個環境實在令她太震驚了，她面帶絕望的神色說，她在來這裡的路上已經做好了最壞的打算，但沒想到現實遠比所想還更糟糕。在和先前早已來這裡的女人談話並觀察她們的生活狀況之後，就知道她和她的小孩完蛋了，想到往後丈夫還有十或十五年的刑期要過，真不知道要如何是好，也不敢想日後農耕屯墾的事情。她日夜哭個不停，為了她離鄉背井拋棄的親人祈禱，彷彿他們已經死了一樣。她丈夫看她為他受那麼大的罪，也只能鬱悶地坐在一旁，什麼安慰的話都沒用。這時，他突然站起來開始揍她並咒罵她：沒事跑來這裡幹什麼！

一個自由人身分的女人如果前來薩哈林島時身上沒帶錢，或是帶的錢只足以買一棟木棚屋，又或是前來時沒有攜帶任何物資，那麼她和丈夫註定是要挨餓了。這裡沒地方可賺錢，也沒地方申請救助，她和小孩及丈夫只能依賴丈夫的監獄口糧補給過活，那根本是杯水車薪，一個大人吃都不夠。

日復一日，她的腦袋裡只有一個想法：要去哪裡找吃的以及要拿什麼餵小孩。從經常性的飢餓到為了一片麵包而爭吵，她知道不會再有任何好事發生，心也隨之變得冷酷而堅硬。她現在很清楚在薩哈林島上，如果心太軟就沒飯吃，決定出去「用她的身體」去賺他們所說的，五和十戈比的外快。她的丈夫也變得冷淡麻木，他沒有時間故作清高，一切都已經變得不重要了。一但他的女兒到十四、五歲大的時候，就迫不及待帶領她們一起加入「流通」行列，她們的母親在家裡出賣她們或是乾脆把她們推向有點錢的屯墾放逐者或監工，當他們的同居者。這些擁有自由人身分的女人們做這些事情輕鬆愉快，她們本來就無事可做，在軍哨站如此，在屯墾區更是如此，因為農耕工作對她們來講，特別是在北部地區，早已變得無益了。

對一個具有自由人身分的女人來說，除了生活貧困和無所事事之外，還有第三個因素會讓她覺得痛苦——那就是她的丈夫。她的丈夫會把監獄配給的口糧和太太及小孩的衣服都拿去花在喝酒和賭博上，他也可能又犯下新的罪行，在逃跑時被槍擊射傷。在我參訪期間，有一個來自提莫夫斯克地區的屯墾放逐者，名叫畢希維茲，被關在杜埃監獄的黑牢裡，他被控企圖謀殺。此刻他的妻子和小孩就住在附近的軍營草房裡，他們原來在屯墾區的住房和耕地早已棄置荒蕪了。在馬洛—提莫沃，有一位名叫庫希倫柯的屯墾放逐者，棄妻小於不顧，從屯墾區逃跑了。即便這些自由人身分的女人，她們的丈夫並沒有殺人或越獄逃跑，她們仍時時刻刻擔心自己的丈夫是否又犯了什麼小過錯要被抓去關黑牢，或是被誣指犯行，或甚至操勞過度病倒或死掉。

時間過去，老年不期然降臨，丈夫已經服滿苦役勞動和強制屯墾刑期，此刻正在申請成為「放逐農夫」的身分，即將就要離開這裡了。對岸大陸的明亮快樂世界正在遠處若隱若現，等著他的蒞臨。然而，事情往往和期待有別：這時候也許他的妻子得了肺病死去，他必須一個人，又老又孤獨的前往對岸大陸；也許事情相反，他死了，丟下妻子一個人成為老寡婦，不知道要去哪裡，也不知道該怎麼辦。在德賓斯科耶地區，一個名叫亞歷珊德拉的自由人身分的女人，離開她的摩洛坎（Molokan）神祕激進教派的丈夫（這個俄國神祕教派以愛喝牛奶聞名於世），和一個牧羊人一起住在一個又髒又擠的小茅舍裡，還生了一個女兒。至於她丈夫，則是找到另一個同居者住在一起。在亞歷山德洛夫卡，有兩個自由人身分的女人，舒麗姬娜和費歐汀娜也離開了他們的丈夫，成為別的男人的同居者。奈妮拉是個寡婦，找到一個屯墾放逐者同居，囚犯身分的阿勒吐克霍夫「流浪」成了流浪漢，他的自由人身份的妻子，則是和另一個男人締結了非法婚姻。

17

依年齡分的囚犯人口組成、囚犯的家庭狀況、婚姻、出生率、薩哈林的兒童。

有關放逐殖民地的人口結構，以年紀來劃分的話，官方公佈的資料會比我手上蒐集到的更加準確和完整，但實際上還是不能說明什麼。首先，這些資料根據的是外在環境的狀況，並未考慮自然和經濟因素，而是取決於法學理論、現存的犯罪懲罰條例以及政府當局監獄部門主事者的意志。

以年紀劃分的人口結構，會隨著放逐殖民系統的變化而變化，特別像薩哈林島這樣的地方更是如此。等到他們開始遣送更多女人過來時，比如說現在的兩倍，自由移民會跟著啟動。另外，隨著西伯利亞大鐵道的興建，名符其實的自由移民便會真正開始。其次，像在薩哈林島這樣的島嶼上面，即使生活方式有什麼特別之處，人口結構的數字所呈現的意義，固然不能和歐洲俄羅斯地區相提並論，比如切雷波維茨克地區或莫斯科地區，但其中藏有玄機：比方說在薩哈林島上，老人的比例偏少，並非意謂當地的不良環境促使死亡率偏高，而是當地大多數屯墾者都能夠在老年降臨之前服完刑期，離開那裡前往西伯利亞大陸發展。

目前薩哈林島殖民地人口的最大年齡群是二十五歲到三十五歲（佔當地總人口的百分之二十四・三），其次是三十五歲到四十五歲（佔百分之二十四・一）。若以整體總人口比率來看，被格利亞茲諾夫博士稱做「工作的年齡群」的二十歲到五十五歲之間的人口，則佔殖民地總人口的百分之六十四・六，相較於整個俄羅斯多出了一・五倍。

遺憾的是，這麼高比例的工作人口並不代表薩哈林島的經濟很興旺，只是說明了這裡勞動力過剩，也因為如此，即使有很多吃不飽、沒有一技之長和遊手好閒的人，薩哈林島上還是建造了一個又一個城鎮、鋪設了一條又一條完美的公路。這些建設都很花錢，難免使得那些努力在生產的人變得一窮二白，過沒有安全保障的日子。這令人聯想古代人們故意製造多餘勞動人手，用來蓋廟宇和大型廣場，使得其他適齡工作者陷入極度的被剝削狀態。

同時，薩哈林島的兒童比例（百分之二十四・九）也相當高，這裡指的是十五歲以下的孩童。即便和俄羅斯相比，這樣的比率並不算高，但以薩哈林島這樣生活環境惡劣的放逐殖民地來看，比率就偏高了。薩哈林島上女人偏高的生殖率和兒童偏低的死亡率，使得這裡的兒童佔有比率居高不下，甚至要高過整個俄羅斯的平均水平。但小孩子有多個好處，撇開對殖民業務的干擾不談，他們至少可以帶給囚犯和屯墾者某種內心的安慰，特別是時時提醒他們對俄羅斯鄉村的美好記憶。此外，有小孩子要照顧，可以讓這些女人們避免因無事可做而流於懶散。但壞處是，這是一群毫無生產力的年齡群，他們只有消耗而無生產，這使得殖民地的經濟低落情況變得更加惡化且複雜，甚至整個淪入極度的貧窮，比許多俄羅斯鄉村的情況還更為悽慘。另一方面，等到這些小孩都長大成人，他們便會離開這裡前往對岸大陸發展，這使得他們所生長的地方，經濟永遠無法復甦。

事實上，在薩哈林島上，這些構成殖民地之基礎和未來希望的年齡族群，所佔的人口比率根本就微不足道。在島上，介於十五到二十歲的人只有一百八十五個，男性八十九人，女性九十六人，只佔總人口的百分之二而已。甚至只有二十七人是真正在薩哈林島或父母在前來薩哈林島的半路上出生，其他都只能算是外來者。而這些真正出生在薩哈林島的人，也都只是在等待父母或丈夫服滿刑期，一起離開薩哈林島前往對岸大陸，比如這二十七個人的父母大多是已服滿刑期且已擁有「放逐的農夫」身分，此刻還留在薩哈林島上，目的是籌到更多經費，為了舉家遷往對岸大陸。

住在亞歷山德洛夫卡的拉哈科夫一家子就是這樣一個家庭。另外還有一位叫做瑪麗亞的十八歲女孩，出生在奇畢沙尼，父親是自由人身分的屯墾者，她也不願意留在薩哈林島，她要和丈夫一起前往對岸大陸。那些二十年前出生在薩哈林島的人，如今連二十一歲的生日都還沒到，就迫不及待紛紛要移往對岸大陸，沒有人願意留在島上。島上一共有二十七個二十歲的年輕人，其中十三個是在服苦役勞動的囚犯，七個是自願陪丈夫來服刑，另有七個是屯墾放逐者的兒子——這些年輕人早已摸清通往海參崴和阿穆爾河流域的門徑。

在薩哈林島上一共有八百六十個「合法」家庭，以及七百八十二個「自由家庭」，這個數字說明了屯墾放逐者在薩哈林島上的家庭生活狀況。一般而言，大約只有一半的成年人口能夠真正享受到正常的家庭生活。女人在殖民地採分配方式，因此有一半的男人，大約有三千人左右必須維持單身。但這樣的比例常隨外在因素波動，比方說碰到「皇家大特赦」時，一下子會從監獄裡湧出三千個單身男囚犯，成為新的屯墾放逐者，男性單身比率隨之大幅竄升，當局不知道如何安頓。還好就在我離開不久後，西伯利亞大鐵道開始興建，烏蘇里地區極需勞工，多餘的勞動力得到舒解，同時也解除男性單身的壓力。這裡屯墾者家庭的基礎過於薄弱，以及單身男人的比率偏高，一般都被認為是屯墾業務至今始終無法成功的主要原因。

其次，我們要轉向另一個問題，為什麼「非法」婚姻和「自由」同居在殖民地上會那麼廣泛盛行，我們看到這樣的比率和正常合法婚姻的比率幾乎不相上下，忍不住要懷疑，是否屯墾的男人都有逃避合法婚姻的傾向。誠然，如果不是這些自由身分的女人自願跟隨丈夫來殖民地一起服刑，那麼現在這些「自由家庭」的數目將會是合法結合家庭的四倍。我在筆記簿上有記下一位地區總督說的一句話，他說，這種狀況真令人「火大」，但他不會把過錯全歸咎在屯墾者身上。這些屯墾放逐者和一般人沒有兩樣，都具有家長制心態和宗教信念，他們嚮往合法的婚姻。許多外人和非法的同居伴侶，經常來請求當局為他們舉辦一個官方的教堂婚禮，但這樣的請求大多都會被拒絕，理由是官方當局不經手這種事情，何況他們又不是屯墾者。問題是，即使是屯墾者也沒用，因為早在他成為囚犯的那一刻開始，他身上的所有權利，包括婚姻權利，全都被剝奪了。但是他來到放逐殖民地之後，如果往後表現優良，他還是有機會結婚，不過決定要素並不在他或是他的優良表現，而是在沒被判刑且一直留在家中的原配妻子身上。他必須徵求元配妻子同意註銷他們之間的婚姻關係並辦妥離婚手續，他才能夠再婚。元配妻子一般都不會同意這種事情，有的是基於宗教信念，認為離婚是罪惡；有的則認為註銷婚姻關係根本就沒必要，那是空幻的無稽想法，何況眼看著大家都已經快要邁入四十好幾了，離什麼婚！「什麼？要再婚？都什麼年紀了！」當元配妻子接到丈夫的離婚要求的信時，感到震驚訝異，但腦筋也還算清楚：「好好檢視一下自己的靈魂，你這隻老狗！」另外有的則是害怕去辦像離婚這麼極度繁瑣，甚至花錢的事情，而且又不知道要從哪裡開始。另外，有許多屯墾放逐者不願意走進合法婚姻的主要理由是，他們的履歷紀錄瑕疵太多，無法公諸於世。裡頭充滿許多不堪聞問的內容和細節，既冗長乏味，又會引發對以前老式官僚強加在他們身上的記憶，上面貼著紅色帶子，標明他們此刻的犯人身分，然後又要浪費許多錢在這上面，蓋官印和打電報。他們覺得很喪氣，最後只有放棄一途，並宣稱他們根本不想要一個合法的家庭。事實上，這裡有許多屯墾放逐者根本就沒履歷紀錄簿子，即使有也不會記錄家庭背景或家庭身分的細節，或是即使記錄了，不是不清楚就是根本不正確。他們除了這個東西之外，沒有任何文件可以證明他們的身分或履歷，因此在必要時，他們什麼都拿不出來。

一個屯墾放逐者在屯墾區的婚姻紀錄，比如結幾次婚，都會如實登錄在地方當局註冊組的出生、死亡和婚姻狀況欄上。在當地來講，特別是屯墾者，結婚是一件奢侈的事情。人們結婚不是看你需不需要，而是看你有沒有這能力，因此結婚年齡的統計數字完全失去意義。我們無法光憑統計數字判斷，他們是流行早婚還是晚婚，有些人在經過法律和宗教儀式走入婚姻殿堂時，事實上已經不知過了多少年的家庭生活了，甚至在結婚時都已經生了幾個小孩。不過我們倒是在地方政府的註冊單位看到一個有趣現象，在過去十年裡，大部分的人都選擇在一月註冊結婚，約佔所有結婚人數的三分之一。秋天也是另一個結婚熱潮的季節，但還是不能和一月相提並論。然而我們也不能拿這個現象來和歐洲俄羅斯的農業地區相比，那裡的青年男女都在正常環境下論及婚嫁，這裡則否。這裡擁有自由人身分的青年男女，幾乎都結婚得很早：新郎從十八歲到二十歲，新娘則從十五歲到十九歲。在十五歲到二十歲之間自由身分的青年男女，女的比男的多很多。主要原因是許多男孩在還未到適婚年齡時就離開薩哈林島到對岸大陸發展，所以本地免不了產生欠缺新郎的現象，再加上其他諸如經濟的因素，不相稱的婚姻就應運而生。許多很年輕的自由身分的女孩，幾乎還是個小孩，就被父母草草許配給一些年紀大很多的屯墾放逐者或「放逐的農夫」，許多非全職軍官、代理下士、軍醫的助理、公家機關的職員和監工，就專門尋找十五、六歲的女孩為「取樂」的結婚對象。

一般婚禮都辦得很寒酸，在提莫夫斯克地區有時候婚禮會辦得比較愉悅熱絡一些，烏克蘭人在婚禮上特別吵鬧。在亞歷山德洛夫卡有一家專門印公家文件的印刷廠，有人要結婚辦喜事時也會去請他們幫忙印喜貼，在那裡工作的囚犯平常老是印公家文件也印得不勝其煩，有時能印些結婚喜貼剛好可以發揮他們的手工藝長才，設計一些別出心裁的花樣。婚禮舉行時，公家機關照例都會送來一瓶酒，表示祝賀之意。

這些放逐者一方面在女人背後嘲弄她們，另一方面透過深刻而嚴肅的觀察，一致認為薩哈林島上的生育率偏高。大家都說島上的氣候有助於女人受孕，連老婦人都會懷孕生產，甚至那些在歐洲俄羅斯地區已經判定無法懷孕並已放棄希望的女人，來到這裡不久就立刻懷孕。看來這些女人們好似在比賽要為薩哈林島製造更多的人口，她們還經常懷雙胞胎。在弗拉迪米洛夫卡有一位老婦人正要臨盆生產，已經成年的女兒在一旁，她突然想起這一陣子常聽人談到生雙胞胎的事情，當她發現她只生下一個時覺得很懊惱沮喪，就問產婆說：「沒有了嗎？你再看仔細一點。」其實，比起歐洲俄羅斯的鄉村地區，在這裡生雙胞胎的機率並沒有比較高。在過去的十年裡，直到一八九〇年的一月一日為止，在薩哈林島上一共出生了兩千兩百七十五個嬰兒，其中只有二十六個是出自所謂的「肥沃產族」，也就是雙胞胎。

這裡的屯墾者喜歡喋喋不休地談論女人的生殖力和雙胞胎等話題，說明了他們如何重視這裡的生育率及其所代表的重要性。

一般來講，人口在數目上所展現的力量，取決於人口不斷流動所帶來的變動，並且是偶然的，好比市場上的聯合作用因素。幾年來殖民地裡小孩的不斷出生，這似乎會帶來人口的力量，事實不然。因為多年來的事實證明，以多生小孩來展現人口的力量，簡直就是難以企及的奢侈。我無法在此驟下結論，因為我和其他人在政府機關所蒐集到的統計資料非常有限，前面幾年這裡人口的總數目並未統計出來，可是當我更進一步熟悉政府機關裡頭的資料時，我才發現，我所做的工作只是徒勞一場。我只能說，以小孩的高生育率這樣的聯合作用方式去展現人口的力量，也許只有當下稍稍能看得出來，但是就長遠來看，其效能還是相當有限。

一八八九年，這裡的四個教區一共有三百五十二個嬰孩出生，以歐洲俄羅斯的標準來看，這是一個有七千人口地方每年應該出生的嬰孩數目。而在一八八九年，薩哈林島上的人口恰恰就是七千人，或者再加上幾百人。在薩哈林島上，這樣的生育率比俄羅斯地區的千分之四十九·八，或是其他某些省分，比如切雷波維次克地區的千分之四十五·四，顯然是要高些。我們可以這樣說，在一八八九年，和整體俄羅斯來比較，薩哈林島的生育率是不相上下的。如果說有什麼不同的話，那就是聯合作用所帶來的結果，但相差不會很大。以此觀之，就人口比率看，薩哈林島上女性較少，卻能夠具有幾乎相同的生育率，可見其女性生殖能力是要比整體俄羅斯高一些的。

飢餓、思鄉、好逸惡勞、監禁——這些不利要素並未消除殖民地屯墾者的生產能力，但也並未帶來繁榮興旺。女性高生殖力及高生育率的理由，首先是殖民地的屯墾者經常無活可幹，竟日窩居家中、百無聊賴，唯一可能的娛樂就是性活動。其次，這些女人們大多處在生殖能力高峰的年齡，受孕機率極高。另外還有個一般人較少注意到的理由，那就是大自然賜予人們強盛生殖力，環境越惡劣，大家就生得越多，不利的生存環境促發了生殖力的提升。

在過去十年期間兩千兩百七十五個出生人口當中，最多的是出生於秋天（佔百分之二十九·二），最少是春天（佔百分之二十·八），冬天出生的人口（佔百分之二十六·二）也比夏天出生的人口（佔百分之二十三·六）要多。到目前為止，大部分受孕和出生的月分都集中在八月到隔年的二月之間，可見短促的白日和漫漫長夜的秋冬兩季比煩悶多雨的春夏兩季，對受孕和生育更加有利。

眼下整個薩哈林島，如果把剛過完十五歲生日的青少年也算進去的話，一共有兩千一百二十二位兒童。其中有六百四十四個是和父母一起從歐洲俄羅斯過來，另有一千四百七十三個是在薩哈林島上或父母來薩哈林島時在半路上出生，此外有五位出生地不詳。第二批人數幾乎是第一批人數的兩倍半，第一批的小孩來時大多已經知曉人事，都是帶著對家鄉的記憶和愛來到薩哈林島，第二批的小孩都是在薩哈林島上出生，除了薩哈林島，他們沒有任何其他記憶，他們都會把薩哈林島當做自己唯一真正的家鄉。一般而言，這兩批小孩有著很顯著的不同，比如說，在第一批小孩當中，非法婚生只佔百分之一．七，而第二批卻有百分之三十七．二之多。第一批小孩經常被稱為「自由小孩」，他們大多在審判之前即已受孕或出生，他們可以永遠保有自由人身分。第二批小孩則否，他們頂多只能自稱農夫或城市公民，而且很快就要被納入為納稅人口。但是就目前而言，他們的社會身分被定義為：放逐女囚犯的非婚生兒子，或屯墾放逐者的非婚生女兒等等。有一位屯墾放逐者的太太，當她獲悉她剛出生的嬰孩在教區註冊，被登錄為屯墾放逐者的兒子時，據說當場痛哭流涕。

在這第一批的小孩當中，幾乎沒有年紀小於四歲的孩童，最多的就是所謂的學齡兒童。第二批小孩則剛好相反，稚齡小孩佔大多數，年齡越是往上，人數就越少。若繪以圖表來看，就像一座金字塔。比如說，年紀在一歲以下的就有二〇三位，佔最底層位置，越往上越縮小。從九歲到十歲的有四十五位，十五歲到十六歲的只有十一位，至於二十歲的則絕無僅有。正如我前面所說，這個年紀層出生在薩哈林島的年輕人，沒有半個留下來。他們都是一長大就迫不及待離開薩哈林島，跑去對岸大陸發展了。這裡所留下的年輕人空缺由新來的人加以添補，還有結了婚一時不會離開的新郎和新娘，眼下談不上有什麼貢獻可言。

過去有人說這裡年輕人匱乏是因為當初嬰孩的夭折率高，而且當時女人也稀少，其實真正關鍵是：移民。大致來講，有資格離開薩哈林島前往大陸移民的人一般都會帶著小孩同行。這些小孩出生時，他們的父母早已開始服刑，等他們十歲時，父母服刑完畢，做完囚犯苦役勞動和強制性屯墾工作並順利取得「放逐的農夫」身分，就帶著他們一起移往對岸大陸，永遠再也不會回來。至於新來的人的處境，則完全是另外一回事，當他們的父母來薩哈林島服刑時，通常他們的年紀是五歲或八歲或甚至十歲，等父母服完苦役和刑期並成為「放逐的農夫」時，他們早已不再是小孩，並且早已在外地，包括海參崴和尼古拉耶夫斯克這些較大的城市，有過許多打工賺錢經驗，這時他們就順理成章跟著父母一起移往對岸大陸。上述這兩種情況都很明顯指向一個事實，不管是外來者或是在這裡土生土長的當地人，沒有人願意長久留在薩哈林島上，只要時機一來，便迫不及待趕快離開。因此，這裡的軍哨站和屯墾區與其說是殖民地，倒不如稱其為暫時性的屯墾跳板更為恰當。

在某些如薩哈林島一樣惡劣的環境，新生命的誕生並不會被熱切歡迎，他們不會在嬰兒的搖籃旁邊唱搖籃曲，只有咒罵和哀聲嘆氣。嬰孩的父母說他們沒有食物可以餵養小孩，而且他生到這世上來，也沒有什麼有價值的東西值得他學習，不如「請慈悲的上蒼儘早來把他帶走。」如果小孩哭鬧或不聽話，他們就對他大聲斥喝：「閉嘴！為什麼不去死！」但薩哈林島並不是這樣。在這裡，不管人們如何的哀慟，最有用、最不可缺少、最令人喜愛的，就是小孩。屯墾者們都很了解這點，因此也格外珍視小孩，因為小孩的關係，為薩哈林島上冷酷、粗俗以及道德敗壞的家庭中注入溫柔、純潔、和氣及喜悅等要素。儘管小孩純潔無辜，他們依然愛他們一窮二白的母親和曾作奸犯科的父親，如果一個因為被關押在監獄已久而喪失仁慈的的父親，都能因為小狗而動之以情，那麼面對自己孩子給予的愛又會有什麼感受呢！我在前面提過，小孩經常是這些屯墾放逐者在精神上的最大支柱，現在我要再更進一步強調，小孩更是他們繼續活下去並避免沉淪墮落的動力。我在筆記簿上曾記下兩位具有自由人身分的女人，她們自願隨丈夫來薩哈林島服刑，住在同一區域。我們當時待在一棟木棚屋裡頭，其中一位沒有小孩的女人，一邊謾罵命運的不公一邊不斷嘲弄自己，說自己是個被詛咒的白癡，才會來到薩哈林島這種地方，然後緊握拳頭，一副歇斯底里的樣子。當時她的丈夫也在場，在一旁用愧疚的目光看著我。另外一個——他們稱之為「有小孩」的女人，而且她有好幾個小孩，在一旁靜靜地不吭聲，我猜想那個沒小孩的女人，日子一定不好過。在另外一棟木棚屋裡，我在逗一個三歲的韃靼小孩講話，這時他在一旁的父親突然眼睛亮了起來，好像很贊同我在逗他兒子的話，並流露出一副很得意樣子，我相信這位韃靼父親的日子一定過得很開心。

薩哈林島的小孩就是在這樣的環境下長大，影響所及，決定了他日後的心理活動，讀者們讀了我在上面所述，當可了解為什麼會這樣。比方說，在歐洲俄羅斯地區的城鎮和鄉村看起來很可怕的事，在這裡卻很稀鬆平常，在這裡，小孩子們會若無其事一般跟在一群上了手銬腳鐐的囚犯後面嬉鬧，沒有人會覺得這有什麼不可以。他們喜歡玩士兵和囚犯的遊戲，在大街上，一個男孩會對著他的伙伴大聲喊叫：「進來啊，你給我進來！」有時在家裡時，他會把玩具和一塊麵包塞進一個包包裡，然後跟他母親說道：「我要去流浪去。」母親則會開玩笑回說：「小心點，不要讓阿兵哥給射殺了。」他真的拎起包包就走出去了，走到大街上要流浪去了，這時他的伙伴看到他，就裝扮成士兵要抓他。薩哈林島的小孩會談論流浪漢、鞭苔和腳鐐，他們知道什麼是鞭苔執行者，什麼是上腳鐐的囚犯，以及什麼是同居者。有一回我在上阿爾穆丹屯墾區的木棚屋那一帶閒逛，我發現有一棟木棚屋裡頭居然沒有半個大人在，只有一個大約十歲大的小孩在家，金頭髮、寬肩、赤腳，蒼白的臉上佈滿雀斑，那張臉看起來像大理石雕刻出來。

「你父親叫什麼名字？」

「不知道。」他回答道。

「什麼？你和你父親住在一起，連他叫什麼名字都不知道？真丟人！」

「他又不是我真正的父親。」

「什麼意思，不是真正的父親？」

「他和我母親同居。」

「你母親沒有結婚嗎？還是她是個寡婦？」

「她是寡婦，她因為她丈夫才來這裡。」

「她因為她丈夫才來這裡，這又是什麼意思？」

「她把他給殺了。」

「你記得你父親嗎？」

「不記得，我是在他死後才出生的，我母親是來到卡拉監獄之後才生下我。」

薩哈林島的小孩一般都很蒼白、瘦削，大多穿破衣服，老是餓肚子，我下面會提到，他們大多死於消化問題。他們過著「吃了這一餐不知道下一餐在哪裡」的生活，有時整整幾個月時間每天只吃瑞典蕪菁度日，其中家境比較好的也只能吃到鹹魚。長期下來，再加上酷寒和潮濕，他們的消化器官逐漸退化，以至全盤崩潰並危及生命，這些因消化系統障礙所引發的各式各樣疾病，在二至三代之間將籠罩整個島上，我們應及早想出因應措施。目前最貧窮屯墾者和囚犯的小孩都領有當局發放的所謂「食物津貼」，從一歲到十五歲每人每月領一盧布半，孤兒、殘障和雙胞胎則是三盧布，至於所謂「最貧窮」標準則一概由地方官員個人裁定，領到的錢由小孩的父母自由支配使用。這種憑官員個人意志決定發放對象，並且由父母自由支配使用的方式，由於生活貧困的關係，津貼從未真正用在小孩身上，根本很少達到救濟的目的，我認為早就應該取消。這對消滅貧窮完全沒有幫助，還讓人錯誤以為，特別是當局方面，薩哈林島的兒童都有受到特別的良好照顧。

18

囚犯的職業、農業、狩獵、捕魚、季節性的魚群：鮭魚和鯡魚、監獄漁業、手工藝行業。

獨立來看，將薩哈林島闢為放逐犯人和屯墾放逐者的農業耕作殖民地，這是一個絕佳且迷人的概念：讓放逐者在土地上耕作，親身體嚐土壤的味道，甚至藉此被改造。此外，他們也很適合做這樣的工作，因為他們絕大多數都來自農村，只有大約十分之一的囚犯和屯墾者不是來自鄉下的土地工作階層。這樣的概念截至目前為止十分成功，農耕已經成為薩哈林島上放逐者的主要工作，這個島嶼始終被稱為「農業的殖民地」。

自從我國殖民政策成立以來，薩哈林島每年都在耕作，從未中斷，且隨著農耕人口的不斷增加，農耕土地的面積也不斷在擴展當中。這裡的農耕工作不但是強制性質，而且非常的累人。的確，用「強制」和「累人」來形容這種性質的工作，真是再恰當不過，而且，再也找不到比在薩哈林島這樣的地方從事農耕還更累人的工作，當局這樣做已經達到了懲罰犯人的目的了。

至於這裡是否生產豐碩，或是否達到殖民的目標，這則是非常分歧甚至尖銳的問題，這些問題從殖民地開辦以來便一直存在著，始終未曾間斷。首先，有人認為薩哈林島是個豐饒之島，他們不斷讚頌島上的一切，並在發回來的電報中下結論——這裡的放逐者肯定可以在島上自力更生，不必再花國家的一分錢。另有些人則對薩哈林島的農耕運作持懷疑論調，並堅稱在薩哈林島上能生長農作物實在是很不可思議，顯然這些持反對論調的人，主要都是那些對國家事務不熟悉的人。當初薩哈林島被設定為屯墾殖民地時，仍然還是一個尚未開發的島嶼，套用一句科學的話語講——還是一塊全然未知的處女地，人們判定這裡能否耕種，完全從地理環境、經緯度、與日本的距離遠近以及島上自然生長的竹類和軟皮樹木等要素去觀察。至於新聞記者所觀察的報導更是浮面，全靠第一印象抒發他們的意見。比如他們到訪時所碰到的天氣狀況，在木棚屋裡被招待的麵包和奶油好不好吃，還有他們去的地點是陰鬱無光的杜埃，還是看起來活潑生動的錫安奇，這些立即的第一印象，都會影響他們的觀感而遽下個人主觀定論。另一方面，承辦這些事務的官員，大部分既非地主亦非務農，甚至對農耕事務一無所知，他們手上所擁有的資料，大多為當地監工臨時就地蒐集後提供給他們的。至於參與工作的農學家們，對他們的專業領域所知甚少，也沒有什麼實際作為，也許他們所提供的報告寫得很出色，卻充滿許多偏頗論調。他們當中許多人從學校一畢業就直接跑來殖民地貢獻所學，手上握有許多課堂上所學純理論的東西，或是前人為政府機構所整理的官方資料，而他們所提出的報告所根據的正是這些資料。整個看來，最正確的資訊只能來自那些實際在播種耕田的人，但有時也證明那些資訊並不那麼可靠。由於擔心被剝奪津貼或拿不到貸款可買種子的話，他們會一輩子被綁在薩哈林島上，所以他們一般都會少報耕地的面積，同時也會少報收成的數量。對經濟狀況比較富裕的屯墾者而言，他們雖然沒有跟當局貸款買種子的需求，但他們一樣不會據實以報。他們就像莎士比亞在《哈姆雷特》一劇中所刻畫的御前大臣波洛尼奧斯一樣，依照哈姆雷特的意思，附和著把同樣一朵雲說成像駱駝、黃鼠狼和鯨魚[41]。他們是一群應聲蟲，上級說什麼，他們立即附和同意什麼，當地方當局表示不信任這裡的農耕事務時，他們立即附和表示他們也不信任，可當地方當局盛讚這裡的農耕業務時，他們也立刻響應配合說，在薩哈林島謀生多麼容易，這裡收成多麼好。唯一只有一個問題——為了逢迎上級，他們使盡各式各樣策略，什麼謊話和鬼話都說得出口。當著名探險家米特朱爾來到這裡時，他們立即奉上最大麥穗的收成給他看，使他相信這裡的收成實在是太棒了。有其他參訪者來到這裡時，他們就出示像頭顱一般大小的馬鈴薯給他們看，還有十八番提重的蘿蔔和西瓜。參訪者望著這些奇形怪物，驚訝莫名，他們同時還很得意地說，有一年他們小麥的收成曾經達到有四十輪次之多。

41 譯注：《哈姆雷特》第三幕第二景的結尾。

就在我來訪的期間，薩哈林島的農耕事業正處在一個很特殊的階段，好像突然之間一切都停滯不前，很難再有什麼進展。包括島上的總督和地方當局的一些主管們都不再相信，薩哈林島上這些努力在為這塊土地耕耘的人，還會有什麼生產力可言，大家原先所期待，想利用放逐者的勞力付出以成功耕耘這塊土地的希望，現在可以說完全落空了，再繼續堅持下去可能只是浪費國家的錢財而已，同時將人們導向無謂的受苦受難。底下我記下了島上總督所說的幾句話：

要在這島上建立罪犯的農業殖民地是無法實現的，人們應該去尋求其他的謀生方式，農耕只能當做一種後援而已。

其他下級官員也發表了相同的看法，並當著上級面前大肆批判了他們過去在島上的一切措施。至於那些放逐者本身，被問及事情進行得怎樣時，他們只是放聲笑笑，笑中帶著苦澀和嘲諷。然而，儘管大家對在薩哈林島上從事農耕的否定態度是那麼的確定和一致，放逐者依舊繼續犁田耕種，地方當局依舊繼續發放種植種子的貸款，島上總督則是比任何人對薩哈林島的農耕活動都還沒有信心。在他回去之後立即發布一條法規，「研究如何調整放逐者的農耕工作方式，並加以改善之」。同時確定「由屯墾放逐者轉換成放逐農夫身分的人，老是咬定當局分配給他們的耕地根本無濟於事，此類情事不得再發生。」隱藏在這樣巨大矛盾背後的心理學，實在無從理解。

截至目前為止，島上每一塊可耕地面積都有登錄在報告檔案之中，在數量上都經過斟酌並加以膨脹（一八八八年，第三六六號法案紀錄），因此沒有人能確切說出每位屯墾者所擁有的平均可耕地到底有多少。依農業督察員的說法，應該大約是一千五百五十五沙鎮平方，或是三分之二的戴西亞丁。在發展較好的地區比如哥薩科夫斯克，每個屯墾者分到的耕地面積反而更少些，平均是九百三十五沙鎮平方。不管這數據有沒有錯，都抹除不了一項事實，那就是，這些耕地大小的分配從來就非常不均勻：有些人從歐洲俄羅斯前來時就帶著財產，或是有些人在監獄裡靠著非法買賣賺到大筆金錢，他們就能弄到三到五戴西亞丁甚至八戴西亞丁的耕地。至於其他大多數人，特別是在哥薩科夫斯克地區，他們每人所能分配到的耕地面積則非常有限，頂多幾百沙鎮平方而已。表面看來，好像每年的耕地面積都有在增加，實則不然，每人所擁有的耕地面積還是原封不動。

屯墾者所撒種的穀粒每年都是以貸款方式從政府那理取得。一八八九年，在發展最好的地區如哥薩科夫斯克，「一共撒種了兩千〇六十普得的穀粒，其中只有一百六十五普得是屬於他們自己的種子，亦即有六百一十位屯墾者撒種兩千〇六十普得穀粒，只有五十六位是撒種自己的種子」（一八八九年，第三一八號法案紀錄）。依農業督察員手上的資料顯示，平均每一位成年住戶才撒種了三普得又十八番提的穀粒。有趣的是，在南部氣候比較有利的地方，比如上述的哥薩科夫斯克，農耕成就反而不如氣候因素更不利的北部地方，但儘管如此，並不阻擾它們成為發展優良的農耕地區。

當局並未實際觀察過，在薩哈林島北部的兩個地區，當地氣候的溫暖程度是否有利於燕麥和小麥的成長，只有在兩年中有足夠的溫度適合種植大麥。在這裡，春天和初夏一般仍然很寒冷，一八八九年的七月和八月還在降霜，該年秋天從七月二十四日就開始，一直持續到十月底。人們要對抗寒冷並不難，但是一般穀物要對抗像薩哈林島這麼嚴峻的氣候，撇開極端嚴重的潮濕不講，幾乎很難做到。拿小麥的種植培育來講，從麥穗的發育、開花到成熟收割，通常死傷累累、損失極大，異常過大的降水量，將導致田地產出的穀物不是未完全成熟、太潮濕、乾癟扭曲就是重量不足。要不然就是因為雨水太多，穀物完全毀壞，在田地上成束腐爛或發芽。有些農作物如果恰好在春天的雨季收成，只能任將要收成的穀物在田地上淋雨，腐爛敗壞，碰到秋天的雨季則情況更糟，雨常常從八月下到十月底秋天結束，除了任憑作物在田地裡受雨水澆灌，成束成束的腐爛，實在一點辦法都沒有。農業督察員手上有一張薩哈林島上過去五年來農業生產的統計表格，島上總督卻稱之為「懶散的謊言」。從表格上的統計數字看來，上面所載的數字比實際狀況多出一至三倍之多。拿一八八九年的收成來看，表格上所載，每位屯墾者的收穫量有十一普得之多，即超出了所播種的種子三倍以上。可我們都知道，那些用來當做播種的穀粒在品質上都是很差的，連屯墾著都說希望能拿來換麵粉，島上總督曾從屯墾者那裡拿了播種用的穀粒樣本來看，才發現這些穀粒根本就不適合拿來播種，其中有許多早已被霜雪凍壞了。

農業部門一般來講會比較注重個人的努力和農耕知識，反而不太看重自然環境的影響。但是蔬菜園地經營得好，他們卻反而將之歸諸於薩哈林島的條件好，他們會常常盛讚蔬菜園子發展得很好，卻總是刻意去忽略這裡有許多家庭常常一整個冬天都是吃瑞典蕪菁在過日子。七月時，有一位在亞歷山德洛夫卡的婦女跟我抱怨說，她小花園裡種的花朵老是不肯開花。而我在哥薩科夫斯克的一棟木棚屋裡看到竹篩裡頭盛滿了小黃瓜，顯然農業督察員的報告裡所載應是真確的。比如他說，一八八九年在提莫夫斯克地區，平均每位屯墾者的蔬菜生產紀錄是，四又十分之一普得的包心菜，以及二普得的其他根莖類蔬菜；在哥薩科夫斯克地區是四普得的包心菜，及四又八分之一普得的其他根莖類蔬菜。同這一年，在亞歷山德洛夫卡地區，平均每位屯墾者的馬鈴薯生產紀錄是五十普得，在提莫夫斯克地區是十六普得，在哥薩科夫斯克地區則是三十四普得。一般來講，馬鈴薯比較容易種植，因此產量也就比較豐富，這在統計上和我們的印象可說非常一致。我在這裡從未看到穀物儲藏箱，也未看到有人堆放一整袋的穀粒種子，更未見過有屯墾著吃著白麵包，雖然他們種的小麥比裸麥還要多很多。相反的是，在每一棟木棚屋裡到處堆滿了馬鈴薯，還聽到他們抱怨說，他們的馬鈴薯在冬天期間都腐爛光了。在薩哈林島上，隨著城鎮生活的逐漸發展，慢慢衍生出販賣農作的市場。在亞歷山德洛夫卡，有某些地方已經固定成為鄉下婦女賣菜的地方，我們也會經常看到屯墾者在街上擺攤賣小黃瓜和各式各樣的青菜，在島上南部某些地方，比如像佩爾瓦雅塹道（Pervaya Pad），種植蔬菜已經發展成為一項重要的業務。

然而，對屯墾者來講，種植穀物是他們的主業，狩獵和捕魚則算得上是他們的副業，但也只是為了賺點外快而已。薩哈林島上脊椎動物豐饒，對狩獵者而言是個完美的狩獵地區。對商人來講，這裡最有價值且最值得狩獵的動物莫過於黑貂、狐狸和熊，不但分佈廣泛，而且數量極多。其中以黑貂最多，幾乎整個薩哈林島上到處都是。有人說，由於近時人們不停砍伐森林以及森林大火頻繁，許多黑貂紛紛逃離人煙散佈地區，躲入遙遠山區的森林，此說不知是否屬實，但我倒是曾真正經歷了人們如何獵殺黑貂的經過。當時我剛好來到弗拉迪米洛夫卡，就在屯墾區的邊緣地帶，我目睹一位監工舉槍射殺一隻正在涉河的黑貂，另外我也常在當地屯墾區附近看到一些屯墾者獵人在射殺黑貂。至於狐狸和熊也是為數甚多，遍佈整個薩哈林島。這裡的熊起先都很溫馴，不會傷人或吃家畜，但最近整個局勢卻有了變化，起因於當局把屯墾區設到河流上游的林地附近，人們開始在那裡砍伐森林，阻絕了熊前往河邊抓魚的道路，而魚正是牠們的主要食物，兩邊從此種下嫌隙。不久後薩哈林島的教區開始出現有人被熊攻擊致死的死亡註記，表面登記為「意外身亡」，實則大家都知道是「被熊狙殺」。

人們從此把熊視為兇猛惡劣的野獸，並全面加以捕殺。人們在這裡也會碰到鹿、麝香鹿、水獺以及山貓之類，有時也會碰到狼，甚至偶而還會碰上貂和老虎。儘管有這麼豐富的狩獵資源，但狩獵在薩哈林島上仍未形成大宗的買賣商業活動。

有一種人，叫做放逐者「庫拉克」，指的是在監獄和屯墾區暗中從事買賣而藉此謀取暴利的人，他們通常以買賣動物的皮毛獲利最多。他們會以唱一首歌或一瓶伏特加酒從原住民手上換來這些皮毛，再以高價售出。然而，這類行為只是某種變相交易行為而已，與狩獵無關。放逐者很少有人真正成為專業獵人，他們既不是商人也不是獵人，狩獵對他們來講只能算是一種業餘的愛好而已，他們會帶著一把拙劣的獵槍出去狩獵，沒有獵狗，純粹是出於嗜好而已。他們甚至還不是很懂怎麼使用獵槍，打獵下來的獵物有時什麼都換不到，頂多換杯酒喝而已。我在哥薩科夫斯克碰到一位屯墾放逐者，他剛射殺了一隻天鵝，用很高的價錢跟我兜售：「三盧布，或是一瓶伏特加，要不要？」我們終於可以理解，狩獵為什麼在這放逐殖民地無法成為一項事業，主要是因為狩獵的人都是屯墾放逐者。要成為專業狩獵者，必須具有自由人身分，行動和生活自由自在，勇氣十足而且身強體健，而屯墾放逐者大多不具備這些條件。他們神經衰弱、意志力薄弱，他們在家鄉時就從未狩獵過，從未碰過一把槍，如今靈魂又飽受壓制，要他們做只有意志堅強自由之人才能做的行當，他們根本做不來。也許害怕遭到懲罰，他們寧可待在家裡宰殺一頭從政府借錢買來的牛，也不願意拿著一把破槍去外面捕殺一隻松雞或一隻野兔。此外，被發配來這裡的屯墾者大部分都是因謀殺入罪，只期盼趕快服完刑期離開這裡，沒有人有慾望要留在這裡發展狩獵事業。更何況，有謀殺紀錄的犯人也不被允許在這裡隨意屠殺解剖動物，狩獵時獵人必須就地屠殺已被打到半死的獵物，比如當場用刀子剖開一隻已經受傷的鹿，或是剖開一隻被射中的松雞的喉嚨。

許多人可能會認為，薩哈林島的最大財富和最可期的光明未來，乃是奠立在島上數量豐富的皮毛動物身上，其實不然，而是季節性的魚群。這些魚出生時便被河流帶入海洋，然後等季節一到，再成群結隊的從海洋回到原來的河流。這裡有一種魚叫做基塔的魚，這是鮭魚的一種，無論是大小、顏色或是口味，都與歐洲俄羅斯產的鮭魚並無二致。這種魚主要群聚在太平洋北部，到某段時期，它們就分批湧向北美和西伯利亞的河流，數不清數量的魚群奮力的逆流而上，好像要游到河流的源頭一般。在薩哈林島，魚群湧現的時間發生在每年的七月底或八月初，數量之龐大，移動速度之快，景觀之壯闊十分驚人，如果不是親眼看到，根本就無從想像。這時如果在河上航行，就可深刻感受到這些魚群快速的游行速度，整個河面如同開水沸騰一般，船槳每撥一下，就會把水中的魚拋向空中。這些「基塔」魚在河口要進入河流時都很健康強壯，但當牠們逆流而上，要對抗強勁水流，幾乎耗盡氣力，導致飢餓和精疲力竭，再加上在水中和岩石及暗礁的碰撞磨擦，這時早已遍體鱗傷。外貌都變了形，身上肌肉變得蒼白鬆弛，牙齒外露，乍看還以為是朱帕特卡魚，而不是稱之為基塔的鮭魚。漸漸地，這些魚越來越衰弱，再也沒有力量抵抗水流，只好任其往回漂流，有時身體就卡在倒在水中的樹幹或樹枝旁邊，有時則擱淺在岸旁，把口鼻埋在那裡。你如果在岸旁，只要一伸手就能將魚撈上，當然岸邊的熊也毫無意外地輕易獲取食物。最後，它們因性衝動和飢餓而消亡，河流中游的河面上開始出現屍體，上游的兩岸也早已死屍遍地，並發出骯髒惡臭。這些魚兒所經歷的這股激流，在俄語中稱之為「死亡洄游」，牠們全部奔向死亡，沒有一隻魚兒能夠回到海洋，至終全都死在這條河上。「愛慾之吸引力終將人類導向滅亡，」米頓多爾夫這樣說道：「這是遊蕩生活的至終概念，我們在這些愚蠢、冷漠和潮濕的魚兒身上看到了相同的命運。」

鯡魚魚群的季節性湧現一樣精采壯觀，這些魚群出現在春天的海岸外海上，時間大約在四月的下半旬。每當鯡魚魚群要出現時，海面上總會出現很特別的跡象：一大片的圓形面積海面會不斷冒出白色水泡，一大群海鷗和信天翁在水面上飛來飛去，附近會出現一群鯨魚，不停噴著水柱，還有一群海獅等等。好壯觀的一幅畫面！然後會有一大群鯨魚跟著這些鯡魚進入阿尼瓦海灣，繼而團團圍住克魯岑希頓的船，使得船隻必須小心翼翼往前滑行，在這鯡魚魚群湧現的時節，整個海面就像在沸騰一樣。

每當鯡魚魚群湧現在薩哈林島的海岸和河流時，估計將捕到多少鯡魚的魚獲量，恐怕會是很困難的一件事情，因為數量實在是太大了，大到難以正確估量的地步。

無論如何，我們可以毫不誇張地說，要是我們能夠建立基礎堅固及經營良好的捕魚工業，並好好開拓像日本和中國那樣存在已久的魚貨市場，薩哈林島的季節性漁獲量每年一定可以為我國帶來幾百萬盧布的收益。回想當年日本人還在管理薩哈林島南部時，他們那時也還沒真正開始著手捕魚工業，可那時的漁獲量每年就已達五十萬盧布之譜。根據探險家米特朱爾的估算，在當時（約一八七〇年左右）的薩哈林島南部地區，光是抽取魚油就需要六百一十一個大鍋，十五萬沙鎮長的燒火木材（約等於三十二萬公尺長），僅憑鯡魚的這項收益，每年就達將近三十萬盧布之譜。

而隨著我國將南部薩哈林島納入管轄之後（一八七五年），整個捕魚工業竟也跟著衰落了，一直到今天都仍不見起色。「不久前，那裡曾經是原住民愛奴人的魚米之鄉，也是許多企業家的生財之地，」L·戴特先生於一八八〇年這樣寫道：「如今竟成為一片荒蕪了。」眼下只剩北部兩個地區多少還有零星從事漁業的人，但規模很小。當「基塔」魚群，也就是西伯利亞鮭魚群，來到提姆河上游的季節時，我正好在那裡，只見河的兩岸寥寥幾個漁人用長柄鉤在那裡捕撈奄奄一息的鮭魚。近年來，當局希望屯墾放逐者能有機會多賺些外快，就安排他們去製造醃漬鹹魚，並提供他們貸款買鹽，做好之後再以高價賣給監獄廚房煮湯用。原來監獄囚犯只能喝包心菜湯，為了獎勵他們，如今在裡頭再加上醃漬鮭魚。不過據監獄裡傳出的反應，不但難喝也難聞至極。屯墾放逐者對鮭魚根本一無所知，沒有人教他們怎麼抓鮭魚，怎麼做醃漬鮭魚，以及怎麼用鮭魚來煮湯。他們用自己做的簡陋漁網，鋪在水中的石頭和樹木殘枝上，用此方式捕抓鮭魚，經常是網破了卻什麼都沒捕抓到。當我來到德賓斯柯耶時，那裡監獄的囚犯正負責抓捕鮭魚，有一天島上總督柯諾諾維奇將軍命令，把所有屯墾放逐者集合起來，並向他們發表談話。一開始就責備他們說，他們前一年賣給監獄的鮭魚根本就不能吃，「監獄的囚犯就是你們的兄弟，也是我的兒子，」他說道：「你們這樣做不但欺騙了政府，同時也傷害了你們的兄弟，也就是我的兒子。」所有屯墾放逐者都低頭認錯，只不過，他們明年還是會繼續給兄弟和兒子吃臭魚。儘管他們不久後學會了煮鮭魚湯，還是沒有給大家帶來什麼好處，更何況衛生督察員很快就會禁止他們去抓河流上游的鮭魚來煮湯。

八月二十五日，我前往參訪德賓斯柯耶監獄的捕魚業務。雨已經下了好幾天，導致村裡的空氣一片陰霾、地上泥濘不堪，河流岸邊的道路也是濕滑難行。我們走進一間小屋，裡頭有十六個囚犯正在瓦西連科的指揮下醃製鮭魚。瓦西連科是一位來自我家鄉塔干洛的漁夫，他們已經醃製了一百五十桶，大約有兩千普得那麼重。我們忍不住懷疑，要不是瓦西連科剛好在這裡服刑，可以教導他們醃製鮭魚，他們還真不知道要如何處理這些捕來的鮭魚。從小屋到河岸邊有一條斜坡路，六個囚犯正在那裡用鋒利的刀子挖鮭魚的內臟，然後把挖出的內臟丟進河裡，河水被染成一片暗紅，傳來一股混雜泥土和血的魚腥味。另一旁也有一群屯墾者，全身溼透，赤腳或穿纖維製涼鞋，手上揮動著小魚網往河裡撈魚。我經過時看到他們撈了兩次，每次都看到網子滿滿的鮭魚，這些鮭魚看起來怪怪的，牙齒外凸，身上佈滿斑點，肚子不是棕色就是綠色，尾巴不斷排出水水的髒物。一條魚如果不是早已死在水裡或死在網子裡，也都是一跳到岸上就立刻死去。若蹠上沒有瑕疵的鮭魚，他們就小心翼翼先擱到一旁，稱為銀槍，不會被丟進監獄的鍋裡煮成湯喝，而是會被收藏起來當做標本。

這裡的人們，對這些季節性來到他們河裡的魚類所知相當有限，他們甚至不相信只有河流下游的魚才適合食用。我在來這裡之前，乘坐輪船航行於西伯利亞的阿穆爾河上時，聽到船上當地居民在抱怨，只有在阿穆爾河的河流出海口才能吃到真正的「基塔」鮭魚，到了他們這裡，都變成了半死的朱巴特卡魚，已經不能吃了。當時正值「基塔」魚季前夕，上級下令捕魚工業單位進行捕魚行動，在各河流下游擋住鮭魚游入中上游。就在我們的監獄囚犯和屯墾放逐者在提姆河上游，準備抓捕殘餘的半死鮭魚時，日本人早已在河的下游，以類似走私的偷偷摸摸方式，設下柵欄抓捕健康活潑的鮭魚而大賺其錢。吉利亞克人原住民也帶著他們的狗，在那裡等著吃比提莫夫斯克地區的人類要吃的，更為健康可口的鮭魚。日本人會用他們許多大船運送這些戰利品滿載而歸，一八八一年，動物學家波利雅科夫也是在夏季時節來到這裡，在提姆河下游的出海口，遇見許多艘滿載而歸的日本大船，我此番怕也要碰到吧。

若想把魚業活動發展為更具意義的捕魚工業，就得把當地的殖民活動盡量移往靠近提姆河或波洛涅河的河口，但這不是唯一的先決條件，我們還得考量此地屯墾者處境的問題。首先是，擁有自由人身分的人一定會插手這種事業，但他們不能和屯墾者競爭，因為不管是什麼事業，只要一牽扯利益問題，屯墾者一定不是自由人的競爭對手。更何況屯墾者已經和日本人競爭已久，這些日本人有的偷偷摸摸的走私，有的則是正正當當繳交稅金。此外，他們還要面對在捕魚事業上佔據有利位置的地方官員，最後是隨著船運發展和西伯利亞大鐵道的興建而湧來這裡的移民。他們聽聞薩哈林島不只充塞皮毛動物，而且漁穫也極為豐富。在這樣熱烈發展的環境中，我們的屯墾者不是當企業主，而是當雇工，但從過去的經驗我們又知道，即使是當雇工，他們的工作能力不僅不如自由人身分的國人，甚至連滿州人或韓國人都不如。從經濟觀點來看，屯墾者終究會成為這個島上的累贅，移民會不斷擴展，整個島嶼會漸漸陷入一種空前興盛的商業活動之中。站在國家的立場，當然會期待這樣，到最後只得對已經在進行的殖民屯墾政策喊停。結果讓薩哈林島變得興盛發達的將不是殖民屯墾，而是魚。

前面曾經提過在薩哈林島南部毛卡屯墾區的採集海甘藍菜的業務，從今年（一八九〇年）的三月一日到八月一日，平均每位屯墾者從這項業務上的進帳是一百五十到兩百盧布之間，其中三分之一用在食物上面，另外三分之二則用於各類家用，整體收入算得上相當闊綽。這是很不錯的謀生之道，可惜眼下只有哥薩科夫斯克地區才有這種工作可做。這類工作按件計酬，收入多寡，完全取決於技巧、勤快與否以及責任心。而事實證明，這裡的放逐者無法具備這些條件，毛卡始終還是留不住他們。

這裡的放逐者當中，有許多木匠或裁縫師之類的手藝人，但他們要不是整天無事可做，要不就是做些農事。有一位原為金屬工匠的囚犯會做來福槍，他已經做了四支賣到西伯利亞大陸去；另有一位也是金屬工匠，會做新奇獨特的金屬小鍊子；還有一位會做很具巴黎風格的昂貴首飾盒。但這些不管是來福槍，金屬小鍊子還是昂貴首飾盒，都談不上什麼經濟規模，和南方有些屯墾放逐者在海邊撿鯨魚骨或海參所成就的經濟效益，基本上並沒什麼兩樣，都是偶發事件。

監獄博覽會上，我們有機會看到一些極優雅高貴的木製手工藝品，而這只不過說明我們流刑地的苦役囚犯中，確實存在著某些具有高水平的木匠。他們的手工藝和監獄一點關係都沒有，監獄並未教導他們手工藝，也不會為他們的成就去尋找市場。據聞，近日監獄當局利用受過訓練的工匠在獄中成立教室教導手工藝，但也只是聊備一格，作用不大，誠如其中一位囚犯所說：「濫芋充數！」木匠繼續每天工作只為賺取那二十戈比，裁縫師也是只為喝那兩口伏特加酒而勞動。

根據農業督察員手上的資料顯示，放逐者賣給國家的穀物和狩獵及漁獲等所獲得的平均收入很可憐，上一年只有二十九盧布二十一戈比，而他欠政府的債務平均是三十盧布五十一戈比。在放逐者的微薄收入當中，還包括政府所發放給他的各類津貼，如果扣除這些，那麼他從農事、狩獵及漁穫的收入就更加微不足道了，而欠政府的錢相對就顯得比實際情況更高。

19

囚犯的飲食；囚犯吃什麼，以及他們如何吃；他們的服裝、教堂、學校、識字率。

一般來講，政府發給薩哈林島放逐者一天的食物津貼大致是：三番提的麵包[42]，四十佐洛特尼克的肉[43]，另外再加十五佐洛特尼克的其他煮菜材料，價值約一戈比。教堂齋戒期間，則以一番提的魚取代肉類。要判定政府的這些津貼是否真正符合放逐者的需要，光看一般學術性的研究報告是無濟於事的，特別是有的還拿來和外國或俄羅斯其他地區做比較，純粹只看數字並不切實際。假若德國的薩克森（Saxony）和普魯士（Prussia）監獄的囚犯每週只吃三次肉，每次三分之一番提，我國坦波夫（Tambov）的鄉下農夫每天要吃四番提重的麵包，這並非意味薩哈林島的放逐者比德國囚犯吃較多的肉，比坦波夫農夫吃較少的麵包；這只是簡單表明德國的監獄當局不想濫用博愛主義，不想讓德國的囚犯吃得太舒服，以及我國坦波夫地區的鄉下農夫在飲食上較偏好吃麵包，所以每天要比別地區的人多吃一些麵包，如此而已。就實際觀點看，我們在衡量一個地區人們消耗食物的狀況時，主要在看實質內涵，而不是看數量的多寡，同時注意自然環境以及生活狀況。我們最後頂多只能取得片面的結果，一種聊備一格的形式主義罷了。

有一天，我和一位農業督察員，馮．佛利肯先生，正從克拉斯尼雅爾爾要回到亞歷山德洛夫卡，我坐在一輛四輪馬車裡，他騎在馬上，那天天氣很熱，針葉林熱到令人窒息。有一群囚犯正在道路上工作，沒戴頭盔，身上的襯衫都濕透了，他們大概以為我是某位官員，就攔住我馬車的馬，跟我抱怨說上級發給他們的麵包根本不能吃，我說他們最好直接跟當局反應，他們說：

「我們跟資深監工大衛多夫講了，他說：你們這群暴徒！」

我看那麵包看起來的確很恐怖，麵包撥開時在陽光照耀下有小水滴一直滴著和閃爍著，黏在手指上，看起來像泥濘的糊狀物，握起來很不舒服。沒有烤熟，使用磨得很差的麵粉，很明顯重於一般麵包，這些麵包全在新－米克海洛夫卡地區資深監工大衛多夫監督之下做成。

一天三番提的麵包乃是包括在一天之中所配給的食物分量裡面。由於擅用不準的

42 編注：一番提等於四百多公克。

43 編注：一佐洛特尼克約等於四．二六六公克。

秤重，其所含的麵粉遠遠少於「食物守則」規定的含量。新—米克海洛夫卡的囚犯麵包師用剛剛提到的方法賣掉麵包，然後靠剩餘的麵粉過活。在亞歷山德洛夫卡的監獄，住在監獄裡的囚犯所吃的麵包在品質上最好，住在外面的囚犯所吃的等而次之，最糟的就是那些到軍哨站以外地區工作的囚犯所吃的麵包，因為監獄裡隨時有地區長官或典獄長在監看。為了增加剩餘麵粉，麵包師和監管食物津貼的監工互相勾結，使用西伯利亞的監獄行之有年的做法，最普遍的是在麵粉上面加入滾熱的開水。有一陣子，在提莫夫斯克地區，他們竟然用篩過的泥土和麵粉一起攪拌，藉此來增加麵包的重量。官員無法整天監視，檢查各個項目，而且監獄的人幾乎不會抱怨。

不管麵包好吃還是難吃，一般囚犯通常不會吃完，他們會經過計算地使用，根據已成形的習俗，麵包就像是小額貨幣。囚犯用此找人來打掃牢房或跑腿，有時也可以用麵包去交換針線或肥皂，有時還可以交換鮮乳、糖、餅乾或甚至伏特加酒等等，藉此改變一下老是醃漬的無趣食物……大部分高加索人早已吃膩黑麵包，不想再吃。根據「食物守則」，每個人每天要攝取的三番提麵包，在數量上似乎很足夠。但在了解到麵包的質量以及監獄的日常條件後，糧食是否足夠變得無法判定，統計數據已經喪失了任何效力。他們在這裡所吃的肉類一律經過醃漬，魚也是，特別是大多加在滾燙的湯裡頭，稱之為「羹湯」。這種湯很稠很濃，有點像稀飯，裡頭加入裸麥和馬鈴薯，漂浮著一些鮮紅色肉渣和魚渣，可是這種湯官員們卻從來不喝。這種湯，即使是熬給病人喝，一般都是鹹味很重。如果哪天監獄有訪客，如果遠方的海平線上有一艘輪船冒出了黑煙，如果廚師和監工在廚房吵架，所有這些事件都會影響到湯的味道、顏色和氣味，這時加胡椒粉或肉桂粉都無法改變味道。

最惡名昭彰的莫過於用鹹魚所做的湯。首先，這類食材很容易腐壞，常常要煮魚時，魚肉已經開始在腐敗了，其次，他們經常使用屯墾者在提姆河上游抓來的病魚和死魚下鍋做湯。有一陣子，在哥薩科夫斯克監獄，他們常用鹹鮮魚煮湯給囚犯喝，那裡醫藥部門的醫生說，每次鮮魚一煮肉就碎掉，這魚肉的味道很淡，許多細碎魚刺無法清理乾淨，許多人喝了這湯就染上喉頭炎。有許多人就乾脆不喝，把湯偷偷倒掉。

囚犯們怎麼吃飯？這裡沒有餐廳，中午時分，他們來到一棟建築裡面設有廚房的地方，大家排成一排魚貫走進去，好像平常在火車站排隊買票那樣。大家手上都拿著一個器皿，跟往常一樣，一鍋魚湯早已準備好等在那裡，蓋子蓋著還在慢慢「燉」著。廚師手上拿著一根長長的有著桶狀勺子的大湯匙，幫忙把湯調到他們的器皿裡，有時順手撈兩塊肉片一起丟進去，看他高興。等輪到後面的人上來時，這時湯已不再是湯，而是一層黏著鍋底的膠狀東西，必須加水進去稀釋一番再調出來給後面的人。他們拿了自己的食物份額之後，有的一邊走一邊吃，有的就坐到地上吃起來，有的則是拿回牢房裡放到床板上慢慢吃。沒有人會監看你吃飯，看你是否把飯吃了或是沒吃拿去賣了或交換東西等等，也不會有人問你有沒有吃晚飯或是沒吃跑去睡覺之類的問題。要是你跟負責廚房工作的人說，他們在流刑地這樣惡劣的環境工作，身處那麼多低層和道德腐敗的人之中，可能需要不少人盯著他們看，注意他們有沒吃飯之類的瑣事。他們會露出一副迷惑樣子，這樣回答道：「很抱歉，我對這類事情實在一無所知，大人！」

在領有政府食物津貼的這些人當中，約佔有百分之二十五到百分之四十的人是在監獄廚房直接領伙食吃的，其他大部分的人是把津貼領到手裡，自己處理。這絕大多數的人又分為兩大類，第一類是把食物津貼帶回住的地方和家人或同住的房客一起分享，另一類他們必須離開監獄到別處工作，就把食物津貼的份額帶去工作之處。這第二類人在繁重工作結束之後，如果不怕下雨干擾，就在當地自己用大鍋子草草煮他的食物津貼來當晚餐吃，吃著鹹牛肉和沒煮熟的魚。要是覺得很累想睡覺，就把自己的津貼份額賣給別人，或是拿來玩牌賭掉，要不就讓食物擺著壞掉或讓麵包淋雨水，所有這些事情不會有監工來干涉你。他們之中有人會在一天之內吃掉二或三天的份額，然後接下來隔天一整天就只吃麵包或餓著肚子什麼都不吃，等他們來到河岸邊或海岸邊工作。監獄醫務部門的醫師說，只要一看到貝殼生物或跳出水面的魚就抓來吃，到針葉林工作時就吃那裡的樹根，很多樹根是有毒的。礦區的開礦工程師凱彭見證說，他曾看到他們在礦坑工作時吃正在燃燒的牛油蠟燭。

關於第一類，這些人主要是指一般囚犯經過多年苦役勞動之後的屯墾放逐者，他們領了政府食物津貼之後回到住處自己分配享用。不管是文獻或政府檔案，都很少提及屯墾放逐者的飲食問題。但是從一些個人印象或零星記載，我們知道他們的主食是馬鈴薯。除了馬鈴薯之外，他們和家人也經常吃一般蕪菁或瑞典蕪菁等根莖植物。他們只有在魚季才吃得到新鮮的魚，醃漬的魚只有經濟狀況較好的人才吃得到。至於肉類，我們找不到可資稽查的資料。那些擁有牛隻的人，他們會擠牛奶去出售而捨不得自己喝，這可從他們的牛奶都裝在瓶子而不是陶土器皿看出來。大致而言，一個屯墾放逐者寧可盡量賣出他所能生產的東西而較少顧及健康，對他來講，存錢比健康重要，他要存夠錢才能在服滿刑期時順利移往對岸大陸。吃和健康問題等獲得自由之後再去考量，未來有的是時間。他們吃許多非種植的野生植物，除「切連姆莎」之外（我們一般所說的野蒜），還有各式各樣的野草莓，比如黃色野草莓、越橘、小紅莓和黑梅子等等。由此看來，屯墾放逐者所依賴的主要食物乃是以素食為主，這類植物含有極少脂肪，這對他們健康很好。就這層面來看，在吃方面，他們比那些在監獄廚房裡吃大鍋飯的人真是幸運太多了。

關於穿著方面，當局發配給這裡囚犯的穿著和腳靴似乎還算不錯，不論男女囚犯，每年每個人都發放一件厚大衣和一件羊皮夾克。比較之下，薩哈林島上的一個士兵，他們每年在島上所做的事情決不會少於一個囚犯，可他們三年才發一套制服，兩年一件夾克，至於腳上穿的，一個囚犯每年可穿上四雙含有韌皮內裡的內鞋和兩雙外靴，一個士兵每年只有一雙正規長統靴可穿，以及兩雙半的內裡鞋子。不過士兵睡覺的地方比他們強太多了，至少衛生環境就不能相提並論，他擁有床上一切個人裝備，碰上壞天氣還可以有一個晾乾衣服的地方，而囚犯完全沒有個人的睡床裝備，他每天都要穿著外套睡覺。床上只鋪一些破布，靴子也是沒地方擺，這些潮濕的東西日復一日汙染著屋內空氣。由於缺乏晾乾衣物的空間，他經常必須穿著溼透的外套睡覺，因此，直到他有機會移到更為合乎人性的地方之前，他要消耗多少數量的衣著和腳靴，沒有人知道。至於品質問題，老話重提，和麵包的問題一樣：當局監視得到的地方，品質較佳；那些遠離在外地勞動的，就不必談品質的問題了。

我們現在要談到精神生活的問題，也就是對更高生活層次的要求。我們的流刑殖民地稱為「矯正的」殖民地，但在薩哈林島並不存在一般監獄或刑法機構對犯人所施行的某種特別矯正手法，在《放逐法規》裡頭除了少數地方規定護送和警戒囚犯時使用武器的時機，以及傳教士基於「真理和倫理道德的勸說」，對囚犯解釋「懲罰之必要性」之外，並無特別設定有關這方面的條文或規定，亦無任何表達對這類問題的明確態度，但卻承認有關矯正問題，教堂和學校還是列為首要考量之執行機構，其次還包含行為道德值得表率之地方人士。

在宗教上，薩哈林島屬於希臘東正教堪察加半島和千島群島大主教的轄管區。有幾個大主教曾來薩哈林島參訪過好幾回，他們每次來都是輕車簡從，和一般教士旅行時一樣經歷舟車勞頓。他們每次一來，到處主持盛典，不停參訪監獄，對囚犯們說了許多慰藉和充滿希望的言語，其中有一段話最能代表他們言語的性質。當時經由顧立雅神父加以紀錄並保存在哥薩科夫斯克的教堂之中：「即使你們現在心中不存有信心和悔改的念頭，但有很多人士是曾經有過的，我自己本人確實見證過。我於一八八七年和一八八八年連續兩年來這裡參訪，對著眾人講道時，信心和悔改讓他們感動得痛哭流涕。監獄設置的目的，不只是對做錯事情的懲罰，而且在於透過監禁去激發高貴的道德情感，命運如此，信心和悔改將會引領你們遠離絕望的深淵。」這個信念也是教堂裡其他次級教士的中心思想，薩哈林島的教士因此能夠特立獨行，他們不把放逐者當罪犯看，而是和他們平等的人類。他們在他們的職責上表現得更委婉，也更有技巧，比起其他如醫生或農藝專家老是干預與他們無關的事務，顯然高明太多了。

在薩哈林島的教會歷史上，截至今天為止，佔有最尊榮地位的人是西米安・卡山斯基神父，這裡的人都叫他賽門神父。他從一八七〇年代開始就已經在薩哈林島南部的阿尼瓦或哥薩科夫斯克教堂擔任神職，當時正是薩哈林島的「史前時代」。整個薩哈林島南部還沒有半條道路，有一些俄國人，特別是軍方人員，散居在四處，賽門神父當時等於幾乎所有時間都生活在蠻荒之中，冬天時坐著狗或麋鹿拉的雪橇四處奔波，夏天就坐船或走路穿越大片針葉林，沿途篳路藍縷，或為冰雪所凍，或為疾病所擾，苦不堪言，路途上經常被蚊子和野熊襲擊，船在河流上也經常翻覆，在冰凍水中奄奄一息，但他最後還是以輕鬆姿態熬了過來，並稱這片蠻荒為他「摯愛的沙漠」，歷盡千辛萬苦卻毫無怨言。

他和官員及士兵的關係融洽無礙，他始終是他們的最佳伙伴，他從不躲避他們，他懂得把教會嚴肅經典的繁雜內涵巧妙轉化為一般輕鬆愉悅的談話。底下是一句他怎樣看待囚犯的經典語句：「造物主創造萬物，一律平等。」這句名言已收入官方紀錄檔案。在那個時代，薩哈林島的教會幾乎一無所有，有一次在阿尼瓦的教堂裡，有人奉獻一座神像，他提到這裡的貧窮時說道：「我們沒有鈴噹，沒有講道用的經書，但這不重要，重要的是：主就在這裡。」我曾經在別的地方提到過他，他經由士兵和囚犯早已聲名遠播，甚至傳到了整個西伯利亞，在整個薩哈林島上，不論遠近，他早已經是個傳奇人物。

眼下在薩哈林島上一共有四個教區：亞歷山德洛夫卡、杜埃、里科沃和哥薩科夫斯克。現在的薩哈林島教會已經不再貧窮，每位神父每年有一千盧布的薪水可拿，每個教區都擁有自己的歌唱隊，每位歌唱隊成員都能讀樂譜並且有神聖袍子可穿。講道只有每個禮拜天和大節日才舉行，在這些節日的前夕，大家要守夜祈禱，然後隔天早上九點再去教堂望彌撒，晚禱一般就不舉行。一般而言，地方上的神父除了禮拜日和節日的活動之外，平常並不參與教民的日常生活。當然有些特殊活動，比如出生受洗或結婚和葬禮或學校事務等，他們必須參加主持典禮。他們的活動和俄羅斯地區鄉村神父的活動並沒什麼兩樣，我從未聽到他們和放逐者在聊個人私下的事情，或聽到他們在訓誡囚犯。

在四旬齋期間，囚犯要告解或領受聖禮之前，必須事先齋戒和參加一些在教堂舉行的必要儀式，前後連續進行三個早上。這些囚犯如果是上了手銬腳鐐的重刑犯，或是來自沃也佛茲克和杜埃監獄的囚犯，在教堂裡進行儀式時，教堂四周圍總是要佈滿警衛步哨，大家都認為這樣做法會帶給人一種沮喪的壓迫感。一般做非技術性工作的苦役囚犯，他們通常不上教堂，因為難得禮拜日，他們寧可待在家裡休息，或是修理東西，或是到野外去採集草莓。儘管如此，來教堂做禮拜的人還是挺多，大家好像不約而同，而且約定成俗，一到這時間大家就會自動聚在一起，而且似乎只有穿著自由人衣著的人才能進入教堂，也就是「一般大眾」。比方說，在我逗留亞歷山德洛夫卡期間，每次教堂裡做彌撒，前半部分的座位都是坐官員和他們的家屬，緊接在後面坐的是士兵和監工的太太們和她們的小孩，再後面才是士兵和監工自己，最後面靠牆的位置坐的是屯墾放逐者和在城裡當差的囚犯，他們都穿城裡人的衣著。我曾經問這裡本堂神父一個問題：「如果說有一個囚犯，頭上的頭髮削光，背上繫著一或二根木條，腳上纏著腳鍊，也許還綁著一台單輪推車，他想進教堂可以嗎？神父回答說道：「我不知道。」

有些屯墾放逐者住在教堂附近，他們可以就近在教堂裡領聖餐，結婚或給小孩受洗。這裡的神父必須經常到遠處的屯墾區，去為那裡的放逐者在齋戒之後主持領聖餐儀式，還有主持其他大大小小的宗教儀式。和我一起旅行的伊拉克里神父曾擔任上阿爾穆丹和馬洛—提莫沃兩個地區教堂的「本堂神父」，有兩位囚犯，沃洛寧和亞科文科，每個禮拜天早上為他吟頌聖經詩篇。每當伊拉克里神父來到一個村莊講道時，那裡就會有個人在街道上四處大聲喊叫：「出來呀，出來祈禱聽講道囉！」有些地方沒教堂，講道就在牢房裡或木棚屋裡舉行。

我住在亞歷山德洛夫卡時，有一天夜晚，一位叫做葉戈爾的地方神父，來我住的地方拜訪我，他坐了一會兒之後，就離開前往教堂主持一樁婚禮。我和他一起前往，教堂裡的蠟燭已經點上，歌唱班的成員正露出不耐煩樣子在等著新郎和新娘的出現，教堂裡有許多女人、囚犯和自由人身份的人，也都很不耐煩地望著教堂大門，等著新人出現，這時可以聽到竊竊耳語的聲音。就在這時，有人在大門入口處揮手並大聲喊叫道：「他們到了！」歌唱班的成員開始清喉嚨，許多人從大門入口處湧了進來，有人不停喊叫，最後這對新人終於出現了：新郎是囚犯，印刷廠排字工人，約二十五歲，上半身穿著一件硬領外套，繫著一條白色領帶。新娘也是囚犯，年紀比新郎大個三到四歲，穿著一件白色蕾絲邊的深藍色禮服，頭上插著一朵花。地毯上鋪了一塊布，新郎先站了上去，他旁邊站著他的伴郎們，都是印刷廠的排字工人，也都跟新郎一樣繫著白色領帶。這時葉戈爾神父從聖堂處走了過來，費了一番勁才把誦經台上的一本小書翻開，「蒙吾主賜福……」他大聲唸著，婚禮正式開始。當神父為新郎和新娘戴上皇冠並求主賜予榮耀時，一旁的許多女人都忍不住露出感動和喜悅的表情，一時之間竟忘了這一切是在一個流刑地屯墾區一間監獄的教堂裡進行，離家一萬公里。這時神父對新郎說道：「願你尊榮高貴，喔，新郎，像亞伯拉罕……」婚禮結束，整個教堂突然空下來，教堂管理員捏熄蠟燭，傳來一陣燭芯燒焦的味道，一陣憂傷感覺不禁油然而生。我們來到外面走道上，正在下雨，有兩輛馬車停在那裡，新郎和娘坐在其中一輛，另一輛空著。

「神父，跟我們一起走吧！」馬車裡傳出聲音，有許多隻手從黑暗中伸向葉戈爾神父，好像要緊緊抓住他，「請跟我們一起走，賜福給我們！」

神父坐進另一輛馬車，跟著前往新婚夫婦住的地方。

九月八日，假日，我和一位年輕官員剛在教堂裡做完彌撒，走出來時，剛好碰見四個囚犯抬著一具棺材進來，棺材裡躺著一具屍體。這四個囚犯衣衫襤褸，面容憔悴，看起來很像我們歐洲俄羅斯地區城市裡的乞丐。他們動作很急促匆忙，生怕神父離開了教堂。棺材後面緊跟著一個女的帶著兩個小孩，還有一位黝黑的喬治亞人，他們也一樣衣衫襤褸和面容憔悴。這位喬治亞人名叫凱波吉安尼，穿著自由人的衣著（他是城裡的一位職員，大家都叫他「王子」），他告訴我們躺在棺材裡頭的是個具有自由人身分的女人，名叫莉亞麗科瓦，他們住在同一個區域。她的丈夫是個屯墾放逐者，卻跑去了對岸大陸的尼古拉耶夫斯克，如今留下這兩個小孩，他不知該怎麼辦。

我和我的伙伴無事可做，就決定跟著去墳場看看，我們不等他們在教堂裡做完葬禮儀式就逕自往墳場的方向走去。墳場距離教堂大約一俄里遠左右，坐落在亞歷山德洛夫卡郊外的一個小村落外圍，靠近海邊的一個小山巒頂上。我們剛開始爬上小山坡，送葬隊伍就跟上我們了。我估計他們在教堂的葬禮儀式頂多兩三分鐘。我回頭看到棺材在靈柩上晃來晃去，比較小的小孩由那位女人牽著手往前走，卻不斷想鬆手跑開。

山巒的一邊是軍哨站和四周圍的廣闊視野，另一邊是大海，安詳平靜，在陽光照射下閃閃發亮。山巔上有許多墳墓和十字架，其中有兩個墳墓並排在一起，一個是大探險家米特朱爾，另一個是前監獄典獄長謝利瓦諾夫，他被一位囚犯謀殺而死。其他小十字架底下所埋葬的都是無名囚犯，十字架上沒有姓名，也沒有銘詞，米特朱爾會被人們記憶懷念，但埋在這些小十字架底下的囚犯不會。他們殺人和越獄，拖著腳鐐四處流竄，沒有人會記憶和懷念他們。也許只有在俄羅斯大草原上的某個地方，在森林裡的火堆旁邊，會有這樣一個老頭馬車伕，可能出於無聊，對你述說他村裡的人去公路上殺人搶劫的故事。你望著眼前的一片黑暗，感到害怕驚悚，這時傳來一隻夜鳥的尖叫聲——這正是參加葬禮有可能帶給你的聯想。在一個十字架底下埋著一位放逐者醫生助理，十字架上面寫著：

過路人！記得這詩句：
天底下萬物皆有終結的時刻……
之類的。最後一句是：
別了，老友，咱們不久見！

新挖的墳墓是個水坑，幾個囚犯氣喘吁吁挖著土，滿頭大汗，他們不停聊著和下葬無關的話題。好不容易坑終於挖好了，大家抬起棺材，一骨碌直接放入墓坑裡，棺材是臨時匆促釘好的沒有塗漆的木板子。

「可以了？」其中一個說道。

棺材很快滑入墓坑時濺起許多大塊泥土，打在棺材蓋上，棺材搖晃了幾下，同時濺起許多水花。囚犯們手上拿著鏟子，繼續在聊他們的話題。喬治亞人凱波吉安尼一直露出迷惑眼神，不時抬眼看看我們，攤開他的雙手：

「我不知要如何處理這兩個小孩，我實在是無法照顧他們呀！我去見典獄長，要求他分配一個女人給我，您說他肯嗎？他不肯呀！」

小男孩阿里幼西卡，三或四歲，始終被那個女人牽著手。這時站在那裡一直望著墳墓看。他穿著一件女人的外套，袖子太長，很不合身，底下穿著一條褪了色的深藍褲子，兩邊膝蓋上各補了一塊淺藍色的補丁。

「阿里幼西卡，你母親在哪裡？」我的伙伴問道。

「他們剛剛埋了她！」阿里幼西卡說道，笑了起來，並伸手指向墳墓。

薩哈林島上共有五間學校，另外在德賓斯柯耶還有一間。但那一間不能算，因為那裡沒有老師，根本就沒在上課。在一八八九和一八九〇兩年，五間學校一共有兩百二十二個學生在上課，其中有一百四十四個男孩和七十八個女孩，平均每個學校有四十四個學生。我來到島上的時候剛好碰到學校放暑假，沒有上課，因此沒有機會觀摩他們上課的情形，對他們內在生活和學校運作狀況也就無從了解。想必應該很特別，而且有趣。薩哈林島的學校一般都很窮，設施簡陋，這些學校的設立並非出於需要，而是完全出於偶然因素，因此它們的存在就很不確定，沒有人知道它們什麼時候會消失不見。這些學校由薩哈林島政府機構中一位官員負責管理，他是受過良好教育的年輕人，但他像個國王，只統治而不管理，真正負責管理的是地方當局的首長和監獄的典獄長，學校教師的遴選和任命完全由他們決定。學校的教學活動完全由放逐者自己擔任，但這些人在家鄉時沒有人從事過這種行業，也沒有人接受過這方面的專業訓練。他們的薪水每個月只有十盧布，當局宣稱他們無法付更高的酬勞了，他們不願意聘請自由人身分的人來從事教學活動，主要就是因為他們付不起每個月二十五盧布的薪水。

如此看來，拿來和監工做比較，教書在這裡就不是受重視的職業。監工也是從放逐者之中遴選出來，工作性質很雜，沒有很確定的職責範圍，大多時候只是官員的跑腿而已，一個月卻可以拿四十到五十盧布的薪水。在這裡的男性人口當中，包括成年人和小孩，識字的比率是百分之二十九，女性則只有百分之九，而這百分之九的比率還都集中在學齡的孩童。成年女性既不能讀也不能寫，啟蒙與她們完全絕緣。她們無知的程度令人十分訝異，我從未在別的任何地方碰到過像薩哈林島那麼多愚魯的女人，理解力幾近於零，而且又要生活在一群罪犯和奴隸人口之間。至於兒童，那些從歐洲俄羅斯來到薩哈林島的小孩，識字率是百分之二十五，出生在薩哈林島的則只有百分之九。

20

自由人身份人口、地方軍事指揮的下級階層、監管者、受過教育的階層。

士兵一般被稱為薩哈林島的「開拓者」，因為他們早在薩哈林島被建立為放逐殖民地之前就已經在這裡生活了。從一八五〇年代開始，俄羅斯正式入侵薩哈林島之後，許多士兵來到島上，他們除了從事當局所規定的軍事防衛工作之外，也做了許多今天放逐囚犯在做的事情。當時的薩哈林島還是一片蠻荒，沒有住宅，沒有道路，沒有牲畜，士兵必須胼手胼足自己蓋營房和家園，還有開闢森林和築道路，自己揹著貨物上山下海。

當時如果有一個工程師或學者身負任務來到薩哈林島，他們就會指派幾名士兵隨侍在側，工作性質如同牛馬。採礦工程師羅帕丁這樣寫道：「我想去探測針葉林的內部，才發現光是騎馬以及用動物馱負繁重裝備，根本行不通。即使徒步也是困難重重，我只能用這方式在薩哈林島上到處翻山越嶺，必須不時跨越山路上許多堆積成山的倒樹和殘枝，我就用這種徒步方式走了一千六百俄里。」還有許多士兵跟在他後面，扛著笨重的行李和裝備，蹣跚而行。

這些士兵，其實數量很少，大抵分布在島上的西岸、南部和東南部沿海一帶。他們當時駐防的地方就叫做「哨站」，今天這些「哨站」都早已拆除或被忘記，在當時卻扮演著如同今天屯墾區一樣的角色，因此他們被視為這個島上未來屯墾殖民的「先驅者」。今天在穆拉維幼夫斯克軍哨站配置有一連的步兵槍擊手，在哥薩科夫斯克軍哨站，則由西伯利亞第四兵團派來三連的槍擊手和一班的砲兵駐紮守衛。另外比較偏遠和比較小的軍哨站，比如馬奴伊斯克（Manuysk）和索爾吐內（Sortunai），則各自只配置六名士兵，這些士兵處在遠離他們軍中伙伴幾百俄里遠的地方，由一位未授階的軍官或甚至一位平民指揮，過著《魯賓遜漂流記》的生活。他們的生活遠離文明，單調無聊。夏天時，如果哨站就在海岸邊，補給船就直接把東西卸在岸上，然後就走了。冬天會有一位神父專程前來主持齋戒期之後的聖禮，穿著毛皮外套和毛皮褲子，看起來更像吉利亞克族原住民而不是神父。他們的生活只有當不幸事件發生時才會有所波動，比方說，有某個士兵在載運乾草的舢舨上被海浪捲入海裡，或有某位士兵被熊咬傷了，被大雪困住了或被逃獄者攻擊了，有時壞血病也會悄然上身……等等。甚至還有一種情況，比如說某位士兵困坐為大雪冰封的小茅屋裡頭太久，因過度厭煩而發狂，一個人徒步走去針葉林裡，在那裡展現「失常行為，酒醉，或是亂吼亂叫」。

有的有時因偷竊或走私軍火被捕，有的因對他人冒犯或與女囚犯私通而被告上法庭等等，不一而足。

一個士兵要做太多的雜物，沒有時間軍事訓練，甚至還把以前學到的全都忘光了。他的長官和他一樣，軍事訓練那一面全都無用武之地，每次的視察行動總是讓上級感到困惑和不悅。一個士兵要做的事情的確太多，而且非常辛苦，比如，他才剛剛從站崗下來，立即要趕去做護送工作，等一下還要去曬乾草，結束了還要趕去幫忙卸貨，夜以繼日。晚上睡覺的地方擁擠、髒亂又寒冷，幾乎和監獄裡囚犯睡覺的環境沒什麼兩樣。在哥薩科夫斯克軍哨站，直到一八七五年之前，晚上守衛的士兵都還要睡在監獄裡頭，即使現在有些警衛室士兵晚上睡覺的地方都很像狗窩。「也許，」外科醫生辛特佐夫斯基這樣寫道：「像這樣骯髒的生活環境對囚犯而言可以說得過去，畢竟囚犯是在接受懲罰；但對守衛的士兵，我不懂為什麼也要接受這樣的懲罰。」他們工作時穿的衣服很破爛，和囚犯穿的一樣，因為沒有多餘的布料。有時候他們在針葉林裡追捕逃獄犯人時，會被誤以為是逃犯。有一次在南薩哈林島南部，有士兵被誤認為是逃獄犯人而遭槍殺。

眼下整個薩哈林島的士兵一共有四個分遣支隊：亞歷山德洛夫卡、杜埃、提莫夫斯克和哥薩科夫斯克等四個分遣支隊。到了一八九〇年的一月，四個分遣支隊的低階士兵人數總共有一千五百四十八人。和先前一樣，所有士兵所分配的工作量仍遠超體能、智力和軍人職責。誠然，他們現在不必像過去開闢道路或打掃牢房，但每次做完守衛或操練之後沒得休息，可能緊接著要去做護送工作或去整理乾草，或是去追捕逃獄的囚犯。經濟效益吸引更多的士兵去從事相關事務，相對下來護送工作的士兵數量就備感不足，但你又無法期待一個士兵什麼都要做。一八九〇年八月初的時候，我剛好在杜埃，杜埃分遣支隊有六十個士兵被分派去外地做整理乾草的工作，其中有一半的人必須走路走一〇九俄里那麼遠去做這項工作。

一般說來，薩哈林島的士兵都很謙恭溫馴，沉默寡言，服從，很少喝醉。我難得有一次在哥薩科夫斯克軍哨站看到幾個士兵因喝醉酒在大街上吵架。他們不愛唱歌，每次只會唱同這一首：「十個小姑娘呀，我一個人，你們走到哪，我就跟到哪……十個小姑娘呀，走進了林子，我跟著走了進去。」這本來是一首愉快的歌曲，可是一聽到他們唱歌，你就開始懷念家鄉，想起薩哈林島所有不美好之處。他們一般都很刻苦耐勞，任勞任怨，常常無視於危險威脅，但同時個性粗野，心理的發展還不是很完全，不擅於表達，而且工作太多，無暇顧及軍人的職責和榮耀等問題。因此也就和他們長官一樣，常犯下違背上級命令的大錯，特別是他們被指派擔任超乎他們心靈能力的監獄監工職務之時。

根據《放逐法規》的第二七條條款，「監獄的監管職責由一名資深監工和一名資淺監工共同執行之，資深監工監管四十名囚犯，資淺監工監管二十名囚犯，每年由中央監獄部門遴選任命之。」一般的配置是三個監工，一個資深和兩個資淺，等於三個人要一起管四十個囚犯，平均一個監工要管十三個人。我們也許會想，一個受過訓練而且反應靈敏的監工要管理十三個犯人在監獄的工作和生活，包括他們的吃喝睡覺和其他空閒時間。監工上面有典獄長，典獄長上面有地方總督，地方總督上面有島上的總督，層層相扣，有條不紊，這樣的工作，一個人管理十三個人，理應很容易進行；但其實到目前為止，薩哈林島上的勞役懲罰系統裡最棘手的部分恰恰就是這一環。

眼下整個薩哈林島一共有一百五十個資深監工，以及兩倍數目的資淺監工。其中資深監工位置大部分都由在這裡服役的非在職軍官和一等兵退役之後來擔任，這些人在軍中本來就是屬於比較知識份子的階層，退役後留下來當監獄的監工本應是很順理成章的事情，事實卻又不然，真正知識份子的反而倒是寥寥無幾。事實上，擔任資深監工的人當中來自較低軍階的士兵所佔的比率確實很低，才百分之六而已，反而擔任資淺監工的人幾乎全都來自各地分遣支隊退役下來的一等兵。《放逐法規》裡頭有附帶條款規定，要是資深監工的位置無法填滿時，得以各地區軍團較低軍階退役者填補之，如此一來，許多在西伯利亞軍團退役下來的年輕菜鳥，連護送工作都做不來，卻紛紛被收納到薩哈林島的監獄來當監工，當局的說法是「臨時性質」以及「配合臨時需要」，可這「臨時性質」和「臨時需要」常常一搞就是十年以上，而且這臨時的界線不斷擴大，由退役低階士兵擔任的資淺監工比例達百分之七十三，沒有人敢擔保再兩三年後不會變成百分之百。其實，我們不難想像，軍隊單位裡的司令官總是希望把最好的士兵永久留在單位裡，然後次等較差的才送去監獄裡當差。

島上總督自己就說過，監獄裡有太多的監工，卻毫無規矩，常常成為行政上的障礙。幾乎每天都有狀況發生，當局只得以扣薪水或甚至炒魷魚等方式來懲罰他們，一是曠職或輕忽職守、二是從事不道德行為，缺乏責任感和智力、三是挪用公糧，據為己有、四是私下收藏贓物、五是分派到平底船上運送食品時，不維護秩序還在船上偷堅果、六是出售公家的斧頭和釘子而被追贓調查、七是因照顧公家牲畜不周而被不斷申斥、八是和囚犯私下從事交易買賣，不勝枚舉。我在懲罰紀錄裡還看到另一項是有關監工的偷腥行為，一個資深監工，是退伍的一等兵，在監獄裡執勤時，事先將小窗戶的尖釘折回原處，爬進女牢房裡頭，企圖從事浪漫交流。另有一個，竟然在半夜一點鐘執勤時帶另一位監工，也是一等兵退役，進入女囚犯單獨禁閉室，這真令人大開眼界。事實上，這些監工的艷情冒險並非僅侷限在監獄裡牢房和禁閉室的狹隘空間之中，他們甚至直接帶回家裡。有好幾回我就在一些監工住的地方碰見過幾個未成年女孩，我問她們是誰，她們回答：他的同居者。有一次我來到一位監工住的公寓，一進門我就看到他蹲在那裡大口在吃東西，上衣背心沒扣，渾身肉肉的，然後站起來，腳上穿著吱吱作響的新鞋子，坐到桌子上面「品茶」。窗旁坐著一個年紀大約十四歲左右的女孩，臉色蒼白，滿臉倦容。他介紹說這是他的「同居者」，今年十四歲，是一位囚犯的女兒。他是個未給職軍官，現在是監工。

一般監工執勤時，都會允許囚犯玩牌賭錢，當然他們自己也會加入。此外，他們大多喜愛喝酒，就直接在囚犯面前痛飲，他們同時也會賣酒給囚犯。喝酒容易鬧事，我在紀錄檔案裡就有看到因喝酒而發生暴動的紀錄，有人不服從管訓，並在其他囚犯面前公然大肆侮辱監工，最後以木杖擊打一位囚犯的頭收場，但兩邊的嫌隙卻已經種下了。

這些監工大多粗魯無文，心靈尚未成熟發展，愛和囚犯喝酒賭牌，享受與女囚犯的愛情和酒精。在工作上既不專業又缺少道德意識，至終只能成為負面形象的管理階級，囚犯鄙夷他們，當面蔑稱他們為「收破爛的老頭」，用「你」而不用「您」稱呼。行政當局倒是從來不會去憂心這些，因為毫無益處，行政官員也用「你」稱呼他們，即使在囚犯面前也毫不保留任意辱罵他們。比如我們就常會聽到一些官員對他們大聲說：「看什麼看，你這大驢蛋！」或是：「你懂個屁，你懂是嗎，你懂？你這蠢貨！」他們多麼不受尊敬，從他們經常被指派去做一些「和他們職位不相稱的差使」就可以知道，說得直接一點，他們經常要為長官做僕役和跑腿的工作。有些監工出身比較高階層的階級，會為他們的工作感到羞恥而刻意區別自己：一個在制服肩膀上別上大塊肩帶，另一個在帽子上鑲上帽穗。有一個讀過大學，文件上不稱自己是監獄的監工，而是「工廠領班」。

在薩哈林島上的監工長久以來並未成就過什麼積極的事情，最後成為今天受侷限的樣子。監工工作現在變成只是在牢房裡閒坐著，「確定囚犯們沒在爭吵」。雖然身上配著一把槍，幸運的是他不會用，腰間也配著一把生鏽而無法拔出的劍，他只能呆站在那裡張望著，看著囚犯幹活，不停抽煙，百無聊賴。他像許多家裡的僕人一樣，每天來監獄上工只是為了開門鎖門，在囚犯的工作上面，他似乎是多餘的。三個監工要管四十個囚犯，一個資深，兩個資淺，實際情況是只留一個監看囚犯幹活，另一個跑到公家商店旁向路過的長官致敬。第三個則去幫人洗刷大門和走道，或是在接待室等候差遣。

需要提一下教育階層，也就是在這裡公家機構服務的公務人員。試想：他們必須在職責和誓約之下去懲罰一個人，每天的每個小時要能夠壓抑個人心中的嫌惡和恐懼戰戰兢兢度過去。工作的地方遠，薪水可憐，無聊煩悶，每天接觸的又都是剃光頭和上腳鐐的囚犯，對金錢錙銖必較，瑣碎無謂的爭吵時刻發生，完全無力改變這些——在這樣專門處理流放犯人的公家機構工作毫無吸引人之處。在過去，會來類似這種苦役勞動營場所工作的人大多是一些思緒不周和難相處之輩，他們可以在任何地方工作，只要能吃能喝，有地方睡，有牌可以玩，他們不計較工作環境和工作性質。有尊嚴的人有時出於必要而來到這種地方，他們會迫切想要立刻離開這裡。不離開的話，有人最後以發狂自殺終局，或者飽灌老酒，環境把他們一步一步拖入沉淪的深淵，像章魚。

他們開始偷盜，展露出殘酷野蠻的嘴臉……。

根據官方檔案資料和新聞報導來看，一八六〇和一八七〇年代可以說是薩哈林島上公務員最道德淪喪的時期。在這些公務員的統御管理之下，幾乎所有的監獄都成了道德敗壞的淫窟和賭場，每個人都沉淪墮落，惡行惡狀。當時的行政長官是一個名叫尼古拉耶夫的少校，他在這方面最為聲名卓著，他在杜埃軍哨站的主管位置上坐了整整七年之久，這之間他的名字常常出現在報章雜誌上面。他原來農奴出身，後來棄農從軍。這個粗鄙無文之輩如何能在軍中逐步爬升到少校軍階，我們完全一無所知，因為無稽可查。有一位記者問他有沒有去過薩哈林島的中央部分，他回說有，記者繼續問他在那裡看到了什麼，他回答說：「一座山和一個山谷，然後又是另一座山，遍地火山岩的土壤，每個人都知道，那是火山噴出來的東西。」又有記者問他「席雷姆斯夏」是什麼東西時，他回答說：「首先，那不是東西，那是一種植物，其次，這種植物很有用又很好吃，只是吃了會讓肚子脹氣，想放屁。但我們還是愛吃，因為我們很少和女士在一起。」運送煤炭原本是用獨輪手推車，少校改用木桶架在木板軌道上運送煤炭，他同時讓囚犯坐在木桶裡頭，沿著海岸一路滾下去，藉此懲罰他的違規行為。他說：「就這樣讓桶子猛烈滾動一個小時，你還未回神時，他已經變得像一隻溫馴的小羔羊。」另外，他使用樂透的方法來使士兵記住他們的代號，「每當一個號碼跳出來時，他如果記不住這個號碼，就罰十戈比。這樣連續一次兩次，罰怕了，不到一個禮拜時間，他們全都記住自己的代號了。」像這一類誇張粗暴且又傲慢的管理方法，很容易讓杜埃的士兵淪於腐敗。竟然經常有士兵把自己的步槍配備賣給囚犯。少校抓住一個囚犯，宣稱他不會再活下去了，這位違犯規章的囚犯果真不久死掉了。由於這次事件，少校終於被帶上法庭，並被判處苦役勞動。

你如果問上一代的人，一個已經在這裡定居很久的屯墾放逐者，在他生活的年代裡，這個島上有沒有什麼好人，他會陷入一陣沉默，好像在努力回憶，然後他會回答：「各式各樣的好人都有……。」沒有一個地方的過去像薩哈林島這樣，那麼快就被遺忘，主因是這裡的放逐人口流動性太大，每隔五年就會經歷一次大變動，而且地方當局又缺乏檔案紀錄的保存。二十或二十五年前發生的事情在當代人眼中看來，就像是古代的事情一樣久遠，早已失落在歷史的洪流裡。只有少數建築物和米克留科夫留存下來，還有一些口耳相傳的逸事，當然還有一些沒什麼參考價值的統計紀錄資料，因為從來沒有一任地方當局的政府準確知道這個島上到底有多少犯人，有多少犯人逃跑掉，以及有多少犯人死掉等等。

直到一八七八年之前的薩哈林島都算是「史前時溝通討論期」，一八七八年這一年尼古拉．夏科夫斯柯伊親王被任命為普立摩斯卡雅地區放逐囚犯勞工的總督，這是一位絕佳的行政長官，聰明絕頂，又很誠實，他身後留下一冊關於《薩哈林島行政系統》的資料檔案，各方面都是一本典範，如今仍典藏在薩哈林島總督的辦公室裡頭。

他主要是一個學術研究者，在他的書齋裡從事寫作，他當政之時，囚犯的生活還是和過去一樣糟，但他能夠拿他的觀察直接和當局以及部屬研究溝通。還有他所蒐集的檔案資料，獨立而直言無諱，奠立絕佳的改革基礎。

一八七九年，「自願艦隊」開始運作，逐漸開始有歐洲俄羅斯地區的人往這邊移動，一八八四年當局頒布新的法規，更促進了一股移入的新的風潮——如他們所說，一股「浪潮」。眼下的薩哈林島，我們已經擁有三個「州級的城鎮」，那裡住著許多軍官和行政官員，以及他們的家屬。整個社會開始變得多元化，有教養，又有文化。一八八八年在亞歷山德洛夫卡以業餘方式製作演出果戈里的《婚姻》。一樣在亞歷山德洛夫卡，碰到「大節日」時（比如沙皇的生日或登基紀念日），在軍官和高級官員互相拜訪的慶祝活動中，簽名捐錢救助貧困囚犯或兒童的人數可以高達四十人以上。對一個從外地來參訪的人而言，薩哈林島給人的印象的確非常深刻，親切好客，可以和歐洲俄羅斯鄉村地區任一城鎮等量齊觀，特別是島上東部地區海岸線一帶顯得更活躍和更熱鬧。當地許多駐紮軍官要調去對岸大陸的尼古拉耶夫斯克或德—卡斯特利時，都露出百般不願意模樣。但就像在韃靼海峽偶爾會發生強風，水手們說這些是中國海或日本海的颶風遙遠的回音那樣，所以，這個社會的生活中不時會讓人回想起最近的過去以及西伯利亞的近在咫尺。一八八四年的新法令頒布之後，根據新法令的公務員懲處條例，比如官員免職或移送法庭辦法或官員「惡劣行徑」之處置辦法等等（一八九〇年第八七和八九條法規），都有新的明文規定，守法的人終於可以過免於憂慮的生活。這裡有一個案例，有一個名叫索洛塔里幼夫的囚犯，極為富有，專門勾搭行政官員，大夥一起吃喝玩樂，還常一起玩牌賭錢。他老婆發現他這些行逕之後，認為這會對他產生不好的道德影響，因而感到丟臉。即使到了今天，還是可看到官員濫用權力，比如在路上隨便反手抓住一個囚犯或朝他臉上揍一拳，即使這個囚犯來自特權階級。或有時一個囚犯沒對他迅速脫帽致敬，就對他說：「去典獄長那裡，要求用樺木鞭苔三十下。」即使在今天，在監獄裡也一樣可以看到行政人員濫用權力的情況：有一天，他們發現有兩個囚犯不見了，沒有人知道他們去了哪裡，有整整一年的時間，他們的伙食照發，持續做勞動苦役（一八九〇年第八七號法規的檔案紀錄）。並不是每一個典獄長都很清楚他的監獄裡每天有多少囚犯在活動、吃飯和工作，不知道有多少人逃獄。島上的總督就認為說：「最主要是，亞歷山德洛夫卡地區的各級行政部門，在工作效率上實在令人不敢領教，我們還有許多改善的空間。」說到行政效率問題，我們總是認為這裡工作職員的權限未免太大，「他們有權操縱一切而完全不受監督，要不是爆發偽造文書事件，我們還一直被蒙在鼓裡。」（一八八八年第三一四號法規檔案紀錄）。有關調查部門的悲哀狀況，我等一下會述及。這裡先談兩個部門，郵政和電報部門，這兩個部門對待民眾的態度最為顢頇跋扈，經常要過四五天，才要將郵件電報分發給收件人。有許多電報操作員根本就不認識字，更不懂何謂隱私。我來這裡之後，每次接到的電報都是經過嚴重扭曲過的文字，有一次甚至還收到發給別人的電報，他們把發給我的電報和發給別人的搞混了，我拿去電報局指正，被告知唯一辦法是自費。

在當代的薩哈林島歷史上，我們所看到的公務員角色，早在莎士比亞的《奧賽羅》劇中的伊亞哥或果戈里的《欽差大臣》劇中的德吉默爾達等角色身上領教過。他們會對下屬作威作福，以自己的教育和文化水平，甚至擺出自由主義者姿態，對囚犯動輒拳打腳踢，頤指氣使。

不管怎樣，杜思妥也夫斯基《死屋手記》書中所描寫的情況今天已不復存在。在薩哈林島這些從事管理監獄囚犯的公務員當中，我著實有碰見過一些明理、本性良好並勇於任事的人物，把過去不合情理的現象一掃而空。今天再也不會發生把囚犯放在桶子裡滾動的懲罰方式，也沒有囚犯被鞭打致死或不堪言語折磨而自殺的情況發生。任何令人嫌惡的情事遲早都會公諸於世而真相大白，比如像歐諾爾屯墾區惡名昭彰的監工欺凌囚犯事件，即使當局想要加以掩蓋事情真相，敷衍了事，最後由於一些有良心的公務員和報章雜誌的努力介入，事實真相才公諸於世，當事人才獲得該有的公道對待。可見好人好事在當今世界並非稀有。在里科沃有一位女醫生的助理前不久死在工作崗位上，他已經在這裡工作許多年了，他來的時候就抱持一個信念：不顧一切為有需要的人獻身服務。我在哥薩科夫斯克時，有一次一位囚犯划著載運乾草的平底船出海，遇到巨大風浪一時回不來，監獄典獄長當下自己出海營救，不顧巨大風浪和自身生命安危，從晚上到凌晨兩點，直到把那位囚犯營救脫困。

一八八四年的修訂法案顯示，在放逐殖民地的行政工作上，人手越多越好。這裡工作性質繁複，的確需要完整的工作體系和眾多人手。儘管如此，島上總督因為沒有祕書或助理，他必須日理萬機，像是擬訂法規或處理其他文件，有時還必須親自巡視監獄或屯墾區的運作。地方總督，除了要親自坐鎮警察總局之外，還要監督囚犯津貼的分發，並簽署各式各樣文件，主持各種會議。至於監獄典獄長和他們的助理，要做的事情更是瑣碎繁雜，特別是他們還要擔負警察局所交付的許多任務，經常超越能力所及，誠如他們自己所說「就是蠢蠢地做」。要不就是根本不幹這工作，或者把大部分工作交給囚犯充當的職員去做，這是眼下在薩哈林島上最常發生的狀況。在許多地方行政單位，囚犯充當的職員不只做抄寫的工作，他們甚至可以擬訂文件，他們往往比官員（尤其是新來的官員）更有經驗、更有活力，因此可見這樣的狀況：一個囚犯充當的職員可以攬下整個辦公室的所有文件資料、會計檔案，甚至調查部門的檔案資料。多年來，這些囚犯職員，也許是出於無知或不謹慎，會把一些檔案資料弄混，且只有他們才能夠分辨整理，這時，他們變得無可取代。在當局眼中看來，即使是最嚴厲的上級，最後竟變成沒有他們的服務不可了，要弄走這類不合正統的萬能角色只有一個辦法——使用真正受過正規訓練的職員來取代他們。

一個地方只要教育階層的人數眾多，自然而然就會形成一股倫理道德的箝制力量，沒有人能免除這股力量的影響，即使像上述那位尼古拉耶夫少校亦然。不容置疑的是，隨著社會生活的慢慢發展，這裡的服務事業會逐漸展現其魅力，而且，精神疾病、酗酒以及自殺等也會慢慢減少。

21

囚犯人口的道德、犯罪率、調查和審判、刑罰、樺木鞭笞和皮鞭鞭打、死刑。

有些囚犯會帶著堅忍不拔的精神服刑，他們很清楚自己所犯的過錯。你要是問他們為什麼會被送來薩哈林島，他們通常會這樣回答：「他們不會因為你幹了好事而把你送來這裡。」有些囚犯則不然，他們會無精打采，模樣頹喪，不停哀號、啜泣，陷入絕望，同時發誓他們是無辜的。有的人認為接受懲罰是一種福氣，因為，借用他們的話說，只有在苦役勞動中，他才能認識上帝。另有些人，一有機會就要逃跑，等他們去圍捕他時，他就拿起棍棒反抗。在偶然的機會裡，一群兇惡之徒和一群殘酷成性之人，這群被錯誤判罪的「不幸者」，生活在同一個屋頂底下。這時一般性的道德問題跟著產生了，這群人製造了一種糾結難纏的令人困惑的印象，現存的視察方法無法得到結論。一群人的道德狀況通常由他們犯罪數量來裁判，但是在放逐殖民地這種地方，這樣單純的方式卻證明無用。一群罪犯一起生活在一個非比尋常的特殊環境底下，他們有他們獨特的犯罪模式，以及他們自己的法規。比如在我們歐洲俄羅斯地區微不足道的罪刑，在這裡卻有可能被視為極嚴重。好比說懶惰或借貸，在歐洲俄羅斯地區微不足道，在這裡卻是罪大惡極。以一個屯墾放逐者而言，極可能被判處到礦坑做苦役一年，或是取消獲得放逐農夫身分的資格。反之，比如說像竊盜，在我們看來是很不可原諒的罪行，在這裡卻很稀鬆平常，很少聽說有人因為竊盜被處罰而列入檔案紀錄。

在這些囚犯當中，最常見的個人罪行有脅迫他人、奴役他人、不給東西吃以及使之處於經常性恐懼之中等等。此外還有比如說謊成性、愛嘲弄他人、懦弱、耍笨、愛密告以及偷竊等等，各式各樣的秘密小罪行（這些經常是大部分墮落的囚犯用來對付上級或監工的手段）。可能他們並不尊敬這些上級或監工，是他們的仇敵，但心裡還是害怕他們。一個囚犯想躲過一次苦役勞動或肉體懲罰，想得到一塊麵包，一口茶或一點鹽巴和煙草，他經常會訴諸欺騙手段。他的經驗告訴他，在為生存而奮戰時，最可靠穩當的手段就是欺騙。至於偷竊在這裡很稀鬆平常，甚至成為一樁企業，只要不是釘住的東西，囚犯們就會像飢餓貪婪的蝗蟲不顧身撲上去。主要對象是食物和衣服，他們在監獄裡偷，在勞動工作時偷，到屯墾放逐者家裡偷，在船貨裝卸場合偷。從他們偷竊手法敏捷熟練，可以看出時常實作操演。有一次在杜埃，有幾個囚犯在海邊一艘輪船上偷竊一隻活公羊和一個大桶子，還有一塊揉麵粉板子，舢舨還沒從輪船上放到水裡，那些東西早已偷好放到舢舨上了。還有一次，就在卸貨的時候，他們從舷窗進入船艙洗劫船長。還有一次，也是在裝卸貨物的空檔，他們闖入一艘外國船船艙，把銀製餐具整套帶走，整批貨物和桶子不見了。

囚犯有私底下自我娛樂的方式，亦即竊盜。例如想喝伏特加，通常只要花一個五戈比的銅板就可買到，這時他就一聲不響走到專門買賣走私貨的商人那裡，用麵包或衣物之類，跟他換取一杯伏特加。玩牌可以獲得心靈上的樂趣，但只能在晚上在微弱的燭光下玩，或是去台加裡。任何隱密的樂趣如果反覆為之就會上癮，囚犯之間很容易互相感染，很快地，這類瑣碎的事情就變成大家競相為之的不法行為。我在前面講過的在監獄裡頭的「庫拉克主義」商業行為就是其中一種，有些囚犯透過走私伏特加和其他酒類而致富，有的財富還累積到高達三萬至五萬盧布之譜。說到賭博，它就像傳染病一樣，已經深透感染監獄裡的每一個囚犯了。整個監獄就像一座大賭場，屯墾區和軍哨站是其分支。像是頗具規模的企業經營方式，操盤的人據說每天玩牌的經手賭資至少有幾百甚至幾千盧布，他們甚至和西伯利亞地區的監獄都有業務上的往來，比如伊爾庫次克。據囚犯們的說法，那裡才是「真正」在賭。在亞歷山德洛夫卡已經開了好幾間賭場，其中的一間，在第二基爾皮奇那雅區（Second Kirpichnaya Quarter），就發生過一樁不幸事件。有一位監工在那裡輸光所有家當之後舉槍自殺。賭史托斯牌就像被麻醉一樣，即使輸光食物和衣服，也不會覺得餓或冷，甚至被鞭打也不會覺得痛。在船上裝卸貨物時也一樣在進行牌局，一旁滿載煤炭的一艘平底船，在強勁風浪中搖晃著不停撞擊著輪船，船上許多人暈船暈到面色慘綠，依舊照玩，不時說出嬉戲語彙：「拉掉我要砍倒你們兩位！耶！耶！」

同時我們發現，女人被壓抑、貧窮以及屈辱等處境的煎熬，助長了女人賣淫的風氣。在亞歷山德洛夫卡，我問當地人這裡有沒有妓女，他們這樣回答：「你要多少就有多少。」由於需求量過大，年齡大小、身障、染病的危險等都不構成進入這行的阻礙。我在亞歷山德洛夫卡的街上遇見一個十六賣淫的女孩，據說她九歲就出來賺了，她不是沒有母親，但在薩哈林島，家庭因素無法阻擋一個女孩跳入火坑。據說當地有一個吉普賽女人，她幾個女兒的賣淫業，例如價錢等等全由她一手包辦。在亞歷山德洛夫卡郊外的一個小村莊，有一位自由人身分的女人在那裡經營一間「店鋪」，裡頭在賣的全是她自己的女兒。在亞歷山德洛夫卡這樣的城市，放蕩淫樂帶很強烈的腐敗氣息，有一個猶太人在這裡開了一家「家庭澡堂」，有不少人在這裡拉皮條討生活。

根據一八九〇年一月之前的政府資料檔案顯示，被地方法院再度裁決定罪的累犯，佔全部苦役勞動囚犯的百分之八。在這些累犯當中，有些再犯的次數高達三次以上，有的甚至高達六次，都分別被加判二十年至五十年之久的刑期。這類囚犯眼下共有一百七十五人，佔囚犯總人數的比率達百分之三。然而，這樣的統計數目似有「誇大」之嫌，因為這些登記為累犯的大多被裁決為企圖越獄者，而這些企圖越獄者被抓回時也大多並未送上法庭重新審判，而是直接送回監獄管訓。有一個問題，這些再犯的囚犯，他們再犯罪的傾向到底如何，或者說，他們是否真的那麼喜歡再犯罪，沒有人知道。嚴格講起來，這裡的人對犯罪這種事情應該已經感到很厭煩，這裡有許多案子之所以無法成立，乃是因為被告無法出席、資訊不足或是許多檔案仍有法律問題而被退回。也有可能是西伯利亞那邊各辦公室所送來的資料不齊全，或是在各大官僚機構裡延宕阻塞，最後只得收入檔案，不復見天日。最後當事人死去或逃獄者尚未逮捕歸案，整個案子只得不了了之。各種因素都有，但是這之中最主要的因素是，由一群沒讀過書的年輕人所交付的調查報告太不可靠，卡巴洛夫斯克地方法院所送來的審理結果根本不足採信，因為他們審理和薩哈林島有關的案件時，不必當事人出庭，只根據檔案資料就完成審理程序。

在一八八九年之間，正在接受調查和上法庭的囚犯共有兩百四十三人，也就是說每二十五個囚犯就有一人。同這一年，有六十九位屯墾放逐者上法庭和接受調查，每五十五個人就有一人。至於放逐農夫則只有四人犯了罪上法庭和接受調查，比例是每一百一十五人才只有一人。這樣的比率說明，從囚犯身分轉換較自由的屯墾放逐者或放逐農夫，最後走上法庭的機會只剩一半，但這些統計數字只說明當年上法庭和被調查的數目字而已，並未說明一八八九年實際犯案的數目字，因為該年所處理的案子有些必須追溯到幾年前，不能包括在裡面。這裡所呈現的事實會給人一個印象，那就是，在薩哈林島上有不少人終年都在為上法庭和接受調查所折騰。而且有些案子都會拖上好幾年，我們可以想見這對當地居民在經濟生活上和心理上的負面影響有多大。

調查工作一般都是交付給監獄典獄長的助理或警察部門的秘書去做，套用島上總督的話講，「調查過程一開始的時候，毫無頭緒可言，阻礙重重，笨手笨腳，涉案的囚犯在毫無理由狀況下被隨便拘押。」涉嫌者或被告被帶進一間懲罰牢房嚴加看管，在戈里・密斯地區有一個屯墾放逐者被謀殺，有四個人涉嫌，全都被關在一間又冷又黑的牢房裡看管。幾天後，三個釋放，只留下一個，並繫上手銬和腳鐐，同時下令每隔三天才給一次熱食，後來從監工那裡傳來他的抱怨，上級又下令，樺木鞭笞一百下。就這樣，這個嫌疑犯一個人關在一間又黑又冷的小牢房裡，處在飢餓和恐懼，直到最後認罪。同這一段時間裡，有一位名叫加拉琳娜的自由人身分的女人，因為涉嫌殺害丈夫，一樣被囚禁在監獄裡一間黑暗的懲罰牢房裡，也是每隔三天才給一次熱食。當一位官員來訊問案情時，我當時也在場，她說她生病很久了，不知為何，他們不讓醫生來給她看病，這位官員詢問監工，監工理直氣壯回答說：

「我有將情況呈報給典獄長，他說讓她去死吧！」

他們竟然連拘押嫌疑犯和關黑牢的囚犯都分不清楚（竟然用監獄的黑牢在關嫌疑犯！）把臨時拘押和長期監禁完全搞混，真是令我困惑。地方總督還出身大學法學系，監獄典獄長也曾經在聖彼德堡的警察總部服務過。

另有一次場合，我和地方總督一起來參訪監獄的懲罰牢房，時值大清早，氣溫很低，剛好有四個涉嫌謀殺的囚犯被釋放出來，全身哆嗦，包含加拉琳娜。她腳上穿著襪子，沒穿鞋子，一樣顫抖不止，而且眼睛畏光，一直避開陽光，地方總督命令將她帶去光線不強烈的地方。就在這時，我看到一個喬治亞人像鬼魂一般在昏黑的懲罰牢房入口走來走去，據說他已經在這裡關了五個月，正在等候案情的調查，而事實上案情的調查根本還沒開始。

在薩哈林島上並沒有公訴檢察官，所有刑事案件的調查根本不受監督，自然沒有指揮的單位，指揮和進度完全依賴當下情況，跟案情無關。我在官方檔案資料中看到一個案件，有一位叫做雅柯夫勒瓦的女人被謀殺，「這是一樁先強姦後搶劫的謀殺案。現場床上一片混亂，床上及床架板上留有指甲抓痕和靴子後跟的壓痕等等。」如此簡單推理就決定了這樁案件的命運，其他像驗屍等則被認為沒有必要。一八八八年越獄逃犯謀殺大兵克羅米亞堤一案，必須等到一八八九年才應外地來的公訴檢察官要求開棺驗屍，這時偵查早已終結，所有資料文件都已送去了法庭。

《放逐法規》第四六九條有規定，地方行政當局可以不必理會警政當局正規偵查程序，而逕行處理和執行一切犯罪和輕罪的懲罰事宜。根據一般刑法規定，輕罪不但不必入獄坐牢，甚至其懲罰也以不損及其個人權益和私人財產為原則。一般來講，在薩哈林島上，所有的輕罪都歸屬警察局的刑事法庭管轄，而警察局的刑事法庭恰恰又隸屬於警政部門。儘管這個地方刑事法庭所涉及範圍極廣，但大多處理瑣事，讓此地居民感覺不到法律的存在。在這裡，一個官員可以依據法律所賦予他的權力，憑個人意志鞭苔一個人或將他入獄，或甚至把他弄去礦坑幹苦役，設立一個真正獨立的刑事法庭，確實有其必要。

至於重罪的懲罰，其決定權則在西伯利亞大陸普利摩爾斯卡雅地區的地方法庭手上。可是他們只能根據文件資料去下判決，無法當面審查被告和證人。但島上總督有權否決他們的判決，可以自行更改判決，然後再上報「大參議院」[44]。當然，西伯利亞大陸的地方法院如果覺得案子非比尋常，超乎他們的審判職權，可要求薩哈林島這邊將被告者遞解過去，交由當地的軍事法庭審判。

當局所設定用來懲罰犯罪的囚犯和屯墾放逐者的條例顯然過於嚴峻，我們的《放逐法規》如果不能符合時代和法律的精神，這在我們實行懲罰制度地區會更無法被接受。因為懲罰讓罪犯感到屈辱痛苦，使當地道德風俗更低下。我們都知道這長久以來對自由身分的居民已經造成傷害，雖然這是針對囚犯苦役勞動者和屯墾放逐者所設的懲罰規定，但整體而對人性尊嚴的影響還是很大。一般的懲罰，比如像樺木鞭苔、皮鞭鞭打或是把人和單輪推車繫在一起，這些都打擊了人格尊嚴，而且也造成肉體的痛苦和折磨。這樣的懲罰方式在本地很稀鬆平常。樺木鞭苔或皮鞭鞭打可以說是最基本的懲罰，無論一般犯罪或是輕微小罪。

這裡最常見的懲罰工具是樺木的樹枝。根據《懲罰紀錄簿》所顯示，一八八九年一年之間，在亞歷山德洛夫卡地區，一共有兩百八十二個囚犯和屯墾放逐者接受懲罰，其中有兩百六十五個接受樺木鞭苔的肉體懲罰，只有十七個是接受其他方式懲罰，也就是說一百人當中有九十四人是用樺木鞭打處刑。當然並不是所有體罰案例都有登入《懲罰紀錄簿》，提莫夫斯克地區在一八八九年登錄了五十七個用樺木鞭苔的案例，同年在哥薩科夫斯克卻只有三個，可在這同時之間，這兩個地區每天都有好幾個人在挨鞭刑。像在哥薩科夫斯克地區，每天動不動就有好幾打人在排隊等挨打。每次用樺木鞭打的數目從三十下到一百下不等。挨罰的名目眾多，比如一個囚犯沒有完成他當天該完成的工作份量（好比說一個鞋匠沒有完成縫好三雙女士的鞋子），其他還有像喝醉酒或行為粗魯無禮，還有不服從等等……。如果有二三十個人一起在從事一項工作，沒在時間內完成，則所有人要同時接受鞭打。一位官員對我這樣說：

「這裡的囚犯，特別是那些上了腳鐐的，都很喜歡呈遞請願書。我剛被派來這裡

44 譯注：這是當時管轄全俄羅斯司法的最高機構，同時又是最高行政機構。有點類似我們的司法院和行政院的結合，但它同時也行使最高法院的職權，可以駁回任何法務機構的判決決定或任何行政機構的政務決定。當初，亦即一九〇三年，契訶夫要出版本書時，審查當局要求刪掉第二十一和第二十二章，契訶夫不肯，並打算上訴「大參議院」，後因手續繁複且又曠時耗神和勝算不大，只得作罷，因此本書的最早俄文版本就少了上述兩章。

時，有一次被派到監獄這裡巡視。我一到這裡，立刻有五十份左右的請願書遞上來，我全都收了下來，然後我當場宣布，要是這些請願書被證明為毫無價值，請願的人就得接受鞭刑。結果只有兩份被納入考量，我就把其中四十七個人叫出來，立刻鞭刑侍候。下一次我再來時請願書就少了，只提出二十五份，後來就越來越少。現在就再也沒什麼人提請願書了，我給了他們一個教訓。」

在薩哈林島南部，一位囚犯對監獄當局發出抨擊言論。他們在另一位囚犯的所有物中搜出一本日記，裡頭正好記載著前面那位囚犯發給報紙刊載的文章的草稿，後面這位囚犯當下被處以五十下樺木鞭苔，並在黑牢裡關十五天緊閉，每天只給麵包和水。在哥薩科夫斯克地區魯戈加一帶的屯墾區，有一位屯墾區的督察長，在地方總督的同意下，他的轄區內全面實施體罰制度。關於這裡的情形，島上總督有如下的記述：「在一次偶然場合裡，哥薩科夫斯克地區的總督跟我報告發生在他轄區內一樁極嚴重的當局越權事件，這起事件包括了監獄當局對幾位屯墾放逐者的野蠻體罰，大大超越了法規所能允許的範圍。這起事件如今已經惡名昭彰，今天在回想當時處罰那些人的情況，包括無辜和有罪的，裡頭還有一個懷孕的婦人。只不過是屯墾放逐者之間幾個人的扭打而已，並未引起任何嚴重事端，也未經過詳細調查和審問，卻貿然動用鞭刑去野蠻對待，我今天一想到這些就義憤填胸。」（一八八八年第二五八號法規檔案資料）。

一般來講，一個犯罪的囚犯要接受三十到一百下的樺木鞭苔，要鞭打多少下並不是取決於他犯的是什麼過錯，而是由當時主持懲罰的人來決定，主持的人不是地方總督，就是典獄長。當時的規定是地方總督最高可以打到一百下，典獄長最高只能打到三十。他必須小心使用這額度，有時地方總督不克前來，例如前任卸任而新任總督尚未抵達之時，就由典獄長暫時代理地方總督的職務，這種情況下他就可以下令鞭打一百下。他通常不會輕易放棄這個可以展現新權威的機會，他會持續保持這份權威直到新的地方總督上任。在薩哈林島上，樺木鞭笞的處罰普遍到許多人不再因此嫌惡害怕，甚至有不少人還私底下透露一點都不痛。一般鞭刑很少派上用場，只有在區域性的「巡迴法庭」上才偶而使用。根據薩哈林島醫學部門主任的報告，在一八八九年，「為了了解一個人可以忍受法庭所判決的體罰的程度，醫生們檢查了六十七個人的身體狀況。」在薩哈林島上，最令人厭惡的懲罰手段就是鞭刑，行為野蠻，執行的方式殘酷。在歐洲俄羅斯的法官大人們判決流浪漢或累犯們鞭刑後，都不願意在現場看到鞭刑。根據《放逐法規》第四七八條，他們以後將沒機會看到鞭刑，因為在俄羅斯和西伯利亞的法庭所判決的鞭刑，今後都將選在放逐殖民地執行。

我在杜埃就曾經親眼目睹一次鞭刑的執行。流浪漢普羅科洛夫，又名密爾尼科夫，年紀在三十五到四十歲之間，從沃也沃茨克監獄越獄逃跑，並編造一小竹筏，準備逃往對岸大陸，在海岸時被發現。他們派遣一巡邏汽艇逮捕他。他們看了他的檔案資料才發現，這位名叫普羅柯洛夫，又名密爾尼科夫的人，早在一年前已因謀殺一個哥薩克人和他的兩個孫女，被卡巴洛夫斯克地方法庭判刑，應先執行九十下鞭刑並繫在單輪推車上。結果卻由於疏忽，這些刑罰從未執行，如果不是因為他逃跑被抓回來，沒人會發現這個錯誤。看樣子今天這一頓鞭刑他是逃不掉了。執行刑罰這天，八月十三日早上，地方總督和一位外科醫生，還有我，我們從容來到監獄辦公室，普羅科洛夫早在前一天就被帶來這裡，此刻正和幾位監工坐在走道上，他可能還不知道今天要來這裡幹什麼。看到我們走來時他站了起來，大概已經知道幾分了，臉色突然轉為一陣蒼白。

「進來辦公室！」地方總督大聲叫道。

我們進入辦公室，他們把普羅科洛夫帶了進來，年輕醫生是個德裔俄國人，要他把衣服脫下，然後仔細傾聽對方心跳的聲音，看他能挨打到幾下。這前後過程大約進行了一分鐘，這位醫生就像個商人那樣坐下來簽署檢查的證明書。

「啊，你這可憐的傢伙！」他用帶著哀傷的口氣說道，還夾雜著濃濃的德語口音，「戴著腳鐐很辛苦是吧？為什麼不跟總督先生講一下，他可以下令撤掉。」

普羅科洛夫沒有吭聲，嘴唇很蒼白，抖個不停。

「不過沒用，你知道，」醫生一直講個不停：「這樣做是沒用的，在歐洲俄羅斯也有很多像你這樣的人，啊，可憐的傢伙，可憐的傢伙！」

證明書已簽好，置入犯人個人的調查檔案之中，接著是一片沉默，職員在寫字，總督和醫生也在寫字……。普羅科洛夫還不清楚他為什麼會被帶來這裡，也許是因為逃獄，也許是逃獄和舊罪算在一起？他為不能確定而感到折磨。

「你昨晚夢見了什麼？」地方總督突然這樣問道。

「我忘了，大人。」

「好，你現在聽好，」總督一邊仔細看著犯人的檔案資料，一邊說道：「你在某年某月的某一天殺害一位哥薩克人，被卡巴洛夫斯克地方法庭判決鞭打九十下鞭刑。好，那麼現在，你就要來接受這個處罰。」

總督用手掌拍了一下犯人的額頭，然後用教訓的口吻說道：

「這一切是為了什麼？因為你自作聰明，你們總是喜歡逃跑，你們以為事情會變得更好，結果變得更糟。」

我們進入「監工的小屋」，這是一棟灰色建築，有點類似牢房裡的小室。有一位軍醫的助理站在門口，一副在乞討救濟施捨的樣子，用懇求的口吻說道：

「大人，您有興趣在這裡看我們執行懲罰過程？」

房間中間擺著一張傾斜的躺椅，上面設有縛住手腳的環節。今天的執鞭者托爾斯提克，是個健壯結實的高個子，看起來很像馬戲團裡翻觔斗的雜耍演員。他上半身只穿一件不扣扣子的背心，沒穿正式的外套。他跟普羅科洛夫點一下頭，普羅科洛夫半聲不吭就直接俯臥到躺椅上，托爾斯提克也是半聲不響把他的褲子拉到膝蓋處，然後把他的手腳綁在躺椅上。地方總督望著窗外，一副很無聊模樣，醫生在房間裡走來走去，手上拿著醫用藥水。

「要不要我弄一杯水給你？」醫生問道。

「是的，看在老天份上，大人。」

普羅科洛夫已經縛好就緒，托爾斯提克拿出一把有三個尾巴的鞭子，拿在手上輕輕撫弄了一下。

「要開始了，忍耐一下！」他輕聲說道，並不張開手臂，好像他早已算好距離，不慌不忙揮出了第一鞭。

「一！」監工在一旁適時跟著喊出了第一聲，彷彿教堂司事。

一開始的時候，普羅柯洛夫還保持著寂靜無聲，甚至臉上的表情也沒什麼變化。可是現在當疼痛鑽入全身之時，他還是冷不防發出一聲叫聲，並不是大聲喊叫，就只是叫了一聲而已。

「二！」監工又再度大聲喊叫。

執鞭者站在一旁揮動他的鞭子，每一鞭都很紮實地落在被鞭者的身體上，每揮動五下，執鞭者就停下繞到另一邊，給自己有半分鐘的休息時間。普羅科洛夫的頭髮已經黏在他的眉毛上，整個頸部都腫了起來，每鞭打五或十下之後，身體上還留著剛鞭打過的條痕，然後慢慢整個轉變為深紅和黑青色，皮肉在鞭子擊下時就已經裂開流血了。

「大人！」在尖聲嘶叫和哭泣聲中傳來這樣的叫聲，「大人！可憐可憐我，大人！」

大約在鞭打了二十或三十下之後，普羅柯洛夫彷彿吟誦著儀式上的哀歌，好像喝醉了酒，神智不清：

「我是個多麼不幸的傢伙啊，我是！我真是個徹頭徹尾的不幸的可憐傢伙，我是這樣沒錯！我是……我到底做了什麼，一定要這樣來懲罰我？」

這時他的脖子莫名其妙往前伸，還發出很噁心的聲音……他並未發出一個字出來，他就是大聲喘氣和吼叫而已，彷彿懲罰開始以來，一個永恆已逝去。可現在監工才喊到「四十二！四十三！」這和九十還有一段很長的距離。我走到外面，外面四周圍一片寂靜，可我老是覺得監工徹人心扉的報數聲音彷彿在杜埃不斷回響著。我看到一個穿著自由人身分服裝的囚犯從我身旁走過，他在經過監工那棟房子時，還面露驚惶地看一下房子並快速走過去。我走進房間又走出來，監工還在大聲報數。

終於報到九十了，他們連忙解開普羅柯洛夫被縛住的手腳，並扶著他幫忙他站起來，他剛剛被鞭打的地方已經瘀青紅腫，甚至在流血。他的牙齒在打顫，臉色蒼白蠟黃，眼睛飄忽。醫生拿藥水給他喝，他竟痙攣地咬著瓶口不放……他們弄濕他的頭部，然後帶他前往醫療室休息。

「這只是謀殺的部分，越獄逃跑的部分還沒處理。」要回去時，他們跟我這樣解釋。

「我喜歡看他們這樣被懲罰，」軍醫的助理似乎很高興看到這場罪惡的懲罰，這樣說道：「我喜歡看，這是一群流氓惡棍，應該吊死他們！」

不僅囚犯因受體罰而變得冷酷無情，執行鞭笞的人或在一旁觀看的人也是，即使是受過教育階層者亦難倖免。我並未注意到那些受過大學教育的官員和那位軍醫助理或受過軍事訓練以及神學薰陶的人，對鞭笞懲罰方式的反應有什麼不同。他們有的人早已習以為常而變得冷酷無情，甚至看到有人皮開肉綻而引以為樂。據聞有位典獄長，每次主持鞭笞懲罰時都會不停吹口哨。另有一位，一個年紀較大的老頭，總會對正要受刑的犯人無情而快樂地這樣說：「看在老天份上，不要亂叫！這沒什麼，沒什麼，忍一忍就過了！打吧，打吧，狠狠的打吧！」另有一位每次總是下令把犯人按在躺椅上，把脖子綁在躺椅上，讓犯人發出喘氣如牛的聲音，開始打了五或十下之後，就跑出去一或兩個鐘頭，回來後又繼續打。

軍事法庭一般都是由地方的軍官在島上總督任命之下組合而成，軍事法庭會把審判文件和審判結果寄給當地總督，過去一個犯罪而被遞上軍事法庭的人，經常必須關在監獄的懲罰牢房等待審判結果。常常一等就是兩三年。現在他們的命運則由一封電報來決定。由軍事法庭審判的重罪大多以吊刑的死刑終結，有時地方總督會把死刑更改為一百下鞭刑，繫在單輪推車上以及終生拘禁在「緩刑」牢房裡。事實上死刑判決後很少更改，一位地方總督告訴我：「我專門以吊刑處決謀殺犯。」

在執行處決的前夕，會有一位神父前來陪伴犯人一起度過所謂的「告別守夜」。此一「告別守夜」包括告解和兩個人之間的聊天談話，有一位神父對我敘述了以下一段經驗：

「在我開始神職生涯不久之時，我那時才二十五歲，有一次我被指派前去沃也沃茨克監獄，陪兩位臨刑犯人度過『告別守夜』。這兩位犯人為一盧布四十戈比而殺害一位屯墾放逐者，因此而被判處吊刑。我走進他們的懲罰牢房時，一時習慣不過來，心裡感覺很害怕，就告訴警衛牢房的門不要關上，人不要走開，那兩位囚犯跟我這樣說：『不要害怕，神父，我們不會殺你，來，坐下來。』

我說：『我要坐哪裡，這裡又沒椅子？』他們用手指指他們正坐著的床板，我先是坐到一旁的水桶上，等精神鎮定下來後，就挪過去坐到他們之間的床板上。我先問他們是哪裡人，話題繼續下去，然後開始進行『告別守夜』。我在幫他們做告解時，我眼睛往上望著窗口外面遠方，我看到了絞刑台。

『您看到了什麼？』他們問道。

我跟他們說：『應該是總督住的地方在蓋什麼東西。』

『不是，那是要吊死我們的絞刑台。神父，能不能去幫我們要點伏特加酒來喝？』

『我不知道，』我說道：『我去問看看。』

我走出牢房去找上校，我跟他說犯人想喝點東西，他拿給我一瓶伏特加酒，同時交代等一下不要提喝酒的事情，並命令警衛班長暫時撤下警哨。我跟警衛要了一個玻璃杯子，然後逕自回到牢房犯人那裡，我先在玻璃杯裡倒滿了酒。

『不，神父，您要先喝，』他們兩人說道：『您已經倒了一些，您要是不先喝，我們就不喝。』

我必須把整杯伏特加酒喝完，而事實上在這個時候我是不應該喝酒的。

『好了，』兩人說道：『伏特加酒讓我們的頭腦更清醒些。』

接下來我們要繼續做完我們的『告別守夜』，才進行一、兩個小時，突然命令下來：

『把他們帶出來！』

就這樣，他們被吊刑處決之後，我一直無法習慣過來，有很長一段時間，我都不敢走進黑暗的房間。」

死亡的恐懼感和執行死亡的四周圍環境，對當下死刑犯人會產生一種壓迫和沮喪的感覺，到目前為止，還沒聽說過有哪一個死刑犯是高高興興且勇敢走上處決之路的。殺害店家主人尼基丁的主謀切爾諾西，從亞歷山德洛夫卡解送到杜埃準備處決時，一路上膀胱痙攣，大家只得走走停停。另一個共謀金札洛夫，一路上牙齒莫名其妙打顫打個不停。在執行處決之前，先在犯人身上罩上一件罩衣，然後開始念祈禱文，正當處決儀式要進行時，另一共謀還沒聽完祈禱文就當場昏倒了。另一位最年輕的共謀帕朱金，已經套上罩衣，祈禱文也已經聽完，就在這時，豁免執行死刑的命令下來了，他的死刑將由別的刑罰取代，在這極短暫的時間裡，這位年輕人經歷了多麼多樣複雜的人生感受！整個晚上和神父的聊天對談，莊嚴的告解，黎明時分來半杯伏特加，然後是命令下來：「把他們帶出來！」接下來是套上罩衣，念祈禱文，最後是取消死刑的命令及時下來，令人雀躍萬分。就在看著他的同謀一一被處決之後，他被鞭笞一百下，在第五下時就昏了，最後被鎖在單輪推車上。

在哥薩科夫斯克地區有十一個人因為殺害幾個愛奴人而被判處死刑。就在執行死刑的前一天晚上所有官員和軍隊軍官都無法睡覺，他們互相跑去對方住的地方喝茶，整個空氣中到處瀰漫著一股厭倦疲乏的氣息。有兩個被判刑的犯人在這時吃烏頭草自殺，這對當地軍隊指揮部造成了極大困擾，因為大家都認為他們要為這件事情擔負責任。地方總督也已經耳聞該天晚上的騷動，特別是兩位犯人服毒自殺的消息，隔天就要執行死刑，會有許多人圍在絞刑台周圍，他當下立即召見軍隊指揮官：

「明天就要執行死刑，有十一個人要接受吊刑，我現在卻只看到九個人，還有兩個跑去哪裡了？」

指揮官這時已經無法保持一般官員正常的對答禮儀了，他顯得很神經質而結結巴巴地回答：「好吧，那就吊我，吊我……。」

時值十月初的一個早晨，寒冷、陰鬱又昏暗，犯人臉色一片蠟黃，頭髮因為恐懼而都豎了起來。一位官員開始朗讀判決書，因不安而全身顫抖，開始看不清楚他在念的東西而結結巴巴。有一位穿著黑色無袖僧衣的神父，拿著一個十字架給那九個人一一吻過一遍，然後靠到地方總督旁邊小聲說道：「看在老天分上，饒了我吧，我已經快撐不下去了……。」

整個過程很漫長：每位犯人都要先套上罩衣，再帶上絞刑台。等最後九個人都處決完畢了，地方總督告訴我說，整體看來，很像懸在空中的一圈花圈。

當九具屍體都取下來之後，經過一番一一仔細檢查，醫生發現其中竟然有一個還活著，這種發生機率極低的事件非比尋常，有著十分重大的意義：對監獄來講，包括實際執行死刑的人和助理都很了解監獄裡面的人所犯罪行的秘密，他們知道這個存活的人，說明了他沒有犯罪。

「他已經上過一次吊刑，」地方總督最後為這則故事下結論說道：「那次之後，我有整整一個月晚上沒辦法睡覺。」

22

薩哈林的逃犯、逃跑的原由、逃犯的來源以及社會階級等。

一八六八年，我國一個委員會曾經指出，薩哈林島最有利和最具意義的優勢是，它是個島嶼。薩哈林島是個島嶼，和西伯利亞大陸之間隔著一個暴風雨不斷的海域，表面看來，要建立成為一個大型海上監獄，似乎並不困難。如同當局當初在策畫這件事情時所發出的口號：「水，水，四周圍都是水，中間是麻煩。」同時之間，它也很容易建造成像羅馬時代的放逐殖民地，變成想從那裡逃跑永遠只能是個夢想而已。但其實從薩哈林島成為放逐殖民地以來，薩哈林島已經慢慢在成為一個半島了，島嶼只是名義上的稱呼。隔開薩哈林島和西伯利亞大陸的海峽，在夏天時海峽的水形成為薩哈林島這個大監獄的天然大牆，在冬天月份裡則完全結冰，船隻無法通行。表面上像一座平坦無礙的平原，人可在上面徒步行走或狗拉雪橇在上面滑行。即使在夏天，也不能保證海面上平靜無事，海峽的最狹窄處，波哥比和拉薩雷夫兩個岬角之間，才六或七俄里寬而已，在晴朗的好天氣時，可以划著吉利亞克人的小船在這裡走上一百俄里遠。這時，在晴朗好天氣之下，甚至在兩岸距離比較寬的地方，在薩哈林島這邊的居民仍然可以清楚看到對岸的沿岸景觀。霧氣籠罩下的一片土地，美麗的山巒，日復一日引誘著這邊的放逐囚犯，應許他們自由和美麗的家園。除了這些外在地理環境的要素之外，當時的委員會沒有想到另一個要素。或者也許有想到，但並未放在心上。那就是關在這裡的囚犯未必全都能逃亡對面大陸，也有可能逃往島上內陸，這種情況所引起的麻煩並不亞於逃往大陸。因此，薩哈林島並不如他們所預期的那麼理想，就只是一個島的概念。

然而，薩哈林島畢竟還是有其優勢，首先，要從薩哈林島潛逃出去的確不是那麼容易。流浪漢可能算是這方面的專家，他們宣稱，要從薩哈林島逃出去，的確要比從卡拉或涅爾欽斯克這些著名的囚犯勞動營逃出去，更加艱難百倍。在薩哈林島上，即使不特別施以嚴格紀律，讓他們過著老式監獄管理方式的放任生活，這裡的監獄永遠還是人滿為患，囚犯並不像監獄長希望的那樣經常逃跑，因為逃跑對他們來說是最有利可圖的收入之一。如果逃跑成功，他們可以去別的地方過比較幸福的生活，然而他們寧可留在這裡。當下的官員也了解這個，他們不怕人手不足。放任的苦役勞動方式，鬆懈的警戒設施，到最後留下來的都是那些喜歡生活在這裡的人——也就是說，半個都沒有。

阻礙逃跑的障礙中，最可怕的不是大海。無邊無垠的針葉林，綿延不盡的山巒，濕氣、濃霧，罕無人跡，熊和蚊子，冬天時冷峻的霜雪，還有那可怕的暴風雪——這些才是真正的阻礙。在薩哈林島的針葉林裡，你每走一步路都要克服擋在道路上被風吹落的堆積如山的樹枝和木材，還有尖硬的竹子纏住你的腳，除此還有深及腰部的沼澤和溪流，成群的蚊子——即使是一個普通人，吃得飽飽，裝備齊全，在這樣的環境底下，一天也無法走超過八俄里；何況一個逃獄的囚犯，餓著肚子，又是精疲力竭，又要面對這麼惡劣的環境，一天三俄里路是極限了。在針葉林裡靠腐爛的木頭和鹽巴維生，他搞不清楚東西南北，而且還不能走直線，他必須繞道而行，以免落入警戒線被抓回去。一、兩個禮拜的逃亡奔波之後，飢寒交迫，可能又染有痢疾和熱病，全身佈滿蚊蟲咬痕，雙腿浮腫，全身髒亂不堪，死在針葉林裡。或者勉強脫離那裡，祈求萬能老天讓他碰到一個士兵或一個吉利亞克原住民，好心把他送回監獄。

首先而且是最主要會激發一個囚犯想離開薩哈林島的原動力，就是他對原來家鄉的濃烈感情。如果你有機會傾聽一些囚犯的心聲——能夠住在家鄉自己的地方，是多麼幸福和令人喜悅的一件事情！他們會和你談論薩哈林島，這裡的土地和人們，這裡的林木和天氣，略帶責備的玩笑語氣，在誇張中卻又隱含嫌惡。可一談到歐洲俄羅斯，在那裡什麼都好，什麼都迷人。這可是一廂情願的想法，他們總是認為能夠每天看到木頭的住屋和廂房，甚至只要能呼吸到歐洲俄羅斯的空氣都是一種幸福，他們就是不會想到那裡也有許多不快樂的人。願老天能體會，一個人不管怎麼貧窮，怎麼疾病纏身，怎麼目盲或瘖啞，經受多麼大的屈辱，最期盼的就是上天能允許他死在自己家裡。有一位老婦人，是個囚犯，她有一陣子在我住的地方幫傭，對我的旅行箱、書本和隨身攜帶的被子，總是愛不釋手。理由很簡單，這些東西都是來自歐洲俄羅斯，而不是薩哈林島的產物。每次有神父來訪，她不會主動去迎接他們請求賜福，只是和他們尷尬一笑，理由也是很簡單，在她看來，他們都是本地的薩哈林島神父，而不是來自歐洲俄羅斯。薩哈林島並沒有真正的神父。這種對家鄉的渴望之情，既動人又哀傷，夾帶著悲愴和心酸的苦淚，包含著永遠無法實現的夢幻，幾乎已瀕臨荒謬和瘋狂的地步，或甚至可斷定是精神障礙。

另一個激發一個放逐犯人想逃離薩哈林島的動力是，和一般人在正常環境下對自由的渴求一樣，他要追求無拘無束的自由，那也是他與生俱來的最高貴本質。當一個放逐囚犯年輕而身強力壯之時，他會渴望遠走高飛，去西伯利亞，或甚至去歐洲俄羅斯。但很不幸他們一般都會被抓回來，送回監獄繼續做苦役勞動，但這並沒有那麼可怕，他可以繼續幻想他的自由美夢。他要從一個階段走向另一個階段，他要經常更換監獄、伙伴和警衛，在路上不停的流離奔波，他可以編織他的美麗詩篇，享受這樣虛幻的自由，至少比被關在沃耶沃茨克監獄裡面或是到外面從事苦役勞動更接近自由。然而歲月不饒人，有一天他發現他變衰弱了，腳力再也不聽使喚，他最遠只能逃到對岸大陸離這裡不遠的阿穆爾河流域一帶，或只是逃入針葉林。有時他並不是真的想逃跑，他只是想暫時離開監獄一陣，不想再看到那裡令人厭煩的高牆和其他囚犯，不想再聽到腳鐐聲音，或是其他囚犯無聊的談話。在哥薩科夫斯克住著一位放逐囚犯，名叫阿爾吐克霍夫，是個六十幾歲的老傢伙，他的逃獄風格很特別。他把木棚屋的門鎖上，帶著一塊厚麵包，走路離開到離軍哨站不到半俄里遠的一處山頂上，他就整天坐在那裡眺望著山腳下的一大片針葉林和遠方的大海，以及天空，就這樣在那裡連坐三天三夜，然後回家，再裝備好口糧，之後又再回去山上那裡……在過去，他們以鞭苔來懲罰他，今天他們不再鞭打他了，他們對他的這種「逃跑」一笑置之。有人逃跑是為了好好四處漫遊個一週或一個月，有人甚至只要一天就夠了，「就這麼一天，完全屬於我的一天。」有某些人只會在生活中的某段時期受到渴望自由的影響，像有些人突然像癲癇發作一般，想喝酒大鬧一番，他們說這會在一年或一月之間偶爾發作個一兩次，有些比較守規矩的囚犯會提早預告當局他們的毛病快要發作，預備隨時要逃跑。一般逃跑被抓回來之後，毫無例外，一律都是鞭刑或樺木鞭苔侍候。在這些不斷逃跑的案例中，有不少人的動機是既荒謬又愚蠢，很令人不解，甚至令人感到驚異。比如有些囚犯有家庭，卻獨自逃跑，什麼都沒帶，沒帶衣物，沒準備吃的和喝的，甚至要逃去哪裡自己都不知道，完全沒有計劃，也沒有目標，只知道自己一定會再被抓回去，他們竟要冒著喪失健康、上級對他的信任、以及相對的自由，還有薪水工資的泡湯，甚至還要冒著凍死或被追捕士兵射殺的危險——所有這些不合邏輯的行為都讓薩哈林島的醫生百思不得其解，思考要不要懲罰他們。這其中有不少個案他們最後都判定為心理疾病，而不是罪行。

還有一個重要因素，會促使這裡的囚犯想逃離薩哈林島，懲罰都是終生監禁。眾所周知，我們的刑罰方式乃是伴隨西伯利亞的強制屯墾制度，一個人一但被判決發配西伯利亞服苦役勞動的刑罰，等於就是和正規社會永遠隔絕，不可能再回來，他將老死在那裡，所以囚犯們會這麼說他們自己：「死去的人不可能再從墳墓裡爬出來。」正是此一絕望感覺逼使他們一心一意要離開這裡，到別處去尋找更好的運氣——再怎麼樣也不可能比這裡更壞了！如果他逃跑成功，人們會說他「運氣轉好了」，如果逃跑失敗被抓回來，人們會說他「氣數已盡」或「運氣並不站在他這邊」。如果這裡的勞動苦役採用一種終身監禁方式，那麼逃跑和浪遊就必然成為一種必要之惡，甚至成為一種安全的避風港。如果說有任何東西會剝奪一個囚犯逃跑的希望，那改變運氣並脫離墳墓的希望，那他的絕望便會找不到出口，而且這種絕望將會以比逃跑更加邪惡和恐怖的方式展現出來。

還有一種助長囚犯逃跑的普通原因——那就是他們認為懲罰的鬆懈和潛逃的合法性這種信念。當然在現實上絕不是這樣，在現實上潛逃就是一種重罪，必須嚴厲加以制止和嚴酷加以懲罰。這樣奇怪的信念想必應該早已在囚犯之間激勵了好一段時間並已延續了好幾代之久，早在幾代之前的監獄，那時的監獄管理顯然很鬆懈，較為容易脫逃，甚至當局也不是很在意逃獄這種行為。一個監獄的典獄長，就像一個工廠經理高高在上在管理他的工廠一般管理監獄，他可能會認為如果他的囚犯完全不脫逃，對他好像是一種懲罰，他倒是樂意看到囚犯成群結隊地逃走。在十月一日之前——監獄在這一天發放冬天衣服——有三十到四十個囚犯脫逃了，意即有三十到四十件羊皮外套沒有人來領，典獄長必須處置這些外套。根據雅德林切夫所描寫，每當一個工廠有一群新的工人要進來時，工廠經理通常會在迎接會場上大叫道：「要留下來的人過來拿你們的工作服，不想留下來的人不要拿，這衣服對你們沒有用！」在監獄裡，負責看管囚犯的人，以自己的權限讓囚犯脫逃成為合法化，而西伯利亞的居民從小就被教育灌輸一個概念，囚犯越獄脫逃並沒有犯罪。至於囚犯本身，那些脫逃成功的，每次一談起他們的脫逃經歷，總是一陣大笑；那些沒成功的，就是一陣遺憾而已，你絕不可能看到他們後悔或譴責良心。這些囚犯當中，我碰到的一個唯一例外是被繫在單輪推車上的一個有病的老頭，他多次脫逃，每次都被抓回來，反反覆覆，後來就放棄了，他稱他越獄脫逃行為是「愚蠢」，而不是「犯罪」，他說道：「我年輕時幹了許多蠢事，現在必須為此吃盡苦頭。」

囚犯脫逃的個人理由有很多，比如對監獄當局的不滿、監獄的伙食太差、上級的過於嚴峻殘酷，還有例如同夥懶散、無力勞動，生病或精神耗弱，喜歡從事冒險活動等等不一而足……有時會有群體脫逃的情況發生，他們只是為了在島上「到處走走看看」，但這類漫遊性質的脫逃卻經常引發謀殺或一些不愉快的事件發生，在居民之中引起恐慌或嫌惡的情緒。我在此要講述一件為了報仇的脫逃事件，一位大兵貝洛夫在一次圍捕行動和解送犯人回亞歷山德洛夫卡的路上，傷到一位脫逃囚犯克里蒙科，克里蒙科被送回監獄復原之後再度脫逃，這次脫逃只為了一個目標，就是報復大兵貝洛夫。他故意直接走向軍哨的警戒線並在那裡立刻被捕，「你又要解送同一個人了，」貝洛夫的同袍跟他這樣說：「你的運氣來了。」就這樣，由貝洛夫解送克里蒙科回亞歷山德洛夫卡軍哨站，兩個人在路上還一直不停聊天，時值秋天，天冷風大……他們半路上停下來休息抽煙，大兵貝洛夫拉起衣領點煙斗，這時克里蒙科突然把他的步槍搶過來，開槍把他射殺了。克里蒙科在殺了大兵之後，若無其事一般回到亞歷山德洛夫卡軍哨站，但很快被捕，不久之後就吊刑處決了。

除了謀殺，脫逃事件也發生了愛情，年紀二十歲的年輕囚犯阿爾鐵姆（我已記不得他的姓），他奉派在奈布奇的一處公家機構當看門人，竟愛上了一位愛奴族的女人。這位愛奴族女人住在奈布河河岸地區的一間茅屋裡，阿爾鐵姆已經愛她愛到要發狂了。有一天他涉嫌偷竊，被逮捕送往哥薩科夫斯克監獄，距離愛奴族女人九十俄里，他就脫逃前往奈布奇和愛人幽會，就這樣躲躲藏藏，直到有一天腳部被射傷遭到逮捕為止。

除了為愛之外，脫逃也可能基於某種激烈慾求，這裡就有一樁脫逃事件結合了對金錢的貪慾和最惡劣的背叛行為。有一位老流浪漢，已經是逃獄和冒險的老手，他經常注意監獄裡那些新來者有哪些是口袋有錢的（新入獄的人總是會帶著一些錢在身上）。有一天他就看準一個有錢的新來者，並說服對方和他一起逃獄，他們一起逃出監獄之後來到一處針葉林，他趁機把對方殺了，然後又逃回監獄。另有一樁大家比較熟悉但也很怪異的詐欺案子，當局懸賞三盧布追捕一位逃犯，有幾個逃獄囚犯事先和一位大兵以及一位吉利亞克人事先安排好，在一個針葉林或海邊見面會合，並在那裡見到要解送他們回監獄的士兵，這位士兵就解送這幾個逃獄囚犯回去監獄，並支領每位逃犯三盧布的懸賞金。當然，隨後他們會一起分贓賞金。當一個年輕而瘦弱的吉利亞克人，只裝備了一根單獨的木棍，一次帶回了了六七名身材魁梧、令人印象深刻的流浪漢，整個情景是很滑稽的。有一次，在我面前，不以強壯身材著稱的大兵L，帶進了十一名男子。

直到最近，薩哈林島監獄當局還是很少認真整理逃獄者的統計數字，不過就目前而言，我們可以這麼說，促成囚犯逃跑的因素之中，最常見的就是薩哈林島天氣和他們家鄉天氣的巨大差距。屬於這個範疇的囚犯主要來自高加索、克里米亞、貝沙拉比亞以及烏克蘭等地，我們同時發現，這些逃跑的囚犯名單當中，不管是逃掉的或是被抓回來的，有時一次達五十或六十人之多，竟然沒有一個俄羅斯姓氏，而且會逃跑者大都是終身監禁或刑期較長者，而少有第三類型的囚犯[45]，也少有居留監獄較多時間的囚犯逃跑，更多的是年紀較輕及新到者。逃跑的女囚犯比男囚犯少很多，一方面逃跑本身對女人本來就比較困難，另一方面在流刑地的苦役工作中，女人很快就會有所依歸，她們不會輕易逃跑。還有，有家庭責任的男人一般也比較不會輕易逃跑，不過也有例外。有合法婚姻基礎的男人比非法婚姻的男人更不會輕易逃跑。每當我來到木棚屋一帶參訪時，碰到一些女囚犯，我就問她們：「和你們住一起的男人跑哪裡去了？」她們都會這樣回答：「鬼才知道，您幫我找找看！」

除了一些來自一般社會階層的囚犯會逃跑之外，有一些來自上層特權階級的囚犯也會逃跑。我在哥薩科夫斯克警察局翻閱一些逃跑犯人的檔案紀錄時，發現有一位以前是貴族的囚犯也曾經逃跑，甚至在逃跑時還殺了人，後來被判處八十或九十下鞭刑。還有惡名昭彰的拉吉也夫，他因為謀殺特比黎西神學校的教區牧師而被送來這裡，他在哥薩科夫斯克教過書，一八九〇年的復活節禮拜天他和一位叫做尼古爾斯基的囚犯（一位教士的兒子）夥同另三位不知姓名的流浪漢囚犯一起逃獄。就在復活節過後，有人看到那三位流浪漢囚犯穿著「平民的」衣服出現在海邊，一路趕往穆拉維夫斯克軍哨站，拉吉也夫和另一位伙伴並未和他們一起，極可能的狀況是，拉吉也夫和那位伙伴被那三位流浪漢誘導一起逃獄，一旦逃獄成功，他們立即被那三位流浪漢殺了，身上的衣服和財物同時被搶奪一空。總主教的兒子K也是犯了謀殺罪被送來這裡，後來逃獄跑回歐洲俄羅斯，在那裡又再犯了另一次謀殺罪，被逮著了又被送回來薩哈林島。有一天大清早，在一處礦坑附近，我看到他夾雜在一群犯人中間，一副憔悴無神樣子，彎腰駝背，上身穿著一件破舊夏天外套，褲管已經裂開披在靴子上面，眼睛因沒睡飽而渙散，也許是早上寒冷的關係，我看他一直顫抖。我當時和典獄長站在一起，他往我們這邊走來，一面脫下他的尖頂帽子，露出一顆大光頭，他好像在跟典獄長請求什麼事情。

為了能夠了解一年之中有哪些月份是逃獄的熱門月份，我就利用手頭所能找到的統計資料編製成一個簡單的表格來說明這件事情。有幾個年份：一八七七年、一八七八年、一八八五年、一八八七年、一八八八年以及一八八九年，總計逃獄的人數是一千五百〇一人，分佈在一年之中各個月份如下：

一月：一百一十七人	二月：六十四人
三月：二十人	四月：二十人
五月：一百四十七人	六月：兩百九十人
七月：兩百八十三人	八月：兩百三十一人

45 譯注：指刑期在四到七年之間者，刑期在四年以下者一般不遞送東西伯利亞或薩哈林島。

九月：一百五十人　　十月：四十四人
十一月：三十五人　　十二月：一百人

從這張簡單表格看來，逃獄的高峰分佈在兩個時段：夏天和冬天霜降最重的月份。顯然最熱門逃獄月份還是落在天氣最溫暖的夏天，這時正逢捕魚季節，監獄外的工事繁忙，針葉子裡的草莓正在成熟，屯墾區所種植的馬鈴薯也正在等著收成。除了這個階段之外就是酷寒季節，海上結冰，薩哈林島不再是個孤立的島嶼，而是和對岸大陸連在一起。春秋兩季是新囚犯遞解到來的季節，恰恰助長了夏冬時節的逃獄熱潮。我們會注意到，逃獄最淡的月份是三四兩月，這兩個月是解凍時期，儲藏的食物都在先前的冬天裡吃光了，這時等於一無所有，不管是在針葉林裡或在屯墾區，都不容易找到食物吃，貿然逃出監獄，只有挨餓一途。

在一八八九年，在亞歷山德洛夫卡、杜埃和沃也沃茨克三個地方的監獄，新來者逃獄所佔的比率約百分之十五．三三。但一八八九年這一年監獄當局警戒特別嚴密，上述三個監獄除監工之外，尚有荷槍實彈的警衛巡邏防範。逃獄的囚犯才佔總人數的百分之六．四，提莫夫斯克地區的監獄則是百分之九，但這只是該年一年經過研究整理的統計數據而已，若以一個囚犯整個待在薩哈林島的時間來算，則逃獄人數佔全部囚犯的人數高達百分之六十。換句話說，以從薩哈林島開辦殖民業務以至今天，逃獄人數所佔比率超過一半以上，你今天在監獄或在街上所看到的放逐者，每五個就有三個曾經企圖逃過獄。我曾經和一些放逐者談過，幾乎每個人在整個受刑過程中都萌生過逃獄念頭，而且大多付諸行動，絕少有人不替自己安排一個假期。

通常一個囚犯早在東西伯利亞的阿穆爾河上乘坐舢舨船或上了前往薩哈林島的輪船時，就已經在策劃逃獄的事情了。船上會有一些不斷反覆脫逃的老鳥，比如流浪漢或年紀較大的逃獄老資格，讓他事先熟悉薩哈林島的地理環境，島上獨特的處理事情方式，監獄當局監視囚犯的方法，以及逃獄之後可能要面臨的種種困境等等。若沒有在船艙碰到流浪漢和逃獄老鳥，大概就不急於越獄。但他終究還是要逃，越快越好，最好是從抵達薩哈林島時一上岸就來脫逃。在一八七九年，有一批新的囚犯在抵達薩哈林島沒幾天，有六十個人殺了警戒士兵之後集體逃亡。

根據柯洛連科那篇精彩的短篇小說《逃離薩哈林島》的描寫，在薩哈林島要逃獄是不需要準備，毫無顧忌，說走就走。現在完全不一樣，絕對禁止逃獄，但問題是，如果從這裡監獄生活的性質、監視方法和苦役勞動的特性，還有整個大環境來看，要阻止逃獄幾乎是不可能的。你今天若無法從監獄大門逃獄，明天還有機會，兩百至三百人在針葉林裡工作，竟然只有一位士兵在看管他們，簡直就是大開脫逃之門；若你沒有脫逃，仍然還有機會在等著你。也許一兩個月之後，你會被分派到某個官員家裡，加入僕役的行列，或是分派去為某個屯墾放逐者工作，脫逃的機會始終都在等著你，除非你已經被上了腳鐐，或是被關緊閉關在黑牢裡，或是在沃也沃茨克監獄的礦坑裡工作。從沃也沃茨克監獄至杜埃的海岸線都有配有步槍的士兵巡邏。

其實逃獄從一開始就充滿危險，但有利的時機幾乎每天都有，不必喬裝，也不必使用各式各樣的策略。除非你是個愛好冒險和刺激的人，像綽號「黃金手」的女囚犯，她就一定要喬裝成士兵才要逃跑。

一般脫逃的囚犯都是往北邊逃，逃向韃靼海峽最狹窄的部分，亦即波哥比和拉薩雷夫兩個岬角之間的部分，要不就更往北沒有人煙的荒漠部分，那裡更容易躲過警戒士兵的監視，而且也容易跟吉利亞克人弄到一艘小船或自己就地編織竹筏，藉此度過海峽到達對岸大陸。如果遇到冬天，海上結冰，就直接走路過去，大概兩個小時的行程。總之，越是往北邊走就離對岸阿穆爾河的河口越近，只要能抵達那裡，就不怕挨餓受凍。阿穆爾河的河口附近住有許多吉利亞克人原住民的聚落，再上去不遠處就是尼古拉耶夫斯克鎮，然後是馬利因斯克人、索菲伊斯克人和大型的哥薩克人村落，你可以受雇為勞工在那裡幹活，甚至在那裡也有一些慈善團體，有些還是政府官員，聽說專門提供吃和住的給無家可歸的人。有些脫逃者逃出來之後，搞不清楚方向，不知道北方該往哪裡走，繞了術圈又回到原地。

另有一些老資格的脫逃者，他們一逃出監獄就迫不及待在監獄附近的海邊，直接從那裡渡海到對岸大陸，這樣做風險較大，畢竟還離監獄那麼近。但若先去北邊，要經過大片針葉林，對老經驗的人而言瑣碎麻煩。這些累犯從杜埃和沃也沃茨克監獄一逃出來，在一兩天之內就抵達海邊，他們不擔心前面的暴風雨或任何危險，只害怕後面追捕的士兵，同時一心一意只想著就要到手的自由，「我也許會溺死，但怎麼樣也是死在自由底下。」他們一般會從杜埃往南走五到十俄里遠，來到阿格涅沃，大家一齊編一個竹筏，沿河一路划到海邊，距離冷峻兇惡的大海還有六七十俄里。我來這裡參訪時，我在前面提過的流浪漢普魯柯洛夫，又名密爾尼科夫，他就是以此種方式從沃也沃茨克監獄逃跑，不幸失敗被抓回來。他們大多乘坐開底的舢舨或運乾草的舢舨在海上航行，大海會把它們摧毀或沖回岸上。有時囚犯們會偷竊屬於採礦部門專門載運煤炭的小蒸氣船出逃，有的甚至在為輪船卸貨之後躲在船上企圖跟著輪船逃跑。一八八三年，有一位叫做法蘭茲．濟慈的囚犯企圖跟著「勝利號」的輪船脫逃，他躲在裝煤炭的船艙裡好幾天，後來被發現時已經奄奄一息，當他從煤堆裡被抬出來時，什麼話都沒說，只說：「水，水，我已經五天沒喝水了。」

有些囚犯經過千辛萬苦之後終於抵達了對岸大陸，一路往內陸竄走，「以上帝之名」弄到吃的，到處幫傭打工，只要看到能偷的就偷，他們偷牲畜、蔬菜和衣物。總之，只要是能吃的、能用的以及能賣的他們都偷。等到他們一旦被逮到，就抓回監獄繼續服刑，並不斷審判再加上許多犯罪條目，其中有的流放到最遠的莫斯科的基特洛夫露天市場那一帶，那裡聚集各式各樣流放犯人，有的則送回家鄉出生地。在帕勒沃摩屯墾區，有一位名叫哥爾雅奇的麵包師，是一位心胸開朗且本性善良單純的人，他說他曾被送回家鄉見了妻子和小孩之後，又被送回薩哈林島，眼下正在服他的第二回合徒刑。我曾聽聞，報章雜誌上似也大幅報導過，說有美國捕鯨船曾經來到這裡，讓我們脫逃的囚犯上了他們的船，然後載送回美國。這有可能，但我從未親耳聽說有現實發生的個案。美國捕鯨船大多在鄂霍次克海那一帶活動，他們幾乎不太可能會來到薩哈林島，更不太可能在島上逃亡高峰剛好來到薩哈林島荒涼的東部海岸，和我們的脫逃囚犯發生交集。根據柯布斯基先生在一八七五年第三一二號的《聲音》雜誌上所寫文章所述，他說在美國的「印地安土地」上，也就是密西西比河右岸，有一群瓦格洛人[46]乃是由從薩哈林島脫逃的囚犯所組成，但依我判斷，即使這群由薩哈林島逃犯所組成的瓦格洛移工確實存在，他們決不是由捕鯨船帶來，而是極有可能經由日本過來。在當時逃出的囚犯當中，有些人不逃往歐洲俄羅斯，而是逃往國外，雖說不多但仍存在。我們把時間往前推一些，早在一八二〇年代，我們許多在鄂霍次克海鹽地工作的囚犯都紛紛逃往較「溫暖」的島嶼，比如三文治島。

大家對脫逃的囚犯在心中都懷著巨大恐懼，這說明脫逃如果被抓獲，懲罰是多麼的嚴峻，但大家還是怕他們。每當有一個聲名狼藉的囚犯或繫有腳鐐的囚犯從沃也沃茨克監獄脫逃時，總會在薩哈林島或對岸大陸引發一陣騷動。有一次當消息傳出惡名昭彰的囚犯布洛卡脫逃成功時，竟在對岸大陸的尼古拉耶夫斯克地區引起一陣恐慌，逼得當地警察局局長必須打電報到薩哈林島訊問：「布洛卡真的逃脫了？」像這樣一個囚犯一旦脫逃成功，在當地社會所造成的危害就相當巨大。首先，他會激起當地治安的混亂，其次，他和他的逃亡伙伴會置自身於目無法紀狀態並再度犯案。絕大多數累犯都由脫逃者構成，到目前為止，在薩哈林島上幾乎所有的重大刑案都是脫逃的囚犯所做。

目前當局防止囚犯脫逃的主要方法就是使用鎮壓手段，這種方式固然有其成效，在某種程度上減少了脫逃的人數，但始終無法完全杜絕。再完美的鎮壓手段都有其侷限性，越過那個侷限性，這種手段就失去其有效性了。眾所周知，比如說一個哨兵舉槍瞄準一個正在逃跑中的囚犯時，囚犯還是繼續奔跑，他既不在乎暴風也不怕被射殺或淹死，有時鎮壓手段甚至還會增長他們逃獄的動力。比方說，對企圖脫逃的囚犯而言，最重的處罰莫過於增加服刑年限。這樣一來監獄裡長期服刑或甚至無期徒刑的囚犯也跟著增多了，相對而言，逃獄的企圖也一樣跟著一起增加。因此鎮壓的手段沒什麼前途，它與俄羅斯的立法精神背道而馳，因為我們的立法精神應該是為了矯正而懲罰。要是負責管理監獄的人，將所有精神都放在防止囚犯逃跑的話，這根本就不符合矯正的精神。我們只能說，這種做法就是硬要把囚犯變成野獸，把監獄變成動物園，

46 譯注：特指外來移工。

這樣的手段可說完全不符合實際。首先，這樣做法對那些安分守己且無意脫逃的人會形成一股無必要的重壓，其次，在這樣堅固的監獄牢房之中，還要再加上腳鐐的束縛，黑牢的監禁，甚至有的還要繫在單輪推車上面，這些完全無益於苦役勞動的成效。

所謂的「人道手段」——也就是盡量改善囚犯的生活，讓他們吃得飽，並對未來懷抱希望——這些做法也可能大幅減少脫逃的比例。我在此且舉一例子：在一八八五年有二十五個屯墾放逐者逃跑，一八八六年是豐收年，到了一八八七年就只有七個逃跑。一般來講，屯墾放逐者逃跑的人比一般囚犯少很多，放逐的農夫則幾乎沒有。南部的哥薩科夫斯克地區脫逃的人較少，因為那裡的氣候較溫和，收成好，短刑期的囚犯較多，一般要取得放逐農夫身分的資格也比北方容易很多，而且那裡的苦役勞動也不必下礦坑。由此可見，對一個囚犯來講，只要謀生容易，生活安定，他就不會萌生逃跑的念頭。另一個建立未來希望的是，在監獄和屯墾地區建築教堂並設置學校和醫院，同時幫忙他們維持家庭運作，比如建立薪給制度等等。

就我所知，不管是軍隊和吉利亞克人或是受當局之雇專門來追捕逃獄的人，只要能逮捕或獵殺一人帶回監獄歸案，可得到政府三盧布的賞金。這筆賞金不算多，可是對於一個飢餓的人而言，誘惑還是很大，至少可以增加一樁業績：「捕獲，死亡或獵殺」。即使如此，卻為島上居民造成極為惡劣印象，這些人單單只為這區區三盧布的鈔票，卻幹下這麼齷齪的事情。另外有些人並非為賞金去追捕這些脫逃囚犯，比如士兵或某些屯墾放逐者。因為他們被這些人搶劫過，如今只為報復洩忿而已。至於那些為三盧布賞金去追殺脫逃囚犯的人，既非出於職責亦非出於必要，完全以錢為前提的受雇軍團姿態去幹這樣的事情，在旁人眼中看來，畢竟還是相當的齷齪。

根據我手頭從一八七七年至一八八九年之間五年的資料顯示，那五年之間共有一千五百〇一名囚犯脫逃，其中有一千〇一十名被捕獲或棄逃自動回籠，另有四十名在逃亡時死去或被追捕時所射殺，最後有四百五十一名下落不明。在這些脫逃者當中，竟然有三分之一的比例下落不明，儘管這只是個小島而已。我手上的《監獄登錄手冊》載明上述的數據，那些被捕獲和自動回籠的囚犯登錄在一起，還有逃亡時死亡和被射殺的也登錄一起，因此我們搞不清楚，被捕獲和被射殺的有哪些是拿賞金的人的傑作，有哪些是吃士兵子彈的下場。

23

囚犯的罹病比率和死亡率、醫療服務組織方式、亞歷山德洛夫卡的醫院。

一八八九年，北方的三個地區，在所有放逐者當中，不分男女，因身體孱弱而不克參與勞動者計有六百五十二人，佔整體囚犯人口的百分之十．六，等於每十個人就有一個不能工作。其他能工作的，健康狀況也不是非常良好，你看不到一個體態豐腴，營養充足，面頰紅潤的囚犯。即使是屯墾放逐者，也是蒼白瘦削。一八八九年的夏天，有一百三十一個囚犯在塔雷卡的一條路上做築路工事，其中有三十七個處在生病狀態，當時正好島上總督來巡視，他忍不住說道：「情況真慘啊！身上到處是傷痕和蚊子咬的痕跡，還有樹枝劃傷的傷口，有許多人沒穿襯衫，卻沒有一個人抱怨。」（一八八九年第三一八號法規檔案紀錄）

一八八九年，共有一萬一千三百〇九人次來醫務室看醫生拿藥，一般官員有他們自己看醫生取藥的地方，士兵也有他們自己的醫務室。因此，這裡的紀錄應該只包含囚犯和他們的家屬而已，但根據製作紀錄的官員指稱，這裡所紀錄的，主要還是以苦役勞動的囚犯自己來看病的為主。由此看來，平均而言，每位囚犯在一年之間看病取藥的次數超過一次以上。

關於囚犯的罹病比率，我只能拿到醫院所做的一八八九年的紀錄，很不幸他們又做得不夠周全，只能提供給我「準確紀錄」的資料。因此我必須去教區查詢我所要的資料，他們則提供給我往前推溯到十年之前的死亡紀錄，神父同時提供給我當時醫生或醫生助理所開具的死亡原因證明書。然而這之間卻充滿許多想像的成分，和醫院的那些「準確紀錄」並無兩樣，沒有更好，也沒有更壞，但就是沒什麼用。因為不夠周詳，根本就是語焉不詳，我在底下所述將只能提供一個簡單大概的輪廓而已。

他們把這裡發生的常見疾病分為兩大類的傳染疾病，但事實上所謂的傳染疾病在這裡已多年未曾發生。一八八九年只有三起痲疹病例。猩紅熱、白喉和格魯布喉頭炎半例都沒有。這類疾病的主要患者都為兒童，在過去十年間，兒童因這類疾病而死亡的病例一共有四十五起。扁桃腺發炎，也就是所謂的「喉嚨發炎」，也是屬於此一死亡病例數據範圍，一樣具有傳染特性，能夠在極短時間之內使許多兒童致死。上述這些兒童的傳染疾病一般都是開始於九或十月，「自願艦隊」的輪船會把一些生病的小孩帶入薩哈林島，這類疾病的病菌雖然生性溫和，存活力卻很強。比如說一八八〇年的十月，在哥薩科夫斯克教區爆發扁桃腺炎，一直到隔年的四月才結束，帶走了十個小孩的生命。一八八八年秋天，在里科沃教區爆發白喉，持續了整整一個冬天，然後竟往北傳到亞歷山德洛夫卡和杜埃兩個教區，在那裡肆虐了好一陣，一直到一八八九年的十一月才逐漸消失不見。換句話說，它持續了整整一年，二十個小孩死亡。天花只在報告資料裡提到一次，在過去十年裡有十八個人因染上此病而死。在亞歷山德洛夫卡曾經兩度流行，一次是一八八六年的十二月到隔年的六月，另一次是一八八九年的秋天。此一兇惡傳染疾病曾有一度遍佈整個日本海和鄂霍次克海的所有島上，甚至還蔓延到堪察加半島上，它有幾次還整體毀掉某些愛奴人的整個聚落。今天這種病在這裡大約已經絕跡，至少未再聽人提起。我們常會在一些吉利亞克人的臉上看到很多凹痕，這些都是天花的水痘所造成，我們忍不住要懷疑，這種病在這裡的原住民聚落裡可能尚未完全絕跡。

至於其他各種類型的傷寒症和熱病，在資料報告裡提到達二十三次之多，這種病的死亡率高達百分之三十。另外像復發型傷寒和斑疹熱型傷寒則只提到三次，且未有重大病例發生。四個教區的檔案資料顯示，在過去十年之間，一共有五十個人死於傷寒症和熱病，而且都是單獨個案，不同時間分散在四個教區之中。我從未在舊報紙裡讀到任何有關傷寒症散佈流行的報導，可能從未有過。但有些報導倒是提到在薩哈林島北部有兩個地區曾發生一些傷寒症病例，經調查與當地不潔飲水有關，以及與土壤受到監獄和當地河流的汙染也不無關係；居住環境過於擁擠，衛生條件不佳也都是致病原因。我自己在北薩哈林島參訪期間，走遍各個醫院和木棚屋，從未碰過任何傷寒症病例。當地醫生跟我說，傷寒症在這裡已經不復存在了，但我心裡始終還是半信半疑。此外，像復發型傷寒症和斑疹熱型傷寒症，在此地並未構成流行傳染病的威脅，我把它們和猩紅熱以及白喉一起歸納入外來傳染病的領域，至目前為止在此地並沒有讓它們發展擴散的餘地。

有一種病，名為「診斷不出病因的熱病」在資料報告中被提出十七次之多。在報告中他們對這種病的描繪如下：「此病主要出現在冬季月份，病發時會反覆發燒，有時會不斷冒出疹子，腦部會有壓迫感，如此狀況持續五到七天之後，開始退燒，跟著立即痊癒了。」這種類似傷寒的病在這裡很普遍。特別是在北薩哈林島地區，許多人染上了這病也不會去看醫生，也就不會留下任何紀錄，他們還到處遊蕩，或回家躺火爐旁邊的床上休息等退燒。我在薩哈林島的短暫逗留期間，觀察出一個現象，那就是這種病的起因跟這裡寒冷的氣候有絕對的關係。我注意到，那些會得這種病的人都是在極度寒冷或潮濕環境底下工作，比如針葉林裡，晚上必須在外面露宿的人。我見過最多的是那些做築路工作，還有那些參與新屯墾區建設的人，這真可稱之為典型的「薩哈林島熱病」。

在一八八九年，有二十七個人染上格魯布肺炎，其中有三分之一的人死亡。這病對囚犯和自由身分的人一樣危險，在教區的檔案資料裡記載在過去十年之間，提到因這病而亡故的人就高達一百二十五次之多，有百分之二十八的人在五和六月發病死亡。當薩哈林島的天氣最變幻莫測和令人感到最厭煩的時候，也是苦役勞動開始離監獄較遠的地方去進行工作的時候。另外有百分之四十六的染病者發病死在十二月、一月、二月和三月，也就是天氣最寒冷的冬季月分。由此可以看出，冬天酷冷的天氣和變幻莫測的天氣狀況，還有惡劣天氣狀況下的工作環境等，都是助長這種傳染疾病猖獗散佈的重要因素。地方醫院的醫生貝爾林先生於一八八九年三月二十四日在他的報告中這樣說：「我經常為苦役勞動的囚犯有那麼多人感染肺炎感到訝異……。」在他看來，其中一個致病原因就是，「三個人扛著一個直徑六到八維爾修克[47]，長度四沙鎮的木頭，重量至少二十五到三十五普得。三個人扛著這樣一根大木頭，走在積雪道路上，雖然衣服保暖，呼吸和血液循環卻不斷加快，氣喘如牛……。」

痢疾，或下痢出血，在資料報告中只提到五次。在一八八〇年的杜埃和一八八七年的亞歷山德洛夫卡都曾經流行過痢疾。在教區的檔案資料中記載，過去十年之中，因痢疾而死的人一共只有八個。在舊報紙的文章和一些報告中經常提到痢疾，可見痢疾在不久之前應該是很常見的傳染疾病，就和壞血病一樣。囚犯、士兵和土著都很容易染上此病，營養不良大概是主因。

截至目前為止，在薩哈林島上似乎尚未發現霍亂的病例。我在這裡的醫院也特別留意是否有丹毒和壞疽症發生，顯然並未完全根除。一八八九年並未有百日咳病例，間歇熱在檔案資料中被提到四百二十八次，但事實上這只在亞歷山德洛夫卡一地零星發生而已。此病的起因是居住地方太熱且空氣通風不良，四周圍土壤和水質遭到汙染，囚犯工作的地方屢遭洪水氾濫沖積，病菌叢生，偏偏屯墾區設立在這裡。總之，這裡不健康的生活環境到處都是，但薩哈林島並未為這裡創造出一個瘧疾的環境。我經常在屯墾區的木棚屋四處走動，從未碰見過一個患有瘧疾的人，也從未聽見有人在抱怨有關這個疾病的事情。有可能的狀況是，那麼多的病例紀錄乃是因為這些人在家鄉時已經染有此病，一到了這裡才真正開始發病。

在教區登記因「西伯利亞潰瘍」（炭疽桿菌傳染病）而死亡的病例只有一個，至於馬鼻病和狂犬病的病例則從未在島上發生。

有三分之一的致死病例都是由呼吸器官的疾病和特別是肺結核病所引起，佔死亡總人數的百分之十五。只有基督徒的死亡才會在教區登記，我們如果把許多死於肺病的穆斯林教徒也算進來的話，那麼這個死於肺病的人數比例將會高很多，總之，薩哈林島上的成人被肺病侵襲的比例非常高，肺病可以說是這裡最普遍也是最危險的疾病。死亡最密集的月分是十二月，薩哈林島上極冷的月分，以及三月和四月，最不密集的月分是九月和十月。下面是因肺結核死亡的人數，以年齡及比率為統計的表格：

47 編注：一維爾修克約等於四．四公分。

〇歲到二十歲	百分之三
二十歲到二十五歲	百分之六
二十五歲到三十五歲	百分之四十三
三十五歲到四十五歲	百分之二十七
四十五歲到五十五歲	百分之十二
五十五歲到六十五歲	百分之六
六十五歲到七十五歲	百分之二

從這個表格我們可以看出來，罹患肺病死亡的年齡層集中在二十五歲到三十五歲之間和從三十五歲到四十五歲之間，這是人生的精華階段，也是最能夠工作的階段。而且大部分這個年齡層因肺病死亡的人都是囚犯（佔百分之六十六）。這逼得我們忍不住要這樣下結論，認為在流放殖民地裡囚犯會有那麼高因肺病而死的比率，首先要歸咎於他們在監獄牢房裡不利的生活環境，其次是他們苦役勞動的工作分量大大超出他們能力所能負荷的範圍，所吃食物的營養不足以負荷他們繁重的工作分量，其他還有比如嚴峻惡劣的天候，苦役勞動時各種勞力的額外剝削行為，牢房裡各類繁複瑣碎

雜事，飲食營養不均衡，還有像逃獄的折磨和關黑牢的苦刑，以及想念家鄉等等——所有這些都可能是薩哈林島上促成罹患肺病的重要因素。

一八八九年地方醫院的紀錄檔案裡梅毒一共被提到兩百四十六次，其中有五個死亡病例。梅毒是一種潛伏期很長的慢性疾病，在這裡被診斷出染有梅毒的囚犯大多已經出現第二期和第三期的病徵。我在這裡有機會看到的梅毒患者，其境遇實在很值得同情，他們大多疏於醫療照顧。比如我在里科沃就看到一個猶太人，患有梅毒和肺病，不知道已經多久沒接受醫療照顧。整個人也差不多癱瘓了，他的家人很不耐煩，希望他能趕快死掉——所有這些就發生在離醫院只有半俄里遠的地方！在教區的檔案紀錄裡，過去十年之間因梅毒而死亡的病例一共記載了十三個。

一八八九年，地方醫院登錄了兩百七十一個壞血病的病例，其中有六個死亡，但是在教區的檔案資料中則記載了十九位死亡病例。在二十或二十五年前，比起最近這十年來，壞血病在薩哈林島上肆虐的情況可要猖獗多了。有許多士兵和囚犯都因為罹患此病而死亡，當時有些報紙記者支持政府在島上開闢放逐殖民地，就在報紙上寫文章極力否認這種疾病的存在，但同時卻又大力推薦一種叫做奇雷姆夏的植物[48]，據說可以治癒此病，還寫說此地居民已在家裡囤積幾百普得這種植物準備過冬。壞血病過去

48 編注：一種西伯利亞的蒜頭。

主要肆虐於韃靼海峽的西伯利亞沿岸，後來傳入了薩哈林島。這裡軍哨站的生活環境並沒有更好，自然也就無法抵抗這種病毒的入侵。搭乘「自願艦隊」的輪船前來薩哈林島的囚犯，有許多人身上都染有壞血病，一些醫學報導都證實了此事。亞歷山德洛夫卡的地方總督和監獄的醫生告訴我說，在一八九〇年的五月二日，有五百個囚犯乘坐「聖彼德堡號」輪船抵達這裡，其中至少有一百個人以上身上染有壞血病，醫生後來留下五十一位住院治療。我來了之後，有一位從烏克蘭的波塔瓦來的住院的壞血病患者告訴我說，他是在出發來這裡之前，在烏克蘭的大城卡爾科夫的「中央轉運監獄」逗留時染上壞血病的。除了營養問題所造成的壞血病之外，我在此要提到另一個也是由於食物營養問題所造成的「暴瘦症」。在薩哈林島上有許多人在尚未衰老的壯年階段死於此症，醫院資料檔案上面所載最年輕的死亡年齡是二十七歲，然後是三十歲、三十五歲、四十三歲、四十五歲、四十六歲、四十八歲……不等，這絕非醫生助理或教士的筆誤，這裡有些人尚未達到衰老年齡，比如六十歲，就及早罹患此一「老人暴瘦症」，甚至因此而死亡。在教區的檔案資料紀錄中所載，過去十年之間，罹患此症死亡的人數就有四十五個。俄羅斯放逐囚犯的平均壽命有多長，由於並未開始調查，我們並不知道。但是我們在薩哈林島放眼望去，眼睛所見的這裡的居民個個老邁不堪，一個囚犯或一個屯墾放逐者，才不過四十歲年紀，看起來卻已經像個老人了。

一般有神經疾病的囚犯都不太願意上醫院看醫生。比如一八八九年，醫院檔案資料只紀錄了十六個因神經痛和痙攣的病例。顯然有這類疾病的囚犯都是自己獨自來看病並接受治療，他們走路來或以其他方式自己獨自來。一八八九年一共有二十四起腦部發炎或中風個案，有十個死亡病例，癲癇有三十一起，心智失常者有二十五起。我曾經提過，在薩哈林島上，心智失常者並未隔開單獨治療。在我參訪期間，在哥薩科夫斯克的屯墾區，他們甚至和梅毒患者雜處在一起，其中有一個人還跟我說他染上了梅毒，其他的人都和健康的人住在一起、自由自在地生活和工作、逃跑還被抓回來受審。我個人的確在這裡的軍哨站和屯墾區遇見過不少的精神病患，記得我在杜埃時就遇見到一個以前是士兵的精神病患者，每天在那裡走來走去，大談「浩瀚無垠的海洋」和他的女兒娜德芝妲以及波斯國王，還有他如何殺害克雷斯托沃茲德維岑斯克地區教堂裡的司事。我在亞歷山德洛夫卡時遇見一個叫做維特利雅科夫的精神病患，他當時已經服滿五年的苦役勞動刑期，沒事老是露出一副空洞無神的白痴表情。有一天他突然走去找屯墾區的督察Y先生，一見到Y先生，他立即親切伸出雙手去拉他，「你好大膽子，竟敢這樣和我拉扯！」Y先生露出迷惑生氣樣子說道，原來他來找督察，要求上級能否給他一把斧頭，他想用斧頭去砍樹木來蓋一間木棚屋。長久以來，大家都知道他是個精神病患，醫生對他的診斷結果是偏執狂。我問他的父親叫什麼名字，他大聲回答說：「不知道！」隔不久，上級竟然批准了他所要求的斧頭。我在此不打算談道德的精神失常病例，或是精神病漸進癱瘓前的最初徵狀，這需要詳細準確的診斷。

這些人從外表看去是健康的，能正常飲食和工作，其實他們到達這裡時身上已經染了病，或疾病已經潛伏。這裡的教區登記有一位因漸近癱瘓而死亡的精神病囚犯，名叫哥洛多夫，他因被控預謀殺人而被判刑送來這裡，我研判他在犯案時身上早已染病了。其他還有一些是來到島上才發病，他們每天隨時隨地都有可能發病而產生異常行為，因為他們的神經早已崩潰失調了。

一八八九年，在地方醫院的檔案資料登記胃腸疾病的一共有一千七百六十個病例。在過去十年之間，因此病而死亡的人共有三百三十八位，其中百分之六十六都是兒童，對兒童最危險的月份是七月和八月，以八月最為危險，兒童在這個月份死亡的比率高達三分之一，大人也是。許多大人也在八月死於胃腸失調，主要原因這是魚群湧現的季節，許多大人漫無節制拼命大吃。這裡最常見的胃腸疾病是胃黏膜發炎，一些來自高加索地區的人常會抱怨說：「我的心很痛！」他們每次吃完監獄裡做的小麥麵包和包心菜就嘔吐。

一八八九年，因婦女疾病到地方醫院看病的人並不多，登記在案的才一〇五位。可是同這一段時間在整個殖民地卻看不到一個健康的女人。有一個專門檢查囚犯食物的委員會，他們有一次檢查囚犯的飲食，醫藥部的主任也有參加，之後他們發表一份報告說：「有百分之七十的女性囚犯都患有慢性疾病。」我們在這裡常會看到一種情況，每次一群新到達的女性囚犯當中，經體檢之後，竟然沒有一個是完全健康的。

結膜炎是本地最常見到的眼疾，多年來，此一傳染疾病始終未能在原住民中間根絕。我們無須區分各種不同眼疾，從資料檔案紀錄中，來看眼病的一共有兩百一十一人。在一些木棚屋裡我遇見過只有一隻眼睛的獨眼龍，有斜視的，甚至瞎眼的，我同時也注意到，有瞎眼的小孩。

各式各樣的外傷，比如骨折、挫傷、脫臼……等等，在一八八九年有一千兩百一十七個看病病例。所有這些病例都發生在苦役勞動的囚犯身上：各種意外，逃跑（被槍擊所傷），以及爭吵打架等等，其中有四個病例是女囚犯被同居人毆傷送來醫院救治，除此，尚有兩百九十個凍傷的病例。

過去十年之中，在島上的東正教基督徒中間，一共有一百七十個「非自然死亡」的個案。其中有二十個個案是被判處死刑並被處以吊刑，另有兩個被不知名人士吊死，有二十七人自殺。自殺方式，在北薩哈林島大多開槍射殺自己（有一個士兵就利用站衛兵時開槍自殺），在南薩哈林島大多吃烏頭草服毒自殺。另有不少人是溺水凍死，或在水中撞到樹幹而死，有一個在林中被熊撕成碎片當食物吃掉，其他還有心臟病發作或是中風而死。在教區的檔案紀錄中，記載了十七個「突然死亡」的個案。有一半以上年齡在二十二歲到四十歲之間，超過五十歲以上的只有一個。

上面所述即是我對放逐殖民地一般疾病狀況的了解，即使是傳染力很低的疾病，如上述所呈現的死亡數據很低的病症，我也未曾加以忽視。在一八八九年一年，在整個薩哈林島一共有一萬一千三百〇九人次尋求醫療協助。但實際數據恐怕不只如此，因為每年夏季大部分的囚犯都會遠離監獄到別的地方從事勞動工作並住在那裡，這裡的醫生和醫療裝備無法就近照顧。屯墾放逐者的情況也是大同小異，可能由於距離的遙遠和天候不佳，也就疏於因病去造訪醫院的動力，因此我們上面所列數據只是針對住在軍哨站離醫院較近的住民。根據一八八九年醫院檔案資料所顯示，我們的死亡人數才一百九十四人，也就是一千人才十二．五人死，以這個比率的數據來看，我們腦中會形成一個錯覺：薩哈林島是全世界最健康的地方，大家身體最健康，死亡率最低。實際狀況當然不是這樣，以下狀況我們必須列入考量：在正常狀況下死亡人數有一半是兒童，將近四分之一是老人。但薩哈林島上小孩很少，老人更是絕無僅有，這千分之十二．五的死亡率便主要指向工作年齡層的壯年人。另外還有一點，他們在核算數據時，將薩哈林島人口設定為一萬五千人，比實際人口高出一倍半以上，當時島上的實際人口至多只有六千人。

眼下薩哈林島一共有三個醫療中心，每個地區各有一個，分別各設在亞歷山德洛夫卡、里沃克和哥薩科夫斯克。皆以以前舊的地區醫院名稱命名，醫治輕症病人的房間依舊稱為醫療室，每一地區的醫院都設有一位資淺醫生，但實際負責醫院管理重責的則是醫學部門的主任，這是一位專業資深的醫務人員。軍方有他們自己的醫院和醫生，他們的醫生經常前往監獄這邊的醫院支援，幫忙看病。比方說在我來這裡參訪期間，醫學部門主任外出參加「監獄展示會」，而醫院的另一位資淺醫生剛好提出辭呈，這時就由一位軍方醫院的醫生來這裡暫時代理執行醫院的業務。同樣情況，我來到杜埃時，剛好碰到要鞭苔囚犯，一位軍方醫院的醫生特別過來代理監獄醫生的位置，出席鞭苔過程。根據法規，這裡的一般平民或軍方醫院可享受監獄醫院在經費上的支持，在必要時，他們有義務協助獄方。

我要在此簡單介紹一下亞歷山德洛夫卡的醫院。這醫院由幾棟建築混合組成，都是軍營的營房形式，裡頭設有一百八十張病床。當我走路來到醫院時，在不遠處就可以看到新建營房的圓木頭在陽光底下閃閃發亮，同時還可以聞到松柏木頭的香味。我走進診療室，每一樣東西都是新的，這裡甚至還擺著一尊包特金的半身胸像（包特金是當時醫學部門的主任，也就是這家醫院的院長），據說是由一位囚犯根據照片所雕塑而成，「不太像。」醫生的助理看著雕像說道。按一般慣例，應該會有一些大箱子上面刻有一句拉丁文：「以樹皮和樹根治病」，意思就是草藥至上，但現在已經不流行了。我繼續走進醫治病人的病房，兩排病床中間的走道上鋪有樅木的樹枝。木頭的床架，其中一張床上躺著一個從杜埃送來的囚犯病人，喉嚨地方有一道半維爾修克長的割痕[49]，傷口已凝血乾掉，他張著嘴巴用力呼吸。他說他首先是在工作時被重物擊中

49 編注：二・二公分。

受傷，要求進醫療室治傷，醫生助理不讓進，他嚥不了這口氣，就企圖自殺——割喉自殺，這道傷口就暴露著，並未用繃帶縛住。這位病患右邊不遠的床上，隔著三或四亞申左右，躺著一位患壞疽症的中國病人，左邊則是一位患丹毒症的囚犯，角落上是另一個丹毒症患者……綑綁外科手術病人的繩子看起來很髒，就像一般船上在綁東西的粗繩，有許多人用腳踐踏過那種。醫生的助理和護理人員都缺乏訓練，不知所措，常常做出離譜行為。有一個名字叫索欽的囚犯（他未淪為囚犯之前曾幹過醫生的助理）似乎只有他還了解在歐洲俄羅斯手術房裡的作業程序。在這群醫院的烏合之眾中，似乎也只有他沒有辱沒到古希臘醫神埃斯丘拉皮厄斯的大名。

隔了一會兒，我走入診療室幫忙為病人看診，診療室就在配藥房的隔壁，整個裝潢都是新的，還可以聞到木頭和油漆的香味。醫生的桌子用木製格子圍起來，好像銀行的出納窗口，因此在整個看診過程中，醫生和病人隔著相當距離，病人無法靠近醫生，醫生也必須隔著距離問診和檢查。醫生旁邊坐著一位資深的醫生助理，他一句話都不吭，手上一直在玩一支鉛筆，好像他就是問診醫生一般。就在診療室門口站著一個佩帶手槍的監工，有幾個面露癡呆狀的男女在一旁走來走去，這令病人很尷尬。我不相信任何一個梅毒病患或女患者，旁邊站著一個配戴手槍警衛和一群無聊人，他們會有勇氣跟醫生坦露自己的病情。病人不多，大多是「薩哈林島熱病」，要不就是濕疹或「我心痛」之類不是病的病症，也有根本就是裝病。有些在做苦役勞動的囚犯可以藉此開溜一段時間。有個小孩被帶進來，頸子上在起泡，這些水泡必須切開，我就要他們拿一把手術刀給我，醫生助理和另兩個粗魯傢伙一聽立刻往外竄出，很快立即拿來一把手術刀，我一看這手術刀很鈍，他們說不可能，磨刀匠最近才剛剛磨過。醫生助理和那兩個土包子立刻又去換來一把，我拿著開始切，還是一樣鈍。最後我要他們拿給我苯酚[50]，他們找了一會兒才找到，顯然這東西他們並不常用。這裡沒有洗手台，沒有棉花球，也沒有探針，沒有鋒利的剪刀，甚至也沒有足夠可用的水。這醫院平均每天看門診的病人是十一個人。過去五年來，每年的看病的平均門診人數是兩千五百八十一人，每天的平均住院人數是一百三十八人。醫院裡頭有一位資深醫生和一位資淺醫生，兩位醫生助理，以及一位助產士（要服務兩個地區）。此外，說來難以置信，有六十八位工作人員，四十八位男性和二十位女性。在一八八九年一年之中，用在這醫院的預算是兩萬七千八百三十二盧布九十戈比。根據一八八九年的資料報告，該年在三個地區一共有二十一次的法醫驗傷和驗屍，有七個受傷的病人接受法醫驗傷，另外有五十八位懷孕的婦女和六十七名囚犯接受法醫的身體檢查，然後決定他們是否能夠承受法院對他們所判決的體罰。

我在此要順便列出這份資料報告中有關這家醫院的一些裝備：三家醫院共用一台

50 編注：外科手術用的殺菌劑。

婦產科檢查儀器、一台喉嚨檢查儀器，兩台最大型溫度計（皆已故障）……等（下從略）。

根據該年《薩哈林島地區醫療機構購買醫療藥品支出紀錄》所載，所採購醫療物品如下：三十六．五普得的鹽酸、二十六普得的石灰等……。如果不算消毒劑、鹽酸、外科手術用的酒精、殺菌劑以及繃帶類包紮用品的話，根據該年紀錄所載，當局花在購置藥品的數量就達六十三．五普得。在一八八九年這一年，薩哈林島上居民真的可以吹噓他們享受到了全世界最大的醫藥品配額。

最後我將引述兩條有關囚犯健康的法規條款：一、任何勞動皆不得損及囚犯之健康，即使是囚犯自己所要求者亦然（此案由政府提議，經皇室於一八八六年一月六日批准，第一一號條款）。二、婦女囚犯於懷孕期間得免除一切勞務，直到分娩為止，分娩後四十天之內亦然。嗣後必須親自哺乳嬰兒者，得減輕其勞務至以不損及其自身與嬰兒之健康為主，哺育嬰兒時間以十八個月為期限（一八九〇年版本之《放逐法規》，第二九七號條款）。

【探險與旅行經典文庫】013 ML016

薩哈林島行旅

俄國文學巨匠契訶夫唯一一部旅行報導文學

Sakhalin island

作　　者 ❖ 安東・契訶夫（Anton Chekov）
譯　　者 ❖ 劉森堯
封面設計 ❖ 井十二
內頁排版 ❖ 李偉涵
總 策 畫 ❖ 詹宏志
總 編 輯 ❖ 郭寶秀
責任編輯 ❖ 洪郁萱
行銷企劃 ❖ 許弼善

發 行 人 ❖ 凃玉雲
出　　版 ❖ 馬可孛羅文化
10483 臺北市中山區民生東路二段 141 號 5 樓
電話：（886）2-25007696
發　　行 ❖ 英屬蓋曼群島商家庭傳媒股份有限公司城邦分公司
10483 臺北市中山區民生東路二段 141 號 11 樓
客服服務專線：（886）2-25007718；25007719
24 小時傳真專線：（886）2-25001990；25001991
服務時間：週一至週五 9:00 ～ 12:00；13:00 ～ 17:00
劃撥帳號：19863813　戶名：書虫股份有限公司
讀者服務信箱：service@readingclub.com.tw
香港發行所 ❖ 城邦（香港）出版集團有限公司
香港灣仔駱克道 193 號東超商業中心 1 樓
電話：（852）25086231　傳真：（852）25789337
E-mail：hkcite@biznetvigator.com
馬新發行所 ❖ 城邦（馬新）出版集團【Cite（M）Sdn. Bhd.（458372U）】
41, Jalan Radin Anum, Bandar Baru Seri Petaling,
57000 Kuala Lumpur, Malaysia
電話：（603）90578822　傳真：（603）90576622
E-mail：services@cite.com.my
輸出印刷 ❖ 中原造像有限公司
初版一刷 ❖ 2023 年 10 月
紙書定價 ❖ 650 元
電子書定價 ❖ 455 元

國家圖書館出版品預行編目 (CIP) 資料

薩哈林島行旅 : 俄國文學巨匠契訶夫唯一一部旅行報導文學 / 安東 . 契訶夫 (Anton Chekov) 作 ; 劉森堯譯 . -- 初版 . -- 臺北市 : 馬可孛羅文化出版 : 英屬蓋曼群島商家庭傳媒股份有限公司城邦分公司發行 , 2023.10
面； 公分 . -- (探險與旅行經典文庫 ; ML016)
譯自 : Sakhalin island
ISBN 978-626-7356-21-0(平裝)

1.CST: 契訶夫 (Chekhov, Anton Pavlovich, 1860-1904) 2.CST: 傳記 3.CST: 遊記 4.CST: 報導文學 5.CST: 薩哈林島 6.CST: 俄國

734.199　　112016530

城邦讀書花園
www.cite.com.tw

ISBN 978-626-7356-21-0（平裝）
EISBN 9786267356227（EPUB）